T0394628

Die griechische Bibel in Alexandrien

Supplements to the Journal for the Study of Judaism

Editor

René Bloch (*Institut für Judaistik, Universität Bern*)
Karina Martin Hogan (*Department of Theology, Fordham University*)

Associate Editors

Hindy Najman (*Theology & Religion Faculty, University of Oxford*)
Eibert J.C. Tigchelaar (*Faculty of Theology and Religious Studies, KU Leuven*)
Benjamin G. Wright, III (*Department of Religion Studies, Lehigh University*)

Advisory Board

A.M. Berlin – K. Berthelot – J.J. Collins – B. Eckhardt – Y. Furstenberg
S. Kattan Gribetz – G. Anthony Keddie – L. Lehmhaus – O. Malka
A. Manekin – S. Mason – F. Mirguet – J.H. Newman – A.K. Petersen
M. Popović – P. Pouchelle – I. Rosen-Zvi – J.T.A.G.M. van Ruiten – M. Segal
J. Sievers – L.T. Stuckenbruck – L. Teugels – J.C. de Vos – Sharon Weisser

VOLUME 207

The titles published in this series are listed at *brill.com/jsjs*

Die griechische Bibel in Alexandrien

Ihre Legende und die exegetische Praxis im hellenistischen Judentum

von

Maria Sokolskaya

BRILL

LEIDEN | BOSTON

The Library of Congress Cataloging-in-Publication Data is available online at https://catalog.loc.gov
LC record available at https://lccn.loc.gov/2022035128

Typeface for the Latin, Greek, and Cyrillic scripts: "Brill". See and download: brill.com/brill-typeface.

ISSN 1384-2161
ISBN 978-90-04-52317-3 (hardback)
ISBN 978-90-04-52316-6 (e-book)

Copyright 2022 by Maria Sokolskaya. Published by Koninklijke Brill NV, Leiden, The Netherlands.
Koninklijke Brill NV incorporates the imprints Brill, Brill Nijhoff, Brill Hotei, Brill Schöningh, Brill Fink, Brill mentis, Vandenhoeck & Ruprecht, Böhlau and V&R unipress.
Koninklijke Brill NV reserves the right to protect this publication against unauthorized use. Requests for re-use and/or translations must be addressed to Koninklijke Brill NV via brill.com or copyright.com.

This book is printed on acid-free paper and produced in a sustainable manner.

PRINTED BY DRUKKERIJ WILCO B.V. - AMERSFOORT, THE NETHERLANDS

Inhaltsverzeichnis

Danksagung IX

Einleitung 1

TEIL 1
Die Septuaginta-Legende

1 *Aristeas*: Kontexte – einst und heute 7
  1 Die Septuaginta-Legende in der Antike: Die Wahrnehmung von *Aristeas* in der jüdisch-hellenistischen Literatur 8
    1.1 *Josephus* 8
      1.1.1 Antiquitates I 8
      1.1.2 Antiquitates XII 14
    1.2 *Aristeas bei Philon?* 17
    1.3 *Aristobulus* 22
  2 Neuzeit 26
    2.1 *Scaliger und Heinsius* 26
      2.1.1 Scaliger 26
      2.1.2 Heinsius 34
    2.2 *20. Jahrhundert* 44
      2.2.1 Auf der Suche nach dem historischen Kern 44
        2.2.1.1 *In Richtung Homer* 57
        2.2.1.2 *In Richtung Bibel* 73
          2.2.1.2a „JHWH, dein Gott, wird deine Gefangenschaft wenden" 76
          2.2.1.2b Numeri 11 und verwandte Texte 80
          2.2.1.2c Die These Adrian Schenkers 91
  3 Zusammenfassung 95
    3.1 *Aristeas als ein Werk der jüdischen parabiblischen Erbauungsliteratur* 95
    3.2 *Philon und seine Darstellung der Septuaginta-Legende* 97

VI INHALTSVERZEICHNIS

TEIL 2

Philons Bibel: *Die griechische Übersetzung und das durchschimmernde Original*

Einleitung zum Teil 2   123

2 **Belege für eine griechische Quelle der Etymologien**   124
   1 Μαχείρ   126
   2 Σεσείν   131
   3 Σεπφώρα   132
   4 Νῶε   134

3 **Belege für die hebräisch orientierte Exegese bei Philon**   136
   1 Allgemeine Überlegungen   136
   2 Bibelexegese aufgrund der LXX   140
      2.1 *κύριος, θεός, Tetragramm*   146
      2.2 *κύριος und θεός als göttliche Kräfte: Güte und Macht*   162
      2.3 *Gott und Götter in Lev 24,15–16 und Ex 22,27*   168
      2.4 *Adam*   170
      2.5 *Reue Gottes*   183
      2.6 *Söhne Gottes*   188
      2.7 *„Alles Fleisch hat seinen Weg verderbt" (Gen 6,12)*   191

TEIL 3

Parallelen zwischen Philon und der rabbinischen Exegese

4 **„Ort" als Gottesname (Ex 24,10)**   195

5 **Der erste Mensch als Androgyn**   207
   1 Androgyne in Platons Gastmahl   209
   2 Androgyn bei Philon   213
   3 Androgyne in Bereschit Rabba   217
   4 Der Begriff des doppelgeschlechtlichen Protomenschen bei Philon   219

6 **Manna-Logos: Eine ursprünglich am hebräischen Text orientierte Exegese?**   223

Schlusswort   226

Anhang: Scaliger und Heinsius über die LXX 229
Bibliographie 238
Register der modernen Autoren 253
Sachregister 255
Quellenregister 257

Danksagung

Dieses Buch ist eine überarbeitete Fassung meiner Dissertation, die in den Jahren 2012–2016 am Institut für Judaistik der Universität Bern im Rahmen des vom Schweizerischen Nationalfonds unterstützten Projekts „Philon von Alexandrien, De Vita Mosis: Text und Kontext" entstand. Dem Leiter des Projekts und Betreuer meiner Doktorarbeit, Prof. Dr. René Bloch, möchte ich an erster Stelle für die unvergleichliche Chance, an seinem Projekt mitzuwirken, herzlich danken. Unter seiner kompetenten Leitung fühlte ich mich immer frei, aber nie allein gelassen; dank ihm ist mir Philon von Alexandrien aus einem rätselhaften Fremden zum lieben Vertrauten geworden. Auch meinem zweiten Betreuer Prof. Dr. Axel Knauf verdankt dieses Buch viel, und ich selbst noch mehr: so manche wichtige Anregung, witzige oder herzerwärmende Bemerkung, auch eine Fülle Informationen aus dem reichen Schatz seiner Kenntnisse.

Wichtig und produktiv waren für mich in den Berner Jahren zahlreiche Tagungen und Workshops, die von Prof. Dr. Rainer Hirsch-Luipold (Neues Testament) im Themenbereich religiöse Philosophie und philosophische Religion der Kaiserzeit organisiert oder mitgestaltet wurden; freudig ergreife ich die Gelegenheit, mich für sein immer offenes Ohr für Gespräche, mannigfaltige Anregungen und vielfache Unterstützung zu bedanken. Auch vom breiten Interessenspektrum von Prof. Dr. Richard King (antike Philosophie) durfte ich profitieren. Meinem Mentor in Sachen Aramäisch und rabbinisches Hebräisch, Dr. Peter Schwagmeier, redet mein Mund Dank aus der Fülle des Herzens. Meinen Kolleginnen am Institut für Judaistik, Dr. Ilana Wartenberg, Dr. Eva Tyrell, Dr. Monika Kneubühler, Dr. Almuth Lahmann, gebührt für den konstant warmen und inspirierenden Austausch auch der herzlichste Dank – es war (und ist) nie langweilig mit Euch!

Bei den anonymen Gutachtern meines Manuskripts bedanke ich mich für die sorgfältige Lektüre, konstruktive Kritik und hilfreiche Hinweise. Prof. Dr. Karina Hogan und Prof. Dr. René Bloch, den Herausgebern der JSJS-Reihe, danke ich herzlich für die Aufnahme meines Buches.

Meinem lieben Mann Dr. Alexander Müller verdanke ich nicht nur alles, was das Leben lebenswert macht, einschließlich die beglückende Möglichkeit, am Frühschtückstisch Feinheiten der griechischen und hebräischen Grammatik zu besprechen, sondern auch die unendliche Arbeit, die er in das Formatieren, Korrigieren, Nachprüfen auf jeder Seite dieses Buches investiert hat. Die verbleibenden Makel sind ausschließlich mein.

Maria Sokolskaya
Mainz, den 12. April 2022

Einleitung

In der vorliegenden Studie geht es um den Status der griechischen Tora im hellenistischen Judentum und um die damit verbundene exegetische Praxis. Zum Thema „Status" haben wir zwei vollständig überlieferte Kompositionen, zwei Ausführungen der Septuaginta-Legende: den sogenannten Aristeasbrief (im weiteren: *Aristeas*) und (viel kompakter) einen Abschnitt in Philons *Vita Mosis*.[1] Für die Frage der exegetischen Praxis – damit ist hier gemeint: der Interpretation und der Textüberlieferung – der griechischen Tora in Alexandrien ist sowohl *Aristeas* als auch das ganze Korpus der erhaltenen Schriften Philons einschlägig. Beides wurde aber m.E. in der Septuaginta-Forschung zu wenig oder zu einseitig herangezogen.[2] Die Art, wie man die Septuaginta-Legende, vor allem *Aristeas*, interpretierte, hatte dabei großen Einfluss auf die Art, wie man Philons Werke las, und auch umgekehrt: In Philon sah man vorgegebene Vorstellungen von der Septuaginta bestätigt. Diesen Verwicklungen und Verstrickungen in der Forschungsgeschichte, von denen manche Jahrhunderte alt sind, aber in immer neuen Gewändern bis auf den heutigen Tag unser Denken beeinflussen, versucht dieses Buch nachzugehen – zumindest in groben Zügen und im Hinblick auf aktuelle Diskussionen. Es gibt inzwischen einen ganzen Zweig in der Philon- und *Aristeas*-Forschung, wo die Bibelauslegung schlicht und einfach keine Rolle spielt.[3] Ich möchte dagegen Philon für die Septuaginta-Studien und die Septuaginta-Studien für das Verständnis von Philon fruchtbar machen.[4] Auch in *Aristeas* sehe ich weniger eine Quelle für historisch mehr oder weniger zuverlässige Eckdaten und Grundinformationen zur

---

1 *Mos.* II,26–44.

2 Vgl. Bernstein (2004). Bernstein spricht von der allmählichen Entdeckung der Bibelauslegung („Jewish biblical interpretation in antiquity") als einer übergreifenden und überaus wichtigen Kategorie für das Verständnis der jüdischen Literatur des Zweiten Tempels im Allgemeinen. Vor der Entdeckung der Qumran-Texte, meint er, hätte man wenig gehabt, was sich eindeutig, schon der äußeren Form nach, dieser Kategorie zuschreiben ließ. Natürlich gab es Philon und den rabbinischen Midrasch, aber „each of these had a quality which allowed them to be further discounted and ignored. Philo's interpretations of scripture from a philosophical perspective could easily be considered idiosyncratic and atypical ... Furthermore, his works represent a Diaspora perspective, differing geographically (Alexandria) and linguistically (Greek) from the primary objects of our investigation which happen to be works written in Hebrew or Aramaic in Eretz Yisrael", s. Bernstein (2004), 218.

3 Wie neulich Niehoff (2019).

4 In dieser allgemeinen Ausrichtung trete ich in die Fußstapfen von Valentin Nikiprowetzky mit seinem *Commentaire de l'Écriture chez Philon d'Alexandrie* von 1977 (Nikiprowetzky 1977).

© MARIA SOKOLSKAYA, 2022 | DOI:10.1163/9789004523166_002

alexandrinischen Tora-Übersetzung als ein Produkt der exegetischen Tradition, die einige Zeit davor diese selbe Übersetzung hervorgebracht hat, und einer sich auf dieser Grundlage entwickelnden Literatur, in einer Reihe z. B. mit der griechischen Version von Esther oder den Makkabäerbüchern.[5] *Aristeas* wird hier nicht als Gründungsmythos[6] der „Septuaginta" angegangen – eine Entität namens „Septuaginta" gibt es in den hellenistischen Texten noch nicht, sie entsteht erst in der späteren Rezeption,[7] vermutlich im Zusammenhang mit der Aneignung der griechischen Bibel durch das entstehende Christentum und den daraus resultierenden neuen sprachlichen und ideologischen Abgrenzungen. Ich versuche also, *Aristeas* als einen gleichberechtigten Bestandteil der jüdisch-hellenistischen Literatur zu betrachten und das Bibelexegetische darin zu untersuchen.

Das Buch besteht aus drei Teilen: Der erste bespricht die Legende, sozusagen die alexandrinische „Theorie" der Septuaginta; der zweite untersucht einige Spezimina der philonischen Exegese – seine „Praxis" im Umgang mit dem Bibeltext. Die Teile eins und zwei sind eng miteinander verbunden: Dank einer von Ekaterina Matusova[8] aufgedeckten spezifischen Interpretation eines Ausdrucks im Deuteronomium, die *Aristeas*, Philon und der LXX einiger prophetischer Bücher gemeinsam ist und auch in den hexaplarischen Rezensionen des Deuteronomiums (im Unterschied zum LXX-Dtn) auftaucht, kann dieselbe exegetische Einheit sowohl als ein Element biblischer Vorlage in *Aristeas* besprochen werden wie auch als ein Beleg dafür, dass sich Philons Quellen bei seiner exegetischen Bearbeitung des Pentateuchs nicht auf den LXX-

---

5 Vgl. Johnson (2004), unter anderem zum Problem der Gattungsdefinition.

6 So Honigman (2003) *passim* („charter myth").

7 Entsprechend gehe ich nicht davon aus, dass die Anzahl der Übersetzer (72) in *Aristeas* einer traditionellen Bezeichnung der alexandrinischen Tora-Übersetzung verpflichtet ist, sondern verwende einige Seiten darauf, diese Zahl aus der Bibelexegese zu erklären. *Aristeas* ist in meiner Sicht keine ätiologische Legende zur Überschrift *Septuaginta*, sondern umgekehrt: Aus der Legende entstand irgendwann der Name. Sinnvoll wird diese Bezeichnung erst dann, wenn man „die Übersetzung der Siebzig" von anderen namentlich bekannten Übersetzungen unterschied (seien sie auch aus unserer Sicht nur Revisionen; relevant ist nur, dass sie von den damaligen Nutzern als eigenständige Textformen mit eigenen Überschriften wahrgenommen wurden, wie wir es in der Hexapla vorfinden, wo die οʹ den αʹ σʹ θʹ usw. gegenübersteht).

8 Matusova (2015). Ich bin bei weitem nicht mit allem einverstanden, was in diesem Buch steht, aber der genannte Nachweis ist für meine Argumentation von eminenter Bedeutung und wird dankbar übernommen (s. unten Seiten 71–75). Matusovas ausführliche Beschäftigung mit der biblischen Vorlage des *Aristeas* (mit konkreten Hinweisen auf Textstellen – sowohl den biblischen als auch im untersuchten Text) ist das mir am meisten zusagende Verdienst des Buches. Bei der „grammatical tradition" gehen unsere Wege dann auseinander, auch der „historical context" überzeugt mich nicht ganz.

EINLEITUNG   3

Pentateuch beschränkten. Gleichzeitig weisen die Gemeinsamkeiten zwischen *Aristeas* und Philon auf eine Kontinuität innerhalb der alexandrinischen Bibel-exegese hin; die Übereinstimmung mit griechischen Übersetzungen der Prophetenbücher, die vermutlich teilweise aus Palästina stammen, entwirft einen breiteren gemeinsamen Rahmen für diese exegetische Tradition. Teil drei geht auf einige Philon und dem rabbinischen Schrifttum gemeinsame Themen ein.

In diesem Rahmen wird auch Philons Bibelexegese unter die Lupe genommen; ist sie ein organischer Teil der jüdischen Bibelauslegung seiner Zeit? Die Ausrichtung auf die Heilige Schrift der Juden ist ein einheitlicher Rahmen für eine ganze Reihe von literarischen Erzeugnissen aus hellenistisch-römischer Zeit, der es erlaubt, diese Werke trotz großer formaler, inhaltlicher und sprachlicher (griechisch, hebräisch, aramäisch) Buntheit, auch trotz deutlich hervortretender lokaler Züge (in diesem Buch steht der alexandrinische Zweig im Fokus, der seine Provenienz keineswegs verleugnet) auf ihre gemeinsame Spezifik hin zu überprüfen. Ein so definierter Rahmen zwingt dazu, die gängigen Beschreibungsmuster zu überdenken. Insbesondere geht es um die Kategorie der *Gattung*. Dieser Begriff aus der Literaturtheorie der klassischen Antike spielt in der heutigen Interpretation der alten Texte eine große – vielleicht allzu große – Rolle. Die alexandrinischen Autoren, die ganz selbstverständlich mit uns seit jeher bekannten klassischen *Genera* spielen, werden besonders gern in die entsprechenden Raster gesteckt, wollen aber nicht so richtig hineinpassen, was ihnen oft als literarisches Unvermögen angekreidet wurde und wird. Die Vermutung liegt aber nahe, dass diese Literatur mit ihrer spezifischen Ausrichtung und den für sie kennzeichnenden Aufgaben zusätzliche formale Kategorien für ihre Beschreibung braucht.[9] Einige davon werden gern aus den Rabbinica übernommen: Es wäre nichts Neues, etwa bei Philon „Midrasch" oder „Pescher" zu finden. Doch auch diese Passformen sitzen oft schief. Arkady Kovelman[10] sprach in Bezug auf *Aristeas* von „Typologie". Dieser Ansatz ist für meine Untersuchung wichtig. Man könnte vielleicht

---

9   Vgl. Bernstein (2004), 226 f. und insbesondere 237: „In general, the Dead Sea Scrolls have enabled us to develop a more profound understanding of the roles ... which the Bible played in all aspects of Jewish intellectual life and creativity in Second Temple times. ... by furnishing examples of new genres, beginning with the *pesharim* and extending to generally problematic parabiblical texts from Cave 4 with a variety of texts in between, they have broadened the range of genres which constitute biblical interpretation. The material which existed before the Qumran discoveries – whether already the object of academic inquiry, then, like rabbinic literature, Philo or Josephus, or relatively neglected, like the Pseudoepigrapha – now can be read as part of a much broader body of literature, and not in isolation from one another."

10 Kovelman (2005), Kapitel „Typology and Pesher in the Letter of Aristeas" (101–134).

von einer *„Tora-Erfüllungshermeneutik"* sprechen[11] (sowohl Kovelman als auch Knauf sehen darin ein Merkmal, das *Aristeas* mit den kanonischen Evangelien gemeinsam hat).

Im weiteren Horizont geht es also darum, Spezifika der jüdischen Literatur des Zweiten Tempels wahrzunehmen – auch derjenigen Teile davon, die nur auf Griechisch ausgearbeitet sind und deutliche Verbindungen zur griechischen Kultur der Zeit aufweisen –, sie zu beschreiben und in ihrer Bedeutung hervorzuheben, in bewusster Abgrenzung von der Forschung im Kielwasser des Buches Sylvie Honigmans, *The Septuagint and Homeric Scholarship in Alexandria*.[12] Auch das Hellenische in diesen Werken kann vermutlich besser erkannt, eingeordnet und verstanden werden, wenn die bibelexegetische Dimension im Auge behalten wird.

Im Folgenden stammen die Übersetzungen der Primärquellen von mir, sofern nicht anders gekennzeichnet.

---

11   Diesen terminologischen Vorschlag verdanke ich Ernst Axel Knauf.

12   Honigman (2003). Die Autorin hofft in dem Fazit ihres Buches gezeigt zu haben, „that it is a flawed assumption to treat the so-called Judaeo-Hellenistic works as a separate category. The originality of a work such as B⟨ook of⟩ Ar⟨isteas⟩, as far as Jewish matters are concerned, relates to secondary aspects. In the light of this, is it really necessary to maintain a category of texts labelled ‚Judaeo-Hellenistic literature'? It seems much more desirable to define a work such as B⟨ook of⟩ Ar⟨isteas⟩ simply as ‚Alexandrian literature'" (147). In der Nachfolge stehen etwa Niehoff (2011) und teilweise auch Matusova (2015).

TEIL 1

Die Septuaginta-Legende

∵

KAPITEL 1

Aristeas: Kontexte – einst und heute

Die Septuaginta-Legende in der Gestalt des *Aristeas* ist uns in mehreren antiken Kontexten überliefert. In der Neuzeit stand die Geschichte nur punktuell und kontextabhängig im Zentrum des Interesses – vor allem in den interkonfessionellen Auseinandersetzungen über den autoritativen Bibeltext nach dem Tridentinum. Die gegenwärtige Forschung ist um eine Rekontextualisierung bemüht; den modernen historiographischen Standards entsprechend möchte man das Werk in Übereinstimmung mit seiner ursprünglichen Intention lesen, die es aber zuerst noch zu rekonstruieren gilt, denn weder über die genaue Abfassungszeit des *Aristeas* noch über den Autor und den Anlass wissen wir heute Bescheid. In diesem Kapitel werden einige Kontexte der langen Rezeptionsgeschichte in einer gewissen Ausführlichkeit thematisiert. In der jüdischen Antike sind Josephus und Philon die wichtigsten Zeugen. Die christliche und jüdische Spätantike und das Mittelalter sind ein Kapitel für sich, mit eigenem Programm; sie werden in dieser Studie nicht berührt. Die gegenwärtige Bibelwissenschaft und die Judaistik, insofern sie sich mit der literarischen Produktion des hellenistischen Judentums und speziell mit *Aristeas*, Philon und Josephus beschäftigen, sind der späthumanistischen Gelehrsamkeit mehr verpflichtet als meistens angenommen; inzwischen sind sowohl die Grundideen als auch einzelne Beobachtungen durch so viele Hände gegangen, dass ihre ursprüngliche Begründung und auch der ursprüngliche Zweck oft vergessen sind. Manche Vorstellung geistert verwaist und sich selbst entfremdet herum, manche Idee wird neu entdeckt und muss sich wieder als eine gewagte Neuerung behaupten; es gibt auch Wertvolles zu entdecken – wie ich zu zeigen hoffe –, das seit einem halben Jahrtausend in lateinischen *notae* und *animadversiones* schlummert. Für die vorliegende Studie habe ich, einem aufschlussreichen Artikel von C.H. Lebram[1] folgend, in den Arbeiten von Joseph Justus Scaliger (1540–1609)[2] und seinem Schüler Daniel Heinsius (1580–1655) gestöbert. Humphrey Hody (1659–1707) dagegen und seine in der Polemik mit Isaak Vossius (1618–1689) mit Verve durchgeführte Kritik an der Historizität des *Aristeas* werden in der heutigen Forschungsliteratur ausreichend gewür-

---

1   Lebram (1975).
2   Der entsprechende Abschnitt in Wasserstein und Wasserstein (2006), 250, ist sehr kurz und folgt, wie der Autor selbst sagt, der Darstellung in Grafton (1993), ohne eine eigenständige Einsichtnahme in die Quellen.

© MARIA SOKOLSKAYA, 2022 | DOI:10.1163/9789004523166_003

digt,[3] dieses Kapitel muss hier nicht wiederholt werden. Dann springt meine Betrachtung ins 20. Jahrhundert, zu Elias Bickerman, und weiter in die „post-Qumran-Ära" der Septuaginta-Forschung, zum gewichtigen Beitrag Dominique Barthélemys und seines Nachfolgers Adrian Schenker. Zu guter Letzt wird eine Anzahl von Büchern aus den letzten 30 Jahren in Bezug auf die Fragestellung dieses Buches besprochen.

1 Die Septuaginta-Legende in der Antike: Die Wahrnehmung von *Aristeas* in der jüdisch-hellenistischen Literatur

In diesem Abschnitt wird nicht chronologisch vorgegangen, sondern von Sicherem zu weniger Sicherem fortgeschritten. Über die Benutzung von *Aristeas* in Josephus ist kein vernünftiger Zweifel möglich. Dass Philon *Aristeas* kannte, ist nicht unumstritten; ich argumentiere im Folgenden dafür, dass *Aristeas* in der Tat eine (aber nicht unbedingt *die*) Quelle von Philons Version der Legende ist. Ist Josephus wiederum auch der philonischen Version verpflichtet? Dieser Frage wurde in der Forschung bisher wenig nachgegangen, so dass sie in der folgenden Josephus-Besprechung im Vordergrund steht. Aristobulus, der aus Fragmenten ins Leben zurückgerufene Schatten mit umstrittener Datierung, wird zuletzt besprochen.

1.1 *Josephus*
1.1.1 Antiquitates I
Antiquitates Judaicae, eine Anfang der 90er Jahre des ersten Jahrhunderts u. Z. in Rom verfasste Schrift des jüdischen Historikers Flavius Josephus, ist der früheste Rahmen, wo wir den *Aristeas* kontextgebunden antreffen, und zwar gleich doppelt: einmal kurz, dafür mit einer markanten Interpretation, in der Einleitung zum ganzen Werk (*Ant.* I,9–13), das zweite Mal im Buch XII (7,11–118), wo das ganze Werk mit einigen, teilweise von Josephus selbst vermerkten Auslassungen und wenigen Hinzufügungen nacherzählt ist. Josephus bezieht sich auch direkt auf einen „Aristaios,[4] der darüber ein Büchlein verfasst hat."[5]

---

3 S. Wright (2015), 6 f.
4 Aristaios ist wohl die ursprüngliche Form des Namens, welche in der antiken Nebenüberlieferung erhalten blieb: So heißt diese Figur in den Handschriften von Josephus und Eusebius. Die Form Aristeas in der handschriftlichen Tradition des *Aristeas* erklärt sich wohl aus der Angleichung an den Namen eines Historikers Aristeas, der eine Schrift über die Juden verfasst haben soll (Eusebius, PE IX,25), vgl. zu den Namen in *Aristeas* Paul Wendland in der Teubner-Textausgabe des Aristeas, *Aristeae ad Philocratem epistula*, XXVI f., diese Namensform (latinisiert: Aristaeos) verwendet Folker Siegert konsequent in seinen Publikationen, s. etwa Siegert (2016), 466 f.

ARISTEAS: KONTEXTE – EINST UND HEUTE

In der Einleitung im Buch I verbreitet sich Josephus zunächst über die Gründe, die einen dazu bewegen können, einen bestimmten historischen Gegenstand in einem Prosawerk darzustellen.[6] Er findet deren im Allgemeinen drei, von denen uns nur der letztgenannte interessiert als derjenige, der sich auf die Abfassung der *Antiquitates* anwenden lässt. Manche, meint Josephus, ließen sich deswegen auf diese Aufgabe ein, weil ihnen etwas überaus Großes und Nützliches bekannt war, was aber der Aufmerksamkeit der Mitwelt völlig entging, so dass der Historiker mit seinem Wissen dem Gemeinwohl dienen möchte.[7] Ein Topos, gewiss – aber kein besonders häufiger. Meistens pochen die griechischen Geschichtsschreiber gerade auf die Berühmtheit der von ihnen beschriebenen Ereignisse. Sie bürgt dafür, dass man gern Näheres darüber erfahren möchte. Anders bei den jüdischen Schriftstellern griechischer Sprache: Wiederholt sehen sie sich mit der Schwierigkeit konfrontiert, dass die in ihren heiligen Schriften erzählten wichtigen Ereignisse in der griechischen Literatur keine Erwähnung finden.[8] Man kann sich fragen, ob sich Josephus hier vielleicht auf den Anfang von Philons *Vita Mosis* bezieht. Philon beginnt die Lebensbeschreibung des Tora-Autors mit der Erklärung, er möchte ihn

> bekannt machen jenen, die es würdig sind, ihn zu kennen. Denn zwar verbreitete sich der Ruhm der Gesetze, die er hinterlassen hat, durch das gesamte bewohnte Land und hat sogar die Grenzen der Erde erreicht. Wer er aber war, wissen wahrheitsgetreu nicht viele. Aus Neid wohl und wegen Widerspruchs in vielen Dingen gegen die griechischen Staatsverfassungen wollten ihn die griechischen Historiker keiner Erwähnung würdig erachten.[9]

---

5 *Ant.* XII,100: Es geht um die Auslassung des „Symposions", der Tischgespräche der jüdischen Weisen mit dem König, *Arist.* 187–292.

6 So übersetze ich den Ausdruck aus dem § 1: τὰς ἱστορίας συγγράφειν.

7 § 3 f.: πολλοὺς δὲ χρησίμων μέγεθος πραγμάτων ἐν ἀγνοίᾳ κειμένων προύτρεψε τὴν περὶ αὐτῶν ἱστορίαν εἰς κοινὴν ὠφέλειαν ἐξενεγκεῖν ("Für viele kam der Antrieb aus der Größe der Geschehnisse, die sich aber der allgemeinen Kenntnis entzogen; diese galt es durch ihre fundierte Darstellung zum Allgemeingut zu machen").

8 Vgl. Feldman (2000), 3 Anm. 3 (ad locum): „The justification for Josephus' rewriting of biblical history, in contrast with the goal of pagan histories, was that it had been ignored by others."

9 *Mos.* I,1: Μωυσέως τοῦ κατὰ μέν τινας νομοθέτου τῶν Ἰουδαίων, κατὰ δέ τινας ἑρμηνέως νόμων ἱερῶν, τὸν βίον ἀναγράψαι διενοήθην, ἀνδρὸς τὰ πάντα μεγίστου καὶ τελειοτάτου, καὶ γνώριμον τοῖς ἀξίοις μὴ ἀγνοεῖν αὐτὸν ἀποφῆναι. τῶν μὲν γὰρ νόμων τὸ κλέος, οὓς ἀπολέλοιπε, διὰ πάσης τῆς οἰκουμένης πεφοιτηκὸς ἄχρι καὶ τῶν τῆς γῆς τερμάτων ἔφθακεν, αὐτὸν δὲ ὅστις ἦν ἐπ' ἀληθείας ἴσασιν οὐ πολλοί, διὰ φθόνον ἴσως καὶ ἐν οὐκ ὀλίγοις τῶν διατεταγμένων ὑπὸ τῶν κατὰ πόλεις νομοθετῶν ἐναντίωσιν οὐκ ἐθελησάντων αὐτὸν μνήμης ἀξιῶσαι τῶν παρ' Ἕλλησι λογίων.

Es ist also die Kombination der objektiven Wichtigkeit von Moses' Taten für die Weltgeschichte und seiner (künstlich, durch Neid, herbeigeführten) Unbekanntheit in der griechischsprachigen Welt, die Philon zur Abfassung der Lebensbeschreibung seines Helden (durchaus einer ἱστορία nach Josephus' Sprachgebrauch) bewogen haben. Wie wir gleich sehen werden, zeigt auch die Fortsetzung des Josephus-Proömiums deutliche Bezüge zur *Vita Mosis*.

„Die vorliegende Arbeit", fährt Josephus fort, „habe ich unternommen in der Überzeugung, dass sie der ganzen griechischsprachigen Welt beachtenswert erscheinen wird. Sie wird nämlich unsere ganzen Altertümer wie auch die Verfassung unseres Gemeinwesens in einer Übersetzung aus dem Hebräischen erfassen."[10] Außerdem sei er auf dringende Bitten eines nichtjüdischen, um die Bildung und Gelehrsamkeit bestens verdienten Gönners eingegangen.[11] Bevor er sich aber dafür entschieden habe, habe er Präzedenzfälle sorgfältig abgewogen: „Ich habe mir im Ernst überlegt, ob unsere Ahnen willig waren, einen Einblick in diese Dinge zu gewähren, und ob es, andererseits, Griechen gab, die sich um das Kennenlernen unserer Traditionen bemühten."[12] Eine positive Antwort auf beide Fragen hat er in der Geschichte, die wir als *Aristeas* kennen, vorgefunden. Seine Recherchen hätten nämlich ergeben, dass Ptolemäus II., der eifrigste Gönner der Bildung und des Büchersammelns, sich außerordentliche Mühe gab, „unser Gesetz und die darauf basierende politische Verfassung" ins Griechische übersetzt kennenzulernen. Der Hohepriester Eleazar seinerseits sah keine Veranlassung, den König nicht in den Genuss dieses Gewinns kommen zu lassen. Dabei hätte er die Bitte sicherlich abgeschlagen, wenn die Heiligen Schriften der Juden ein Mysterium dargestellt hätten.[13] Das Gegenteil ist aber der Fall: „Es ist ein Gebot unserer Tradition, dass nichts, was gut

---

10   *Ant.* I,5: ταύτην δὲ τὴν ἐνεστῶσαν ἐγκεχείρισμαι πραγματείαν νομίζων ἅπασι φανεῖσθαι τοῖς Ἕλλησιν ἀξίαν σπουδῆς· μέλλει γὰρ περιέξειν ἅπασαν τὴν παρ' ἡμῖν ἀρχαιολογίαν καὶ διάταξιν τοῦ πολιτεύματος ἐκ τῶν Ἑβραϊκῶν μεθηρμηνευμένην γραμμάτων.

11   Epaphroditus (§ 8), dessen Identität heute umstritten ist (s. Feldman [2000], ad locum). Für meine Belange wichtig ist nur seine Beschreibung bei Josephus als ἀνὴρ ἅπασαν μὲν ἰδέαν παιδείας ἠγαπηκώς („ein Mann, welcher der Bildung in allen ihren Gestalten hingegeben war").

12   § 9: λογισάμενος οὐ παρέργως, περί τε τῶν ἡμετέρων προγόνων εἰ μεταδιδόναι τῶν τοιούτων ἤθελον, καὶ περὶ τῶν Ἑλλήνων εἴ τινες αὐτῶν γνῶναι τὰ παρ' ἡμῖν ἐσπούδασαν.

13   Die gelegentliche Bezeichnung der Heiligen Schrift als „ἱερός λόγος" und der entsprechende häufige Gebrauch von Mysterienterminologie bei Philon ließen offenbar entsprechende Fragen aufkommen. Insbesondere nennt Philon in seiner Version der Septuaginta-Legende die 70 „keine Übersetzer, sondern Hierophanten und Propheten" (*Mos.* II,40: οὐχ ἑρμηνέας ἐκείνους ἀλλ' ἱεροφάντας καὶ προφήτας). Hierophanten sind bekanntlich diejenigen, die den eingeweihten Mysten (und niemandem sonst) die Geheimnisse der Mysterien eröffnen.

und nützlich ist, ein Geheimnis[14] bleiben soll." Josephus entscheidet sich also dafür, „die Großzügigkeit des Hohenpriesters nachzuahmen" in der Annahme, dass es „auch heute viele gibt, die dem Bildungseifer des Königs in nichts nachstehen."[15] Zwar kannte Josephus zweifelsohne den *Aristeas* (wie die Paraphrase im 12. Buch und auch hier der Name Eleazar für den Hohenpriester, der bei Philon unbenannt bleibt, zeigen), es ist aber nicht unwahrscheinlich, dass er sich für die kurze Zusammenfassung im 1. Buch der philonischen Paraphrase[16] bediente. In beiden Fällen wird der Reichtum an Figuren, den *Aristeas* aufweist, auf zwei Dialogpartner reduziert, nämlich den Belehrung suchenden König Ptolemäus II. und den großzügigen Jerusalemer Hohenpriester, von denen der Erstere um eine Wohltat bittet und der Zweite die Bitte gewährt – aus Menschenliebe, aber auch *ad maiorem gloriam Dei*, damit auch die griechischsprachige Welt die Tora endlich kennenlernt.

Einige Paragraphen weiter beginnt Josephus seine „kurzen Vorbemerkungen über unseren Gesetzgeber, von dessen Weisheit alles abhängt, damit sich einige Leser nicht wundern, wieso bei uns ein Buch, das mit ‚das Gesetz und die Taten' überschrieben ist, einen so langen Teil über die Verfassung der Natur (‚Physiologie') enthält."[17] Josephus' Ausführungen über die Notwendigkeit des Schöpfungsberichts für die jüdische Gesetzgebung haben die Kommentatoren in beiden maßgeblichen Editionen an Philon erinnert: Sowohl Thackeray als auch Feldman verweisen auf *De Opificio* 1–2.[18] Dabei wird der-

---

14   ἀπόρρητον, ein Wort, das Josephus auch sonst gern für ‚Geheimnis' benutzt, das aber mindestens seit Platon ein fester Bestandteil der Mysterienterminologie ist.

15   §§ 10 f.: Εὖρον τοίνυν, ὅτι Πτολεμαίων μὲν ὁ δεύτερος μάλιστα δὴ βασιλεὺς περὶ παιδείαν καὶ βιβλίων συναγωγὴν σπουδάσας ἐξαιρέτως ἐφιλοτιμήθη τὸν ἡμέτερον νόμον καὶ τὴν κατ' αὐτὸν διάταξιν τῆς πολιτείας εἰς τὴν Ἑλλάδα φωνὴν μεταβαλεῖν, ὁ δὲ τῶν παρ' ἡμῖν ἀρχιερέων οὐδενὸς ἀρετῇ δεύτερος Ἐλεάζαρος τῷ προειρημένῳ βασιλεῖ ταύτης ἀπολαῦσαι τῆς ὠφελείας οὐκ ἐφθόνησε πάντως ἀντειπὼν ἄν, εἰ μὴ πάτριον ἦν ἡμῖν τὸ μηδὲν ἔχειν τῶν καλῶν ἀπόρρητον („Ich habe herausgefunden, dass von den Ptolemäern der zweite, der größte König dieser Dynastie, der sich außerordentlich um die Bildung und das Sammeln der Bücher bemühte, es als seine Ehrenaufgabe ansah, unser Gesetz und unsere darauf basierende Staatsverfassung ins Griechische übertragen zu lassen, und dass Eleazar, der unter unseren Hohepriestern in Vortrefflichkeit keinem nachstand, nicht die geringste Veranlassung sah, diesem König den Genuss davon vorzuenthalten; er hätte ihm bestimmt eine Absage erteilt, wenn es nicht unsere ureigene Sitte wäre, aus dem Schönen und dem Nützlichen niemals ein Geheimnis zu machen").

16   Philon, *Mos.* II,26–43.

17   § 18: Ἐπειδὴ δὲ πάντα σχεδὸν ἐκ τῆς τοῦ νομοθέτου σοφίας ἡμῖν ἀνήρτηται Μωυσέος, ἀνάγκη μοι βραχέα περὶ ἐκείνου προειπεῖν, ὅπως μή τινες τῶν ἀναγνωσομένων διαπορῶσι, πόθεν ἡμῖν ὁ λόγος περὶ νόμων καὶ πράξεων ἔχων τὴν ἀναγραφὴν ἐπὶ τοσοῦτον φυσιολογίας κεκοινώνηκεν.

18   Thackeray, LCL, Bd. 4 (1957), 11 Anm. b; Feldman (2000), 11 Anm. 43 und 47.

selbe Gedanke auch in der *Vita Mosis* II, und zwar in unmittelbarem Anschluss an die Septuaginta-Legende, in einer sehr ähnlichen Form vorgebracht.[19] Es ist auch bemerkenswert, dass Josephus diese Gedanken als eine Erzählung über *Moses* einführt (περὶ ἐκείνου, sc. Μωυσέος). Daher scheint es plausibel, dass Josephus für den ganzen Prolog der *Antiquitates* die *Vita Mosis* als seine Vorlage hatte.

Josephus sieht sich also berechtigt, die Großzügigkeit des Hohenpriesters nachzuahmen. Es bleibt für ihn, der sich offenbar als einen Nachfolger der 70 sieht, noch viel zu tun, da der König damals von den nach Alexandrien gesandten Übersetzern nicht die ganze Schrift bekommen hatte, sondern nur das

---

19 Philon, *Mos.* II,45–51: „Das Gesagte genügt schon als großes Lob für den Gesetzgeber. Aber noch größer ist ein anderes, das in den heiligsten Büchern selbst enthalten ist. Denen wollen wir uns jetzt zuwenden, um die Vortrefflichkeit ihres Schreibers zur Geltung zu bringen. 46. Die Bücher haben einen historischen Teil und einen mit Geboten und Verboten, den wir uns später vornehmen werden, nachdem der Erstere ausführlich behandelt wurde. 47. Der historische Teil besteht aus zwei Abschnitten: über die Erschaffung der Welt und über die einzelnen Geschlechter. Letzterer ist wiederum zweifach, einerseits über die Bestrafung der Frevler, andererseits über den Lohn der Gerechten. Zunächst wollen wir davon sprechen, warum Moses seine Gesetze auf diese Weise begann und die Gebote und Verbote in die zweite Reihe stellte. 48. Nicht wie ein Geschichtsschreiber bemühte er sich, um nutzloser Unterhaltung willen Ereignisse aus alter Zeit für die Nachwelt aufzuzeichnen, sondern er ging auf die Urzeit zurück, als das Weltall geschaffen wurde, um die beiden wichtigsten Dinge klarzumachen: erstens, dass der Vater und Schöpfer der Welt und ihr wahrer Gesetzgeber ein und derselbe sei, zweitens, dass, wer diese Gesetze befolge, Übereinstimmung mit der Natur anstreben und sein Leben nach der Weltordnung richten werde in vollem Einklang und Übereinstimmung seiner Rede mit seinen Handlungen und seiner Handlungen mit der Rede. 49. Von den anderen Gesetzgebern ordneten die einen gleich an, was man tun und lassen solle, und legten Strafen für die Gesetzesbrecher fest, die anderen, die sich für etwas Vornehmeres hielten, wollten nicht damit den Anfang machen: Erst gründeten und errichteten sie im Geist einen Staat und verliehen ihrer Gründung dann durch die Gesetzgebung die ihrer Meinung nach beste und angemessenste Verfassung. 50. Moses aber ging in beiden Punkten anders vor, weil er die erste Art durchaus zu Recht für tyrannisch und despotisch hielt – befehlen, ohne zu ermahnen, heißt, die Menschen als Sklaven und nicht als Freie zu behandeln –, und die zweite zwar für vernünftig, aber ungeeignet, bei allen Beurteilern auf volle Zustimmung zu stoßen. 51. In seinen Geboten und Verboten fordert er eher auf und ermahnt, als dass er befiehlt. Die wichtigsten Dinge versucht er meistens mit Hilfe von Vor- und Nachworten darzulegen, um mehr zu überzeugen, als zu zwingen. Mit der Gründung eines fingierten Staates zu beginnen, hielt er unter der Würde der Gesetze; mit dem scharfen Blick seines Geistes auf die Größe und Schönheit der ganzen Gesetzgebung urteilte er, dass sie zu bedeutend und göttlich sei, um mit einer irdischen Grenze eingeschränkt zu werden; deswegen machte er die Entstehung des Großen Staates zur Einleitung, da er in den Gesetzen das genaueste Abbild des Weltalls erblickte."

ARISTEAS: KONTEXTE – EINST UND HEUTE 13

Gesetz, unzählige andere Dinge aus den 5000 Jahren jüdischer Geschichte blieben ihm vorenthalten.[20] Für Josephus also, wie für alle hellenistischen Juden, bleibt die Septuaginta-Legende nur auf die Tora bzw. den Pentateuch bezogen.

Wichtig ist auch der Vergleich von Josephus' Worten mit seiner Praxis. Interessanterweise scheint er, nach Ausweis Henry St. John Thackerays, sich gerade für den Pentateuch auf eine semitische Vorlage zu stützen. Die Einzelheiten sind bis heute umstritten, aber Josephus scheint durchgängig beides – Hebräisch und Griechisch, womöglich auch einen aramäischen Targum – auf seinem Schreibpult gehabt und sich frei zwischen den beiden Textformen bewegt zu haben.[21] Zu seiner Zeit waren alle von ihm in die *Antiquitates* eingearbeiteten Bücher der Hebräischen Bibel schon längst ins Griechische übertragen. Nichtdestotrotz behauptet er in § 5, der Wert seiner Geschichte für „alle Griechen" bestehe darin, dass er die jüdischen Altertümer „aus dem Hebräischen übersetzt"[22] präsentiert. Ob und wo und wie genau er die bestehenden griechischen Übersetzungen benutzt, ist für die heutige Forschung eine offene Frage.[23] Aber das ist gerade der Punkt: Die beiden sprachlichen Formen der Heiligen Schrift gehen ineinander über, ohne dass im Bewusstsein des *Antiquitates*-Autors der geringste Konflikt zwischen ihnen besteht. Sie sind wie „Schwestern oder eher wie eine und dieselbe Schrift im Sinn und im Ausdruck", wie Philon so schön formuliert.[24] Nach zweitausend Jahren Auseinandersetzungen darüber, welche Textform nun die authentische, die ursprüngliche usw. ist, fällt es uns schwer, diese Wahrnehmung nachzuvollziehen. In der ganzen jüdisch-hellenistischen

---

20 § 12: οὐδὲ γὰρ πᾶσαν ἐκεῖνος ἔφθη λαβεῖν τὴν ἀναγραφήν, ἀλλὰ μόνα τὰ τοῦ νόμου παρέδοσαν οἱ πεμφθέντες ἐπὶ τὴν ἐξήγησιν εἰς τὴν Ἀλεξάνδρειαν („Der König konnte auch nicht die ganze Schrift bekommen, sondern diejenigen, die zum Übersetzen nach Alexandrien gesandt worden waren, brachten ihm nur die Bücher des Gesetzes").

21 Nodet (2018), 11 f., fasst die Meinung Thackerays zusammen (ohne Stellenangabe, aber offenbar aus Thackerays „Note on the Evidence of Josephus" in *The Cambridge Septuagint*, Bd. 2 [I & II Sam], 1927, IX; aus einem Abschnitt in der Josephus-Ausgabe *Josephus with an English Translation*, hg. von Henry St. John Thackeray, Bd. 4, *Jewish Antiquities, Books I–IV* [London: Heinemann; Cambridge, MA: Harvard University Press, 1930], *Introduction*, XII und aus Thackeray [1929], 85) und bringt seine Einwände bzw. Berichtigungen vor. Seiner Meinung nach arbeitete Josephus *nur* nach dem hebräischen Text, nach einer damals autoritativen Form davon, von der auch die LXX stammt (S. 12; 42). Das mag eine Übertreibung sein, die Behauptung wird auch mehrmals nuanciert vorgetragen, z. B. S. 10: „We call H the ultimate Hebrew source of Josephus, on the assumption that whatever Greek text he may have used, there must be some Hebrew behind it, related or not to MT."

22 ἐκ τῶν Ἑβραϊκῶν μεθηρμηνευμένην γραμμάτων.

23 S. Anm. 21.

24 *Mos.* II,40: καθάπερ ἀδελφὰς μᾶλλον δ' ὡς μίαν καὶ τὴν αὐτὴν ἔν τε τοῖς πράγμασι καὶ τοῖς ὀνόμασι.

14 KAPITEL 1

Literatur ist sie aber da, bei Josephus, bei Philon, auch in *Aristeas*.[25] Erst mit der jüdisch-christlichen Polemik über die messianischen Prophetien, und, vielleicht noch wichtiger, mit dem Untergang der wichtigsten jüdischen Gemeinden griechischer Sprache, insbesondere derjenigen in Alexandria, wendet sich das Blatt und wird der Wettbewerb der Textzeugen gestartet.

1.1.2 Antiquitates XII

Im 12. Buch in §§ 11–118 wird dann eine Nacherzählung des *Aristeas* platziert. Das Buch XI erzählt die Schicksale der Juden in der Zeit der persischen Herrschaft und die Eroberung des Persischen Reichs durch Alexander den Großen. Entsprechend werden Esra-Nehemia und das Buch Esther eingearbeitet. Am Ende des XI. Buches stirbt Alexander, nachdem er den Juden allerlei Ehren erwiesen und steuerliche Begünstigungen gegönnt hat. Am Anfang des 12. Buches wird kurz erwähnt, dass der böse Ptolemäus I., der seinen Namen „Heiland" keineswegs verdiente, Jerusalem am Sabbat eroberte und viele Gefangene aus Judäa nach Ägypten brachte – Letzteres wird auch in *Aristeas* erwähnt und ist für dessen Plot unentbehrlich. Gleichzeitig wird aber auch gesagt, dass Ptolemäus Nachricht bekommen hatte, dass die Juden besonders treu an ihrem Eid festhalten, und ihnen daraufhin allerlei Auszeichnungen zukommen ließ, sie als Besatzung für seine Garnisonen ansiedelte und ihnen in Alexandrien die gleichen Bürgerrechte wie den Makedoniern verlieh. Daraufhin kamen viele Juden freiwillig nach Ägypten, angelockt durch die Fruchtbarkeit des Landes und die Großzügigkeit des Ptolemäus.[26] Das Bild des ersten Ptolemäers bleibt somit widersprüchlich, wie auch die Ursprungsgeschichte der jüdischen Gemeinde Alexandriens. Vermutlich resultiert diese Spannung, wie meistens in den *Antiquitates*, aus der Zusammenfügung der verschiedenartigen Quellen. Die anschauliche Geschichte der Eroberung am Sabbat ist bestimmt auch einer erbaulichen jüdisch-hellenistischen Erzählung entnommen, nur ist sie, im Unterschied zu *Aristeas*, nicht auf uns gekommen. *Aristeas* deckt dann die Herrschaft des nächsten Regenten ab. Ptolemäus II., hören wir, war ein Wohltäter der Juden: Er „ließ das Gesetz übersetzen und befreite die Jerusalemer, die in Ägypten versklavt waren, 120 000 an der Zahl, von der Sklaverei."[27]

---

25   Der berühmte Seufzer des Sirach-Enkels (Sir. Prol. 19–26) ist wohl kein Gegenbeweis. Er spricht nur aus Erfahrung von realen Schwierigkeiten des Übersetzens, nicht über den höheren Stellenwert des hebräischen Originals.

26   *Ant.* XII,8–9.

27   *Ant.* XII,11: τόν τε νόμον ἡρμήνευσε καὶ τοὺς δουλεύοντας ἐν Αἰγύπτῳ τῶν Ἱεροσολυμιτῶν ἀπέλυσε τῆς δουλείας ὄντας περὶ δώδεκα μυριάδας.

ARISTEAS: KONTEXTE – EINST UND HEUTE

Es ist aufschlussreich, wie gut der Abschnitt in das Ganze der *Antiquitates* und insbesondere in den unmittelbaren Zusammenhang der Bücher XI und XII passt. Josephus' in einen chronologischen Rahmen gestellte Erzählungen – die wir zum größten Teil auch als unabhängige Texte kennen[28] – folgen demselben Muster und weisen dieselben charakteristischen Züge auf. Jede Episode kennt zwei wichtigste Kontrahenten: einen mächtigen König und die Juden. Der König ist entweder den Juden von Anfang an günstig gestimmt, weil er über eine ihn selbst betreffende günstige Prophetie informiert wurde[29] (das Motiv kann, wie in *Aristeas*, zur Auskunft über die allgemeine Weisheit in den heiligen Büchern der Juden werden), oder es schaltet sich ein Bösewicht dazwischen, der die Juden zunächst verleumdet, aber eine gottgesandte Peripetie eröffnet dem König den wirklichen Wert des Gottesvolkes. Daraufhin werden die Juden mit Wohltaten überhäuft, zu denen vor allem reiche Geschenke für den Tempel und ein besonderer Status bzw. das umfassendste Bürgerrecht für die Juden in des betreffenden Königs Herrschaftsbereich gehören. Die Erzählungen schreiten hauptsächlich durch königliche Briefe und Erlasse voran.

So läuft bei Josephus die Weltgeschichte, so werden auch einzelne Episoden in seinen Quellen interpretiert: Die fremden Herrscher als Instrumente Gottes in der Erfüllung der jüdischen Schicksale bringen dem jüdischen Gesetz und somit Gott Ehrfurcht oder Verachtung entgegen und werden dafür belohnt oder bestraft. Insofern wird die Tora in *Aristeas* genauso auf königliche Veranlassung übersetzt wie der jüdische Tempel im Buch Esra auf Kyros' Veranlassung wiederaufgebaut.

Insgesamt sind die *Antiquitates* eine Geschichte des jüdischen Volkes und gleichzeitig ein Bericht über das Wirken Gottes in der Weltgeschichte – von der Schöpfung der Welt durch alle sich ablösenden Weltreiche „bis zu dem heutigen Tag" des Erzählers (der ja, wie wir aus seinen anderen Schriften wissen, seine Stellung an einem heidnischen Hof auch einer erfüllten Prophezeiung über den nächsten Weltherrscher verdankte). So betrachtet, verwundert es vielleicht weniger, dass Josephus die *Antiquitates* als eine Nacherzählung

---

28 Zu Josephus' Adaptation von *Aristeas* s. die klassische Untersuchung von André Pelletier (Pelletier [1962]).

29 Z. B. XI,5: Ταῦτα δ᾽ ἔγνω Κῦρος ἀναγινώσκων τὸ βιβλίον, ὃ τῆς αὐτοῦ προφητείας ὁ Ἡσαΐας κατέλιπεν πρὸ ἐτῶν διακοσίων καὶ δέκα· οὗτος γὰρ ἐν ἀπορρήτῳ εἶπε ταῦτα λέγειν τὸν θεόν, ὅτι βούλομαι Κῦρον ἐγὼ πολλῶν ἐθνῶν καὶ μεγάλων ἀποδείξας βασιλέα πέμψαι μου τὸν λαὸν εἰς τὴν ἰδίαν γῆν καὶ οἰκοδομῆσαί μου τὸν ναόν („Das hat Kyros erfahren, indem er das Buch las, worin Jesaja 210 Jahre zuvor seine Prophetie niederschrieb. Dieser sagte nämlich, Gott habe ihm insgeheim folgendes mitgeteilt: ‚Ich will, dass Kyros, nachdem ich ihn zum König über viele große Völker gemacht habe, mein Volk in sein ⟨des Volkes⟩ eigenes Land schickt und meinen Tempel aufbaut'" [mit Bezug auf Jes 44,28]).

16   KAPITEL 1

der „heiligen Schriften" darstellt, obwohl die „Bibel" im heutigen Verständnis, oder zumindest was heute zur Biblia Hebraica zählt, mit dem Buch Esther in Antiquitates XI endet, und zwar nicht etwa mit dem Ende des XI. Buches, was zumindest eine Art Zäsur darstellen würde, sondern die Erzählung folgt weiter der Chronologie, ohne dass in ihrem Duktus der geringste Unterschied zwischen der Esther-Geschichte, der Aristeas-Geschichte, der 1. Makkabäerbuch-Geschichte usw. spürbar würde. Bei Lichte besehen verspricht die Einleitung im 1. Buch genau das:

> Die heiligen Schriften erzählen außerdem unzählige andere Begebenheiten: Sie erfassen ja 5000 Jahre Geschichte, und in ihrem Verlauf die unterschiedlichsten unglaublichen Peripetien, viele Kriegsgeschicke, Heldentaten von Feldherren und Wechsel von Staatsformen. Im Ganzen aber wird jeder, der dieser Geschichte folgen möchte, am ehesten lernen, dass denjenigen, die den Willen Gottes befolgen und seine schönen Gesetze nicht zu übertreten wagen, alles, auch das Unglaublichste, gelingt, und Glück als Ehrenpreis von Gott erteilt wird. Sofern sie aber von der genauen Befolgung der Gesetze absehen, wird auch das Zugängliche unerreichbar und alles, was sie für ihr Wohl zu unternehmen gedenken, wendet sich ins schrecklichste Unheil.[30]

Die ganze „5000-jährige Geschichte" ist ja nichts anderes als eine mit immer neuen Beispielen unterstützte Erfüllung von Verheißungen (Belohnungen und Strafen), die, ursprünglich in der Tora erhalten, von den prophetischen Büchern entfaltet und erneuert, in offenbar reicher Literatur, von der wir nur kleine Reste besitzen, auf die jeweils aktuelle Lage angewandt wurden – nach dem Muster der „Tora-Erfüllungshermeneutik".[31] Die Uniformität, die der Aufbau der einzelnen Erzählungen aufweist, wird gerade durch ihre Aneinanderreihung bei Josephus augenfällig.[32]

---

30   *Ant.* I,13 f.: μυρία δ' ἐστὶ τὰ δηλούμενα διὰ τῶν ἱερῶν γραμμάτων, ἅτε δὴ πεντακισχιλίων ἐτῶν ἱστορίας ἐν αὐτοῖς ἐμπεριειλημμένης, καὶ παντοῖαι μέν εἰσι παράλογοι περιπέτειαι, πολλαὶ δὲ τύχαι πολέμων καὶ στρατηγῶν ἀνδραγαθίαι (14) καὶ πολιτευμάτων μεταβολαί. τὸ σύνολον δὲ μάλιστά τις ἂν ἐκ ταύτης μάθοι τῆς ἱστορίας ἐθελήσας αὐτὴν διελθεῖν, ὅτι τοῖς μὲν θεοῦ γνώμῃ κατακολουθοῦσι καὶ τὰ καλῶς νομοθετηθέντα μὴ τολμῶσι παραβαίνειν πάντα κατορθοῦται πέρα πίστεως καὶ γέρας εὐδαιμονία πρόκειται παρὰ θεοῦ· καθ' ὅσον δ' ἂν ἀποστῶσι τῆς τούτων ἀκριβοῦς ἐπιμελείας, ἄπορα μὲν γίνεται τὰ πόριμα, τρέπεται δὲ εἰς συμφορὰς ἀνηκέστους ὅ τι ποτ' ἂν ὡς ἀγαθὸν δρᾶν σπουδάσωσιν.

31   S. oben S. 6.

32   Sara Raup Johnson (2004) beschreibt m. E. diese spezifische Art jüdischer Literatur tref-

ARISTEAS: KONTEXTE – EINST UND HEUTE

1.2   *Aristeas bei Philon?*

Philon schreibt seine *Vita Mosis* ungefähr ein halbes Jahrhundert vor den *Antiquitates*. Für die Verbreitung des *Aristeas* ist er aber ein viel weniger zuverlässiger Zeuge. Josephus erzählt zwei Drittel des *Aristeas* in teilweise identischem Wortlaut nach und nennt an einer Stelle ausdrücklich seinen Gewährsmann. Die philonische Version ist viel kürzer und eigenwilliger. Wer Philons Version der Legende als von *Aristeas* abhängig ansieht, nimmt das *onus probandi* auf sich. Letztendlich ist *Aristeas* zwar für uns die älteste und ausführlichste Version der Geschichte von den 72 Übersetzern, aber nicht unbedingt die Urquelle der ganzen Tradition. Es könnte sein, dass *Aristeas* und der Abschnitt in der *Vita Mosis* zwei voneinander unabhängige Varianten derselben im alexandrinischen Judentum tradierten Geschichte sind.

Der neueste Kommentar zu *Aristeas* teilt kurz mit: „Philo almost certainly knew *Aristeas*, and it served as the basis for his story of the translation in ‚Life of Moses' 2.25–44."[33] Verwiesen wird auf einen ausführlichen Vergleich der beiden Texte in der Monographie von Wasserstein und Wasserstein zur Septuaginta-Legende.[34] Wie die Wassersteins gehe ich davon aus, dass Philon *Aristeas* kannte, teilweise aus denselben offensichtlichen Gründen.

Das Verhältnis dieses Stücks zu *Aristeas* ist aber zu vage definiert, wenn gesagt wird, dass Philon den *Aristeas* „kannte" oder davon „abhängig war".[35] Nach meinem Verständnis verweist er den Leser auch absichtlich auf dieses Werk. Zu diesem Zweck benennt er Elemente der Erzählung, die eindeutig Teile des literarischen Erzeugnisses sind, das wir *Aristeas* nennen – und mit dem Kern der Geschichte, ihrem *plot*, eine lose Verbindung haben. Dazu gehört am offensichtlichsten die kurze Erwähnung des Gastmahls beim König „mit geistreichen und weisen Reden" (§ 33). Aber auch Demetrius von Phaleron wird auf eine für Philon typische Weise angedeutet. Philons Texte zeichnen sich bekanntlich (aber eigentlich unerklärlicherweise) durch ein idiosynkratisches Vermeiden von Eigennamen aus.[36] So wird Demetrius zu den „Einigen" des ein-

---

fend, die sie „historical fictions" nennt. Sie zählt dazu Daniel, Esther, Judith, 2. und 3. Makkabäer, Tobit und *Aristeas*.

33 Wright (2015), 6.

34 Wasserstein und Wasserstein (2006), 37–42.

35 Wasserstein und Wasserstein (2006), 37: „... Philo depended on the Letter of Aristeas."

36 Um sich zu überzeugen, wie weit diese Besonderheit geht, kann man einen Blick auf *De Josepho* werfen, wo Philon des Plots wegen mit vielen Brüdern Josephs konfrontiert wird. Kein einziges Mal nennt er denjenigen, der gerade handelt, bei Namen, niemals tut ein Ruben, ein Juda, ein Benjamin etwas oder hält eine Rede, sondern es heißt durchwegs – recht verwirrend für den Leser – „der Älteste", „der Drittälteste", „der Jüngste"

leitenden § 27, an die Philon noch etwas mühsam den eigentlichen Held seiner Geschichte, den König, anschließen muss. Dieser wird, im Unterschied zu allen anderen, beim Namen genannt und sogar durch seinen Beinamen Philadelphus genau identifiziert.[37] Als Herrscher ist er mit seinem Namen nicht nur eine Figur in der Erzählung, sondern auch ein Eintrag in der chronologischen Tafel. Somit übernimmt Philon von *Aristeas* die Datierung des Geschehens und dessen Platzierung am Hof des Philadelphus. Die „Einigen", die sich der Übersetzung dieser Texte zuwandten, um auch die griechische Welt an ihrer Weisheit teilhaben zu lassen, sind aber mit dem König nicht identisch. Da die Aufgabe aber für eine Privatinitiative zu wichtig und gemeinnützig war, musste sie, sagt Philon, dem größten der Könige aufgetragen werden.[38] Die geheimnisvollen „Einigen" sind wohl eine bescheidene Hommage an Demetrius von Phaleron und seine Rolle in *Aristeas*.

Noch ein Abschnitt in Philons Erzählung scheint mir vor dem Hintergrund von *Aristeas* besser verständlich, als wenn man ihn – was meistens geschieht – als Philons eigene Aussage zum Thema ohne eine literarische Vorlage wertet. Ich meine die vielbemühte Stelle § 40:

> Jedes Mal wenn Chaldäer Griechisch oder Griechen Chaldäisch lernen und mit beiden Schriften in Berührung kommen, mit der chaldäischen und mit ihrer Übersetzung, bewundern sie beide ehrerbietig als Schwestern oder eher wie ein und dieselbe Schrift im Sinn und im Ausdruck und nennen die Männer nicht Übersetzer, sondern Mysterienverkünder und Propheten, da es ihnen gelungen ist, durch die Lauterkeit ihres Denkens mit dem reinsten Geist Moses' Schritt zu halten.[39]

---

usw. Joseph selbst wird, nachdem sein Name einmal zum Zwecke der Etymologisierung genannt wurde, durchwegs „Jüngling" genannt, obwohl er gegen Ende seiner ägyptischen Karriere alles andere als jung ist. Ähnlich sieht es in der *Vita Mosis* mit Moses aus. Nebenfiguren bleiben grundsätzlich namenlos, es sei denn, es werde eine passende Etymologie vorgebracht.

37 In *Aristeas* wird der König nicht Philadelphos genannt, wohl weil zu seiner Zeit dieser Beiname als offizielle Benennung noch nicht üblich war. Stattdessen wird der König unzweideutig als Sohn und Nachfolger von Ptolemäus I. identifiziert.

38 § 28: οὐκ ἰδιώταις οὐδ' ἄρχουσιν, ὧν πολὺς ἀριθμός, ἀλλὰ βασιλεῦσι καὶ βασιλέων ἀνετέθη τῷ δοκιμωτάτῳ.

39 ἐάν τε Χαλδαῖοι τὴν Ἑλληνικὴν γλῶτταν ἐάν τε Ἕλληνες τὴν Χαλδαίων ἀναδιδαχθῶσι καὶ ἀμφοτέραις ταῖς γραφαῖς ἐντύχωσι, τῇ τε Χαλδαϊκῇ καὶ τῇ ἑρμηνευθείσῃ, καθάπερ ἀδελφὰς μᾶλλον δ' ὡς μίαν καὶ τὴν αὐτὴν ἔν τε τοῖς πράγμασι καὶ τοῖς ὀνόμασι τεθήπασι καὶ προσκυνοῦσιν, οὐχ ἑρμηνέας ἐκείνους ἀλλ' ἱεροφάντας καὶ προφήτας προσαγορεύοντες, οἷς ἐξεγένετο συνδραμεῖν λογισμοῖς εἰλικρινέσι τῷ Μωυσέως καθαρωτάτῳ πνεύματι.

ARISTEAS: KONTEXTE – EINST UND HEUTE

Man hat von dieser Stelle oft Auskunft darüber erhofft, in welchem Verhältnis Philon selbst oder seine Zeitgenossen zum hebräischen Original standen.[40] Ein typischer Kommentar lautet:

> The evidence suggests fairly definitively that Philo either knew very little Hebrew or none at all. He considers the Greek translation of the Pentateuch to be as equally inspired by God and authoritative as the Hebrew version; and he seems to have been the first to insist on this point. (Anm.: Mos. ii.40: the Hebrew and the Greek versions are to be treated „with awe and reverence as sisters or rather one and the same, both in matter and in words"). For Philo, the translators of the Pentateuch were like prophets, choosing every word in a possession, writing what they heard „as though a prompter was calling out to each one individually without being seen."[41]

Philon verrät also seine Unkenntnis des Hebräischen dadurch, dass er die griechische Übersetzung als eine exakte Wiedergabe lobt, was sie nach Meinung der modernen Interpreten nicht ist. Er habe nie beide Texte nebeneinander auf seinem Pult gehabt, sonst hätte er die oben angeführten Sätze nicht prägen können. Das mag sein. Trotzdem liest sich der Passus anders, wenn man berücksichtigt, dass Philon hier nur das sagt, was man auch *Aristeas* entnehmen könnte, wo „die Priester, die Ältesten der Übersetzer, Vertreter der ⟨jüdischen⟩ Bürgerschaft und die Vorsteher der Gemeinde"[42] feierlich erklären, dass die Übersetzung „gut und fromm übersetzt und in jedem Detail (κατὰ πᾶν) genau ist."[43] Denn die Menschen, die beide Sprachen können, die die beiden Versionen vergleichen und sie als Schwestern oder als ein und dieselbe Schrift bewundern, sind gerade diese Empfänger der Übersetzung aus *Aristeas* 310. Das ganze Ereignis ist dasselbe – es ist die von *Aristeas* beschriebene Anerkennung der gerade angefertigten Übersetzung durch das jüdische Volk, vertreten sowohl durch die Übersetzer – das sind die Chaldäer, die das Griechische beherrschen – als auch durch die Vorsteher und Priester der alexandrinischen Gemeinde, Griechen ihrer Muttersprache nach, die aber, wohlgemerkt, das „Chaldäische" beherrschen. Sie tun in der Szene in *Aristeas* tat-

---

40 Vgl. unten S. 95 Anm. 285.

41 Pearce (2007), 27, mit Anm. 156, 157.

42 *Arist.* 310: οἱ ἱερεῖς καὶ τῶν ἑρμηνέων οἱ πρεσβύτεροι καὶ τῶν ἀπὸ τοῦ πολιτεύματος οἵ τε ἡγούμενοι τοῦ πλήθους.

43 *Arist.* 310: Ἐπεὶ καλῶς καὶ ὁσίως διηρμήνευται καὶ κατὰ πᾶν ἠκριβωμένως ...

sächlich nichts anderes, als die Versionen zu vergleichen und ihre Übereinstimmung zu bewundern.

Die Art, wie Philon auf *Aristeas* verweist, bedeutet wohl, dass diese Schrift in Alexandrien allgemein bekannt und beliebt war, womöglich auch im Zusammenhang mit dem Fest, das Philon am Ende seiner Erzählung erwähnt.[44] In *Aristeas* selbst wird nichts vom feierlichen Begehen des Vollendungs-Jahrestages gesagt – das ist auch des Plots wegen nicht möglich, da die Übersetzung dort in einem Augenzeugenbericht vor unseren Augen entsteht, die Zukunft der Gedenktage liegt außerhalb des Erzählrahmens.[45] Philon evoziert dagegen, unter Verweis auf eine historische Quelle (*Aristeas*), ein Ereignis aus grauer Vorzeit, das er dann auf seine Weise einbaut und ausschmückt. Diese sagenumwobene alte Zeit kennt nicht nur den besten aller Könige – den fabelhaften Philadelphus –, sondern auch einen mustergültigen Hohenpriester in Jerusalem, der gleichzeitig König von Judäa ist. Wasserstein und Wasserstein bemerken richtig, dass dieses Detail in § 31 der *Vita Mosis* nicht auf eine Provenienz der philonischen Version aus der Hasmonäerzeit oder unmittelbar danach hinweist, als diese beiden Ämter für eine Weile tatsächlich in einer Person vereinigt waren, sondern der philonischen Darstellung Moses' entspricht, der speziell in diesem 2. Buch der *Vita Mosis* ausdrücklich und konsequent als „König, Hohepriester und Prophet" in einem bezeichnet wird.[46] Man kann wohl auch allgemeiner sagen, dass Philon sich den idealen jüdischen Staat als eine Hierokratie vorstellt. Letztendlich ist „das Gesetz", die Verfassung dieses Staates, der Pentateuch; David und Salomo gibt es in Philons Welt so gut wie nicht. Entsprechend ist auch der Hohepriester im idealen Jerusalem der vergangenen Zeit gleichzeitig der König.[47] Der Gedanke ist bei Philon nicht nur in Bezug auf Moses anzutreffen. In *Legatio ad Gaium* lässt er Herodes Agrippa sich darüber verbreiten, dass seine Vorfahren, die zugleich Könige und Hohepriester

---

44 Zu dem Fest s. unten, S. 105–109.

45 Es ist durchaus denkbar, wie Wasserstein und Wasserstein (2006), 41 Anm. 31, vorschlagen, dass § 180 des *Aristeas*, wo der König das Datum der Ankunft der Gesetzesrollen jedes Jahr bis zum Ende seines Lebens zu feiern verspricht und bemerkt, es sei auch der Jahrestag seines Sieges in einer Seeschlacht, der späteren jüdisch-alexandrinischen Tradition die Idee eines jährlichen feierlichen Anlasses auf der Insel Pharos suggerierte. Es bleibt aber unklar, ob dieses Fest ein reales oder ein rein literarisches Phänomen war.

46 Wasserstein und Wasserstein (2006), 40.

47 Dasselbe wurde schon in Bezug auf *Aristeas* gesagt, s. Hadas (1951), 10, gegen Bickermans Datierungsvorschlag aufgrund des Status von Idumäa: „Idumaea was annexed to the Hasmonean realm in 127, and hence it was argued that the date of Aristeas must be antecedent to 127. *But it seems more likely ... that the description of Palestine is in fact a farrago of Bible and ideal state, and Idumaea here stands for Old Testament Edom.*"

ARISTEAS: KONTEXTE – EINST UND HEUTE

waren, das Hohepriestertum, „den Dienst an Gott" (τὴν ... θεοῦ θεραπείαν), viel höher schätzten als die Königswürde, „die Fürsorge für Menschen" (τὴν δὲ ἐπιμέλειαν ἀνθρώπων).[48] Eine Vorschrift aus Leviticus[49] kommentierend, nennt Philon das Stirnband des Hohenpriesters „königliches Diadem".[50,51] Es ist aber zu bezweifeln, dass Philon damit etwas sagt, was in der Erzählung des *Aristeas* nicht impliziert wäre. Auch in *Aristeas* ist der Hohepriester Eleazar, mit seinem nicht historischen, sondern paradigmatisch-biblischen Namen,[52] König Ptolemäus offensichtlich auf diplomatischer Ebene ebenbürtig, sein natürlicher Ansprechpartner. Alexandrien hat seinen König, Jerusalem seinen Hohenpriester – das ist die gleiche ideale Vorstellung, die Philon dann nur ausdrücklicher benennt.

Wasserstein und Wasserstein sehen die Unterschiede zwischen *Aristeas* und Philon hauptsächlich in der Beschreibung des Prozesses und Ergebnisses der Übersetzung. Richtig bemerken sie, dass in Philons Bericht ein echtes Verständnis der Probleme, die mit dem Übersetzen eines komplizierten Textes verbun-

---

48 *Leg.* 278: „Meine Großeltern und Ahnen waren Könige, von denen die meisten den Titel ‚Hohepriester' trugen; den Königstitel erachteten sie als zweitrangig im Vergleich mit dem des Hohenpriesters, in der Meinung, dass das Hohepriestertum das Königtum im selben Maß übertreffe, um welches Gott höher stehe als der Mensch; jenes dient Gott, dieses kümmert sich um Menschen" (πάππων δὲ καὶ προγόνων βασιλέων ἔλαχον, ὧν οἱ πλείους ἐλέγοντο ἀρχιερεῖς, τὴν βασιλείαν τῆς ἱερωσύνης ἐν δευτέρᾳ τάξει τιθέμενοι καὶ νομίζοντες, ὅσῳ θεὸς ἀνθρώπων διαφέρει κατὰ τὸ κρεῖττον, τοσούτῳ καὶ βασιλείας ἀρχιερωσύνην· τὴν μὲν γὰρ εἶναι θεοῦ θεραπείαν, τὴν δὲ ἐπιμέλειαν ἀνθρώπων).

49 Lev 21,10 LXX: τὴν κεφαλὴν οὐκ ἀποκιδαρώσει („er soll die Kidaris [Tiara] nicht vom Kopfe abnehmen").

50 *Fug.* 111: τὸ βασίλειον ... διάδημα.

51 Vgl. Hartmann (2017).

52 Das Buch Numeri nennt Eleazar Aarons Nachfolger im Amt, s. Num 3,32: „Aber der Fürst über alle Fürsten der Leviten soll Eleazar sein, der Sohn Aarons, des Priesters, zur Aufsicht über die, welche den Dienst am Heiligtum versehen", vgl. Dtn 10,6: „Dort starb Aaron und wurde daselbst begraben. Und sein Sohn Eleazar wurde Priester an seiner Statt" (man merkt, dass die schlichte Notiz des Deuteronomiums der ganzen „Eleazar-Geschichte" im Buch Numeri zugrundeliegt). In Numeri spielt Eleazar eine große Rolle: Noch zu Lebzeiten Aarons schlägt er die kupfernen Räucherpfannen in 17,4 zu Blechen, „der Priester Eleazar" ist derjenige, für den die Anweisungen über die Opferung der roten Kuh gelten (19,3 f.). In 20,25–28 begleitet er unter der Führung Moses' seinen Vater auf den Berg Hor, wo Aaron stirbt. Die Kleider des Verstorbenen zieht Moses dem Sohn an, und so kommen sie gemeinsam vom Berg herab. In Kapitel 26 spricht Gott nicht mehr zu Moses und Aaron, sondern zu Moses und Eleazar (vv. 1.3.63). Die Töchter Zelofhads treten vor Moses und Eleazar (27,2), Moses lässt Josua auf Geheiß Gottes vor Eleazar treten (27,19–22), in Kapitel 31 ist er ständig zusammen mit Moses erwähnt, auch in Kap. 32 zweimal. Schließlich heißt es von ihm 34,17, dass er mit Josua das Land verteilen soll. Eleazar ist somit der archetypische Hohepriester des Gelobten Landes, was seinem Vater verwehrt wurde.

22   KAPITEL 1

den sind, spürbar ist. Ihre Analyse des philonischen Texts an dieser Stelle überzeugt weniger. So technisch, wie sie es wollen, denkt Philon an dieser Stelle
wohl nicht. Es gibt keinen Grund, das wundersame Element bei ihm zu unter-
schätzen.[53]

Alles in allem lassen die Anspielungen bei Philon vermuten, dass *Aristeas*
unter den Juden Alexandriens im 1. Jh. u. Z. ein wohlbekannter, autoritativer
Text war, womöglich auch als Begründung eines lokalen Festes, wie etwa Esther
für das Purimfest oder 1. und 2. Makkabäer für Chanukka. *Aristeas* ist ein inte-
graler Bestandteil dieser jüdischen Erbauungsliteratur.

1.3   *Aristobulus*

Philon erzählt die Septuaginta-Legende, ohne Demetrius von Phaleron zu
erwähnen, diesen Stein des Anstoßes für die Verfechter der historischen Glaubwürdigkeit der Erzählung. Somit wären viele geneigt, in der Einflechtung von
Demetrius in die Geschichte eine für *Aristeas* spezifische, der eigentlichen alexandrinischen Tradition fremde Ausschmückung zu sehen. Dem im Wege stehen aber zwei Fragmente, die angeblich „vor-aristäisch" sind. Dies sind (nach
der Ausgabe von Denis)[54]

Aristobulus 2a:

> Man sagt, dass die Schriften – das Gesetz und die Propheten – aus der
> hebräischen Sprache ins Griechische übersetzt wurden unter dem König
> Ptolemäus Lagu oder, wie einige meinen, unter dem „Philadelphus"
> genannten, der den höchsten Ehrgeiz für das Unternehmen einbrachte,
> wobei sich Demetrius von Phaleron mit aller Genauigkeit um die Über-
> setzung kümmerte.[55]

       Aaron stirbt auf dem Berg Hor, sein Priestertum gehört der Zeit der Wüstenwanderung
       an. Das Hohepriestertum im verheißenen Land wird innerhalb der Tora von Eleazar ver-
       körpert.

53   Wasserstein und Wasserstein (2006), 44 f. Unter anderem bin ich keineswegs einverstan-
       den mit der Idee, dass die Übersetzer bei Philon je eine andere Portion des Textes zuge-
       wiesen bekommen hätten und dass das Wunder ihrer Übereinstimmung darin bestanden
       habe, dass jeder in seiner Portion genau dieselbe Terminologie gebraucht habe wie alle
       anderen.

54   Denis (1970).

55   ἑρμηνευθῆναι δὲ τὰς γραφὰς τάς τε τοῦ νόμου καὶ τὰς προφητικὰς ἐκ τῆς τῶν Ἑβραίων διαλέ-
       κτου εἰς τὴν Ἑλλάδα γλῶτταν φασιν ἐπὶ βασιλέως Πτολεμαίου τοῦ Λάγου ἢ ὥς τινες ἐπὶ τοῦ
       Φιλαδέλφου ἐπικληθέντος, τὴν μεγίστην φιλοτιμίαν εἰς τοῦτο προσενεγκαμένου, Δημητρίου τοῦ
       Φαληρέως [καὶ] τὰ περὶ τὴν ἑρμηνείαν ἀκριβῶς πραγματευσαμένου.

Und 2:

> Es ist klar, dass Platon unserer Gesetzgebung folgte; ganz offensichtlich studierte er eifrig jedes Detail darin. Denn vor Demetrius von Phaleron, auch vor der Eroberung ⟨Ägyptens⟩ durch Alexander und durch die Perser wurde die Geschichte der Hinausführung der Hebräer, die unsere Mitbürger waren, aus Ägypten schon von anderen übersetzt, und der Glanz von all dem, was ihnen geschah, und die Landnahme und die Erklärung der ganzen Gesetzgebung – daraus ist leicht ersichtlich, dass der oben erwähnte Philosoph vieles übernommen hat.[56]

Das gesamte Problem „Aristobulus" und insbesondere das letzte Fragment wurden neulich ausführlich im Hinblick auf das Verhältnis zu *Aristeas* besprochen.[57] Die Verfasser kommen zum m. E. gut begründeten Ergebnis, dass „Aristobulus" hier *Aristeas* referiert, und nicht umgekehrt. Sie schreiben u. a.:

> To refer to the story in this brief and allusive way („before Demetrius ...“), and for this sort of purpose, the author does not need to be independent of Ps.-Aristeas; on the contrary, if he knows the story, he is far more likely to post-date him and to be dependent on him. This is because the story in Ps.-Aristeas is a literary invention, not a popular tradition.[58]

Die Wassersteins stellen weiterhin fest, das Bedürfnis, Moses zum Lehrer Pythagoras' und Platons zu machen, entstehe erst im „paulinischen Christentum" und nicht im frühen Hellenismus.[59] In diesem Zusammenhang wurde dann die in *Aristeas* kanonisierte ptolemäische Datierung der Tora-Verkündung an die griechische Welt zu einem Problem und musste durch den Verweis auf frühere Teilübersetzungen unschädlich gemacht werden. Dies deckt sich gut mit meiner Beobachtung, dass die unversehrt erhaltene, nicht aus Fragmenten rekonstruierte jüdisch-hellenistische Tradition, d. h. sowohl *Aristeas* als auch Philon, nichts dergleichen behauptet. Auf seine Frage, warum das so wichtige

---

56 Φανερὸν ὅτι κατηκολούθησεν ὁ Πλάτων τῇ καθ' ἡμᾶς νομοθεσίᾳ καὶ φανερός ἐστι περιειργασμένος ἕκαστα τῶν ἐν αὐτῇ. διηρμήνευται γὰρ πρὸ Δημητρίου τοῦ Φαληρέως δι' ἑτέρων, πρὸ τῆς Ἀλεξάνδρου καὶ Περσῶν ἐπικρατήσεως, τά τε κατὰ τὴν ἐξαγωγὴν τὴν ἐξ Αἰγύπτου τῶν Ἑβραίων, ἡμετέρων δὲ πολιτῶν, καὶ ἡ τῶν γεγονότων ἁπάντων αὐτοῖς ἐπιφάνεια καὶ κράτησις τῆς χώρας καὶ τῆς ὅλης νομοθεσίας ἐπεξήγησις, ὡς εὔδηλον εἶναι τὸν προειρημένον φιλόσοφον εἰληφέναι πολλά.

57 Wasserstein und Wasserstein (2006), 27–35.

58 Wasserstein und Wasserstein (2006), 32.

59 Wasserstein und Wasserstein (2006), 34 f.

Buch nicht früher von den griechischen Schriftstellern erwähnt worden sei, bekommt der König in *Aristeas* zu hören, dass die Heiligkeit des Gesetzes selbst es vor unautorisierten Übersetzern schützte; ein gewisser Theopompus und ein Tragödiendichter, Theodektus, seien bei dem Versuch, etwas davon ihren Werken einzuverleiben, mit Wahnsinn oder Blindheit geschlagen worden (§§ 312–316). Diese Aussage bezweckt genau das Gegenteil von der Behauptung des „Aristobulus" – der Nicht-Gebrauch der Tora durch die Griechen wird bekräftigt und so gewendet, dass er nun die besondere Heiligkeit der Schrift bestätigt, sozusagen aus der Not eine Tugend machend. Am Anfang der *Vita Mosis* Philons lesen wir im Wesentlichen dasselbe, nur in weniger mystischer Gestalt: „Aus Neid wohl und wegen der Unverträglichkeit mit vielen Anordnungen, die von den Gesetzgebern der Staaten aufgestellt wurden, wollten die Gelehrten bei den Griechen ihn einer Erwähnung nicht würdig erachten."[60] Das Gesetz sei also von den Griechen nicht erwähnt worden, weil es zu gut ist. Es sei deshalb nicht rezipiert worden, weil es den griechischen Gesetzgebern nicht passte, mit ihren Grundsätzen unverträglich war. Etwas komplizierter sieht die Lage bei Josephus aus. *Contra Apionem* II,168 schreibt er:

> Ich unterlasse nun die Behauptung, dass die weisesten der Griechen diese weisen Gedanken über Gott gelernt haben, nachdem er ⟨Moses⟩ die Grundlagen zur Verfügung gestellt hatte. Was sie aber ganz deutlich bezeugen, ist, dass eine solche Auffassung schön und der göttlichen Natur und Erhabenheit würdig ist. Denn es scheint, dass sowohl Pythagoras als auch Anaxagoras und Platon wie auch die Stoiker nach ihm und überhaupt fast alle Philosophen die Natur Gottes so auffassten.[61]

Barclay sieht in seinem Kommentar[62] darin und an einer, wie er meint, Parallelstelle, *c. Ap.* I,165, eine Benutzung des Aristobulus:

> In a parallel passage Josephus used the work of Aristobulus ⟨... (I,165)⟩, and he probably draws upon him again here. Aristobulus claimed that Plato, Pythagoras, Socrates, Orpheus, and Aratus all drew their main ideas from Moses (apud Eusebius [sic!], Praep. ev. 9.6.6–8; 13.12.1–7).

---

60 *Mos.* I,2.

61 ταῦτα περὶ θεοῦ φρονεῖν οἱ σοφώτατοι παρ' Ἕλλησιν ὅτι μὲν ἐδιδάχθησαν ἐκείνου τὰς ἀρχὰς παρασχόντος, ἐῶ νῦν λέγειν, ὅτι δ' ἐστὶ καλὰ καὶ πρέποντα τῇ τοῦ θεοῦ φύσει καὶ μεγαλειότητι, σφόδρα μεμαρτυρήκασι·καὶ γὰρ Πυθαγόρας καὶ Ἀναξαγόρας καὶ Πλάτων οἵ τε μετ' ἐκεῖνον ἀπὸ τῆς στοᾶς φιλόσοφοι καὶ μικροῦ δεῖν ἅπαντες οὕτως φαίνονται περὶ τῆς τοῦ θεοῦ φύσεως πεφρονηκότες.

62 Barclay (2007), 264 Anm. 648.

Josephus behauptet aber nicht ganz dasselbe. In I,161–218 spricht er davon, dass die Griechen seit jeher über das jüdische Volk Bescheid wussten, insbesondere Pythagoras, der „nicht nur unsere Lebensweise kannte, sondern ihr auch am meisten nacheiferte" (162: οὐ μόνον ἐγνωκὼς τὰ παρ' ἡμῖν δῆλός ἐστιν, ἀλλὰ καὶ ζηλωτὴς αὐτῶν ἐκ πλείστου γεγενημένος). Es geht nicht um die Kenntnis der Tora, sondern um die Bekanntschaft mit den Juden als einem Volk von Weisen. Das meint Josephus wahrscheinlich auch in II,168 mit den „Grundlagen" oder „Anfängen", die Moses den Griechen „geliefert" hätte. Jedenfalls zeigt sich Josephus unwillig, dieses Thema zu entwickeln, sondern begnügt sich damit, klar zu machen, dass die Auffassung des Göttlichen, die er für die jüdische hält, auch von den weisesten Griechen geteilt und für erhaben und schön gehalten wurde. Der Punkt des ersten Satzes liegt nicht darin, dass die Griechen diese Auffassung direkt von Moses gelernt hätten, sondern dass Moses sie viel früher hatte als sie. Es ist dies ein Verweis auf das höhere Alter (an sich ein Zeichen der Überlegenheit im Wertsystem der Antike) der Tora, nicht auf die Abhängigkeit der Griechen von Moses. Solche Verweise kennen wir auch von Philon: Barclay führt z. B. Aet. 19 an, aber auch dort ist nur davon die Rede, dass „der jüdische Gesetzgeber Moses in den heiligen Büchern viel früher ⟨als Hesiod und andere⟩ die Welt ‚geworden, aber unsterblich' nannte."[63] Von diesen Prioritätsansprüchen ist es nur ein Schritt zu dem, was wir bei „Aristobulus" lesen, zur Behauptung nämlich, Platon habe vieles von Moses übernommen. Aber dieser Schritt wurde wohl erst im Zusammenhang der *Praeparatio evangelica* notwendig. Dass wir ihn in „Aristobulus" – und nur bei ihm unter den vorchristlichen bzw. vom Christentum unberührten Autoren – schon vollendet vorfinden, ist verdächtig. Genauso die Behauptung, dass nicht nur das Gesetz, sondern mit ihm zusammen auch die Propheten unter den ersten Ptolemäern übersetzt worden seien (τὰς γραφὰς τάς τε τοῦ νόμου καὶ τὰς προφητικάς). Die Kombination beider Besonderheiten macht ein spätes, auf jeden Fall nachphilonisches Datum für „Aristobulus" wahrscheinlich.[64] Für eine (ältere) Gegenmeinung s. Nikolaus Walter,[65] der Aristobulus für älter als *Aristeas* halten will; seiner Meinung nach zeigt das Fragment, dass Aristobulus die „aristäische" Version der Legende nicht gekannt haben kann. Walters Argumente überzeugen aber kaum: Erstens muss er eine Existenz der Legende vor und auch unabhän-

---

63 μακροῖς δὲ χρόνοις πρότερον ὁ τῶν Ἰουδαίων νομοθέτης Μωϋσῆς γενητὸν καὶ ἄφθαρτον ἔφη τὸν κόσμον ἐν ἱεραῖς βίβλοις.

64 Zu dem Verhältnis von *c. Ap.* I,65, Aristobulus und Eusebius vgl. wiederum Wasserstein und Wasserstein (2006), S. 33.

65 Walter (1964), 88–103.

gig von Pseudo-Aristeas postulieren,[66] wofür es keine Belege gibt; Walter selbst verweist nur auf die Meinung von Zeller und diejenige von Wendland, der eine „volkstümliche Grundlage" der Legende annahm. Er argumentiert auch, es sei kaum anzunehmen, dass Aristobulus, wenn er von *Aristeas* abhängig wäre, eine Anspielung auf diese Form der Legende unterlassen hätte; nicht einmal die Zahl der Übersetzer (70 bzw. 72) werde erwähnt.[67] Nun erwähnt Philon – für den Walter die Bekanntschaft mit *Aristeas* annimmt – die Zahl ebenfalls nicht. Für Philons Abstinenz in Sachen 72 schlägt Walter als Erklärung vor, dass Philon sein Wunder der einstimmigen Übersetzung durch das Verschweigen der hohen Zahl der Beteiligten glaubwürdiger machen wollte: Philon hätte sonst seinen Lesern zumuten müssen zu glauben, dass die Übersetzung gleich siebzigmal unabhängig voneinander völlig gleichlautend entstanden sei. Philon werde an eine wesentlich kleinere Zahl gedacht haben.[68] Für die letztere Behauptung gibt es bei Philon überhaupt keinen Anhaltspunkt. Man macht ein Wunder nicht glaubwürdiger dadurch, dass man es weniger wundersam aussehen lässt. Philon macht deutlich, dass die einheitliche Übersetzung ein Wunder ist und dem normalen Lauf der Dinge widerspricht.

Aristobulus bleibt also ein Problemfall und sollte m. E. nicht als Grundstein für historische Rekonstruktionen benutzt werden, was aber vielfach geschieht, etwa bei Barthélemy.[69]

2 Neuzeit

2.1 *Scaliger und Heinsius*

2.1.1 Scaliger

Joseph Justus Scaliger (1540–1609) beschäftigte sich als Erster unter den Humanisten ausführlich mit *Aristeas*, genauer gesagt, mit dem Nachweis, dass das Büchlein kein authentischer Bericht eines realen Augenzeugen namens Aristeas über den faktischen Verlauf der Tora-Übersetzung in Alexandrien sei. Das war damals neu. Sogar Hieronymus berief sich, als er gegen die Inspiriertheit der LXX plädierte und sein berühmtes „aliud est enim esse vatem, aliud interpretem"[70] formulierte, auf *Aristeas* (und dessen Nacherzählung bei Josephus: Sie erhöhte in den Augen der Nachwelt, auch noch der humanistischen, die

---

66   Walter (1964), 92.
67   Walter (1964), 91.
68   Walter (1964), 95 Anm. 1.
69   S. unten S. 47–52.
70   „Prophezeien und Übersetzen ist nicht das Gleiche."

ARISTEAS: KONTEXTE – EINST UND HEUTE

Autorität des *Aristeas* als historischer Quelle um ein Vielfaches, da Josephus als zuverlässigster Historiker galt[71]) als authentisches Dokument, um das wundersame Element in den frühchristlichen Versionen der Legende zu widerlegen.[72] Noch Juan Luis Vives in seinem Kommentar zu Augustins *De Civitate Dei* (1522) zitiert Josephus als zuverlässige Quelle, bemerkt aber nebenbei in einem Satz, ohne Argumente, dass ein Büchlein, das unter dem Namen *Aristeas* im Umlauf ist, wohl „von jemand Späterem zusammengeschrieben wurde."[73] Scaligers Argumente werden bis heute verwendet. Nur verlieren sie in der handelsüblichen kurzen Zusammenfassung viel von ihrem ursprünglichen Sinn und belegen manchmal bei neueren Autoren, die sie aus dritter Hand tradiert bekommen haben, das Gegenteil davon, was sie ursprünglich besagten. Das erste Argument betrifft die Unmöglichkeit, dass Demetrius von Phaleron unter Ptolemäus II. die hohe Stellung des Bibliotheksleiters innehaben konnte, da er diesem Herrscher nach Angaben aller antiken Quellen von vornherein verhasst war und kurz nach dessen Regierungsantritt in der Verbannung starb. An sich ist diese Beweisführung unwiderleglich, sie wurde auch von Humphrey Hody übernommen[74] und bis heute nur von ganz Wenigen – ohne großen Erfolg – bestritten.[75] Scaliger hielt sie offenbar für das Herzstück seiner Entlarvung des Fälschers Aristeas. Heute findet man das Argument oft zwar faktisch korrekt, aber im Grunde irrelevant. Wir wollen ja vor allem wissen – so der Grundtenor der Septuaginta-Forschung –, wann und wo die Tora ins Griechische übersetzt wurde. Interne Kriterien machen die Anfertigung des Pentateuchs in Ägypten in der 1. Hälfte des 3. Jh. v.u. Z. wahrscheinlich. Was die Beziehung des Demetrius zu dem ersten und dem zweiten Ptolemäer angeht, so könne sich der Autor des *Aristeas* doch gewisse Zusammenraffungen zwecks besse-

---

71 Vgl. Scaliger (1629), Prolegomena, S. xvi: „Diligentissimus καὶ φιλαληθέστατος omnium scriptorum Josephus ..." (Josephus, der akkurateste und wahrheitsgetreueste von allen Schriftstellern ...).

72 Vulgata, Prologus in Pentateucho: „Et nescio quis primus auctor septuaginta cellulas Alexandriae mendacio suo extruxerit, quibus divisi eadem scriptitarint, cum Aristheus eiusdem Ptolomei ὑπερασπιστης et multo post tempore Iosepphus nihil tale rettulerint, sed in una basilica congregatos contulisse scribant, non prophetasse. Aliud est enim vatem, aliud esse interpretem" („Ich weiß nicht, wer als erster Autor mit seiner Lüge die 70 Zellen aufgebaut hat, nach welchen getrennt sie alle dasselbe gekritzelt haben sollen, wo doch Aristheus, ein Leibwächter des Ptolomäus, und auch Josephus viel später, nichts dergleichen berichten, sondern schreiben, dass die Übersetzer, in einem Gebäude versammelt, zusammen arbeiteten und nicht prophezeiten").

73 Ad xviii,42: „Circumfertur libellus eius nomine de lxx interpretibus, confictus, ut puto, ab alio recentiore" (Vives [1570], 1107).

74 Hody (1684), 46–47.

75 Etwa von Nina Collins (2000).

rer Lesbarkeit erlaubt haben. Wahrscheinlich sei die Bibliothek auf Anraten Demetrius' von Ptolemäus Lagu konzipiert und dann von seinem Nachfolger Ptolemäus Philadelphus verwirklicht worden.[76] Mit der spekulativen Rettung der Verbindung Demetrius' mit der Gründung der Bibliothek – wofür es keine von *Aristeas* unabhängige antike Zeugnisse gibt[77] – ist auch die Annahme seiner Beteiligung an der Tora-Übersetzung weiterhin denkbar.[78] Wie Tessa Rajak in einer kompakten Übersicht über die bisherige Forschung formuliert, sei Scaligers Nachweis inzwischen „aus dem Wege geräumt".

Angesichts dessen scheint es mir wichtig, Scaligers Argumentation genauer anzuschauen. Sie betrifft nicht „die Grundzüge" („the general lines" nach Rajak) der *Aristeas*-Erzählung, sondern bei Lichte besehen das Problem der Gattung. Hieronymus glaubte, wie wir gerade gesehen haben, an einen „Aristeas, Ptolemäus' Leibwächter", der in dieser seiner Eigenschaft über den Vorgang der Übersetzung genau Bescheid wissen musste. Lange nach Scaligers Tod nennt Isaac Vossius „Aristeas, Eupolemus, Philo & Josephus" in einem Atemzug, alle vier gelten ihm gleichberechtigt als Autoren und Autoritäten.[79] Der Nachweis, dass alles, was „Aristeas" („ille suppositius Aristeas" [dieser eingeschobene Aristeas], wie Scaliger ihn nennt[80]) da erzählt, sich unmöglich genauso zugetragen haben konnte, dient dazu, den Autor als Fälscher zu entlarven. Der Autor ist fiktiv, und so ist seine Geschichte. Diese Erkenntnis steht m.E. bis heute fest und darf auf keinen Fall „aus dem Weg geräumt" werden, sondern muss im Ernst und mit allen ihren Konsequenzen berücksichtigt werden. In der heu-

---

76 S. dazu Wright (2015), 112, mit Literaturangaben zu verschiedenen Theorien.

77 Darüber ausführlicher Sokolskaya 2021a.

78 Vgl. Rajak (2009), 42 f.: „The story in general lines is not impossible and the most frequently repeated preliminary objection to the account of Aristeas, based upon an apparent crude anachronism concerning Demetrius of Phaleron, is less persuasive than appears at first sight. This objection was already raised by Scaliger, and it was developed by Hody, for whose assault this was the springboard. The problem arises because of the information that Demetrius had to leave Alexandria soon after Ptolemy II's accession in 283, banished for having backed the wrong horse as heir-apparent. That would seem to undermine any claim of Demetrius' involvement in a Torah translation commissioned by Ptolemy II. It is not decisive. Historical myth tends to conflate known characters from different periods. The evidence for the banishment is not strong, since our single source for it is Hermippus, by no means the most reliable of biographers. And, finally, it is quite conceivable for the translation enterprise to have been indeed set in motion by Demetrius still under Ptolemy I and then accomplished under Ptolemy II. ... It is useful to have cleared this objection out of our way. We are dealing with a story which, while clearly oversimplified, is not impossible."

79 Vossius (1661), 2 und *passim*.

80 Scaliger (1658), 133.

ARISTEAS: KONTEXTE – EINST UND HEUTE 29

tigen Forschung wird oft darauf hingewiesen,[81] dass *Pseudo-Aristeas* eine irreführende Bezeichnung sei. Es gibt keinen bekannten Autor Aristeas,[82] dem das Werk zu Unrecht zugeschrieben worden wäre. Aristeas ist, vom Standpunkt der literarischen Komposition her gesehen, eine Figur in der Erzählung, nicht ihr Autor. Zur Veranschaulichung: Wäre etwa Siegfried Lenz' „Deutschstunde" anonym veröffentlicht worden und der Autor nicht ermittelbar, würden wir ihn als „Pseudo-Siggi Jensen" bezeichnen? Man kann sich interessante Diskussionen darüber vorstellen, ob Siggi wirklich der Autor sei oder ob von dem wirklichen Autor, wer auch immer er sei, intendiert wurde, dass er dafür gehalten werde. Der Nachweis seiner Fiktivität würde deutlich schwieriger ausfallen als derjenige des Aristeas – insbesondere wenn man sich ein paar Jahrtausende dazwischen vorstellt. Man sollte sich aber vor allem fragen, was nun interpretationstechnisch daraus folgt. Tessa Rajak macht es sich im oben angeführten Passus etwas leicht, wenn sie von einem *historical myth* spricht, der die Tendenz habe, bekannte Charaktere aus verschiedenen Epochen zusammenzuführen. Ist es nun Mythos oder Geschichte? Rajak nimmt offenbar an, es sei eine fiktive Geschichte aufgrund von tatsächlichen Ereignissen oder zumindest vor einem genau gezeichneten historischen Hintergrund – wie etwa die *Deutschstunde*. Siggi mag es nie gegeben haben, aber was der Autor über die Chronologie und Ideologie der Nazizeit erzählt, auch etwa der Wortlaut der Verfügungen, welche der Polizist dem Maler zu überbringen hat, wäre für einen Historiker, der keinen Zugang zu Originaldokumenten hätte, durchaus wertvoll und für eine historische Rekonstruktion leidlich zuverlässig. Nur müsste man sich in einem solchen Fall unbedingt fragen: Was für eine Art Fiktion haben wir vor uns? Eine aus nächster Nähe der Geschichte, eine künstlerische Evokation einer Zeit, die man selbst als Kind erlebte, eine Art Vergangenheitsbewältigung – oder eher ein symbolisches Bild aus einer größeren Distanz von etwa einem oder zwei Jahrhunderten, außerhalb des lebendigen Erinnerns, ein Roman, wo etwa Hitler, Stalin und Franco zu einer Figur verschmolzen wären? Der Umgang des Historikers mit den beiden Alternativen (in Wirklichkeit ist das Spektrum natürlich unendlich breiter) kann nicht derselbe sein. Rajak scheint für die erste

---

81 Zum Beispiel Honigman (2003), 2: „The label ‚Pseudo-Aristeas' often used to refer to him is inappropriate, especially if we accept the opinion shared by most scholars that our author is otherwise unknown. If this is indeed the case, there is no Aristeas (or Aristaios) to whom to refer as Pseudo-Aristeas (or Aristaios). But even if we do accept the link with the historical Aristeas, Oswyn Murray has noted that the author was inventing himself, not impersonating another. The pseudo form is therefore not suitable in this case either. There is no reason, either, to confuse the author with the narrator by calling him ‚Aristeas'/‚Aristaios.' "

82 Über die verschiedenen Namensformen siehe Anm. 4.

30 KAPITEL 1

Möglichkeit zu plädieren, indem sie (genau wie Vossius[83] anno 1661) gleich im nächsten Satz das Anachronismus-Argument zu entwerten sucht: Ob Demetrius unter Ptolemäus Philadelphus tatsächlich verbannt wurde, könne man eigentlich nicht wissen, weil unsere einzige Quelle dafür Hermippus sei, und der sei unzuverlässig.[84] Die Quellenlage lässt sich meiner Meinung nach anders darstellen,[85] was aber wichtiger ist: Die Zugänge in zwei aufeinanderfolgenden Sätzen beißen sich. Entweder gestehen wir die Großzügigkeit eines *historischen Mythos* im Umgang mit der Chronologie und den *dramatis personae* zu, oder wir versuchen, auch zweifelhafte Angaben der Erzählung als historische Wirklichkeit zu retten. Leider wählt heute der Mainstream der Forschung in dieser Frage einen Mittelweg, der meines Erachtens ein Holzweg ist. Darauf hat auch Benjamin Wright in seinem Kommentar zu *Aristeas* mit deutlichen Worten hingewiesen: „Any number of scholars", sagt er, indem er als ein besonders einschlägiges Beispiel das Buch von Nina Collins[86] kritisiert, wo *Aristeas* konsequent historisch für bare Münze gehalten wird, mache denselben Fehler:

> they feel the necessity to find historical clues in *Aristeas* to the origins of the Septuagint ... my assessment of *Aristeas* leads me to conclude that this is precisely the wrong way to proceed with this text. The *Letter of Aristeas* does not preserve an historical memory of the origins of the Septuagint. Rather it constructs a basis for a particular Jewish identity, and it provides a myth of origins for the translation of the Pentateuch.[87]

Das ist eine unvermeidliche Schlussfolgerung, scheint mir, wenn man die Ergebnisse der literarischen Analyse ernst nehmen würde. Die Meinungen gehen aber weit auseinander. So steht am Anfang des schon erwähnten (und unten[88] ausführlich besprochenen) Buches von Sylvie Honigman die Bemerkung: „...

---

83 Vossius (1661), 5: „Solus fere hic Hermippi locus effecit ut pleraque quae de Phalereo & LXX interpretibus dicuntur a pluribus in dubium vocetur" („Das meiste, was über den Phalereus und die 70 Übersetzer erzählt wird, wird eigentlich nur wegen dieser Stelle bei Hermippus angezweifelt"). Es fällt schwer, sich der Bemerkung zu enthalten, dass Vossius *by no means the most reliable of philologists* war, eine mit Scaliger nicht im entferntesten vergleichbare Größe. Es ist mir aber bewusst, dass es zu Recht verpönt ist, *ab auctoritate* zu argumentieren.

84 Rajaks unmittelbare Quelle für diese Argumentation ist vermutlich Bickerman, vgl. Wright (2015), 112 Anm. 267. Über Bickermans Einstellung s. unten Anmerkung 136, S. 44.

85 Ich habe es in dem oben erwähnten Artikel versucht, Sokolskaya (2021a).

86 Collins (2000).

87 Wright (2015), 116.

88 S. 53–62.

the basis for assessing the nature of this work and the intention of its author will be the correct identification of the literary genre to which it belongs",[89] gegen Ende aber besteht die Autorin darauf, dass

> Assessing the relation between literary narrative and historical reality in B.Ar. is complex. Whatever progress has been made recently in related fields such as LXX and Jewish studies, the basic problem remains: the scant corpus of external sources available means that we are obliged to use arguments of plausibility in the analysis of the material. Such arguments are naturally dependent on the state of research and the methodological premises underpinning the definition of ,common sense' in each generation of scholars.[90]

Nach meiner Überzeugung kann eine solche Abwägung von Plausibilitäten keine historiographische Methode darstellen. Es ist eher sinnvoll, die Fragestellungen nach dem vorhandenen Material zu richten, als zu versuchen, die Knappheit an Material durch „common sense" zu ersetzen. Die Erfahrung zeigt, dass es gerade der „common sense" ist, der zu den meisten Absurditäten in der Geschichtsschreibung führt, gerade weil (wie sich auch Honigman bewusst ist) sich seine Prämissen und Definitionen schneller ändern, als ein darauf basierendes Buch vom Schreibtisch des Autors auf die Bibliotheksregale wandert.

Zurück zu Scaliger: Auch die beiden übrigen Argumente gehen in dieselbe Richtung und wurden auf eine ähnliche Weise missverstanden. Wie hätte es sein können, fragt Scaliger, dass der Hohepriester gleich sechs Gelehrte aus jedem der zwölf Stämme auftreiben konnte, wenn zu dieser Zeit in Judäa nur zwei Stämme hätten vorhanden sein müssen? Zehn von zwölf wurden ja lange vor der Zerstörung des Ersten Tempels, zu Zeiten des Königs Hiskia, nach Medien deportiert. In dieser Klarheit stammt das Faktum von Josephus,[91]

---

89 Honigman (2003), 7.
90 Honigman (2003), 117. Vgl. 102: „Since the positive data available to us is so scanty, one way of assessing the plausibility of any scenario is to gauge how far it matches the socio-historical conditions of third-century Ptolemaic society in general, and the situation of the Jews in this society in particular."
91 Josephus, *Ant.* IX,277–280: Σαλμανάσσης δὲ ὁ τῶν Ἀσσυρίων βασιλεύς ... ἔνατον μὲν ἔτος Ὡσήου βασιλεύοντος ἕβδομον δὲ Ἐζεκίου τοῦ τῶν Ἱεροσολυμιτῶν βασιλέως καὶ τὴν τῶν Ἰσραηλιτῶν ἡγεμονίαν ἄρδην ἠφάνισε καὶ πάντα τὸν λαὸν μετῴκισεν εἰς τὴν Μηδίαν καὶ Περσίδα ... μετῴκησαν οὖν αἱ δέκα φυλαὶ τῶν Ἰσραηλιτῶν ἐκ τῆς Ἰουδαίας („Salmanasses, der König von Assyrien, ... zerstörte im neunten Jahre des Königs Osea und im siebenten Jahre des Königs Ezekia die Macht der Israeliten vollständig und siedelte das ganze Volk nach Medien und Persien um ... So siedelten die zehn Stämme Israels nun außerhalb Judäas").

32   KAPITEL 1

ist aber auch aus der Kombination von 1 Könige 11,30–36 (Prophezeiung an
Jerobeam, Vers 31: „Siehe, ich reiße Salomo das Königreich aus der Hand, und
dir werde ich die zehn geben"; es ist die einzige Erwähnung der 10 Stämme
in der Biblia Hebraica) mit 2 Könige 17,6 ersichtlich („Im neunten Jahr des
Hoschea nahm der König von Assur Samaria ein und führte Israel nach Assur
in die Verbannung"). Dass die zehn Stämme des Nordreichs seitdem verschol-
len sind, war zu Scaligers Zeit Allgemeinwissen.[92] Dass es entsprechend beim
Babylonischen Exil nur um die zwei verbliebenen Stämme, Juda und Benjamin, und die ohne eigenen Landanteil unter allen Stämmen wohnenden Leviten gehen konnte, steht nicht nur bei Josephus,[93] sondern auch im 1. Esdras
(3. Esra), einem Buch ohne Entsprechung in der Biblia Hebraica, dafür in der
Entstehungszeit wohl nicht weit von *Aristeas* entfernt.[94] Angesichts dessen findet Scaliger den beschriebenen Vorgang – sollte man ihn als authentischen
Augenzeugenbericht bewerten – schier unmöglich. Auch wenn wir glauben
wollen, sagt er, dass man selbst in der nachexilischen Zeit unter den Juden
noch Angehörige von allen 12 Stämmen finden konnte (was sicher nicht der Fall
war), dann mussten doch die Reste der zerstreuten zehn irgendwie „zur Miete"
unter den verbliebenen zwei wohnen, sodass sie dem Hohenpriester Eleazar
unmöglich sofort und in der gewünschten Zahl zur Verfügung stehen konnten. Wiederum bezieht sich seine Argumentation auf die *faktische* Unmöglichkeit eines solchen Geschehens, d.h. auf die Unmöglichkeit, den „Aristeas" als
Zeugen historischer Ereignisse für bare Münze zu nehmen. Dies ist aber auf
keinen Fall dasselbe wie die durch die moderne Forschung geisternde Behauptung, „Aristeas" (als Autor) unternehme – mit diesem oder jenem ihm eigenen
Zweck – die „Wiederbelebung"[95] der biblischen 12 Stämme. Scaliger, ein Sohn

---

92   Vgl. die Informationen in Lebram (1975), 55 f. Anm. 35, über die Aufregung in der jüdischen
     Gemeinde Amsterdams Mitte des 17. Jh. wegen der damals aufgekommenen Theorie, die
     Urbevölkerung Amerikas seien die verschollenen 10 Stämme.

93   Josephus *Ant.* XI,8: Ταῦτα Κύρου καταγγείλαντος τοῖς Ἰσραηλίταις ἐξώρμησαν οἱ τῶν δύο φυλῶν
     ἄρχοντες τῆς Ἰούδα καὶ Βενιαμίτιδος οἵ τε Λευῖται καὶ οἱ ἱερεῖς εἰς τὰ Ἱεροσόλυμα („Als Kyros
     dies den Israeliten verkündete, machten sich die Anführer der beiden Stämme Juda und
     Benjamin sowie die Leviten und die Priester auf den Weg nach Jerusalem").

94   1 Esdras 2,5 (Rahlfs) bzw. 2,7 (Göttinger): καὶ καταστάντες οἱ ἀρχίφυλοι τῶν πατριῶν τῆς Ιουδα
     καὶ Βενιαμιν φυλῆς καὶ οἱ ἱερεῖς καὶ οἱ Λευῖται καὶ πάντων ὧν ἤγειρεν κύριος τὸ πνεῦμα ἀναβῆναι
     οἰκοδομῆσαι οἶκον τῷ κυρίῳ τὸν ἐν Ιερουσαλημ (*Septuaginta Deutsch* 2,7: „Und als die Stam-
     mesführer der Familien des Stammes Juda und Benjamin und die Priester und die Leviten
     und alle, deren Geist der Herr antrieb, sich daranmachten hinaufzuziehen, um dem Herrn
     ein Haus zu bauen, [nämlich] das in Jerusalem").

95   Vgl. Honigman (2003), 19: „As we shall see in Chapter 3, the equation of Jerusalem with
     a Greek polis is precisely what gives credible support to the *revival of the twelve biblical
     tribes* in the Hellenistic period."

ARISTEAS: KONTEXTE – EINST UND HEUTE

seiner Zeit, ist nicht geneigt, in den Kategorien der Literaturtheorie zu denken und zu sprechen. Seine Hauptaufmerksamkeit gilt einer plausiblen Chronologie der antiken Geschichte und einer möglichst sauberen Unterscheidung von Fakten und Fabeln. Durch seine große Vertrautheit mit den Quellen aber ist ihm die literarische Dimension – auch wenn er sie nicht ausdrücklich so benennt – durchaus bewusst und wird in seine Überlegungen mit einbezogen. So ist ihm nicht entgangen, dass die 12 Stämme in der *Literatur* des hellenistischen Judentums sehr wohl präsent sind, mehr noch, dass das Volk Israel als Ganzes dort weiterhin als „12 Stämme" bezeichnet wird. Was wir heute gern „Topos" nennen, heißt bei ihm weniger terminologisch „vetus loquendi consuetudo" („eine alte Sprachgewohnheit").[96] Er führt Beispiele aus dem Neuen Testament an: die Prophetin Hanna, Tochter von Phanuel, aus dem Stamm Asser in Lk 2,36; die Überschrift des Jakobusbriefes, der ταῖς δώδεκα φυλαῖς ταῖς ἐν τῇ διασπορᾷ („an die zwölf Stämme in der Zerstreuung") adressiert ist; Paulus' Bezeichnung seines Volkes als τὸ δωδεκάφυλον ἡμῶν („unser zwölfstämmiges Volk") in Apg 26,7 („quum tamen δίφυλον, non δωδεκάφυλον verius dixisset" [„obwohl er es richtiger ‚zweistämmig', nicht ‚zwölfstämmig' hätte nennen sollen"], seufzt Scaliger[97]). Im kollektiven Gedächtnis des nachexilischen Judentums, so kann man es in der heutigen Sprache formulieren, waren die 12 Stämme Israels sehr präsent (wenn sie nicht erst dort entstanden sind – aber auf solche Gedanken kam Scaliger nicht; das Thema kann auch im Rahmen dieser Studie nicht einmal ansatzweise besprochen werden). Somit wird *Aristeas* als literarisches Erzeugnis seiner Zeit (die Scaliger, wenn man den [manchmal verworrenen] Angaben der *Scaligerana*, seinen von Freunden aufgeschriebenen Tischplaudereien, glauben kann, als „etwa 50 oder 100 Jahre vor Philon, spätestens ab Augustus"[98] bestimmt) bestätigt: Es sei ein echtes antikes Buch, aber eine Fälschung insofern, als es von den griechischsprachigen Juden der Diaspora (und nicht von einem Griechen, einem Leibwächter des Ptolemäus) stammt.

Scaligers drittes Argument zum selben Zweck betrifft die diplomatische Korrespondenz in *Aristeas*: Man merkt dem Stil der drei Briefe – von Demetrius an den König, vom König an den Hohenpriester und vom Hohenpriester an den

---

96 „Nam tametsi eo tempore duae tantum Tribus essent, tantam quadam vetere loquendi consuetudine Iudaei tunc nomine XII Tribuum comprehendebantur" („Denn, obwohl zu dieser Zeit nur zwei Stämme existierten, wurden die Juden, wegen uralter Sprachgewohnheit, weiterhin als ‚12 Stämme' bezeichnet").

97 Scaliger (1658), 133.

98 Scaliger (1740), 205.

König – an, dass sie von ein und demselben Verfasser stammen[99] und entsprechend keine echten Dokumente sein können.

Zusammenfassend kann man sagen, dass Scaligers Analyse *Aristeas* folgendermaßen präsentiert: Es ist ein Werk, das von Juden der griechischsprachigen Diaspora etwa ein Jahrhundert vor Philon produziert wurde, das keineswegs – weder als Ganzes noch in einzelnen Bestandteilen – als zuverlässige Historiographie gelten kann, das aber einige zur Zeit seiner Abfassung unter den „Hellenisten", d.h. Juden griechischer Sprache, geltende literarische Konventionen erkennen lässt. Von diesen Grunddaten ausgehend, entwickelte Scaligers Lieblingsschüler und Testamentsvollstrecker Daniel Heinsius eine originelle Interpretation des *Aristeas*, die, wie es scheint, damals und auch noch heute entweder missverstanden oder nicht in ihrem Wert erkannt wurde. Sie stellt aber, wie mir scheint, einen der wertvollsten – und erstaunlich modernen – Beiträge zum Aristeasproblem dar.

2.1.2 Heinsius

Daniel Heinsius (1580–1655) gilt heute als Pionier auf dem Gebiet der – streng genommen – literarischen Erschließung antiker Texte, einschließlich der biblischen und parabiblischen.[100] Was den *Aristeas* angeht, ist ihm der fiktionale Charakter dieses Werks selbstverständlich, diese Überzeugung hat er von Scaliger geerbt. Er fragt nun weiter: Wie lassen sich die Grundzüge der Legende erklären? Und zwar nicht nur in der Form, die sie in *Aristeas* hat, sondern auch in der doch deutlich abweichenden Version, die bei den frühen Kirchenvätern belegt ist. Er erkennt offenbar – ohne es auszuführen – den bibelexegetischen, „Midrasch-artigen", wie man heute gern sagt, Charakter der Siebzig-Übersetzer-Legende und sucht entsprechend nach ihrem Ursprung bei einer auffälligen, unklaren, erklärungsbedürftigen Bibelstelle. Er wird fündig und entwickelt eine geistreiche Theorie, widmet ihr aber leider keine selbstständige Abhandlung. In einem Kapitel seines *Aristarchus sacer*, das eigentlich der Interpretation einiger schwieriger Stellen im Neuen Testament gewidmet ist,

---

99 Scaliger (1658), 134: „Deinde trium Epistolarum illarum exemplaria unius hominis stilum esse manifesto cuivis harum rerum intelligenti paret" („Dass diese drei Briefe aus der Feder *eines* Autors stammen, ist jedem klar, der sich in diesen Dingen auskennt").

100 Vgl. Lebram (1979), 37: „Noch stärker als Scaliger sieht D. Heinsius das Septuagintaproblem im Rahmen der Philologie und Literaturwissenschaft" und Jan Hendrik Waszink im selben Band in dem Beitrag „Classical Philology" (Waszink 1975), 161: „What was almost entirely lacking ⟨in der philologischen Aktivität an der Universität Leiden im 16. und 17. Jh.⟩ was an interpretation of the texts as literature, let alone a study of the history of literature and of literary problems in general. Here again Gerardus Johannes Vossius is the exception to the rule ...; and we may also, if less emphatically, mention Daniel Heinsius."

findet er es angebracht, auf einer halben Seite „nebenbei den Namen und die Szenerie ⟨der Septuaginta-Übersetzung⟩ zu erklären, weil ich mich nicht erinnern kann, dass jemand das schon gemacht hätte."[101] In dieser Kürze hat ihn sogar Lebram teilweise missverstanden,[102] der in seinem hier schon mehrmals zitierten, wunderbar informativen und scharfsinnigen Artikel Heinsius' „geistreiche Hypothese über die Entstehung des Namens der LXX"[103] nach langer Vergessenheit wieder ans Licht brachte.

Der Wortlaut von Heinsius' Notiz variiert in manchem Detail in der ersten Ausgabe des *Aristarchus Sacer* in 1627 und in der zweiten, als Anhang zu den *Exercitationes sacrae* von 1639 publizierten Auflage. Der Gedankengang ist aber in beiden Fällen derselbe, meine Zusammenfassung berücksichtigt beide Ausgaben (s. Anhang).

Heinsius hat also beobachtet („observavimus"), und zwar seines Wissens als Erster, dass die ganze Erzählung über die 70 Übersetzer, die alle zusammen denselben Text in vollem Einklang übersetzt haben sollen, ihren Ursprung im Vers Exodus 24,11 LXX hat. Die griechische Übersetzung unterscheidet sich an dieser Stelle drastisch vom hebräischen Text.

Hebräisch: וְאֶל־אֲצִילֵי בְּנֵי יִשְׂרָאֵל לֹא שָׁלַח יָדוֹ

(„Gegen die Vornehmen der Israeliten aber streckte er seine Hand nicht aus.")

Die Vulgata (Heinsius: „in vulgari") übersetzt das Prädikat Wort für Wort aus dem Hebräischen: „nec super eos ... misit manum suam."

Der Targum (Heinsius: „Chaldaeus") wählt eine erklärende Periphrase, die Heinsius lateinisch als „(quibus) nullum fuisse incommodum, aut simile", „(denen) nichts Böses geschah (oder etwas Ähnliches)" wiedergibt.[104]

Die Übersetzung der LXX ist überraschend („mirifice"):

καὶ τῶν ἐπιλέκτων τοῦ Ισραηλ οὐ διεφώνησεν οὐδὲ εἷς.

Das wird „von einigen", sagt Heinsius, so übersetzt: „et electorum Israel non dissonuit neque unus" („Von den Auserwählten Israels gab es niemanden, der nicht im Einklang gewesen wäre"). Diese Version der *Vetus Latina*, die dem oben angeführten Text der LXX entspricht, ist von Augustinus, *Quaestiones in Hexateuchum, qu.* 2,102, bezeugt.[105] Augustinus beschäftigt sich an dieser Stelle mit der Frage, wer wohl mit den „Auserwählten Israels" gemeint ist. Seine Antwort:

---

101 Heinsius (1627), 207: „Ipsam autem nominis originem ac scenae, obiter ut detegamus, quia factum id a nemine meminimus, locus hic nos monet."
102 Darüber unten, S. 36 f.
103 Lebram (1979), 37.
104 Heinsius meint wohl das לָא הֲוָה נִזְקָא des Onqelos.
105 S. 423 in Walter Groß' Ausgabe (2018).

36 KAPITEL 1

Sie sind mit den in Ex 24,9 Genannten identisch, nämlich mit Mose, Aaron, Nadab, Abihu und den 70 Ältesten („septuaginta seniores"), die mit Moses auf den Berg Sinai steigen, nachdem Moses im Vers 7 „das Bundesbuch ... in die Ohren des Volkes gelesen" hatte. Aus einer Interpretation von Vers 11, meint Heinsius, die sich mit der in Augustinus' und seinem *Vetus Latina*-Text bezeugten deckt – aber wesentlich älter ist und sich unmittelbar auf den griechischen LXX-Text, ohne Vermittlung des Lateinischen, bezieht –, entstand „diese ganze Geschichte über Ptolemäus, die ganze Erfindung, dass bei einer so großen Zahl alle bei der Verkündung der Heiligen Schrift übereinstimmten."[106] Die Erzählung über die 70/72 Übersetzer (die in *Aristeas* auch konsequent „Älteste" genannt werden), die den heiligen Text bei der erneuten Verkündung der Tora an die griechischsprachige Welt alle übereinstimmend übersetzten, ist also eine Fortschreibung einer merkwürdigen Stelle in der LXX, vor allem des Ausdrucks οὐ διεφώνησεν οὐδὲ εἷς, die im literarischen, attizistischen Griechisch „alle stimmten wie ein Mann überein" bedeuten müsste.

Schon dieser Teil der Argumentation Heinsius' wurde sowohl von zeitgenössischen Kritikern als auch von Lebram im 20. Jh. arg missverstanden. Lebram zeigt sich von Heinsius' Einfall fasziniert, kann ihn aber nicht so richtig einordnen. In einer Anmerkung schreibt er:

> Vielleicht spielt die merkwürdige Übersetzung tatsächlich auf eine Legende über den Ursprung der LXX an, die dann älter sein müsste als die des Aristeasbriefes. Jedoch hat schon Vossius, *de LXX int.* S. 11 mit Recht eingewendet, dass διαφωνεῖν auch für *perire* und *exanimari* stehen kann. Neben Hippocrates[107] nennt er Jos 23,14, 1 Reg 30,19, Ez 37,11. Wichtig ist auch Judith 10,13.[108]

Mit anderen Worten, Lebram versteht Heinsius' Idee dahingehend, dass schon die griechischen Übersetzer des Exodus – sozusagen „die Siebzig" selbst – das

---

106 Heinsius (1629), 207 f.: „Hinc historia haud dubie de Ptolemaeo ... Hinc inventum illud, Neminem ex ⟨208⟩ tanto numero in exprimendis Sacris dissensisse" („Das ist zweifelsohne die Quelle dieser Geschichte über Prolemäus ... daraus ist die Fiktion entstanden, dass es bei einer so großen Zahl ⟨von Dolmetschern⟩ niemanden gab, der im Ausdruck der Heiligen Schriften nicht ⟨mit den anderen⟩ im Einklang gewesen wäre").

107 Hippokrates ist wohl irrtümlich hineingeraten anstelle der *Hippiatrica*, von denen Vossius spricht. Tatsächlich findet sich die Stelle in den *Hippiatrica Berolinensia*, 2, 7, wo die Beschreibung einer Pferdeseuche mit der traurigen Feststellung endet: τῷ τοιούτῳ οὐκ ἔστι θεραπεία, ἀλλὰ διαφωνεῖ ⟨sc. τὸ ζῷον⟩ („Gegen so etwas gibt es keine Behandlung, sondern ⟨das Tier⟩ stirbt").

108 Lebram (1979), 61 Anm. 246.

ARISTEAS: KONTEXTE – EINST UND HEUTE 37

Verb διαφωνέω mit Negation im Sinne von „übereinstimmen" meinten und es deswegen gebraucht haben, weil sie in diesem Vers eine Prophetie auf die Septuaginta-Legende sehen wollten. In diesem Fall müsste die Legende älter sein als *Aristeas*, sie müsste dem LXX-Exodus (oder zumindest der uns bekannten Form von Ex 24,11) zeitlich vorangehen.[109] Es gibt aber gute Gründe, zu glauben, dass die Übersetzer an dieser Stelle gar nicht an eine „Übereinstimmung" dachten, sondern das Verb in einer anderen, insbesondere in der Septuaginta gut bezeugten, aber auch bei späten griechischen Schriftstellern und in Inschriften vereinzelt vorkommenden Bedeutung, „verschwinden, sterben", gebraucht haben (vermutlich vom ursprünglich militärischen „sich beim Appell nicht melden"). Das ist der Einwand Vossius'.[110] Was den Sprachgebrauch der Exodus-Übersetzer angeht, stimmt dies sicherlich: Die Beispiele, die sich für διαφωνέω im Sinne von „verschwinden, zugrunde gehen" sowohl

---

109   Falsch ist auch Lebrams Angabe auf der S. 38: „Schon Augustinus hat diese Stelle als Weissagung auf die 72 Übersetzer verstanden (*Quaestiones in Exodum* ad 24, 11. CC SL 32, S. 119: 102. [24, 10–11]). Heinsius sieht sie, viel historischer denkend, als Anlass für die Namensgebung der griechischen Bibelübersetzung an." Augustinus erwähnt an dieser Stelle die Septuaginta-Legende mit keinem Wort, sein Problem ist die Identität der Erwählten Israels von Ex 24,11 – die er mit den 70 von Vers 9 identifiziert (was im biblischen Text tatsächlich nicht ohne Weiteres klar ist). Heinsius braucht das Augustinus-Zitat wegen dieses Nachweises, aber vor allem wegen der darin bezeugten *Vetus Latina*-Version, die in seinen weiteren Überlegungen eine Rolle spielt, s. unten.

110   Vossius (1661), 11: „Nempe quia Exodi cap. XXIV dicuntur addaturque καὶ τῶν ἐπιλέκτων τοῦ Ισραηλ οὐ διεφώνησεν οὐδὲ εἷς. Quae verba sic reddunt, atque ex electis istis sive senibus septuaginta nemo discrepavit, vel dissensit. Prave haec intellexisse dicunt septuaginta interpretes, cum sic habeatur in Hebraeo: tamen in selectos filiorum Israelis, non extendit manum suam. Ex hac vera sinistra interpretatione pleraque ea quae de consensu & cellulis septuaginta senum narrantur orta esse vulgo putant. Sed vero mirum in modum falluntur qui sic sentiunt. διεφώνησεν non hic significat id quod putant, sed longe aliud, nempe sic vertere debuerant: Et ex electis Israel exanimatus est nemo. Διαφωνεῖν passim pro perire & exanimari accipitur, non tantum apud Apsyrtium aliosque hippiatricos, sed etiam in Sacris libris, uti clarum est Josua cap. XXIII.v.14, Regum primo cap. XXX.19 & Ezechiele cap. XXXVII.11" („Und zwar weil dies in Exodus 24 gesagt wird und ‚καὶ τῶν ἐπιλέκτων τοῦ Ισραηλ οὐ διεφώνησεν οὐδὲ εἷς' hinzugefügt wird. Diese Worte übersetzen sie so: ‚Von diesen Auserwählten bzw. den 70 Ältesten war keiner uneins bzw. nicht im Einklang'. Sie behaupten, die Siebzig Dolmetscher hätten die Stelle falsch übersetzt, da es Hebräisch ‚Gegen die Auserwählten Israels streckte er seine Hand nicht aus' heißt. Sie glauben dann, dass aus dieser falschen Übersetzung das meiste davon entstanden sei, was gewöhnlich über den Einklang und die Zellen der 70 Ältesten erzählt wird. Diejenigen, die so sprechen, machen einen erstaunlichen Fehler. διεφώνησεν bedeutet an dieser Stelle gar nicht das, was sie annehmen, sondern etwas ganz Anderes. Die Übersetzung hätte lauten sollen: ‚Von den Auserwählten Israels starb niemand'. Διαφωνεῖν wird oft für ‚sterben' bzw. ‚tot sein' gebraucht, nicht nur bei Apsyrtius und anderen Pferdeärzten, sondern auch in der Heiligen Schrift, was deutlich wird in Josua 23,11, 1 Könige 30,19 und Ezechiel 27,11").

38   KAPITEL 1

aus der Septuaginta als auch aus späten griechischen Autoren anführen lassen, belegen dies zweifelsfrei.[111] Nur behauptet Heinsius gar nicht, dass die Bedeutung „alle stimmten überein" von den ersten Übersetzern des Exodus beabsichtigt worden sei.

Das macht der Kontext seiner „Beobachtung" deutlich. Der Passus steht im Kapitel x von *Aristarchus sacer*, das „Homonymien" und „Ambiguitäten" im Neuen Testament gewidmet ist, die viele Interpreten in die Irre geführt hätten. Der Grund für die Fehlinterpretationen ist, dass man nicht genügend zwischen der *Lingua Hellenistica* und der *Lingua Graeca* unterscheidet.[112] Das Neue Testament, wie auch die Septuaginta, sind nicht in der klassischen griechischen Literatursprache geschrieben (*Lingua Graeca*), sondern in dem spezifischen Dialekt der griechischsprachigen Juden der Diaspora, der „Hellenisten" von Apg 6,1.[113] Diese Sprache ist von Semitismen verschiedener Herkunft durchsetzt; dies muss bei der Interpretation stets berücksichtigt werden, sonst drohen grundfalsche Übersetzungen und Fehlinterpretationen.[114] Auch wenn man

---

111   Vgl. *La Bible d'Alexandrie*, 2: *Exodus* (Paris: Cerf, 1989), 247 ad loc., mit Literaturangabe.

112   Vgl. die Inhaltsangabe in der Überschrift des Kapitels: „Hellenistica lingua. Ea alia a Graeca. Multa perperam in novo Foedere eius causa intellecta. Vocum eius lingua ex aliis petendam esse interpretationem. Quam crebra in novo Foedere ambiguitates & homonymiae. Proprium id Hellenistarum linguae esse" („Die hellenistische Sprache. Darüber, dass sie sich von der griechischen Sprache unterscheidet. Darüber, dass gerade aus diesem Grund vieles im Neuen Testament missverstanden wird. Darüber, dass man die Interpretation der Ausdrücke dieser Sprache aus anderen Quellen schöpfen muss. Darüber, dass Homonymien und Ambiguitäten im Neuen Testament oft vorkommen. Darüber, dass dies für die Sprache der Hellenisten typisch ist").

113   Sowohl die Vorstellung als auch die Terminologie hat Heinsius von Scaliger geerbt, vgl. Scaliger (1658), 134: „Actorum VI,1. Qui locus vulgo pessime intellectus. Nam ἑλληνίζειν est Graeca lingua uti. & inde omnis Iudaeus. qui a sinistris dextrorsum legit, in Talmud vocatur הקורא נפתית ἀναγινώσκων αἰγυπτιστί, legens Aegyptiace, hoc est, ut Glossa habet, למפרע ἀνάπαλιν, praepostero ordine, ut Graecienses & ἑλληνισταὶ Iudaei, qui Graece tantum legebant, non etiam Hebraice" („Apostelgeschichte VI,1. Diese Stelle wird allgemein aufs schlimmste missverstanden. Denn ἑλληνίζειν bedeutet, sich der griechischen Sprache zu bedienen. Deswegen wird jeder Jude, der von links nach rechts liest, im Talmud הקורא נפתית ἀναγινώσκων αἰγυπτιστί genannt, sprich, 'ägyptisch lesend', d.h., wie eine Glosse erklärt, למפרע ἀνάπαλιν, 'umgekehrt', wie etwa die griechischsprachigen [ἑλληνισταὶ] Juden, die nur Griechisch lesen konnten, nicht aber Hebräisch").

114   Heinsius (1629), 210: „Atque hos autores quidem in antiquo Foedere ea lingua habet quam nos hellenisticam vocamus. quia non cum Graecis, sed cum iis quos interpretatur, & cum Oriente loqui solet: quemadmodum & vocum quoque notiones ac ὁμωνυμίας, ex illius, non Graecorum, sequitur praescripto. quam in novo Foedere obtinere, quivis cum videre possit, pauci tamen hactenus a Graeca distinxerunt. Unde plurimi interpretum errores, & in libris his, de quibus tot praeclari hac aetate viri optime sunt meriti, hallucinationes maximi momenti καὶ παρερμηνεῖαι" („Diese Autoren im Alten Testament stehen unter

ARISTEAS: KONTEXTE – EINST UND HEUTE

die Sprache des Neuen Testaments im Ganzen nicht einen besonderen Dialekt nennen möchte und der Idee eines „jüdischen" Griechisch abgeneigt ist, ist hinreichend klar, dass man mit der Grammatik und dem Vokabular des attischen und attizistischen Griechisch allein an das Neue Testament nicht herankommt, geschweige denn an die Septuaginta. Kenntnis der semitischen Sprachen – das ist Heinsius' Punkt – ist für den richtigen Umgang mit diesen Texten unabdingbar.

Διαφωνέω ist zwar kein Semitismus – es entspricht an den verschiedenen Stellen der Septuaginta einem jeweils anderen hebräischen Ausdruck, mit dem es keine formale Ähnlichkeit hat –, ist aber aus einem anderen Grund doppeldeutig. Dass Heinsius hier keine Trennlinie zeichnet und dadurch einigermaßen Verwirrung stiftet, ist für seine unsystematische, impressionistische Schreibweise typisch. Seiner Argumentation tut es aber in diesem Fall keinen Abbruch – es geht auf jeden Fall um eine für die Septuaginta-Sprache typische Ambiguität, nur steht dahinter kein semitischer Einfluss, sondern eine innergriechische Entwicklung: Das Verb, das im klassischen literarischen Griechisch ein Antonym zu συμφωνέω darstellt und so etwas wie „auseinanderklingen" und somit „nicht übereinstimmen" bedeuten kann, wird in der Umgangssprache der hellenistischen Zeit in der davon weit entfernten Bedeutung „verschwinden, sterben" gebraucht (das führt Heinsius wiederum nicht aus; dass er aber die Doppeldeutigkeit der Vokabel διαφωνέω im Sinne hat, folgt sowohl aus dem ganzen Zusammenhang seines Kapitels als auch aus der Erwähnung [nachträglich, in der Version von 1639] der „chaldäischen" Übersetzung (Targum) „es geschah ihnen nichts Böses"). Diejenigen aber, die die in *Aristeas* bezeugte Legende gedichtet haben, taten dies aufgrund der klassischen Bedeutung, die sie in den Text von Exodus 24,11 LXX hineingelesen haben.[115] Dass es diese Inter-

---

dem Einfluss der Sprache, die wir die hellenistische nennen, da sie öfters nicht im Einklang mit den Griechen redet, sondern mit denen, die sie übersetzt, das heißt, mit dem Orient; entsprechend ⟨entstehen⟩ auch die Bedeutungen der Vokabeln und die Homonymien daraus, und nicht aus dem Griechischen, wie aus dem Vorhergehenden folgt. Diese Sprache ist auch im Neuen Testament vorherrschend – obwohl es für jeden offensichtlich sein sollte, haben bisher nur wenige verstanden, diese Sprache vom Griechischen zu unterscheiden. Daher die unzähligen Übersetzungsfehler und gerade in diesen Büchern, um die sich so viele hervorragenden Köpfe unserer Zeit mit so viel Eifer bemühten, so gewichtige Abirrungen und Fehlinterpretationen").

115 Moses Hadas erwähnt in seiner kommentierten Ausgabe des *Aristeas* von 1951 die markante Übersetzung διαφωνέω, ohne auf Heinsius zu verweisen (Hadas [1951], 72): „At Ex. 24.11 where the elders are spoken of and where the Hebrew gives ‚And upon the nobles of the children of Israel He laid not His hand', the LXX gives ‚And of the chosen ones of Israel not one perished'. The verb used is *diaphōnein*, of which the common meaning is ‚disagreed'. Such a homonym is an ideal material for midrashic ingenuity". Die Bemer-

pretation des LXX-Verses in der Antike gab, belegt Heinsius mit dem von Augustinus bezeugten *dissonuit* der *Vetus Latina*. Wir werden im Weiteren sehen, dass dies sich auch aus Philon innerhalb der griechischen Tradition nachweisen lässt.

Noch weniger verstanden und rezipiert wurde sein zweiter Punkt zur Septuaginta-Legende. Heinsius unternimmt den einzigen mir bekannten Versuch, auch den Ursprung der anderen, in den christlichen und rabbinischen Quellen bezeugten Version der Legende zu erklären, und zwar aus demselben Vers Ex 24,11. Es geht um die in der christlichen Literatur ab Irenäus, und auch im babylonischen Talmud, vor allem in bMeg 9a–b, bezeugte Version, nach der die Übersetzer in 72 getrennten „Häuschen", „Zellen" oder „Zelten" untergebracht sind und trotzdem alle eine Wort für Wort identische Übersetzung des Textes zustande bringen. Diese Version wird allgemein als eine Weiterentwicklung des *Aristeas* in Richtung einer Verstärkung des „wundersamen Elements" in der Geschichte beschrieben.[116] Aber schon bei Philon, wie oft auch vermerkt wird, ist das Ereignis der übereinstimmenden Übersetzung deutlich als ein Wunder (d.h. als eine unmittelbare Wirkung der göttlichen Inspiration) beschrieben – ohne dass er das Motiv der getrennten Zellen kennt.[117] Trotzdem wird das Thema so behandelt, als wären die Zellen ein selbsterklärender Superlativ zum Begriff „Inspiration".

Heinsius dagegen hat eingesehen, dass wir es hier mit einem selbstständigen Motiv zu tun haben, dessen Zustandekommen genauso nach einer Erklärung ruft wie das Übereinstimmungs-Motiv, und zwar nach einer ähnlichen Art der Erklärung. Sein Vorschlag ist folgender: In Ex 24,11 fanden die Übersetzer und Exegeten offenbar nicht nur den Ausdruck „er streckte seine Hand nicht aus" problematisch, sondern auch das Objekt dieses Verbs. Wer sind die אצילי בני ישראל, gegen die Gott seine Hand nicht ausstreckte? Augustinus argumentierte, wie wir gesehen haben, es seien alle in Vers 9 genannten Personen, einschließlich der 70 Ältesten. Dies war offenbar keine allgemein akzeptierte Lösung, sondern eine heiß debattierte *quaestio*, nach der Ausführlichkeit seiner Beweisführung zu urteilen. Aber abgesehen von ihrer Identität, was besagt das Wort אצילי über sie? Darüber, sagt Heinsius, gab es offensichtlich unterschiedliche

---

kung ist bei den *Aristeas*-Forschern auf wenig Interesse gestoßen, es scheint, dass Arkady Kovelmans anerkennender Hinweis darauf in einem Artikel von 2005, mehr als ein halbes Jahrhundert später, die einzige Reaktion blieb (s. unten, S. 69f.).

116   Vgl. Wasserstein und Wasserstein (2006), 67.

117   Vgl. Wasserstein und Wasserstein (2006), 67: „Philo's account is already coloured by the apparent desire to see in the work of the translators some divine inspiration. But he does not know the motif of the deliberate separation of the translators with the purpose of making it impossible for them to consult each other."

ARISTEAS: KONTEXTE – EINST UND HEUTE

Meinungen in der Tradition, und einige Spuren davon sind auf uns gekommen. Die Vulgata, zum Beispiel, besagt für das Prädikat das Gleiche wie der hebräische Text: „nec … misit manum suam", aber auch das Objekt sieht ganz anders aus als in der LXX: „super eos qui procul recesserant de filiis Israel." Man hat offenbar in אצילי ein Partizip von אצל gesehen und das Verb in seiner Bedeutung „sich zurücknehmen", „absondern" verstanden (was nachvollziehbar ist, da die angenommene Bedeutung „die Vornehmen" für אצילי ein *Hapaxlegomenon* in der Biblia Hebraica darstellt). Entsprechend wurde das Partizip als „diejenigen, die sich entfernt, zurückgezogen hatten" interpretiert. Die *Vetus Latina*, die Augustinus zitiert, entspricht dagegen voll der LXX: „Et de electis Israel non dissonuit nec unus" („Von den Auserwählten Israels sonderte sich nicht ein einziger vom Gesamtklang ab"). Aus dem Partizip des Verbs „absondern" sind in diesem Fall also – durch das Griechische ἐπίλεκτοι – die Auserwählten geworden. Wo kommt aber die Übersetzung der Vulgata mit ihrem Begriff *recessus* her? Heinsius nimmt offenbar an, dass es sich kaum um eine freie Neuschöpfung Hieronymus' handelt. Es muss lateinische Varianten gegeben haben, die אצילי von אצל ableiteten und es im Sinne von „räumlich abgesondert, getrennt" verstanden, also *separatos* – und zwar durch Vermittlung einer griechischen Übersetzung („wie es bei den alten lateinischen Übersetzungen immer der Fall ist", bemerkt Heinsius), wo wohl κεχωρισμένους stand. Daher, schließt er triumphierend, diese Zellen, die Hieronymus verspottet, daher diese ganze Erzählung über die räumliche Trennung der Übersetzer.[118] κεχωρισμένους ist zwar eine in keiner Handschrift belegte Rekonstruktion von Heinsius, ist aber nicht aus der Luft gegriffen, sondern basiert auf dem Sprachgebrauch des Irenäus, der frühesten griechischen Quelle für die Zellen-Version: χωρίσας αὐτοὺς ἀπ' ἀλλήλων, ἐκέλευσε τοὺς πάντας τὴν αὐτὴν ἑρμηνείαν γράφειν („er hat sie voneinander getrennt und befohlen, dass alle denselben Text ⟨der heiligen

---

118 Heinsius (1629), 208: „… nonnulli habent, Et electorum Israel non dissonuit neque unus. Cum in Hebraeo longe aliter sit scriptum; et propemodum quod in vulgari: *nec super eos qui procul recesserant de filiis Israel misit manum suam.* Nisi quod legatur אצילי, quod alii electi, alii, ex Latinis, qui sine dubio, ut solent, Graecos sunt secuti, *separatos*, id est, κεχωρισμένους reddiderunt. Hinc historia de separatione, &, quod separatim ac seorsim verterint scripturam" („Einige ⟨Textzeugen⟩ haben ‚Von den Auserwählten Israels sonderte sich nicht ein einziger vom Gesamtklang ab', obwohl im hebräischen Text etwas völlig anderes steht, nämlich ungefähr dasselbe wie in der Vulgata: ‚Über die Zurückgezogenen Israels streckte Gott seine Hand nicht aus.' Nur dass dort אצילי steht, was einige als ‚die Auserwählten', andere – und zwar sicherlich mit Recht –, den Griechen folgend, als ‚getrennt', d.h. κεχωρισμένους, übersetzt haben. Daher die Geschichte von der ⟨räumlichen⟩ Trennung und darüber, dass sie getrennt und jeder für sich die Heilige Schrift übersetzten").

42   KAPITEL 1

Schrift〉 übersetzen").[119] Dies ist eine zwar einigermaßen spekulative, aber m. E.
glänzende und produktive Idee: Ausgehend von einer exegetischen Fortschreibung eines problematischen Verses wird ein Schritt zurück zur Rekonstruktion
der unmittelbaren Interpretation, sprich einer antiken Übersetzung, versucht.
Natürlich zwingt auch hier der Mangel an erhaltenen Quellen zu einigen „plausibility arguments" – doch verglichen mit der Anwendung des „Homerischen
Paradigmas"[120] auf die Interpretation des *Aristeas* ist der Anhalt der Argumentation in der bezeugten Überlieferung und im Wortlaut der Texte bei Heinsius
unvergleichbar stärker. Heinsius teilte mit Scaliger die Überzeugung – die er
dem Leser unmittelbar nach seiner אציל-*separati*-Theorie mitteilt –, dass der
Text der Septuaginta, wie wir sie kennen,[121] heillos kontaminiert ist und sich in
unzähligen Details von dem Wortlaut, wie „Evangelistae ac Apostoli" ihn kannten, unterscheidet. Zur Veranschaulichung zeichnet er sogar eine Tabelle, die
er von Scaliger gelernt hat,[122] mit den Kolumnen von Origenes' „primo Tetra-
pla, mox Hexapla atque Octapla"; der Zweck ist zu zeigen, dass daraus in der
weiteren handschriftlichen Überlieferung ein heilloses Durcheinander der Versionen entstehen musste: „Was zu einer noch größeren Verderbnis des schon
vorher verdorbenen Textes führte."[123]

Heinsius' Vorschlag, nach dem Ursprung des Motivs der separaten Zellen
in einer alternativen griechischen Übersetzung des hebräischen Textes von Ex
24,11 zu suchen, resoniert auf eine interessante Weise mit der Hypothese, die
Wasserstein und Wasserstein zu dessen Provenienz vorlegen. Ihrer Meinung
nach konnte die Erzählung, die in der christlichen Literatur erst in der 2. Hälfte
des 2. Jh. auftaucht, nicht von dort in die rabbinische Tradition, die sich zu dieser Zeit schon gegen die Septuaginta verschlossen hatte, übernommen worden
sein. Der Weg musste umgekehrt gewesen sein: Von einer rabbinischen Interpretation zur Zeit der verstärkten Revision der griechischen Version im Geiste
der Anpassung an die (aktuelle) hebräische Vorlage in die Texte der christlichen
anti-jüdischen Polemik.[124]

---

119   Irenaeus *Adv. Haeres.* III,21,2. In der anonymen lateinischen Übersetzung: „separans eos
      ab invicem, jussit omnes eadem interpretari Scripturam."
120   S. unten S. 54 f.
121   Zu seiner Zeit war dies hauptsächlich der Codex Vaticanus, der Alexandrinus, seit 1627
      in Europa in Besitz des englischen Königs, war eine intrigierende Neuigkeit. Heinsius hat
      sein Leben lang versucht, eine Transkription zu bekommen oder eine Edition zu initiieren.
      Die erste Edition erschien aber ein halbes Jahrhundert nach Heinsius' Tod. Umso eifriger
      wurden von den Humanisten die patristischen Zitate durchstöbert.
122   Heinsius (1629), 209: „delineatum nobis in tabella a Scaligero meminimis."
123   „Unde nata major, textus antea corrupti, corruptela", Heinsius (1629), 209 f.
124   Wasserstein und Wasserstein (2006), 67 f.: „Can we know when, where and by whom

ARISTEAS: KONTEXTE – EINST UND HEUTE

Dass die jüdisch-hellenistische Bibelexegese die Doppeldeutigkeit von διαφωνέω bewusst wahrnahm und kreativ anwandte, lässt sich bestens aus Philon belegen. Zum einen gibt es ein griechisches Fragment in *Quaestiones in Exodum*, das dies direkt in Bezug auf Ex 24,11 bestätigt (2,38a):

Τὸ μὲν ῥητὸν διήγημα φανερὰν ἔχει τὴν ἀπόδοσιν ὡς ἁπάντων σώων διατηρηθέντων. Τὸ δὲ πρὸς διάνοιαν, τὸ πάντας περὶ τὴν εὐσέβειαν συμφώνους εἶναι καὶ ἐν μηδενὶ τῶν ἀγαθῶν διαφωνεῖν.

Der Text ist klar und besagt buchstäblich, dass alle *unversehrt geblieben sind*. Der allegorische Sinn ist aber, dass alle in Bezug auf die Frömmigkeit in Einklang sind und in keiner der Tugenden *auseinanderklingen*.

Nun, Fragmente sind eine eher unsichere Sache.[125] Zum Glück lässt auch Philons Kommentar in *De mutatione nominum* 109 zu Num 39,41, einem anderem

---

the element of divine intervention and the miraculous agreement of the translators was invented and added to the original account? As we have seen, it seems very likely that of all the rabbinic texts the Baraita in BT preserves the earliest rabbinic form of the story of the miracle. One might be tempted to assume that these new elements were a Hellenistic-Jewish invention. This, however, seems unlikely, for the following reasons: Philo's account is already coloured by the apparent desire to see in the work of the translators some divine inspiration. But he does not know the motif of the deliberate separation of the translators with the purpose of making it impossible for them to consult each other. Josephus too is innocent of any allusion to the miracle. Most important, however, of all the arguments against the assumption of a Hellenistic-Jewish origin of the story is the complete ⟨68⟩ absence of any trace of the existence of the legend in that real or imaginary Hellenistic-Jewish tradition so often appealed to, rightly or wrongly, in Christian literature. The latter is full of allusions to and relations of the miracle story, but in no place at all is it referred to a real or even to an imaginary Hellenistic Jewish writer. Was it then a Christan invention? This is equally unlikely. It is virtually unconceivable that the Rabbis would have borrowed this story from their Christian rivals at any time, and particularly when the Rabbis are said to have abandoned or at least modified their earlier favourable attitude to the Alexandrian translation of the Law. Such a change cannot be dated later than the generation of R. Aqiba (d. 135 C.E.). This leaves us with one explanation. The miracle story was fashioned in Palestine, in rabbinic circles, and the invention fits into a very narrow span of time, within the period between the destruction of the Temple and the Bar Kochba revolt, namely the years in which Rabban Gamaliel II is said in the Jewish sources to have been Nasi in Yavne, that is to say between ca. 80 and 117 C.E."

125 *La Bible d'Alexandrie*, ad locum, macht auf Philons Bekanntschaft mit beiden Bedeutungen von διαφωνέω aufmerksam, lässt aber einen leisen Zweifel anklingen: „Philon conserve à *diaphonéō* le sens ‚être discordant' … Un fragment caténal sur Ex 24,11a montre cependant qu' il connaît aussi le sens littéral de *diaphonéō* dans le verset."

wichtigen διαφωνέω-Vers im Pentateuch, keinen Zweifel daran, dass er die kontextbezogene Bedeutung kannte:

Mut. 109: πρὸς τούτους καὶ ὁ μέγιστος ἐνίσταται τῷ ὁρατικῷ γένει πόλεμος, ἐν ᾧ τῶν διαγωνισαμένων „διεφώνησεν οὐδείς", ἀλλ᾽ ἄτρωτος καὶ σῶος ἐπανῆλθε, τοῖς νικητηρίοις ἀναδούμενος στεφάνοις.

Das sehende Geschlecht führt gerade mit denen den erbittertsten Krieg. Von denen, die an diesem Krieg teilnahmen, *‚ist kein einziger zugrunde gegangen‘, sondern jeder ist heil und unversehrt zurückgekehrt*, mit Siegeskränzen gekrönt.

In *De confusione linguarum* 55 f. werden beide διαφωνέω-Verse, Ex 24,11 und Num 31,49, in einem Abschnitt benutzt und beide im Sinne von „Einklang" ausgelegt. Man merkt an diesem Beispiel auch: Wenn Philon eine potentielle Doppeldeutigkeit eines biblischen Lemmas im Griechischen zugunsten einer Bedeutung ausnutzt, die kaum vom Autor intendiert war, bedeutet dies gar nicht, dass er nicht wüsste, was in dem Text „buchstäblich" (nach dem „ῥητόν") steht. Im Fall von διαφωνέω ist die Ambivalenz durch den Kontrast des klassisch-attizistischen und des hellenistischen Sprachgebrauchs entstanden. Aber auch in den Fällen, wo die intendierte Bedeutung aus dem Hebräischen geklärt werden könnte, kann man aus Philons Beharren auf einer anderslautenden Interpretation erst einmal nichts darüber erfahren, wieviel er über den „eigentlichen" Sinn des zu interpretierenden Verses wusste – oder eben nicht. Interessant sind dagegen Fälle, wo man entweder positiv behaupten oder eine begründete Vermutung äußern kann, dass er – wie hier im Fall von διαφωνεῖν – die entsprechende Information hatte. Das wird uns im zweiten Teil dieser Studie beschäftigen.

2.2 *20. Jahrhundert*

2.2.1 Auf der Suche nach dem historischen Kern

Die Polemik über den historischen Wert des *Aristeas* ging nach Scaliger und Heinsius weiter; Humphrey Hody (1659–1706) bewies den Tatbestand, den Scaliger kurz angedeutet hatte, ausführlich und überzeugend: Unmöglich konnte Aristeas, dem der Bericht in den Mund gelegt ist, der tatsächliche Autor des Werks sein. Der Autor musste ein hellenistischer Jude gewesen sein. Hody hat auch den Zweck des *Aristeas* gleich in der Überschrift seiner Erörterung definiert – dies aus heutiger Sicht der anfechtbarste Teil seiner Argumentation, von der damaligen Konstellation aus aber durchaus nachvollziehbar: Die Schrift sei „von einem Juden zusammengeschrieben, um der griechischen Übersetzung mehr Autorität zu verleihen."[126] Tatsächlich wurde der Teil des gelehrten Publikums, dem es um den historisch-philologischen Zugang (zu den Schriften der Antike im Allgemeinen und zur Heiligen Schrift insbesondere) ging, von Hodys Argumenten zumeist überzeugt (etwa Richard Bentley); die (meist katholischen) Verfechter der Verbalinspiration der Septuaginta blieben *Aristeas* als historischem Dokument teilweise treu. Eine Weile herrschte relative Stille: Ein Eiferer des Glaubens brauchte da nicht weiter nachzuforschen, ein freidenkender Altertumswissenschaftler, an dem Begriff ,Inspiration' wenig interessiert, hatte attraktivere Objekte für seinen gelehrten Eifer. Die Scaliger-Hody-Linie wurde zu einem akzeptierten Bestandteil der Wissenschaft. Heinsius' Einsichten in die literarische Beschaffenheit, die abseits der interkonfessionellen bzw. „fundamentalistisch versus freidenkerisch"-Gefechtslinien lagen, wurden nicht weiterentwickelt und sind in Vergessenheit geraten.

Im ersten Drittel des 20. Jh. lagen die Gewichte so, dass die Ablehnung des historischen Wertes von *Aristeas* den traditionellen Mainstream der Wissenschaft darstellte. Umso effektvoller war ein Angriff, der von unerwarteter Seite kam und den *consensus* als Überbleibsel der obsoleten konfessionellen Streitigkeiten darstellte. Elias Bickerman, seines Zeichens Althistoriker mit Schwerpunkt auf dem Hellenismus, ein Schüler Rostovtzeffs und Wilckens, Spezialist im Bereich der Papyruskunde und der Hellenistischen Institutionen, wandte sich ab den 30er Jahren dem jüdisch-hellenistischen Schrifttum zu,[127] mit einem sehr attraktiven, zeitgemäßen Programm: Die Geschichte der Juden in der Antike sollte nicht mehr als ein Sonderfall im Rahmen der christlichen

---

126 *Contra historiam Aristeae de LXX interpretibus dissertatio, in qua probatur illam à Judaeo aliquo confictam fuisse ad conciliandam authoritatem versione Graeca et quorundam doctorum virorum defensiones ejusdem, examini subjiciuntur* („Erörterung gegen Aristeas' Geschichte der LXX Dolmetscher, in der nachgewiesen wird, dass diese Geschichte von einem Juden zusammengeschrieben wurde, um der griechischen Übersetzung Autorität zu verleihen") (Hody [1684]). Vgl. Wasserstein und Wasserstein (2006), 254–258.

127 Die biographischen Hintergründe dafür können hier nicht besprochen werden, obwohl sie sowohl an sich vom allgemeinen Interesse her als auch für die Bewertung der wissenschaftlichen Ergebnisse relevant sind, s. dazu Baumgarten (2010). Baumgarten sieht Bickermans Ergebnisse auf dem Feld der jüdischen Geschichte als ideologisch beeinflusst an und dadurch nicht unbedingt zuverlässig. Diese Einstellung rief einige Empörung in Bickermans wissenschaftlicher Heimat, St. Petersburg, hervor; ein (durchaus positives) Resultat davon ist, dass wir nun ein neues biographisches Buch zu Bickerman aus der Feder der renommierten russischen Historikerin Irina Lewinskaja besitzen: Ирина Левинская. *Элиас (Илья) Бикерман. Петербургский пролог* (СПб.: Нестор-История, 2018) (Elias Bickerman. *Petersburger Prolog* [russisch]; Lewinskaja [2018]). Lewinskaja unterstreicht, dass Baumgarten wegen seiner fehlenden Russischkenntnisse keinen Zugang zu vielen Dokumenten in russischen Archiven hatte, die Bickermans besonders wichtige Entwicklungsjahre in Russland beleuchten. Sie besteht – gegen Baumgarten –

oder jüdischen religionsbezogenen Studien betrachtet werden, sondern als gleichberechtigter Teil der alten Geschichte. Entsprechend sollte die jüdisch-hellenistische Literatur ihren natürlichen Kontext im allgemeinen Rahmen des hellenistischen Schrifttums wiederfinden.[128] Angewandt auf *Aristeas* war das erste Ergebnis glänzend: 1930 hat Bickerman eine Datierung der Schrift aufgrund der dort verwendeten Amtssprache, vor allem Gruß- und Höflichkeitsformeln in dem darin angeführten (fingierten) offiziellen Briefverkehr, vorgeschlagen (ca. 145–125 v.u.Z.[129]), die bis heute als die wahrscheinlichste gilt; somit wurde gezeigt, was für ein potentes Mittel die Kenntnis der ptolemäischen und seleukidischen Institutionen und Urkunden für die Analyse auch jüdischer Texte darstellt. Gleichzeitig aber brachte der Artikel – nebenbei, fast zufällig – in die *Aristeas*-Frage eine aus meiner Sicht unglückliche Tendenz mit weitreichenden Folgen ein. Bickerman war nämlich mit Scaliger durchaus einverstanden, dass *Aristeas* „ein πλάσμα", eine Fiktion, ist, „das zur Verherrlichung der Juden dient." Das Neue, das er in seinem Artikel bot, war nicht der Nachweis der Historizität, sondern ein um ein Vielfaches verfeinertes historiographisches Instrumentarium und entsprechend ein ganz anderes Niveau der Präzision, was die Datierung und somit die gesamte Kontextualisierung angeht. Um sein – ohnehin beeindruckendes – Ergebnis besser ins Licht zu setzen, unternimmt Bickerman auf den ersten Seiten seines Artikels eine Demontierung der früheren Fiktivitätsbeweise: „Denn die im Buch gefundenen angeblichen Irrtümer und Verdrehungen erwiesen sich mit der Erweiterung unserer Kenntnisse in der Regel als Missverständnisse und Fehlschlüsse der Kritiker selbst."[130] Dieser Teil seines Beitrags ist nach meinem Dafürhalten viel schwächer als die eigentliche Beweisführung und vermag die Argumente von Scaliger und Hody nicht zu entkräften. In einem späteren Artikel, „The Septuagint as a Translation", zum ersten Mal 1959 veröffentlicht[131] und merklich auf den neusten

---

      ausdrücklich darauf, dass Bickerman bei allen von ihm bearbeiteten Themen ein objektiver Historiker von ausnehmendem Rang war und blieb, dessen Ergebnisse volle Gültigkeit haben.

128   Vgl. die aphoristische Formulierung im Vorwort zu Bickermans postum veröffentlichtem Buch *The Jews in the Greek Age* (Bickerman [1988]): „As a Hellenist, the writer sees the men and events he describes not as a link between the Hebrew Scriptures and the rabbinic period, but as a part of universal history, the final meaning of which only He knows, before Whom a thousand years are like one day" (S. IX).

129   Bickerman (1930).

130   Bickerman (1976), „Zur Datierung des Pseudo-Aristeas" (ursprünglich in *Zeitschrift für die neutestamentliche Wissenschaft* 29 [1930], 280–298), 109–136, hier 109 (im Inhaltsverzeichnis des Buches ist die erste Seite falsch als 123 angegeben).

131   Bickerman (1959).

ARISTEAS: KONTEXTE – EINST UND HEUTE

Stand gebracht für den „Studies"-Band von 1976,[132] versucht Bickerman, seine Althistoriker-*skills* auf ein ungleich schwierigeres Thema zu verwenden: den Ursprung der Septuaginta, deren originären Verwendungszweck und Veranlassung, die soziale Herkunft und Stellung der Übersetzer. Dieser Wurf ist ihm viel weniger geglückt, weil eine erfolgreiche Bearbeitung doch mehr spezifisch bibelwissenschaftliche, vor allem semitistische Kenntnisse erfordert hätte; er hat übrigens seine Studien dieser Art selbst immer als eine Art Amateurtum bezeichnet, dessen Zweck es eher sei, richtige Fragen zu stellen, als Antworten zu geben.[133] Seine Theorie – er unterstreicht, dass sie nur für den Pentateuch gültig sei, die Übersetzung aller anderen Bücher der Hebräischen Bibel sei „zu unterschiedlichen Zeiten durch private Hände" angefertigt worden[134] – besagt, dass die Übersetzung der Tora ins Griechische tatsächlich ein Staatsunternehmen der Ptolemäer, genauer gesagt, Ptolemäus' II., gewesen sei. Die Erzählung des *Aristeas* zusammen mit ihrer Paraphrase bei Philon und der Anspielung darauf in einem (vermeintlichen) Fragment des Aristobulus wird nun als „die alexandrinische Tradition" bezeichnet, die „nach der Reformation aus konfessionellen Gründen in Frage gestellt und in der Folge durch historische Skepsis in Verruf gebracht wurde."[135] Die Beteiligung des Demetrius von Phaleron ist ihm irgendwann doch verdächtig,[136] er vermerkt auch (was viele seiner Nachfolger nicht mehr berücksichtigen), dass es keine von *Aristeas* unabhängige Überlieferung über Demetrius als Vorsteher der Bibliothek gibt.[137] Es geht aber hauptsächlich nicht um Demetrius, sondern um den Begriff des Staatsunternehmens an sich. Hier muss die Tradition nach Bickermans Meinung unbe-

---

132   Bickerman (1976), 167–200.

133   Vgl. im Vorwort zu *The Jews in the Greek Age*, von seinem anzunehmenden „just share of mistakes and errors" redend: „In truth, without both ignorance and arrogance, who would dare to publish a historical work? Yet the purpose of a historical work is not merely to pour out accumulated knowledge. A historical work should be, rather, a ferment which excites the reader's own thinking. The author hopes that his book offers enough questionable opinions to stimulate disagreement and enough facts to help the reader in forming his or her judgement" (Bickerman 1988, *Preface* [ohne Seitenangabe]).

134   Bickerman (1976), 171: „at different dates by private hand."

135   Bickerman (1976), 171: „The Alexandrian tradition about the origins of the Septuagint became challenged after the Reformation for confessional reasons and, then, disproved by historical scepticism."

136   Bickerman (1976), 110, im Unterschied zu seinem Artikel „Zur Datierung des Pseudo-Aristeas" von 1930, wo er sich über Scaligers Einwände noch mit einem Achselzucken hinwegsetzte: „Die Autorität des Hermippus wiegt aber nicht mehr als die ihm gleichzeitige alexandrinisch-jüdische Tradition" usw.

137   Bickerman (1976), 169 Anm. 4: „Note that there is no independent evidence for Demetrius' management of the royal library. The later Christian references to it are derived from Aristeas." S. dazu Sokolskaya (2021a).

48   KAPITEL 1

dingt Recht haben. Die übliche Annahme, die alexandrinischen Juden hätten
die Übersetzung „ihrer religiösen Bedürfnisse wegen" vollbracht, da sie nicht
mehr genug Hebräisch konnten, bezeichnet Bickerman als „anachronistisch" –
und zwar nicht (wie man denken könnte), weil die alexandrinischen Juden,
wenn man sich an das fiktive Datum des *Aristeas* hält, erstaunlich schnell ihr
Hebräisch verloren hätten, sondern aus einem effektvoll paradoxalen Grund:
Weil sie überhaupt keine Verwendung für eine griechische Übersetzung gehabt
hätten! Die Juden hätten diese Übersetzung weder für ihre private Lektüre
gebraucht – dies scheint Bickerman so sonnenklar, dass man es nicht einmal
zu diskutieren braucht,[138] worin ich ihm auch nicht zu folgen vermag – noch
für ihre Gottesdienste, denn „der Brauch der öffentlichen Lesung des Gesetzes
war im 3. Jh. v. u. Z. noch unbekannt[139] ... Kontinuierliche Lektüre ist erst ab
der Mitte des 2. Jahrhunderts u. Z. bezeugt."[140] Also habe man für liturgische
Zwecke höchstens die Übersetzung von einzelnen Versen gebraucht, und diese
sei wohl mündlich von einem Dragoman geleistet worden. Außerdem wäre es
„unter den Bedingungen der antiken Buchproduktion eine unglaubliche Geld-
und Arbeitsverschwendung gewesen, den gesamten Pentateuch zu übersetzen, abzuschreiben und weiter zu kopieren, um eine gelegentliche mündliche
Übersetzung einzelner Passagen der Tora zu unterstützen."[141] Die Juden von
Alexandrien selbst brauchten also keine griechische Tora. Wer brauchte sie
dann so sehr, dass er keinen Aufwand scheute? König Ptolemäus II. Wozu?
Die erste Antwort Bickermans klingt fast wie ein „warum auch nicht?": Antike
Regierungen hätten manchmal umfangreiche Übersetzungswerke unternommen. Andererseits habe Ptolemäus II. ein Faible für Bücher wie etwa auch für
exotische Tiere gehabt.[142] In dieser Form hätte das Argument kaum eine breite
Rezeption gefunden. Bickerman fährt aber fort: Ptolemäus II. habe allen Grund
gehabt, Moses' Werk in seine Sammlung aufzunehmen. Die Tora war die ein-

---

138   Bickerman (1976), 171: „It is hardly necessary to argue that the Greek Torah was not inten-
      ded for private reading."
139   Bickerman (1976), 171: „The custom of public reading of the Law ... was not known in the
      third century B.C.E."
140   Bickerman (1976), 172: „The continuous reading is not attested before the middle of the
      second century C.E."
141   Bickerman (1976), 172: „But under the conditions of book making in antiquity it would
      be a phantastic waste of money and labor to translate, copy and recopy the whole Pen-
      tateuch in order to provide help for an occasional oral translation of isolated passages of
      the Torah."
142   Bickerman (1976), 173: „Ancient governments sometimes undertook extensive translation
      works. ... On the other hand, Ptolemy II was interested in books as he was in exotic ani-
      mals."

ARISTEAS: KONTEXTE – EINST UND HEUTE

zige schriftliche Quelle für das Gesetz seiner Untertanen in Judäa und die einzige Autorität für deren Geschichte. Außerdem gebe es ähnliche Fälle: die ägyptische Geschichte von Manetho (für Ptolemäus II. verfasst), die babylonische von Berossus (in Syrien, Antiochus I. ungefähr zur gleichen Zeit gewidmet). So bemühten sich zwischen 280 und 260 v.u.Z. Vertreter von orientalischen Völkern unter königlichen Auspizien, der griechischen Öffentlichkeit authentische Informationen zur Verfügung zu stellen, um die damaligen griechischen Fabeln über den Orient zu ersetzen. Die drei Bände Berossus und die fünf Bücher Manethos entsprächen den fünf Schriftrollen der griechischen Tora, dem Pentateuch. Diese ganze Argumentation wird als „intrinsische Plausibilität eines solchen Vorfalls"[143] bezeichnet. Die Einfälle widersprechen einander: Entweder wurde der Pentateuch als Gesetzeskodex im Auftrag des Staates für den juristischen Gebrauch übersetzt oder es war ein Werk der jüdischen Gelehrten, die, wie die Priester Manetho und Berossus – wahrscheinlich ohne großen staatlichen Aufwand, höchstens mit einem königlichen Stipendium –, den Griechen ihre nationale Geschichte aus der eigenen Perspektive darlegen wollten.

Beide Ideen – zusammen und getrennt – wurden breit rezipiert, vor allem die „legalistische" Interpretation – der Pentateuch als der jüdische Gesetzkodex, ein Referenzwerk für ägyptische Beamte – fand einen Verfechter in Joseph Mélèze Modrzejewski und wurde auch im Kreis der Bearbeiter der *Septuaginta Deutsch* (Wolfgang Orth, Siegfried Kreuzer) populär; trotz einiger Bedenken fand auch Gilles Dorival, ein Mitarbeiter des entsprechenden französischen Unternehmens (*La Bible d'Alexandrie*), die Idee attraktiv. Mélèze Modrzejewski merkt man übrigens beim Lesen an, dass ihm die Absurdität der Vorstellung, jemand hätte sich mehr um die jüdische Tora gekümmert als die Juden selbst, nicht ganz entging; die Betonung der „legalistischen" Interpretation dient bei ihm dazu, diesen Einwand zu entschärfen: Der König habe nachvollziehbare

---

143 „On reflection, the traditional account is confirmed by the intrinsic probabilities of the case. ... Ptolemy II had every reason to add Moses' work to his collection. The Torah was the sole written source of the law of his subjects in Judaea and the sole authority on their history. About the same time, when the ‚Seventy' pursued their task, a Babylonian priest composed a history of his country in Greek and a ‚high-priest and scribe of the sacred shrines of Egypt' compiled that of the Pharaohs. Like the ‚Seventy', Manetho worked for Ptolemy II, while the Babylonian Berossus dedicated his composition to Antiochus I of Syria, contemporary and rival of Philadelphus. Thus, between roughly 280 and 260 B.C.E., under royal auspices, representatives of Oriental peoples endeavoured to provide the Greek public with authentic information in order to supersede the current Greek fables about the Orient. Three volumes of Berossus and five books of Manetho corresponded to five scrolls of the Greek Torah, the Pentateuch."

50 KAPITEL 1

Gründe gehabt, sich um den Gesetzeskodex seiner Untertanen zu kümmern. In diesem Fall scheint mir aber schwer nachvollziehbar, warum die Juden diese Übersetzung so hätten bejubeln sollen. *Aristeas* ist ja ein begeisterter Hymnus auf die Septuaginta. Wer freut sich schließlich darüber, dass die fremde Obrigkeit mehr Möglichkeiten zur Kontrolle bekommt, anstatt im Falle eines Rechtsstreits auf die Interpretationen der jüdischen Autoritäten angewiesen zu sein?[144] Mélèze Modrzejewski findet es vorteilhaft, alle Erklärungen, einschließlich Ptolemäus' breiter kultureller Interessen und der religiösen Bedürfnisse der jüdischen Gemeinde, einfach zu kumulieren: Sie treffen alle gleichzeitig zu, und die Übersetzung ist entstanden – so ist man geneigt, den Passus[145] zusammenzufassen –, weil sie entstanden ist: Was wirklich ist, das ist vernünftig. Es ist zwar unbestreitbar, dass eine Übersetzung, die faktisch existiert, mehr Anreize als Hindernisse zu ihrer Entstehung gehabt haben muss – aber sehr weit bringt uns diese Erkenntnis nicht.

Unser Interesse hier gilt aber dem *Aristeas*, nicht der Realität der Übersetzung an sich. Bickerman und diejenigen, die ihm gefolgt sind, haben einige tragende, ideologisch besetzte Elemente der Erzählung in den Rang historischer Tatsachen erhoben – die königliche Initiative, den offiziellen Status der Pentateuch-Übersetzung im Unterschied zu allen anderen Übersetzungen von hebräischen Schriften ins Griechische und sogar die Idee, dass die Übersetzung der Tora ein sehr teures, weit über die Verhältnisse der alexandrinischen Juden hinausgehendes und nur für einen König bezahlbares Unternehmen gewesen sein muss.[146] Die Kosten des Unternehmens, wie in *Aristeas* beschrieben, sind

---

144 Den potentiellen Unwillen der jüdischen Bevölkerung berücksichtigt Stricker (1956), der von einer durch den König gegen den Widerstand des gesamten Judentums erzwungenen Übersetzung spricht. Gegen Strickers Theorie überzeugend Hanhart (1961).

145 Modrzejewski (1991), 102–104: „Are we then condemned to choose between the thesis of a royal commission for the Library of Alexandria, and the thesis of a Greek Targum designed uniquely to fill the need of the Jewish diaspora in Egypt? This would amount to placing oneself needlessly on the horns of a dilemma. The mere fact that the Jewish subjects of King Ptolemy no longer understood the language in which their national Law was couched was not sufficient cause for the ruler to be afflicted with *agrypnia*, that noble anxiety which robs overscrupulous monarchs of their well-deserved slumber. Nonetheless, Ptolemy's curiosity concerning the literature of foreign peoples is in perfect harmony with the overall project of assembling all the world's masterpieces in the Great Library of Alexandria. Above and beyond the ,cultural politics' of the Ptolemies, other, more practical motives could have been at work ... Guaranteeing the respect of the Law could only prove advantageous to the regime. But, for the effective application of the Law, the royal judges and officials, throughout the land, needed full access to the texts. In other words, a Greek translation was necessary; the practical concerns of the monarchy were convergent with the religious needs of the Jews of Egypt.“

146 Zur Aufrechterhaltung dieser Annahme vgl. zum Beispiel Honigman (2003), 101f.

tatsächlich enorm – schon der Loskauf der 100 000 jüdischen Sklaven, von dem Tisch aus massivem Gold und sonstigen Geschenken für den Tempel ganz zu schweigen, hätte wohl nur aus der königlichen Schatulle bezahlt werden können. Wenn man aber diese Ausgaben abzieht und auch nicht unbedingt davon ausgeht, dass das Übersetzer-Team 72-köpfig war, leuchtet die Kostspieligkeit der Tora-Übersetzung nicht ein, sogar unter der Annahme, dass ein extra dafür zusammengesetzter Ausschuss im Spiel war.

Die Idee dieses Ausschusses wurde insbesondere von Dominique Barthélemy energisch unterstützt, da es ihm um einen von Anfang an besonderen Status der griechischen Übersetzung des Pentateuchs ging – gegen Paul Kahles Annahme, dass dem Stadium eines kanonischen Textes viele unterschiedliche griechische „Targume" vorangingen.[147] Kahle, der große Orientalist, hatte in Sachen Septuaginta keine glückliche Wahl mit seinen Gewährsmännern getroffen, wie Peter Katz, insbesondere in Bezug auf Philons abweichende LXX-Zitate, überzeugend zeigen konnte.[148] In puncto *Aristeas*, der ihn nicht als literarisches Werk interessierte,[149] sondern seine Ideen über den Ursprung der Übersetzung untermauern sollte und ihm hauptsächlich aus zweiter Hand bekannt war, hat Kahle kaum wertvolle neue Argumente gebracht.[150] Mit ihm und der Reaktion auf ihn nahm die Diskussion aber eine neue Wendung, die sie bis heute prägt. Die Interpretation des *Aristeas* in der Neuzeit war schon immer extrem kontextabhängig. Solange man das Problem der Authentizität im Rahmen der interkonfessionellen Diskussionen über den autoritativen Bibeltext besprach, schien die Frage nach dem ursprünglichen Zweck des

---

147 Kahle (1947), 139–179.

148 Katz (1950), zu Kahle 137 f. und ausführlicher in einem Artikel von 1949: *Das Problem des Urtextes der Septuaginta* (Katz [1949]), 1–25, zu Kahle insbesondere 19–24.

149 Obwohl er ganz richtig bemerkt, das Werk sei „a Jewish poetical novel, and must be classified with other similar novels, such as the books of Jonah, Esther, Judith, and Tobit" (Kahle [1947], 133).

150 Dafür aber einige, die immer wieder in viel späteren Abhandlungen auftauchen, wie etwa seine Bemerkung zu dem viel geplagten ἀμελέστερον δέ καὶ οὐχ ὡς ὑπάρχει, σεσήμανται in *Aristeas* 30, dass sich dies unbedingt auf *Übersetzungen* beziehen müsse (gegen Bickerman), weil „Demetrius can hardly be supposed to have an interest in any form of the *Hebrew* text of the Pentateuch, nor say that these Hebrew copies were made carelessly" (Kahle [1947], 135). Dies wurde von Van der Kooij (2012), 24–26 und insbesondere von Matusova (2015), 46 mit Anm. 11 als ein besonders überzeugendes Argument wieder zur Sprache gebracht, als ob die Annahme, Demetrius hätte ein Interesse an der Tora in beliebiger Form und ihrer Übersetzung gehabt, nicht an sich schon den Rahmen der Realität sprengte. Was die fiktive Welt der Erzählung angeht, ist die Plausibilität dadurch gerettet, dass der Satz fortgeführt wird mit: „wie uns diejenigen berichten, die etwas davon verstehen" (καθὼς ὑπὸ τῶν εἰδότων προσαναφέρεται).

Aristeas unproblematisch: Der Fälscher, ein „Hellenista", wie Scaliger sagen würde, hat eine Apologie der griechischen Übersetzung geschrieben, weil die Diaspora-Juden sich – so stellte man sich vor – fortwährend für ihre Unkenntnis des Hebräischen rechtfertigen mussten. *Aristeas* wäre eine Verteidigung durch Angriff gewesen, die zu jeder Zeit in Alexandrien angemessen gewesen wäre – letztendlich benutzte man auch für die Septuaginta-Legende bei Philon im 1. Jh. u. Z. dieselbe Erklärung: Philon erkläre die Septuaginta zu einem inspirierten Text, weil er keinen Zugang zum hebräischen Original hatte und trotzdem ein ernstzunehmender Bibelexeget sein wollte. Im Christentum dauert ja der Streit über den relativen Wert der Biblia Hebraica und der Septuaginta für die Kirche seit den Zeiten von Augustinus und Hieronymus über Luther und das Tridentinum bis heute[151] – in diesem Denkrahmen suchte man also nicht unbedingt nach einem aktuellen Anlass für *Aristeas*. Bickerman, der diesen Rahmen sprengen wollte, bestand ausdrücklich darauf, dass *Aristeas* keine Apologie für die Übersetzung, sondern eine Lobpreisung des jüdischen Gesetzes und Volkes, ja sogar spezifisch Jerusalems, darstellt.[152] Auch diese Interpretation zwang nicht zur exakten Bestimmung des aktuellen Anlasses. Kahle dagegen behauptete, es gehe in *Aristeas* einzig und allein um die Übersetzung, für diese Übersetzung werde Propaganda gemacht. Da niemand etwas propagandiere, was sich schon längst etabliert habe, sei das Datum des *Aristeas* (das er gern mit Bickerman auf etwa 130 oder noch lieber mit William Woodthorpe Tarn auf 100 v. u. Z. festsetzen wollte) gleichzeitig das Datum der neuen, kanonischen Übersetzung, die sich nun gegen die alte, verworrene targumartige Tradition durchsetzen wolle.[153] Barthélemy, gegen diese Theorie

---

151 Vgl. Barthélemy (1967).

152 Bickerman (1976), 168 („The Septuagint as a translation": „... a Jewish author used the memorable undertaking of Ptolemy II as a convenient setting for the narrative of a journey to Jerusalem and the glorification of the Jews and their wisdom") und insbesondere 143 Anm. 27 („Some Notes on the Transcription of the Septuagint"): „Kahle, p. 209 argues as follows: Ps. Aristeas makes propaganda for the LXX, hence the latter was published about his own time, that is, towards the end of the II c. B.C.E. But in the first place, Ps. Aristeas may have to defend the Authorized Version against new attacks. In his time, the grandson of Ben-Sira found fault with the existing Greek versions of the Bible. Secondly, and above all, Ps. Aristeas' work was not written as propaganda of the LXX. He rather used the historical event of translation as the starting point of a tale intended to glorify Jerusalem." Leider wurde der „keine Propaganda, sondern Glorifizierung"-Ansatz wenig rezipiert, die leicht hingeworfenen Einwände auf Kahles argumentativer Linie (Propaganda, aber zu einem anderen Anlass) wurden dagegen von Barthélemy weiter ausgebaut.

153 Kahle (1947), 134: „If we know the date of the letter, we know the time when the translation was made to which it refers."

ARISTEAS: KONTEXTE – EINST UND HEUTE

polemisierend,[154] versucht erst einmal, *Aristeas* überhaupt aus dem Weg zu schaffen: Die Fälschung habe keinen Wert als historisches Dokument, wie man seit Humphrey Hody genau wisse.[155] Die alexandrinische Tradition, welche die offizielle Übersetzung auf Veranlassung des Königs bestätigt, sei älter als *Aristeas* und entsprechend unabhängig von ihm. Es habe ja vor *Aristeas* (etwa um 150 v.u.Z.) noch den Aristobulus gegeben. Barthélemy verweist auf die „tiefgründige und differenzierte" Aristobulus-Monographie von Nikolaus Walter,[156] welche die Authentizität der Aristobulus-Fragmente zweifelsfrei nachgewiesen habe. Außerdem gebe es zwei Linien in der Überlieferung, die eine mit Ptolemäus Philadelphus und gemeinsamer Arbeit der Übersetzer, die andere – in patristischen und rabbinischen Quellen – mit Ptolemäus Lagu und getrennten Zellen für die Übersetzer; dies seien die gelehrte Ausarbeitung (*Aristeas*) und die volkstümliche Tradition in Alexandrien (Zellen auf Pharos als touristische Sehenswürdigkeit), die parallel verlaufen, also sei die „Zellen"-Version keine Weiterentwicklung des *Aristeas*.[157] Barthélemy geht es um die historische Glaubwürdigkeit der Tradition; man wird aber an Heinsius erinnert, der ja auch zwei exegetische Stränge in der Geschichte sah: den einen, der nur von der Übereinstimmung der Übersetzer spricht, als Auslegung von τῶν ἐπιλέκτων τοῦ Ισραηλ οὐ διεφώνησεν οὐδὲ εἷς, und den anderen, der statt τῶν ἐπιλέκτων so etwas wie τῶν κεχωρισμένων als Übersetzung von אצילי las und sich entsprechend die Übereinstimmung trotz räumlicher Trennung vorstellt. So gesehen, ist Barthélemys Beobachtung von besonderem Interesse, dass Philon Elemente beider Stränge zu vereinigen scheint. Barthélemy folgert daraus, dass Philon wohl die volkstümliche Zellen-Legende aus seiner Teilnahme an den von ihm beschriebenen Feiern auf Pharos kannte. Philon erwähnt aber die Zellen mit keinem Wort, seine Übersetzer bleiben beieinander. Als Annäherung an die Zellen-Version sieht Barthélemy folgende Worte Philons (*Mos.* II,37):

> *In dieser vollen Abgeschiedenheit also* (καθίσαντες δ' ἐν ἀποκρύφῳ καὶ μηδενὸς παρόντος) ... prophezeiten sie wie im Rausch göttlicher Eingebung nicht jeder auf seine Weise, sondern alle dasselbe, mit denselben Wörtern und Sätzen, als stünde jedem von ihnen ein unsichtbarer Souffleur bei.

---

154 Barthélemy (1974).
155 Barthélemy (1974), 23f.
156 Walter (1964).
157 Barthélemy (1974), 26–28.

Zu dieser interessanten Beobachtung kehren wir im Abschnitt über Philons Version der Legende zurück (s. 1.3.2).

Während Barthélemy Kahles Theorien mit Hilfe von Bickermans Einfällen demoliert, ignoriert er des Letzteren Warnungen über den Abfassungszweck des *Aristeas* (allgemeine Lobpreisung des Judentums, keine Propaganda für die LXX) und macht aus der Schrift eine ernstzunehmende Waffe im Kampf um die Autorität der alexandrinischen Tora-Übersetzung. Unmerklich ist die „moderne" Interpretation, welche die Initiative des Königs für bare Münze nimmt, in ganz alte Muster abgerutscht: Für Barthélemy gibt es, wie für Scaliger, zwei unversöhnliche Parteien im Judentum, die „Hellenisten" in Alexandrien und die „Rabbinen" in Jerusalem, deren Kampf um höchste Macht und Ansehen im Judentum auf dem Feld des autoritativen Tora-Textes ausgetragen wird; sowohl Scaliger als auch Barthélemy, der gelehrte Dominikaner, sind ausgezeichnete Kenner des patristischen und frühen rabbinischen Schrifttums und projizieren, wie es scheint, die ihnen vertraute christlich-jüdische Polemik der ersten nachchristlichen Jahrhunderte in die hellenistische Zeit zurück.

Mit seiner Postulierung einer alexandrinischen Tradition über die LXX vor und unabhängig von *Aristeas* befreit sich Barthélemy aus den Zwängen von Kahles Dilemma: Wenn es um ein Pamphlet zugunsten der Übersetzung geht, warum kommt diese „Propaganda" so spät? Die königliche Initiative, der offizielle Charakter der Übersetzung sind in *Aristeas* nicht der literarischen Absicht geschuldet, sie sind aus der Tradition und letzten Endes aus der Wirklichkeit übernommen (wie bei Bickerman). Dies wird mit starkem Nachdruck festgestellt: „Die königliche Initiative, die einen Übersetzungsausschuss ins Leben rief, ist dermaßen plausibel und so gut bezeugt, dass man sie als historisch gesichert betrachten darf."[158] Die Motivation des Pamphlets selbst ist aber nicht Propaganda fürs Neue (Kahle), sondern eine Verteidigung des schon Etablierten – wozu man einen Angriff von außen postulieren muss. Der Angriff erfolgte, wenn auch schleichend, aus Jerusalem:[159] Die „religiösen Autoritäten in Jerusalem" hatten „keine Möglichkeit, sich dem königlichen Plan zu widersetzen". Vielleicht mussten sie sogar dabei helfen oder zumindest das Geschehene tolerieren – so wie sie sich mit dem Tempel in Leontopolis abfinden mussten.[160]

---

158 Barthélemy (1974), 32: „... l'initiative royale instituant une commission de traduction est tellement vraisemblable et tellement largement attestée qu'on peut la considérer comme historiquement certaine."

159 „Die rabulistische Pedanterie der palästinischen Schreiber hatte keine Mühe, einige Ungenauigkeiten in der Übersetzung zu entdecken", sagt Barthélemy mit charakteristischer Abneigung auf S. 33 („Et il n'est pas douteux que l'acribie vétilleuse du scribes palestiniens n'eut aucune peine à relever dans la traduction certaines inexactitudes").

160 Barthélemy (1974), 31f.

ARISTEAS: KONTEXTE – EINST UND HEUTE

Aber der Frieden war nur von kurzer Dauer. Während die königliche Übersetzung sich bei den Juden der Diaspora sofort als ihre Heilige Schrift durchgesetzt und dies zum Abbruch jeden Bezugs auf die Hebräische Bibel geführt habe,[161] hörten die regen Kontakte zwischen Alexandrien und Jerusalem nie auf – dieses gesicherte historische Faktum kann Barthélemy nicht bestreiten. Da man somit zwei im Grunde sich widersprechende Tatbestände gleichzeitig postuliert – die griechische Diaspora hat sich von Jerusalem, was die Heilige Schrift angeht, vollständig emanzipiert und hatte mit der Biblia Hebraica keine Berührung mehr, aber dessen ungeachtet ging der intellektuelle Austausch mit Jerusalem weiter, und zwar so, dass die Jerusalemer Meinung über die Genauigkeit der griechischen Übersetzung den Bibelexegeten in Alexandria viel Kummer bereitete; wie immer, wenn man den Satz vom ausgeschlossenen Dritten aufhebt, lässt sich durch diese doppelte Annahme so gut wie alles erklären.

Die Fakten, die es für Barthélemy in seine Interpretation zu integrieren galt, waren folgende: Nicht nur in Palästina, wie er selbst in seinem Meisterwerk[162] *Les devanciers d'Aquila* an einer Zwölfprophetenrolle aus der Judäischen Wüste exemplarisch gezeigt hat, gab es lange vor Aquila und dem Aufkommen des Christentums hebraisierende Bearbeitungen der alten griechischen Übersetzung, sondern auch in den Fragmenten seines Gewährsmanns für die alexandrinische Tradition, des Aristobulus, wird Exodus in einer hebraisierenden Übersetzung zitiert,[163] es gab also revisionistische Tätigkeit an dem Pentateuch-Text in Alexandrien selbst noch vor *Aristeas*, zumindest, wenn man zu den Aristobulus-Gläubigen gehört. Gerade das erlaubt Barthélemy, nun den Abfassungszweck des *Aristeas* zu definieren:

> Das Ziel dieses Dokuments ist, die Versuche einer hebraisierenden Revision zu stoppen; dafür wird der Versuch unternommen, Vertrauen für den offiziellen Text zu gewinnen, indem man seine Authentizität ein für alle Mal etabliert – dank einer Fälschung ersten Ranges.

---

161 Barthélemy (1974), 32: „Il semble que très vite l'oeuvre des Septante constitua les Saintes Écritures pour les Juifs d'Alexandrie et tous leurs frères de la Diaspora grecque, et que dans les communautés on perdit pratiquement toute référence à la Bible hébraique." Als Beleg führt Barthélemy das Urteil von Heinemann und Frankel über Philons ausschließliche Benutzung der Septuaginta an. Dies beißt sich zumindest mit der Angabe „sehr schnell", abgesehen davon, ob es mir gelingt, das Gegenteilige zum Bezugsrahmen der philonischen Exegese plausibel zu machen.

162 Barthélemy (1963).

163 Barthélemy (1974), 33 mit Anm. 24.

Mehr noch: *Aristeas* habe diesen ambitionierten Zweck erreicht – und dafür muss wiederum Philons Bibel Zeugnis ablegen; die Zeugnisse anderer hellenistischer Fragmente und vor allem der *ägyptischen* Papyri aus der Zeit zwischen *Aristeas* und Philon, die auch hebraisierende Lesarten zeigen, werden in eine Fußnote verbannt und angesichts des angeblich strikt kanonischen Textes der Septuaginta-Zitate in Philon als unwichtige Überbleibsel aus der historischen Entwicklung ausgeschieden.[164] Es liegt eine gewisse Paradoxie darin, dass ausgerechnet Barthélemy, dessen Pionierarbeit die „Vorgänger von Aquila", die vorchristliche rezensionelle Arbeit am griechischen Text der Bibelübersetzungen in Richtung der Abgleichung mit dem Hebräischen, erst entdeckt und zur Tatsache der Wissenschaft gemacht hatte, mit seiner rigiden Trennung des Judentums der hellenistischen Zeit in griechisches Alexandrien und hebräisches Jerusalem die Wahrnehmung des gemeinsamen bibelexegetischen Rahmens, der die Tora in ihren beiden Gestalten – der hebräischen und der griechischen – umfasst und interpretatorische Inhalte aus dem einen Sprachraum in den anderen fließend übergehen lässt, maßgeblich verhinderte.

Was den *Aristeas* angeht, findet es bis heute ein Teil der Fachleute problematisch, die königliche Initiative als ein literarisches Phänomen wahrzunehmen bzw. zu erklären. So schreibt z. B. Siegmund Kreuzer:

> Die Tradition von der Initiative eines heidnischen Königs für die Übersetzung der heiligen Schrift der jüdischen Gemeinschaft ist überraschend und ungewöhnlich und erschien später problematisch. Gerade wenn man annimmt, dass die Septuaginta aus rein innerjüdischen Gründen und Bedürfnissen entstand und verwendet wurde, ist es kaum erklärbar, warum man eine Initiative des heidnischen Königs erfunden haben soll.[165]

Eine Antwort auf die Frage, woher der König in die Geschichte kam, lautet also: aus der historischen Wirklichkeit.

---

164 Barthélemy (1974), 34 mit Anm. 28 und 29: „La lettre d'Aristée semble bien avoir produit l'effet qu'on en attendait: mettre un frein aux tentatives de recensions sur l'hébreu. En effet on ne retrouve pas trace dans la Bible de Philon ni en la traduction textuelle postérieure de ces recensions sur l'hébreu qui aparaissaient dans les citations biblique du 2e siècle ou du début du 1er siècle avant J.C."

165 Kreuzer (2016), 42 mit Anm. 19. Diese Haltung ist typisch für den Kreis der Herausgeber und Mitarbeiter der *Septuaginta Deutsch*, vgl. Fabry (2007), 10: „Es besteht ein gewisser Konsens darüber, daß die Entstehung der Septuaginta mit dem hellenistischen Programm zusammen gesehen werden muß, das mit dem Namen des Rhetors und ersten Bibliothekars der Bibliothek von Alexandria, Demetrios von Phaleron, verbunden wird." Ähnliches bei Orth (2001), 110 f. Der Konsens ist aber tatsächlich „ein gewisser" bzw. beschränkt sich auf einen Teil der wissenschaftlichen Öffentlichkeit.

2.2.1.1 *In Richtung Homer*

Man kann es sich aber auch anders vorstellen. Was, wenn der König einen Wunsch nach vollendeter Inklusion des alexandrinischen Judentums in die hellenistische Leitkultur symbolisiert? *Aristeas* ist, bei allen jüdischen Zügen, ein durch und durch alexandrinisches Buch – in seiner Szenerie, selbstverständlich, aber auch in so mancher seiner Einstellungen, etwa zur Bibliothek, zur Herstellung eines guten Buches: Bevor man sich an eine Übersetzung machen kann, müsse ein zuverlässiges Original besorgt werden; aber dies allein reiche nicht, die Übersetzer müssten entsprechend qualifiziert sein, in beiden Sprachbereichen und durch sachliche Kompetenz. Auch das ideale Jerusalem wird in den köstlichen §§ 107–110 aus der Perspektive der Welthauptstadt mit ihren typischen Megapolis-Problemen beschrieben: die heilige Stadt habe die ideale bescheidene Größe. Sie wurde bewusst nicht allzu großzügig angelegt, um die Landwirtschaft um sie herum nicht zu bedrohen. Sobald eine Großstadt in ihrer Nähe entsteht, pflegen nämlich die Leute ihre Felder zu verlassen und in die Stadt zu strömen, wo das Leben so viel leichter und vergnüglicher ist. Leben tut man aber schließlich vom Ackerbau. So erging es insbesondere Alexandrien, der größten und reichsten Stadt der Welt – niemand wollte mehr das umliegende Land bebauen. Der König musste das Aufenthaltsrecht in der Hauptstadt für die Bewohner des Umlandes drastisch einschränken ... Victor Tcherikover beschrieb eingehend die griechische Bildung des *Aristeas*-Autors und die griechischen Merkmale seines Buches.[166] Sein Artikel besagt aber, dass *Aristeas* nichtsdestotrotz ein Buch eines Juden für die Juden ist, und zwar kein polemisches Pamphlet aus einem aktuellen Anlass, sondern ein Programm vollwertigen jüdischen Lebens mit der griechischen Tora, das wir auch bei Philon finden.[167] Tcherikover macht auf einen wichtigen Satz in *Aristeas* aufmerksam:[168] Der Gesetzgeber (sc. Moses) „umgab uns mit einem undurchdringlichen Pfahlzaun und eisernen Mauern."[169] Es ist also kein Programm der Assimilation, sondern eine emphatische Behauptung der eigenen eifrig bewachten Überlegenheit. Was aber, wenn man diesen Teil der *Aristeas*-Botschaft außer Acht lässt und die griechische Kultur des Autors nicht nur als eine ihm natürliche Ausdrucksform, sondern auch als den wesentlichen Inhalt, die beabsichtigte Aussage des Textes versteht?

---

166   Tcherikover (1958), zu den griechischen Zügen: 63–70.

167   Tcherikover (1958), 80.

168   Tcherikover (1958), 79.

169   § 139: περιέφραξεν ἡμᾶς ἀδιακόποις χάραξι καὶ σιδηροῖς τείχεσιν. Man wird an den berühmten Satz „und macht einen Zaun um die Tora" (ועשׂו סיג לתורה) in Pirkei Avot 1,1b erinnert (S. 4 in der Textausgabe von Karl Marti u. Georg Beer [Gießen: Töpelmann, 1927]).

58   KAPITEL 1

So sieht es Sylvie Honigman in ihrem Buch von 2003, *The Septuagint and Homeric Scholarship in Alexandria*. Honigman erklärt in der *Introduction*:

> The working hypothesis on which the present study will be based is that of the complete cultural integration of the Jews into their surrounding world. When we come to literary output, this means that there are no grounds to decide a priori that a text written by a Jew is basically different in essence from one produced by any other Hellenistic writer living in the same time and place. *This applies not only to the literary forms adopted by a Jewish author, but also, it will be argued here, to the content.*[170]

Da sich der Inhalt im Falle des *Aristeas* (wie auch sonst in fast jedem Erzeugnis des alexandrinischen Judentums) um die Tora und die Lobpreisung des jüdischen Volkes dreht, ist Honigmans These steil.[171] Honigman übernimmt nämlich von Tcherikover und Harry Orlinsky eine wichtige und wohl unabweisbare Beobachtung: Der Teil der Erzählung, der unmittelbar die Übersetzung betrifft, ist der Verkündung der Tora auf dem Sinai in Ex 24 nachempfunden (dies hat ja, wie oben erwähnt, schon Daniel Heinsius viel kürzer, aber exegetisch konkreter dargelegt). Diese Kernstelle hat ein bestimmtes Muster, das sich in mehreren späteren Tora-Verkündungen wiederholt.[172] Die auserwählten Ältesten spielen dabei eine Rolle sowie das Vorlesen des Gesetzes in Anwesenheit des gesamten Volkes, das es freudig akzeptiert. In *Aristeas* verweist die Auswahl der Ältesten in Jerusalem und das Vorlesen der fertigen Übersetzung vor versammelter Gemeinde auf dieses biblische Muster. Außerdem sieht Honigman in der *Aristeas*-Geschichte der Befreiung der jüdischen Sklaven, die der Vater des Königs aus Judäa nach Ägypten verschleppt hatte, eine Umkehrung des biblischen Exodus: „B.Ar. is the story of a non-exodus."[173] Die drei Episoden zusammen bilden ein „narratives Paradigma", das Honigman „the Exodus paradigm"[174] nennt. Es geht also um Muster in der Erzählung, deren Ähnlichkeit zu demjenigen in Exodus von dem Leser – einem hochgebilde-

---

170   Honigman (2003), 6.
171   Es ist dies nicht dasselbe wie die wohlerwogene Beschreibung Tcherikovers, obwohl Honigman ausdrücklich auf seinen Artikel als eine Quelle ihrer Überlegungen verweist: „Victor Tcherikover's ‚The Ideology of the *Letter of Aristeas*', a paper first published in Hebrew in 1949 and in English in 1958, should be mentioned here, since it anticipated many of the conclusions that this book seeks to defend" (Honigman 2003, 9).
172   S. Tcherikover (1958), 74; Orlinsky (1975), 98–100.
173   Honigman (2003), 56.
174   Honigman (2003), 53.

ten alexandrinischen Juden[175] – wahrgenommen wird und die ihm signalisiert, dass die griechische Tora-Übersetzung denselben Status hat wie die ursprüngliche Offenbarung auf dem Sinai. Dies ist aber nur „ein sekundäres Thema".[176] Das Hauptthema wird durch das „alexandrinische Paradigma" ausgedrückt. Dies ist wiederum ein Erzählmuster, das spezifisch alexandrinisch sein soll und vom Leser als solches erkannt werde. Das Erkennen solle ihm dann wiederum bestimmte inhaltliche Angleichungen suggerieren. Mehr noch, die „Verflechtung" der beiden Paradigmen ist wiederum ein sinnstiftendes Mittel: „… the central story of B.Ar. is built up of two intertwined narrative paradigms – typically, one Alexandrian (linked to royal propaganda about the Library), and the other biblical (linked to the book of Exodus)."[177]

Es ist nämlich nach Honigman nicht so, dass ein bestimmter Teil des Textes etwa auf das alexandrinische, ein anderer auf das biblische Paradigma verweist, sondern so gut wie jedes Wort des Textes muss nach zwei unterschiedlichen Kodierungen verstanden werden, um im Endergebnis die Angleichung der ursprünglichen Referenzpunkte (Septuaginta = Moses' Tora = eine offizielle, bereinigte Edition von Homer) zum Ausdruck zu bringen. Es ist dies eine recht komplizierte Argumentation, die durchwegs mit nicht unmittelbar wahrnehmbaren Größen hantiert. Vor allem das „alexandrinische Paradigma" ist ein zweifelhaftes Konstrukt, das eine ausgezeichnete und originelle Beobachtung Honigmans m.E. ihres heuristischen Wertes beraubt. Sie bringt nämlich eine bei Galen überlieferte Anekdote ins Spiel, wo ein Ptolemäer die offiziell als *textus receptus* anerkannten alten Handschriften der athenischen Tragiker (nicht etwa: Homer) aus dem Staatsarchiv in Athen für die alexandrinische Bibliothek besorgte. Die Geschichte weist tatsächlich wesentliche Ähnlichkeiten zu *Aristeas* auf: Man könnte in der guten alten Art der *Quellenforschung* sinnvoll argumentieren, dass der *Aristeas*-Autor diese konkrete Geschichte kannte und benutzte. Galens Anekdote sei nur eine Inkarnation des allgemeineren Musters – des „alexandrinischen Paradigmas" eben. Das Muster in allgemeiner Form sehe so aus, dass der König in Alexandrien etwas bekommen möchte, Botschafter mit einem Brief und viel Geld schickt und das Gewünschte in zwei Etappen (erst wird es gefunden und verschickt, dann in Alexandrien in Empfang genommen und an seinem endgültigen Ort installiert) auch bekommt. Auf diesem Niveau der Generalisierung kann das Muster auch in Tacitus' Bericht über den Ursprung des Sarapis-Kults in Alexandrien gese-

---

175 Honigman (2003), 29: „B. Ar.'s readers were highly educated Alexandrian Jews."
176 Honigman (2003), 53: „The secondary theme: equating the status of the LXX with that of the Hebrew Law."
177 Honigman (2003), 9.

60 KAPITEL 1

hen werden.[178] Was dies allerdings mit *Aristeas* zu schaffen haben soll, bleibt rätselhaft. Im letzten Satz des längeren Abschnitts scheint Honigman sich diese Frage selbst zu stellen:

> What could be the relationship between the story of Sarapis and the Alexandrian paradigm, which seems to be more specifically centred on the library? It would seem that the basic pattern of the Alexandrian paradigm was a secularized derivation from the pattern of the evocatio stories.[179]

So werden zwei Ziele erreicht: Erstens, es wird ein zweiter Text herangezogen, der zusammen mit Galens Anekdote (von der es heißt, dass es noch zwei oder drei ähnliche gäbe, dies wird aber nicht durch konkrete Hinweise konkretisiert) zu einem „Paradigma" gezählt werden kann, wodurch das Paradigma erst konstituiert wird; zweitens, es wird vage angedeutet, dass die Erzählungen über die Bibliothek in Alexandrien als Gattung (?) etwas mit dem Import fremder Götter zu tun haben.

Richtig eignet sich für den Vergleich mit *Aristeas* nur die Geschichte bei Galen, da es dort tatsächlich um die Bibliothek und den Erwerb eines autoritativen Texts aus einer ehrwürdigen Quelle geht, wofür der König keine Mittel scheut. Es scheint sinnvoll, den Text in Fleisch und Blut (und nicht nur ein „skeleton sketch of the plot", wie Honigman es tut) mit *Aristeas* zu vergleichen.

> Dass dieser Ptolemäus tatsächlich so eifrig im Erwerben aller alten Bücher war, zeigt deutlich sein Benehmen gegenüber den Athenern. Er entlieh nämlich die Bücher von Sophokles, Euripides und Aischylos und überließ ihnen dafür als Pfand fünfzehn Talente Silber; der König behauptete, er möchte nur Abschriften anfertigen und werde die Originale sofort unversehrt zurückgeben. Dann fertigte er Prachtkopien auf bestem Papyrus an, behielt die alten Bücher für sich und schickte den Athenern diejenigen, die von ihm angefertigt wurden, und bat, das Pfand zu behalten und die neuen Bücher anstatt der alten in Besitz zu nehmen. Hätte er die alten Bücher behalten und keine neuen geschickt, hätten die Athener auch nichts machen können, da im Vertrag stand, sie würden das Pfand behalten, wenn der König die Bücher behielte; also nahmen sie die neuen Bücher und behielten das Geld.[180]

---

178   Tacitus, *Hist.* IV,83–84.
179   Honigman (2003), 56.
180   Galen, in *Hippocr. Epidem.* III, Stellenangabe im TLG: Kühn 17a, 607: ὅτι δ' οὕτως ἐσπούδαζε περὶ τὴν ἁπάντων τῶν παλαιῶν βιβλίων κτῆσιν ὁ Πτολεμαῖος ἐκεῖνος, οὐ μικρὸν εἶναι μαρτύριόν

ARISTEAS: KONTEXTE – EINST UND HEUTE 61

Die Berührungspunkte sind offensichtlich: Ptolemäus (in diesem Fall nicht Philadelphos, sondern Euergetes) ist so eifrig im Sammeln „aller alten Bücher", dass er keine Mittel scheut, um besonders wertvolle Handschriften der wichtigsten Klassiker direkt aus ihrer Heimatstadt Athen, und zwar aus dem Staatsarchiv, zu besorgen. Ob er die Athener dabei geschmäht hat, indem er ihnen nicht die Originale, sondern auf dem schönsten Papyrus von den königlichen Schreibern angefertigte Prachtkopien zurückschickte und den Athenern die enorme Pfandsumme als Lösegeld überlassen hat, ist nicht eindeutig. Man kann den Text auch so lesen, dass er der alten Metropole und ihren Klassikern damit seinen tiefen Respekt erwiesen hat. Wie auch immer die Akzente in der ursprünglichen Erzählung lagen (aus Galens Nacherzählung kann man es nicht sicher sagen), eine *Überschreibung* dieses Texts durch das Tora-Motiv, wo es eindeutig um Respekt und Wohlwollen des Königs gegenüber den Besitzern des Textes geht, ist ein Leichtes. In Galen haben wir es nur mit einem Torso der Geschichte zu tun. Die Anfertigung eines Staatsexemplars der Tragiker ist nicht etwa ein Brauch der griechischen Poleis (wie Honigman anzunehmen scheint), auch kein athenischer Brauch in Bezug auf ihre Klassiker, sondern eine einmalige Geschichte an sich, von der wir aus Ps.-Plutarch eine Nachricht haben. Lykurgus, ein athenischer Staatsmann in der 2. Hälfte des 4. Jh. v. u. Z., hat das Theater mit bronzenen Skulpturen der drei großen Tragiker Aischylos, Sophokles und Euripides geschmückt sowie dafür gesorgt, dass der Text ihrer Stücke aufgeschrieben und diese Abschrift öffentlich aufbewahrt wurde. Es wurde verboten, bei den Aufführungen von diesem offiziellen Text abzuweichen, was von einem ins Theater geschickten Beamten mit Hilfe dieses Exemplars kontrolliert wurde. Damit sollte offenbar der Verderbnis des Textes durch Willkür, Aktualisierungsversuche oder Gedächtnislücken der Schauspieler Einhalt geboten werden. Zusammen mit dem oben angeführten Exzerpt von Galen bilden diese Texte eine Erzählung über die Schicksale des athenischen Staatsexemplars der Tragiker, die man sich tatsächlich als eine Vorlage des *Aristeas* vorstellen kann. Unter anderem begegnet uns hier das Motiv der Verderbnis, welcher ein wichtiger Text unterliegt, solange sich keine offizielle Instanz um

---

φασιν ὃ πρὸς Ἀθηναίους ἔπραξεν. δοὺς γὰρ αὐτοῖς ἐνέχυρα πεντεκαίδεκα τάλαντ' ἀργυρίου καὶ λαβὼν τὰ Σοφοκλέους καὶ Εὐριπίδου καὶ Αἰσχύλου βιβλία χάριν τοῦ γράψαι μόνον ἐξ αὐτῶν, εἶτ' εὐθέως ἀποδοῦναι σῶα, κατασκευάσας πολυτελῶς ἐν χάρταις καλλίστοις, ἃ μὲν ἔλαβε παρ' Ἀθηναίων κατέσχεν, ἃ δ' αὐτὸς κατεσκεύασεν ἔπεμψεν αὐτοῖς παρακαλῶν κατασχεῖν τε τὰ πεντεκαίδεκα τάλαντα καὶ λαβεῖν ἀνθ' ὧν ἔδοσαν βιβλίων παλαιῶν τὰ καινά. τοῖς μὲν οὖν Ἀθηναίοις, εἰ καὶ μὴ καινὰς ἐπεπόμφει βίβλους, ἀλλὰ κατεσχήκει τὰς παλαιάς, οὐδὲν ἐνῆν ἄλλο ποιεῖν, εἰληφόσι γε τὸ ἀργύριον ἐπὶ συνθήκαις τοιαύταις, ὡς αὐτοὺς αὐτὸ κατασχεῖν, εἰ κἀκεῖνος κατάσχοι τὰ βιβλία, καὶ διὰ τοῦτ' ἔλαβόν τε τὰ καινὰ καὶ κατέσχον καὶ τὸ ἀργύριον (5.10.2.1 in der von E. Wenkebach herausgegebenen Teubner-Ausgabe).

ihm kümmert. Dieses Motiv taucht in *Aristeas* (30) so undeutlich und rätselhaft auf, dass daraus unendliche Diskussionen in jeder einschlägigen Abhandlung (einschließlich Honigmans Buch und Reaktionen darauf) geführt werden. Man fragt sich: Welcher Text ist verwuchert? Der hebräische, der griechische? Was tut es zur Sache? – alles Fragen, die oft durch solche schlecht integrierte Überbleibsel einer Vorlage in literarischen Texten entstehen.[181] Auch das Motiv des Verbots, etwas an dem Text zu ändern, ist präsent, in *Aristeas* zu einem aus dem Deuteronomium stammenden Gebot „nichts wegnehmen und nichts hinzufügen"[182] stilisiert. Man muss unterstreichen, dass wir die Vorlage selbst, im Volltext, wie sie in Alexandrien im 2. Jh. gewiss vorhanden und wohlbekannt war, gar nicht haben, sie lässt sich nur einigermaßen aus den beiden kurzen Zusammenfassungen rekonstruieren. Es geht also nicht um wörtliche, sondern um motivische Berührungspunkte.

Honigman macht von Ps.-Plutarchs Text auch Gebrauch, aber an einer ganz anderen Stelle ihres Buches und in einem anderen Zusammenhang. Sie will belegen, dass die Verkündung der fertigen Übersetzung am Ende des *Aristeas*

> in chs 308–311 is not unlike the process of the promulgation of official editions of texts of the classical authors in Greek cities. There was presumably something similar in Alexandria from the moment the library was organized. The same verb, „paranagi(g)nōscō", is used both by Pseudo-Plutarch and in B.Ar., 308. This may be inferred from the text of Pseudo-Plutarch describing the establishment and enforcement of the State edition of the tragedies of Aeschylus, Sophocles and Euripides in Athens under Lycurgus' leadership, which reads as follows: „Lycurgus passed three laws, [the second was] ... to transcribe and keep in the public archives their tragedies [i.e. of Aeschylus, Sophocles and Euripides], and the public secretary was to read them aloud (*paranaginōskein*) for collation to the actors; for it was not permitted to make a performance in discrepancy with them."

Dies ist charakteristisch für Honigmans Umgang mit Historiographie. Aus der einmaligen Geschichte des lykurgischen Tragikertextes in Athen wird – ohne jegliche Veranlassung in unseren Quellen – „the process of the promulgation of official editions of texts of the classical authors in Greek cities." Dann springt sie unvermittelt zu der Annahme, dass „etwas Ähnliches" auch in Alexandrien seit

---

181   S. unten Anm. 195.
182   Dtn 13,1.

der Gründung der Bibliothek üblich gewesen sei. Weiterhin sollen wir glauben, dass ein einziges Verb, das *Aristeas* in der Verkündungsszene und eine kurze Nachricht in Ps.-Plutarch gemeinsam haben, dem Leser die Angleichung der Septuaginta an den offiziellen Homertext verständlich machen soll. Es ist wohl einer Erwähnung wert, dass diese ganze Ähnlichkeit sehr wahrscheinlich auf einer falschen Übersetzung des besagten Verbs παραναγιγνώσκω gegründet ist. Die Nachricht in Ps.-Plutarch lautet folgendermaßen: ... καὶ τὰς τραγῳδίας αὐτῶν ἐν κοινῷ γραψαμένους φυλάττειν καὶ τὸν τῆς πόλεως γραμματέα παραναγινώσκειν τοῖς ὑποκρινομένοις. οὐκ ἐξεῖναι γὰρ ⟨παρ'⟩ αὐτὰς ὑποκρίνεσθαι.[183]

Die Übersetzung des Satzes ist strittig. Honigmans Interpretation lautet wie folgt:

> According to H.G. Liddell and R. Scott's Greek-English Lexicon,[184] this word has two meanings. The first – „read beside, compare, collate one document with another" is regularly used in judicial contexts to point to the reading aloud of laws. Pseudo-Plutarch's text evidently uses it in this sense. However, the occurrence in B. Ar. fits the second definition better: „to read publicly". This sense echoes the biblical scene, as Orlinsky has pointed out. But we may suspect that the author of B.Ar. was perfectly well aware of the further connotations of the word he was using when he described the scene of the proclamation of the translation. Once again, the translated work is equated to an edition of a text. It is not clear whether Demetrius is reading a translation, or an official edition of the Jewish Law.[185]

Dass die Bedeutung in *Aristeas* tatsächlich „öffentlich vorlesen" ist, steht außer Frage. Was sind aber die „weiteren Konnotationen", die der Autor benutzt, um die Übersetzung in eine Edition zu verwandeln? Der häufigste Gebrauch dieses Verbs hat nichts mit editorischer Tätigkeit zu tun, sondern ist im Gerichtsverfahren im klassischen Athen verankert: Man pflegte den Richtern (die dort ja keine Juristen waren, sondern Bürger, in der Art, wie es heute die Geschworenen sind) die relevanten Gesetze vorzutragen. Sonst hat das Wort seine sozu-

---

183 Plut. *Dec. or.* 841F.
184 Das Lexikon von Liddell & Scott ist zwar ein unentbehrliches Hilfsmittel, ist aber in seinem Kern schon in die Jahre gekommen und war auch nie einwandfrei zuverlässig. S. dazu Stray, Clarke und Katz (2019). Seit der digitale *Thesaurus Linguae Graecae* es ermöglicht, jedes lexikalische Problem schnell und unkompliziert zu überprüfen, können die Übersetzungsvorschläge dieses altverdienten Wörterbuchs kaum ein Argument in einer wissenschaftlichen Diskussion sein.
185 Honigman (2003), 59.

64 KAPITEL 1

sagen „etymologische" Bedeutung „lesen neben etwas anderem, vergleichend lesen". Dieses Wort begegnet in einer zufällig auf uns gekommenen Anekdote, die in diesem Wortlaut Jahrhunderte später ist als *Aristeas*. Die Bedeutung von παραναγινώσκειν an dieser Stelle ist nicht ganz klar: Eine verbreitete, aber vermutlich falsche Übersetzung des Satzes lässt den Staatssekretär den Text den Schauspielern vorlesen, weil es nicht erlaubt war, im Theater etwas davon Abweichendes vorzutragen: „... and the public secretary was to read them aloud (παραναγινώσκειν) for collation to the actors." Diese Übersetzung von Fowler in der *Loeb Classical Library*-Plutarch-Ausgabe ist von Honigman übernommen worden. Man kann sich aber schwer vorstellen, was dieses Vorlesen den Schauspielern gebracht hätte: Sollten sie die richtigen Varianten vom Hören memorieren? Was m. E. im Text steht, ist, dass Lykurgus, um zu kontrollieren, dass die Schauspieler sich keine Freiheiten mit dem kanonischen Text erlaubten, einen Sekretär ins Theater schickte, damit er der Vorstellung mit seinem Exemplar in der Hand folgte und jede Abweichung vermerkte. Der Sekretär sollte also seinen Text parallel zum Vortrag der Schauspieler lesen (παραναγινώσκειν). Ich schlage also folgende Übersetzung vor: „... dass die Abschriften ihrer Tragödien im Staatsarchiv aufbewahrt werden und dass der Staatssekretär sie parallel zum Vortrag der Schauspieler liest, denn es ist verboten, auf der Bühne von diesem Text Abweichendes vorzutragen." Honigman kennt diese abweichende Interpretation (sie ist im Buch von Nagy, auf das sie verweist, als ein Vorschlag aus einem privaten Brief eines Kollegen erwähnt), weist sie aber kurzerhand als „not convincing" ab und gibt noch zwei Verweise auf das angesehene Handbuch von Pfeiffer. Dieser aber lässt sich wohlweislich überhaupt nicht auf die Interpretation von παραναγιγνώσκειν ein; er sagt nur, die Quelle spreche von einer Kontrolle über das Vortragen im Theater vonseiten des Staates,[186] was bestimmt nicht falsch ist.

Bei Honigman wird das Word παραναγινώσκειν, das sowohl in Ps.-Plutarch als auch in *Aristeas* verwendet wird, zu einem der wichtigsten Belege für das „homerische Paradigma". Wohlgemerkt: Es geht nicht um Homer, und, was die Erarbeitung eines verpflichtenden Textes angeht, nicht um Alexandrien und die dortige Philologie. Die Rezensionsarbeit wird in Athen geleistet.

Man möchte nicht um Worte streiten. Es ist im Allgemeinen klar, dass Honigman unter „homeric scholarship" ein Interesse an Textkritik, an editorischer Arbeit mit klassischen Texten versteht. Sie behauptet *passim*, Aristeas beschreibe die Übersetzung in der Terminologie einer Textedition.[187] Die ganze „durch-

---

186   Pfeiffer (1968), 82.
187   Honigman (2003), z. B. 119: „... we began to see in Chapter 3 that the translation is consistently depicted as textual editing."

ARISTEAS: KONTEXTE – EINST UND HEUTE

gehende Angleichung der Septuaginta an Homer" besteht darin, dass man angeblich aus der Tora-Übersetzung eine vorbildliche Edition nach alexandrinischen Muster gemacht habe, und zwar sehr subtil – indem man Wörter benutzte, die zwar bei einer Übersetzung auch Sinn machen, aber dermaßen als *termini technici* aufgeladen sind, dass der Leser sofort aufhorcht und an Homer denken muss – deswegen wohl der klingende Name „Homer" statt „textkritische Arbeit" –, an Homer als Symbol der griechischen Kultur, ihre – sozusagen – Heilige Schrift. So wird aus *Aristeas* durch „Verwischung der Grenzen zwischen einer Übersetzung und einer Edition"[188] „a kind of manifesto of ,Jewish Greekness.'"[189]

Honigman übernimmt von Tcherikover und Orlinsky die Idee der impliziten Verweise auf die Heilige Schrift, indem Nachahmungen der (als ewig gültige Prophetien verstandenen) Schlüsselszenen in aktuellen Dekorationen kreiert werden – ein im Grunde sehr unhellenischer Zug der hellenistisch-jüdischen Literatur –, und versucht, die hellenistischen Merkmale des Werks auf dieselbe Weise zu interpretieren. Aus den Einstellungen, die der Autor aus seiner kulturellen Umgebung mitbringt, seiner offensichtlichen Verwurzelung in alexandrinischer Bildung, will sie seine Absicht machen (*„deliberate* blurring"), die er auf gleiche Weise durch Anspielungen und Schlüsselwörter mitteilt. Aber Anspielungen worauf? Die Tora ist ein Text, da sind Begriffe der Anspielung oder Allusion selbsterklärend. *Homeric scholarschip* dagegen ist kein Text, sondern ein modernes Konstrukt oder im besten Fall eine historische Begebenheit (aber kein antiker historischer Mythos, der seinen bestimmten, erkennbaren verbalen Ausdruck hätte). Insofern kann die „homerische Wissenschaft" keine Vorlage für eine literarische Komposition sein. Dass *Aristeas* aber durchaus hellenistische Vorlagen haben konnte, habe ich oben versucht anzudeuten. Nur sind sie nicht als Interpretationshilfen für den Leser gedacht, sondern helfen dem Autor, das Erzählerische zu bewältigen[190] und in einen Wettbewerb mit

---

188 Honigman (2003), 45: „*The blurring between the notions of textual emendation and translation* is further achieved by the choice of terminology used", 49: „There may be a further implicit message in *the deliberate blurring of the distinction between textual editing and translation*".

189 Honigman (2003), 19.

190 So verstand es Günter Zuntz, von dem die Idee ursprünglich stammt, die Übersetzung sei in *Aristeas* in der Terminologie der Textedition beschrieben: „... however abstruse it may seem that he should have chosen to represent the translator's task as a work of critical scholarship; ... but he had no choice" (Zuntz [1959b], 122). Der *Aristeas*-Autor hatte keine Wahl, da er keine Ahnung davon hatte, wie man eine Übersetzung macht und welchen Problemen man dabei begegnet. „The one thing, meagre enough, left to him was once again to utilize the analogy, suggested by the framework of his story, bet-

den nichtjüdischen Kollegen zu treten. Diese *Überschreibung* (so möchte ich das benennen) der „heidnischen" Sujets durch Biblisches ist für die alexandrinische jüdische Literatur ein häufiges, in der Forschung noch nicht genügend berücksichtigtes Verfahren. Eins der wenigen in der Sekundärliteratur schon öfters beschriebenen Beispiele ist Philons Behandlung von Sara und Hagar als Weisheit und Allgemeinbildung, die einer hellenistischen Allegorie über Penelope und ihre Mägde nachempfunden ist.[191] Philons Ziel ist aber keineswegs, auf Homer zu verweisen, sondern zu zeigen, dass sich Ähnliches und sogar Besseres auch aus dem jüdischen Material erschaffen lässt. Dasselbe gilt wohl für Aristobulus' Version des Aratus-Prologs und eines orphischen *Hieros Logos*, wo der Name Zeus überall mit „Gott" überschrieben wird, so dass ein jüdischer religiöser Text entsteht.[192] Auch bei *Aristeas* selbst wurden schon für einzelne Bestandteile Vorlagen für eine solche Überschreibung vermutet, ohne dass uns entsprechende hellenistische Texte erhalten geblieben wären.[193]

Honigman gebührt das Verdienst, der Forschung die biblischen Anspielungen in *Aristeas* wieder ins Gedächtnis gerufen zu haben, denn die Artikel Tcherikovers und Orlinskys standen zu diesem Zeitpunkt nicht unbedingt im Brennpunkt des Interesses. Gleichzeitig hat sich auch die Idee der „Vermischung der Diskurse", der doppelten Kodierung, die in jedem Paragraphen des *Aristeas* versteckt sei, verbreitet, so dass in den 2010er Jahren gleich zwei Monographien dieses Modell auf die alexandrinische jüdische Literatur anzuwenden versuchten.

2011 erschien das Buch von Maren Niehoff, *Jewish Exegesis and Homeric Scholarship in Alexandria*,[194] wo Honigmans Idee sozusagen auf den Kopf

---

ween Alexandrian scholarship and the production of the Alexandrian Bible" (ibid., 123). Honigman findet es „unmöglich zu glauben" (45), dass *Aristeas* diese Vermischung der Terminologie aus Unvermögen zustandebrachte. Mir scheint, die Annahme, *Aristeas* habe eine Vorlage benutzt, etwa die erwähnte Erzählung über die Entstehung der athenischen Tragiker-Ausgabe und ihre Überführung nach Alexandrien, wie sie sich in Grundzügen aus der Kombination von Galen und Ps.-Plutarch rekonstruieren lässt, würde die Sachlage ökonomischer erklären als Zuntz' Vorschlag, der literarisch unbegabte Autor habe diese Vermischung kreiert, weil er gerade keine Vorlage hatte, auch keine Ahnung vom Übersetzungsprozess, dagegen eine leidliche Vertrautheit mit der alexandrinischen Philologie: „He was roughly aware of the goal and procedure of the Alexandrian scholars who edited the authoritative texts of the Greek classics; after all, he lived in the century of the great Aristarchus" (ibid., 120), geschweige denn Honigmans „intentional blurring", das dem Leser allerlei suggerieren soll.

191 Zuerst vermerkt in Colson (1917), insbes. 154, seitdem oft wiederholt.
192 Eusebius, *Praep. ev.* XIII,12, 5–8.
193 Vgl. Zuntz (1959a).
194 Niehoff (2011).

ARISTEAS: KONTEXTE – EINST UND HEUTE   67

gestellt wurde – statt freudiger kompletter Integration wurde nun ein vermeintlicher Konflikt von Ideologien im alexandrinischen Judentum entdeckt. Das Buch wurde seinerzeit vielerorts wohlwollend aufgenommen, inzwischen wurden aber die Dürftigkeit des relevanten Materials und die Willkürlichkeit der Interpretationen von Spezialisten hinreichend kritisiert.[195] Es hat dennoch bestimmt dazu beigetragen, das „homerische Paradigma" bei *Aristeas* zum Status einer Tatsache zu erheben. Man wollte nun bessere, überzeugendere Argumente auf der gleichen Schiene wie Honigman und Niehoff finden.

Insbesondere Ekaterina Matusova mit ihrem Buch von 2015, *The Meaning of the Letter of Aristeas*, hat das von Honigman entworfene Interpretationsschema konsequent angewandt, indem sie im ersten Kapitel die biblischen Bezüge des *Aristeas* ausarbeitet, im zweiten aber das, was sie nun (besser nachvollziehbar) ein „grammatisches Paradigma" nennt, als eine bewusste Botschaft desselben Textes beschreibt.

Das 2. Kapitel, „Account of the translation, or the grammatical paradigm", beginnt unorthodox: „Despite my own arguments in Chapter 1, I disagree with the claim that the Jewish audience was the only intended readership of the Letter". Es geht darum, dass sich die angenommene zweifache – biblische und

---

195 Vgl. den jüngsten ausführlichen Kommentar zu *Aristeas* von Wright (2015), 146–147, insbes.: „While Niehoff's proposal is an ingenious attempt to get behind the text of ‚Aristeas', it suffers from the need to create social groups and inner-Jewish arguments for which ‚Aristeas' provides, on the most optimistic reading, precious little evidence, and it relies on speculative readings of particular texts" (147). Es folgen einige Beispiele. Vgl. 150 Anm. 374: „Niehoff ... wants to turn this construction ⟨Honigmans Homeric paradigm⟩ on its head, but her arguments depend on a reading of σεσήμανται in § 30 that is difficult to sustain" usw. Ekaterina Matusova (2015) bringt auch Einwände gegen das überspannte Spiel mit σεσήμανται: „She ⟨Niehoff⟩ goes so far as to hypothesise a group of people who used to apply this kind of criticism ⟨alexandrinische Technik von Klassiker-Editionen mit kritischen Zeichen wie Obelus usw.⟩ to the text of Scripture (of which there is no evidence), and at the same time to suggest that the verb σεσήμανται in Let. Aris. 30 refers to the text-critical signs as marks of the text-critical activity allegedly applied to the text of the Bible. This interpretation is bizarre. The verb σημαίνω has indeed a great variety of contextual meanings and connotations and picking one of them without any argument from immediate context seems arbitrary" (73 Anm. 64). Man sieht, dieser Fall ist demjenigen von παραναγινώσκω bei Honigman sehr ähnlich. Im *Journal of Jewish Studies* wurde vier Jahre nach dem Erscheinen von Niehoffs Buch eine ausführliche Besprechung von Tessa Rajak (Rajak 2015) veröffentlicht, die bei aller Höflichkeit deutlich macht, dass die Analogie zwischen Homer und der Bibel lieber nicht zu buchstäblich verstanden werden sollte („How far the two master texts are comparable in status and function within their textual communities remains to my mind an open question", 197), dass wir über die eigentlichen Techniken, die Ideologie und Terminologie der alexandrinischen Texteditionen genauso wenig wissen wie über die Methoden der Schriftauslegung in Alexandrien vor Philon („All this becomes even trickier here because of a dearth of evidence on both sides", 195) usw.

68   KAPITEL 1

grammatische – Verschlüsselung durch den Anspruch erklärt, beiden Arten der
potentiellen Leserschaft Genüge zu tun, den bibelfesten Juden und den gram-
matikfesten Griechen. Matusova hält an Honigmans Vorstellung der „literary
method of merging patterns" fest und bezeichnet die intendierte Leserschaft
als „gemischt"[196] (bei Honigman war das intendierte Publikum ausschließlich
jüdisch, aber kulturell völlig in die alexandrinische Bildung integriert). Der
Nachweis des grammatischen Paradigmas beginnt mit dem Satz „The number 72 is not used in the Bible."[197] Ein weiteres Argument für den „nichtjüdischen Charakter"[198] der Zahl 72 sieht sie darin, dass bei Philon die Anzahl der
Übersetzer gar nicht genannt, bei Josephus in 70 verwandelt wurde:

> The reason is obvious: Josephus considered the number 70 meaningful as
> it refers to the number of the „seventy elders of Israel" who ascend Mount
> Sinai with Moses and to those who receive from the Holy Spirit of Moses
> (Ex. 24:1, 9; Num. 11:16–17), whereas the number 72 did not convey any-
> thing to him.

Die Zahl 72 konnte ihm aber gar nicht so sinnlos erscheinen, da er doch die
Angabe „je 6 aus jedem der 12 Stämme" ohne weiteres übernimmt.[199] Josephus
bietet ein Beispiel echt biblischer Arithmetik: Die 70 Ältesten sind gleichzeitig
die 72 (6 × 12), weil sich nur so die wohlbekannte Spannung im Pentateuch lösen
lässt, diejenige zwischen der (wohl uralten) Vorstellung von einem 70-köpfigen
hebräischen Senat und einer (wohl jüngeren) Überlieferungsschicht, wo Israel
als aus 12 Stämmen bestehend dargestellt wird.[200] Wenn die „Auserwählten der
Söhne Israels", d.h. des jüdischen Volkes, im Schlüsselvers Ex 24,11 tatsächlich
mit den „70 Ältesten" von Ex 24,9 identisch sein sollen,[201] dann müssen sie 72
sein, da die „Söhne Israels" ein Synonym der 12 Stämme geworden ist. Tatsäch-

---

196   Matusova (2015), 10. Daraus folgt für Matusova, dass die Leser des *Aristeas* auch für die
      entlegenste grammatische Terminologie ein Organ hatten.
197   Matusova (2015), 54.
198   Matusova (2015), 54: „The non-Jewish character of the number."
199   Josephus, *Ant.* XII,39: ὅπως ἀποστείλῃ τῶν πρεσβυτέρων ἓξ ἀφ᾽ ἑκάστης φυλῆς.
200   Vgl. im Babylonischen Talmud (Sanh. 17a): „Als nämlich der Heilige, gepriesen sei er, zu
      Moše sprach: Versammle mir siebzig Männer von den Ältesten Jisraéls, sprach Moše: Was
      mache ich nun; wähle ich sechs aus jedem Stamme, so bleiben zwei zurück, wähle ich
      fünf aus jedem Stamme, so fehlen zehn; wähle ich aus manchen Stämmen sechs und aus
      manchen fünf, so erwecke ich ja Neid unter den Stämmen. Was tat er? Er wählte je sechs"
      (deutsch nach L. Goldschmidt, *Der Babylonische Talmud*, Bd. 8 [Berlin: Jüdischer Verlag,
      1933], 520).
201   S. oben, S. 33.

lich steigen in Vers 9, außer Mose und Aaron, 72 Personen auf den Berg: „Da stiegen Mose und Aaron, Nadab und Abihu und die siebzig Ältesten Israels hinauf" – es ist vorstellbar, dass Aarons Söhne Nadab und Abihu gerade aufgrund von Ex 24,11 in diese illustre Gesellschaft geraten sind. Dass eine noch größere Unsicherheit in Bezug auf 70 und 72 auch in Numeri 11 herrscht, einem Text, zu dem *Aristeas* deutliche Bezüge aufweist, hat Gilles Dorival schon 1988 in einem der besten Nachschlagewerke zur Septuaginta gezeigt.[202] Im Abschnitt über Biblisches bei Aristeas wird dies unten ausführlich besprochen. Wenn wir das Neue Testament nicht aus dem Blick verlieren, stimmt es sicherlich nicht, dass die Zahl 72 in der Bibel nicht vorkommt. Im Lukas-Evangelium 10,1 etwa, wo es um die Aussendung der Jünger „in alle Städte und Orte, da er wollte hinkommen" geht, schwankt die Textüberlieferung auf eine aus Josephus vertraute Weise: Die Zahl 72 für die Ausgesandten ist um nichts schlechter von der Überlieferung verbürgt als die Zahl 70. Warum? Martin Hengel meinte seinerzeit, daraus könne man „bestenfalls" schließen, dass „Lukas oder seine Quelle die Zahl der Übersetzer ⟨aus Aristeas⟩ kannte."[203] Eine Vorlage im Pentateuch ist aber wahrscheinlicher. Noch mehr als für *Aristeas* scheint hier offensichtlich, dass die Zahl 70 mit den 70 Ältesten der Tora zu tun hat, wie auch die Zwölfzahl der erstberufenen Jünger der Anzahl der biblischen Stämme Israels entspricht.

Nach Matusova erfreute sich dagegen die Zahl 72 „insbesondere in der hellenistischen Zeit enormer Beliebtheit."[204] Ihre Belege: Herkules hatte 72 Kinder, darunter nur eine Tochter (Aristoteles, *HA* 585b). In *Odyssee* IX,60 klagt Odysseus, dass ihm von jedem seiner Schiffe je sechs Männer starben. Krates von Mallos (2. Jh. v. u. Z., Pergamon) hat ausgerechnet, dass es insgesamt 72 Tote waren, da Odysseus seiner Meinung nach 12 Schiffe mitführte (Porphyrius, *Quaest. Homer.* ad loc.[205]). In *Historia Alexandri Magni* (Recensio b) 11,33,9 gibt es 72 Gefallene in einer Schlacht. Appian erwähnt 72 Satrapien Seleukus' I. (*Syriaca* 328,2), Diodorus Siculus erzählt, dass die Ägypter nach dem Tod eines Pharaos 72 Tage trauern (Bibl. I,72,2). Es gibt zudem 72 Länder der Erde bei Horapollo und 72 Tage, die ein Kynokephalos zum Sterben braucht (in derselben Quelle). Bei Plutarch gibt es 72 Verschwörer gegen Osiris (*De Is. et Os.* 356a). Eine *immense Popularität* kann man es kaum nennen: Es sind mehr oder weniger marginale Texte und Details, und vor allem sehr heterogene Gegenstände, die da gezählt werden: Kinder, Tote, Tage, Länder. Das Korpus der griechischen

---

202   Dorival (1988), 60.

203   Hengel (1992), 40. Hengel bezeichnet 70 in Lk 10,1 als „sekundäre varia lectio".

204   Matusova (2015), 60: „The number ⟨sc. 72⟩ enjoyed immense popularity particularly in the Hellenistic period."

205   Matusova (2015), 61: „This is also the logic of Let. Aris. 32: 6 × 12 = 72."

70 KAPITEL 1

Literatur ist (im Unterschied zur Biblia Hebraica) so umfangreich und so mannigfaltig an Themen, dass es kaum eine Zahl innerhalb der ersten Hundert gibt, die sich darin nicht mehrfach belegen ließe. Eine inhaltliche Verbindung zur Geschichte der 72 Übersetzer sucht man in dieser Liste vergebens.

Eine solche liefert aber eine Anekdote, die sich unter den Scholien zu Dionysios Thrax, einem alexandrinischen Grammatiker des 2 Jh.s v.u. Z., also ungefähr aus der Zeit des *Aristeas*, findet. Die Scholie selbst wird ungefähr auf das 7.–8. Jh. u.Z. datiert.[206] Matusova möchte darin eine echte antike Tradition sehen, auf die *Aristeas* bewusst anspiele. Dort geht es um den athenischen Tyrannen Peisistratus, der Homers Dichtungen, die teils durch Brände, teils durch Überschwemmungen und Erdbeben zerstört wurden, zu retten wünschte: Die Bücher waren also verstreut in verstümmelter Form an verschiedenen Orten, und es stellte sich später heraus, dass einer etwa 100 homerische Verse besitzt, ein anderer 1000, ein dritter 200, ein vierter noch so und so viel, so dass diese hervorragende Dichtung schon nahe daran war, in Vergessenheit zu geraten. Peisistratus sammelte also erst von allen Griechen, die noch einige homerische Verse besaßen, alles, was sich sammeln ließ, und bestellte dann 72 Grammatiker zu sich, damit jeder die homerischen Verse nach dem eigenen Verständnis zusammenstellte, so wie er es am besten fände. Sie sollten dafür einen Lohn erhalten, der für Gelehrte und Kenner der Dichtung angemessen war. Jeder bekam für sich all die Verse, die Peisistratus gesammelt hatte. Nachdem jeder die Zusammenstellung nach eigenem Urteil vollendet hatte, versammelte er all die obengenannten Grammatiker an einem Ort, wo sie ihre jeweils eigene Zusammenstellung in Anwesenheit aller anderen zeigen mussten. Diese hörten zu, nicht auf Wettstreit bedacht, sondern auf Wahrheit und Übereinstimmung mit den Regeln der Kunst, und kamen in ihrem Urteil alle überein. Gewonnen haben die Zusammenstellungen und Emendationen des Aristarchus und des Zenodotus. Dann hat man zwischen diesen beiden gewählt und fand diejenige von Aristarchus besser. Hier wird also die berühmte „peisistratische Redaktion" der homerischen Epen mit der alexandrinischen Edition derselben zusammengeführt, wodurch sich der athenische Tyrann des 6. Jh. v. u. Z. und die alexandrinischen Gelehrten des 3. Jh. u. Z. in einem gemeinsamen Chronotopos zusammenfinden. Matusova argumentiert, dies sei kein Beweis für eine späte Entstehung der Anekdote, weil Peisistratus hier anstatt des ursprünglichen „Ptolemäus" stünde. Es ist zwar tatsächlich unwahrscheinlich, dass sich der historische Peisistratus um eine Buchedition kümmerte. Die

---

206 In der Teubner-Ausgabe der *Scholia in Dionysii Thracis artem grammaticam* von A. Hilgard 29,16–30,24.

Legende ist eindeutig eine Projektion der alexandrinischen Verhältnisse auf die griechische Archaik. Die Verwechselung der Namen in der Thrax-Scholie ist dagegen eine reine Mutmaßung: Peisistratus galt der Tradition nachweislich seit Ciceros Zeiten[207] als der erste „Herausgeber" der Ilias und der Odyssee und hatte im frühen Mittelalter alle Chancen, mit den späteren Stars auf diesem Feld in charakteristischer Zeitraffung in eine Geschichte verflochten zu werden (in einer Version der Septuaginta-Legende etwa erbittet Ptolemäus den Tora-Text samt Übersetzern von König Herodes). Noch weniger lässt sich beweisen, dass die Zahl 72 der „ursprünglichen" Schicht der Überlieferung angehörte, die älter wäre als *Aristeas*[208] und von diesem benutzt oder als Referenz angedeutet würde. Wie Giuseppe Veltri richtig bemerkt:

> The interaction of these legends also led to a contamination of details one with the other. The phenomenon is of literary origin, although an apologetic connotation cannot be excluded. The first contamination can be traced to the Byzantine period. Some elements of the legend of the Septuagint (the number seventy-two) and the legend of Ezra (the restoration of the Tora) contributed to creating or embellishing the story of the origin of the redaction of Homer.[209]

Eine weitere sinnesschwere Verbindung findet Matusova in der grammatischen Tradition. Die von ihr festgestellte „sprichwörtliche Popularität" der Zahl 72 erklärt ihrer Meinung nach, warum der spätantike Aristoteles-Kommentator Ammonius für die Summe aller möglichen Kombinationen von Subjekten und Prädikaten nach Aristoteles' Περὶ ἑρμηνείας die Zahl 72 errechnete und warum ein anonymer Grammatiker dieselbe Zahl für die Summe aller möglichen rhetorischen Aussagen feststellte. Beides zusammen aber erklärt, warum *Aristeas* gerade 72 Älteste das jüdische Gesetz übersetzen lässt!

---

207   Cicero, *De orat.* III,137: „Quis doctior eisdem temporibus illis aut cuius eloquentia litteris instructior fuisse traditur quam Pisistrati? Qui primus Homeri libros confusos antea sic disposuisse dicitur, ut nunc habemus" („Wer besaß, der Überlieferung zufolge, in diesen Zeiten mehr Gelehrsamkeit, wessen Beredsamkeit wies mehr literarische Bildung auf als diejenige des Pisistratus? Man sagt, er habe als Erster die Gesänge von Homer, die zuvor durcheinandergebracht worden waren, so angeordnet, wie wir sie heute haben").

208   Dafür ist diese Tradition insgesamt wohl zu jung: vgl. R. Pfeiffer, *Geschichte der klassischen Philologie: Von den Anfängen bis zum Ende des Hellenismus* (München: Beck, 1978), 21: „Hier brauchen wir nur auf die wohlbekannte Tatsache zu verweisen, daß die Tradition, nach der Peisistratos die vordem ‚zerstreuten' Gedichte des Homer ‚gesammelt' haben soll, nicht weiter als bis ins erste Jahrhundert v. Chr. zurückverfolgt werden kann."

209   Veltri (2006), 80.

> As 72 are summoned to establish a clear, coherent and readable text of Homer, so the 72 sages in the *Letter of Aristeas* are summoned to take care of *clarity and exactness of wording* (ἑρμηνεία) of the Scripture! … It is highly logical to use the ideal number of syntactical combinations when seeking adequateness to reality (here, of another language) and clarity of style. It is worth noting that the idea of engaging the 72 sages comes not from the High Priest Eleazar or from any other Jewish person in the story, but from a Greek scholar, Demetrius of Phalerum, a *famous pupil of Aristotle*, to whom late antiquity also assigned a Περὶ ἑρμηνείας treatise.[210]

Mir scheint, dass diese Logik etwas unrealistische Anforderungen an den Leser voraussetzt. Es wird vielleicht reichen, ohne auf Einzelheiten dieser Argumentation einzugehen, eine einfachere Erklärung vorzuschlagen. Davor muss aber noch eine Publikation, auch aus dem Jahr 2015, erwähnt werden, da wir es offenbar mit einem Trend zu tun haben. Luke Neubert hat im *Journal of Jewish Studies*[211] mit dem Beitrag „Whence the 72? The Peisistratus myth and the Letter of Aristeas" unabhängig von Matusova für die Peisistratus-Anekdote als Vorlage des *Aristeas* plädiert. Für Neubert ist das „homerische Paradigma" in *Aristeas*, das Bedürfnis des alexandrinischen Judentums, seine Tora dem Homer der Griechen gleichzustellen, schon eine objektive Tatsache, die er nicht hinterfragt.[212] Für gegeben hält er auch „the arbitrariness of the number 72 for the Jewish tradition",[213] vermerkt nur mit einigem Erstaunen, dass, obwohl fast alle späten (meist christlichen) Zeugen die Zahl der Übersetzer auf 70 korrigieren, ausgerechnet der Babylonische Talmud Schwankungen aufweist,[214] kümmert sich aber nicht weiter darum. Für die Behauptung: „72 was indeed a symbolic number in the Hellenistic tradition"[215] reichen ihm die 72 Trauertage für den Pharao und die zwölfmal sechs Gefährten des Odysseus, die wir schon kennen. Unter solchen Voraussetzungen scheint es relativ klar, dass die Homer-Anekdote das Modell für *Aristeas* war, insbesondere für die Zahl der Übersetzer, und nicht umgekehrt. Das einzige Hindernis ist die Chronologie – die Geschichte in dieser Form ist ungefähr 800 Jahre später als *Aristeas*. Aber späte Berichte können bekanntlich auf einer alten Tradition fußen. Nun dient

---

210 Matusova (2015), 61.

211 Neubert (2015).

212 Neubert (2015), 266: „… the author unequivocally places the Jewish Law, the central document of Judaism, on a par with the Homeric epics, perhaps even hinting at its superiority."

213 Neubert (2015), 285.

214 Neubert (2015), 285: „Surprisingly the Babylonian Talmud relates the correct number 72 in some places and 70 in others."

215 Neubert (2015), 286.

ARISTEAS: KONTEXTE – EINST UND HEUTE 73

die Ähnlichkeit mit *Aristeas* schon als Argument, um für die Scholie eine hellenistische Vorlage zu postulieren.[216]

2.2.1.2 *In Richtung Bibel*

Obwohl Heinsius' Bemerkung, dass die Legende von dem Übersetzungswunder in verschiedenen Ausprägungen aus exegetischen Varianten zu Ex 24,9–11 entstand, kein Echo fand, wurde die Sinai-Episode als Ganzes (Ex 24) öfters als Vorlage zumindest für die Verkündungsszene und für die Bezeichnung des Übersetzerteams als 70/72 Älteste in *Aristeas* vorgeschlagen. Vor allem half der Verweis auf die biblischen Bezüge, *Aristeas'* Ausrichtung auf eine jüdische Leserschaft zu belegen. Noch Zuntz war sich sicher, dass das Werk apologetisch und an die Griechen gerichtet sei. Auch er verwies (in Bezug auf die „Sieben Symposien" in *Aristeas*) auf einige biblische Parallelen, Geschichten, wo Juden mit klugen Äußerungen vor einem heidnischen König Anerkennung und Bewunderung finden (Joseph vor dem Pharao, Daniel vor Nebukadnezar usw.), tat sie allerdings als eine allgemein „orientalische" Tradition ab und meinte dazu, es gäbe am Rande der griechischen Literatur einige Werke, die, wie der *Aristeas*-Autor erwarten durfte, von den griechischen Lesern mit seiner Erzählung assoziiert werden konnten. Spezifischere jüdische Bezüge wies er entschieden zurück:

> It has indeed been asserted[217] that Aristeas's book was intended to be read by Hellenized Jews. Such certainly could not be prevented from reading it and could derive satisfaction from finding their kin treated so reverently by outstanding Greeks. However, the elaborate disguise of the author as a non-Jew and the apologetic tone of the whole and in particular of 128 ff. are surely designed, primarily, for Greek readers.[218]

---

216 Neubert (2015), 284: „Two further factors seem to support the antiquity of the Vorlage of the Scholia version: the choice of 72 scholars and the plot of a common myth, which can be reconstructed through the comparison of B. Ar. and the Scholia version."

217 Dies bezieht sich wohl vor allem auf den ein Jahr zuvor publizierten Artikel von Victor Tcherikover, „The Ideology of the Letter of Aristeas" (Tcherikover [1958]), wo es auf S. 76 hieß: „It is as if he transferred the holiness of the Mount Sinai from the original Hebrew text to the Greek translation." Tcherikover wollte zeigen, dass *Aristeas* nicht eine „apologetische" Schrift für die Griechen sei, sondern ein Erzeugnis innerjüdischer Polemik: Das alexandrinische Judentum bestehe, womöglich gegen Vorwürfe neuerer Einwanderer aus Palästina, auf dem höchsten Wert „ihrer" Heiligen Schrift, der Septuaginta.

218 Zuntz (1959a), 35 Anm. 1. Vgl. Zuntz (1959b), 125: „This legendary tradition ⟨Zuntz postuliert eine volkstümliche jüdische Tradition über die Entstehung der Septuaginta zur Zeit eines nicht näher bestimmten König Ptolemäus' auf der Insel Pharos. Die Beteiligung des Demetrius von Phaleron zählt er auch zu den Bestandteilen dieser Tradition, weil er das

74 KAPITEL 1

Als Harry Orlinsky ca. 15 Jahre später dafür plädierte, dass *Aristeas* für eine jüdische Leserschaft bestimmt war, bemerkte er spitz: „The Letter of Aristeas needs fresh study from the point of view of a Hellenistic Jew, as against that of a Jewish Hellenist."[219] Seine Überzeugung untermauerte er mit ausführlichen Textvergleichen. Der *Aristeas*-Autor wolle vor allem der griechischen Tora dieselbe Heiligkeit und Autorität verleihen, die dem hebräischen Original schon lange zukam – ein Ziel, das sowieso nur für Juden von Interesse sein konnte –, und beschrieb deswegen den Prozess und die Verkündung der Übersetzung in Ausdrücken und Bildern, die für die Bibelkundigen eindeutig mit den entsprechenden Szenen in der Tora selbst assoziiert waren.[220] So wird die Verkündungsszene des *Aristeas* mit der Sinai-Offenbarung in Ex 24,3–7 verglichen, mit der Geschichte in 2 Kön 22–23 über das Gesetzbuch, das unter König Josia im Tempel gefunden wurde, mit Neh 8,1–6, wo Esra dem jüdischen Volk das Gesetzbuch vorliest, u. ä.[221] Der Vergleich ergibt wichtige Beobachtungen: Vieles in *Aristeas*, was sich als ein konkretes historisches Detail aus der Zeit Ptolemäus II. ausgibt, ist eindeutig biblisch und nicht historisch: die Bezeichnung der Übersetzer als „Älteste", die Rolle der 12 Stämme, die Anerkennung des Buches durch die Vollversammlung des jüdischen Volkes, der Name „Eleazar" für den Hohenpriester[222] und seine Insignien.[223] Orlinskys Interesse gilt vor allem der Septuaginta, ihrer Anerkennung als Heilige Schrift des Diaspora-Judentums, nicht *Aristeas* an sich als literarischem Werk. Er arbeitet also nur die biblischen Bezüge in der unmittelbaren Übersetzungsgeschichte heraus. Arkady Kovelman ging 2005 deutlich weiter:

> All in all, the Letter is not just a story of the translation of the Pentateuch. It includes all the major contents of Exodus, from Egyptian enslavement of the Jews to the gift of Torah on the Mount Sinai, from the construction of the tabernacle to the banquets of the elders. What looks like digressions on the surface is real essence inside. What seems to be

---

entsprechende Aristobulus-Fragment vor *Aristeas* datiert⟩ suggested itself as a suitable, if slender, bond to hold together a number of chapters designed to impress pagan readers with the high qualities of judaism."

219 Orlinsky (1975), 96.
220 Orlinsky (1975), 94.
221 Orlinsky (1975), 94–96.
222 S. o. Anm. 52.
223 Vgl. die Bemerkung Kovelmans (Kovelman [2005], 165): In *Aristeas* 97 trägt der Hohepriester den חֹשֶׁן (λόγιον) auf der Brust. Dies ist (wie auch die übrige Beschreibung des hohepriesterlichen Gewandes) kein Brauch aus der Zeit des Zweiten Tempels, sondern bezieht sich auf Ex 28,23–26.

the plot is nothing but the upper layer, which is designed both to veil and to expose the essence of the book.[224]

Die Übersetzung der Tora für den König Ptolemäus ist zwar der Erzählrahmen, aber nicht das einzige Anliegen, nicht einmal die eigentliche Botschaft des Textes. Es geht nicht primär um einen „charter myth" für die Septuaginta (Honigman). Das macht das „homerische" bzw. „grammatische" Paradigma als den Schlüssel zum Ganzen von vornherein wenig wahrscheinlich, spricht aber gleichzeitig auch gegen die Reduzierung des „biblischen Paradigmas" auf die Begründung der Gleichstellung der griechischen Übersetzung mit dem hebräischen Original (Tcherikover, Orlinsky).

Während *Aristeas* allerlei griechische Vorlagen für die Ausarbeitung einzelner Teile benutzt, besitzt das Werk eine Einheit, die in seiner exegetischen Dimension liegt.[225] Die angeblich historischen Ereignisse erweisen sich als Erfüllung bestimmter Prophezeiungen und sind bis in kleinste Details dadurch bestimmt – eine Art Erzählung, die wir aus den Evangelien kennen:

Of course, the Letter proclaims itself not an exegesis, but a dihegesis, a story. Yet we do know that dihegesis can be exegetical in its own right. The gospels is the best known case of such a dihegesis (Luke also represents his work as a dihegesis and writes (in the Gospel and in the Acts) nearly the same kind of introduction as „Aristeas").[226]

Das Verständnis des *Aristeas* als „Typologie" und „Pescher" scheint mir eine äußerst produktive Idee zu sein, der ich auf den folgenden Seiten nachgehe.

Eine solche bibelorientierte Lektüre des *Aristeas* hat nun Ekaterina Matusova in ihrem schon erwähnten Buch von 2015 angeboten. Das erste Kapitel ist „The Biblical Paradigm, or ‚The Letter of Aristeas' as ‚Rewritten Scripture'" überschrieben. Man fragt sich zwar, ob der Terminus „Rewritten Scripture" hier angemessen ist.[227] Als ein Beispiel von *Rewritten Bible* im Bereich der alexandrinischen jüdischen Literatur würde ich etwa Philons *Vita Mosis* nennen: Philon erzählt von einer biblischen Figur in biblischer Szenerie und kombiniert dabei

---

224 Aus „Typology and Pesher in the Letter of Aristeas". Die Studie ist Kapitel 4 in Kovelman (2005), 101–134, hier 131.

225 Vgl. Kovelman (2005), 167: „Ps.-Aristeas was not just alluding to a general tradition of the seventy elders in Exodus. Actually, he was building an exegesis of specific verses."

226 Kovelman (2005), 103 mit Anm. 11.

227 Über den Begriff „Rewritten Bible" und seine heutige Verwendung s. den Tagungsband Zsengellér (2014) und unten S. 97.

76   KAPITEL 1

konsequent die Berichte aller Tora-Bücher, wo Moses als handelnde Person auftritt, von Exodus bis Deuteronomium, zu einer einheitlichen – erweiterten und ausgeschmückten – Erzählung. Eine Geschichte dagegen, welche die Erfüllung von biblischen Prophezeiungen in der Gegenwart bzw. im historischen Horizont des Verfassers (im Unterschied zur ahistorischen, von der Gegenwart immer gleich weit entfernten, ihr parallelen Zeit der biblischen Ereignisse) in nicht-biblischer Szenerie erzählt, wie die Evangelien oder *Aristeas*, müsste nach meinem Dafürhalten anders genannt werden.

2.2.1.2a „JHWH, dein Gott, wird deine Gefangenschaft wenden"

Wichtiger als die Bezeichnung ist der inhaltliche Befund. Matusova findet heraus, dass *Aristeas*, um es kurz zu fassen, eine historisierende exegetische Ausarbeitung der Segenssprüche in Dtn 30,1–5 in Kombination mit Dtn 4,6–8[228] ist.

Für mein Thema, den Bezugsrahmen der alexandrinischen Bibelexegese, ist Matusovas Nachweis am wichtigsten, dass *Aristeas* mit einer Interpretation eines Schlüsselausdrucks aus dem Deuteronomium arbeitet, die sich radikal von derjenigen in der Dtn-LXX unterscheidet, aber mit der griechischen Übersetzung desselben Ausdrucks in den Prophetenbüchern identisch ist – und dass sich dasselbe Phänomen in Bezug auf dieselben Verse auch bei Philon beobachten lässt.

Es geht um den Ausdruck וְשָׁב יהוה אלהיך אֶת־שְׁבוּתְךָ („JHWH, dein Gott, wird deine Gefangenschaft wenden") in Dtn 30,3. Die LXX übersetzt ihn mit καὶ ἰάσεται κύριος τὰς ἁμαρτίας σου („der Herr wird deine Sünden heilen"). Dagegen wird derselbe Ausdruck in Jer 31,23, בשׁובי את־שׁבותם, mit ὅταν ἀποστρέψω τὴν αἰχμαλωσίαν αὐτοῦ übersetzt („wenn ich seine Gefangenschaft wenden werde"),[229] und das ist nur das erste Beispiel aus Matusovas langer Liste.[230] Besonders relevant ist die Stelle Zef 3,19–20, die Matusova auf den Seiten 18 f. bespricht. Ich habe einige zusätzliche Beobachtungen zu diesem Passus.

Die LXX-Version von Zeph 3,20 lautet:

καὶ καταισχυνθήσονται ἐν τῷ καιρῷ ἐκείνῳ ὅταν καλῶς ὑμῖν ποιήσω καὶ ἐν τῷ καιρῷ ὅταν εἰσδέξωμαι ὑμᾶς διότι δώσω ὑμᾶς ὀνομαστοὺς καὶ εἰς

---

228 Matusova (2015), 36 f.: „The events incorporated into the story of the translation of the Law refer to the divine promises which will be fulfilled on condition that the Jews return to the Law among the gentiles and remain faithful to it. These are: 1. the sudden and immediate liberation from captivity …; 2. the (potential) return to the Holy Land; 3. and the gentiles' immense respect for the Jewish wisdom and law."

229 Jer 38,23 LXX.

230 Matusova (2015), 15.

ARISTEAS: KONTEXTE – EINST UND HEUTE

καύχημα ἐν πᾶσιν τοῖς λαοῖς τῆς γῆς ἐν τῷ ἐπιστρέφειν με τὴ𝗇 αἰχμαλωσίαν ὑμῶν ἐνώπιον ὑμῶν λέγει κύριος.

Dies entspricht folgendem hebräischen Text:

בשתם בעת ההיא אביא אתכם ובעת קבצי אתכם כי־אתן אתכם לשם ולתהלה בכל
עמי הארץ
בשובי את־שבותיכם לעיניכם אמר יהוה

Die an die griechische Übersetzung angepasste Anordnung unterscheidet sich von derjenigen in der Biblia Hebraica. Dort gehört בשתם ᴢu dem vorherigen Vers 3,19 und wird in den modernen Übersetzungen auf die Juden als Subjekte der Scham bezogen: בכל־הארץ בשתם wäre demnach „überᴢll auf der Erde, wo sie Schmach erlitten" (Einheitsübersetzung) oder „in alleᴎ Landen, wo man sie verachtet" (Luther-Übersetzung). Der griechische Text ᴂber spricht von der Schmach, welche die Feinde erleiden werden, wenn sich Gott seines Volkes annimmt und ihm Ansehen verleiht unter allen Völkern deᴎ Erde und vor allen, wenn er „eure Kriegsgefangenschaft ins Gegenteil verkehreᴎ" wird.[231]

Wie immer, wenn es um die Septuaginta geht, ist uns ᴢwar kein Grund für diese interpretatorische Entscheidung überliefert, aber maᴎn kann ihn ahnen. Es ist den modernen Alttestamentlern nicht entgangen,[232] dass die Kapitel 4 und 30 des Deuteronomiums vieles gemeinsam habeᴎ. Die alten Exegeten haben dies auch bemerkt und die Verse, entsprecheᴎd damals üblicher Methode, sich gegenseitig erklären lassen. Der Spruch ᴠon Zefanja ist eine Kombination aus Dtn 4,5–6, wo gesagt wird, dass alle Völker Israel bewundern werden,[233] wenn es sich im Land, das es in Besitz niᴍmmt, an das Gesetz hält, und Dtn 30,3–5, wo die Worte „deine Gefangenschaft wenden" fallen und von der Zurückführung der Diaspora aus allen Enden der Welt gesprochen wird.

---

231 *Septuaginta Deutsch*: „Sie werden sich schämen zu jener Zeit, da ᴉch euch Gutes tun werde, und zu der Zeit, da ich euch annehme; denn ich werde euch Ansᴇhen und Ruhm verleihen unter allen Völkern der Erde, indem ich eure Gefangenen vor eᴑren Augen zurückbringe, spricht der Herr."

232 S. etwa Knapp (1987), 128–163 (Kap. „DTN 29/30 im Verhältnis zᴍ DTN 4").

233 Dtn 4,6: καὶ φυλάξεσθε καὶ ποιήσετε ὅτι αὕτη ἡ σοφία ὑμῶν καὶ ἡ σ𝗎νεσις ἐναντίον πάντων τῶν ἐθνῶν ὅσοι ἐὰν ἀκούσωσιν πάντα τὰ δικαιώματα ταῦτα καὶ ἐροῦσιν Ꙩοὺ λαὸς σοφὸς καὶ ἐπιστήμων τὸ ἔθνος τὸ μέγα τοῦτο („Und haltet ⟨sie⟩ und tut ⟨sie⟩, denn dies ist eure Weisheit und euer Verstand vor allen Völkern, die all diese Rechtssätze höreᴎ und dann sagen werden: Sieh, dieses große Volk sind weise und verständige Leute!").

78 KAPITEL 1

Auch Philon schildert in *Praem.* 164, wie Matusova zeigt,[234] dasselbe Bild der zukünftigen gloriosen Rückführung aus der Knechtschaft wie Zefanja, nur etwas ausführlicher.

Philons Text lautet: „Und selbst wenn sie an den äußersten Enden der Erde als Knechte dienen werden bei den Feinden, die sie kriegsgefangen weggeführt, sollen sie wie auf eine Verabredung alle an einem Tage frei werden, weil ihre völlige Bekehrung zur Tugend ihren Herren Schrecken einjagen wird: Sie werden sie freilassen, weil *sie sich scheuen*, über Bessere zu herrschen."[235]

αἰδεσθέντες, „sie werden sich scheuen", bezogen auf die Feinde, entspricht dem καταισχυνθήσονται von Zeph 3,20 LXX. Sowohl Cohn als auch Colson verweisen in ihren Philon-Ausgaben an dieser Stelle auf Dtn 30,3–5. Nur konnte Philon dieses Bild nicht Dtn 30,3 LXX entnommen haben.[236] In der Septuaginta ist an dieser Stelle gar nicht von der Rückführung aus der Knechtschaft die Rede, sondern von der „Heilung der Sünde": „dann wird der Herr deine Sünde heilen, sich deiner erbarmen und dich aus allen Volksstämmen, zu denen der Herr dich dort zerstreut hat, wieder versammeln."[237]

Philon klingt an dieser Stelle nicht nur wie eine etwas ausführlichere Version des Zefanja-Verses; der Passus enthält im Kern den ganzen Plot des *Aristeas*, insbesondere das Wort αἰχμάλωτος, Kriegsgefangener, das *Aristeas* in seiner Geschichte der Befreiung der jüdischen Sklaven nicht nur mehrmals benutzt,[238] sondern zu einer eigenen Geschichte der „ungerechten" Gefangennahme der Juden während des Feldzugs Ptolemäus' I. ausbaut. Es wird erzählt, wie ein Volk, in dessen Mitte die Juden in der Diaspora leben, in Person seines Königs ein Interesse für das jüdische Gesetz entwickelt und zur Einsicht kommt, dass es unmöglich in den Genuss des allein seligmachenden jüdischen Gesetzes kommen kann, solange die Juden versklavt bleiben. Der König, plötzlich *beschämt* darüber, dass die Juden, das heilige Volk des Gesetzes, von seinen Untertanen in Sklaverei gehalten werden, erlässt den Befehl, alle Juden, einschließlich der Frauen und Kleinkinder, sofort freizulassen, und zwar gegen Entgelt aus der königlichen Schatulle. Somit kommt der im Dtn wichtige Begriff

---

234 Matusova (2015), 18.

235 Übers. L. Cohn. Griechisch: κἂν γὰρ ἐν ἐσχατιαῖς ὦσι γῆς δουλεύοντες παρὰ τοῖς αἰχμαλώτους αὐτοὺς ἀπάγουσιν ἐχθροῖς, ὥσπερ ἀφ' ἑνὸς συνθήματος ἡμέρᾳ μιᾷ πάντες ἐλευθερωθήσονται, τῆς ἀθρόας πρὸς ἀρετὴν μεταβολῆς κατάπληξιν ἐργασαμένης τοῖς δεσπόταις·μεθήσονται γὰρ αὐτοὺς αἰδεσθέντες κρειττόνων ἄρχειν.

236 Matusova (2015), 15–18.

237 *Septuaginta Deutsch*. Griechisch: καὶ ἰάσεται κύριος τὰς ἁμαρτίας σου καὶ ἐλεήσει σε καὶ πάλιν συνάξει σε ἐκ πάντων τῶν ἐθνῶν εἰς οὓς διεσκόρπισέν σε κύριος ἐκεῖ.

238 Stellen bei Matusova (2015), 16.

ARISTEAS: KONTEXTE – EINST UND HEUTE

vom „Loskauf" aus der Sklaverei (dort mit *JHWH* als Subjekt) zur Geltung.[239] Das Entgelt gehört zu den von den Historikern längst bemerkten unhistorischen Zügen des Erlasses. Ein echtes Dokument aus der ptolemäischen Kanzlei, das wir auf Papyrus besitzen, enthält keine Entschädigung für die Besitzer, geschweige denn, dass die Ungehorsamen selbst zu Sklaven dessen gemacht würden, der sie denunziert.[240] Auch die Summe des Entgelts ist historisch absurd,[241] aber biblisch ganz korrekt: Zwanzig Goldstücke (nach der Septuaginta: εἴκοσι χρυσῶν) oder zwanzig Silberlinge (nach dem MT: עשׂרים כסף) waren es, für die Joseph an die Ismaeliten, die ihn in die Sklaverei nach Ägypten brachten, verkauft wurde (Gen 37,28). Wenn wir Dtn 15,15 καὶ μνησθήσῃ ὅτι οἰκέτης ἦσθα ἐν γῇ Αἰγύπτου καὶ ἐλυτρώσατό σε κύριος ὁ θεός σου ἐκεῖθεν („Denk daran: Als du in Ägypten Sklave warst, hat der Herr, dein Gott, dich freigekauft" [Einheitsübersetzung]) mit dem ἀπολυτρῶσαι μὴ μόνον τοὺς συνεληλυθότας τῷ στρατοπέδῳ τοῦ πατρός, ἀλλὰ καὶ εἴ τινες προῆσαν, ἢ μετὰ ταῦτα παρεισήχθησαν εἰς τὴν βασιλείαν (*Aristeas* 20: „... nicht nur die mit dem Heer seines Vaters gekommenen Sklaven zu befreien, sondern auch die, die etwa bereits früher da waren oder später in das Königsreich gekommen sind") vergleichen, liest sich dies wie eine Kombination der zwei biblischen Begriffe οἰκέτης, Haussklave, womit Dtn 15 den Status des hebräischen Volkes in Ägypten bezeichnet, und αἰχμάλωτος („versklavter Kriegsgefangener"), der Ableitung von αἰχμαλωσία als Interpretation für das שׁבותך von Dtn 30,3. Angesichts dieser Beobachtungen kann man Matusovas Aussage nur zustimmen: „... we have reason to think that the Book of Deuteronomy serves Aristeas as the immediate point of reference for this topic."[242]

Bemerkenswert ist eine andere Übereinstimmung zwischen der Bearbeitung von Dtn 30,4 in Philons Text und in *Aristeas*. Philon sagt, die Freilassung der jüdischen Sklaven durch ihre Feinde „an den äußersten Enden der Erde" wird „an einem Tag" stattfinden, ἡμέρᾳ μιᾷ, ein Detail ohne Entsprechung im biblischen Text. Auch in *Aristeas* fällt die unwahrscheinlich kurze Frist – 3 Tage – auf, die der König in seinem Erlass für die Freilassung aller Juden, einschließlich Frauen und Kleinkinder, setzt (*Aristeas* 24). Die Beobachtung, die Drei-Tage-Frist unterstreiche den wundersamen Charakter des Geschehens,

---

239 Matusova (2015), 14.
240 Wright (2015), 133f. Er verweist für die Details auf Westermann (1938).
241 S. Wright (2015), 139f., der auch hier auf den Arbeiten von Westermann basiert. Hier wird auch erwähnt, dass Josephus in seiner Nacherzählung die 20 Drachmen in 120 ändert, einen „much more reasonable price for a slave", offenbar um die Großzügigkeit des Königs, auf der die Erzählung so insistiert, nicht ins Lächerliche zu ziehen. Die zwanzig Geldstücke der Joseph-Geschichte werden von Wright dagegen nicht in Betracht gezogen.
242 Matusova (2015), 14.

wurde schon gemacht.[243] Die Übereinstimmung mit Philon suggeriert zusätzlich, dass dieses Detail auch ein Teil der jüdischen exegetischen Tradition hellenistischer Zeit ist mit ihrem ausgesprochenen Interesse an Festanlässen im Kalender, wie wir dies aus Esther, den Makkabäerbüchern und Philons Nacherzählung der Septuaginta-Legende in seiner *Vita Mosis* kennen.

Also haben wir im Falle von ושב יהוה אלהיך את־שבותך (Dtn 30,3) bei den hellenistischen Autoren eine exegetische Tradition vor uns, die auf dem hebräischen Text in einer anderen Auslegung als im überlieferten LXX-Pentateuch basiert; schon im 2. Jh. v. u. Z. findet diese Tradition Eingang in den griechischen Sprachraum, zum einen in den Übersetzungen prophetischer Bücher, zum anderen in *Aristeas*, und begegnet uns auch bei Philon. Sowohl für *Aristeas* als auch für Philon bedeutet dies: Sie sind in ihrer Interpretation der Tora-Texte nicht auf den LXX-Pentateuch allein angewiesen; für Philon werden weitere Belege, die in diese Richtung weisen, unten in Teil II präsentiert. Nun finden wir aber diese alternativen Interpretationen in der exegetischen Tradition – zu der die griechischen Übersetzungen der Propheten gehören – sicherlich vor Philon und vermutlich auch vor *Aristeas* schon auf Griechisch vorgetragen. Sowohl *Aristeas* als auch Philon sind fest in diese Tradition, die sich auch nach der Erstellung des LXX-Pentateuchs aus dem hebräischen Original speist, eingebunden. In welcher Form sie ihnen unmittelbar zugänglich war, entzieht sich unserer Kenntnis.[244]

2.2.1.2b Numeri 11 und verwandte Texte
Gilles Dorival schrieb über die Zahl 70/72 und den Namen „Septuaginta":

> Die Zahl 72 ist allzu sehr symbolisch aufgeladen, dass man sie einfach auf 70 abrunden könnte: Sie ist ja mit den 12 Stämmen Israels verbun-

---

243   Wright (2015), 133 verweist (aufgrund von früheren Arbeiten von L. Westermann) auf analoge Papyri aus der ptolemäischen Kanzlei, wo die Fristen einmal auf 20 Tage, einmal auf zwei Monate gesetzt sind. Er zitiert auch Erich Gruen mit der Aussage: „This is an absurdly short time for all owners of Jewish slaves ... from everywhere in the realm to register and to deliver up their human property."

244   Matusova (2015), 20 verweist auf frühere Arbeiten wie die von Gooding (1983), die Philon die Hebräisch-Kenntnisse absprechen, und fühlt sich deswegen gezwungen, eine Quelle anzunehmen, „composed on the basis of Hebrew and translated into Greek sufficiently long ago as to be able to form a tradition which would compete with the LXX and even overshadow it." Die Argumente Goodings beweisen m. E. nichts, was Philons Sprachkenntnisse angeht (s. unten, S. 167) – aber eine solche vorphilonische griechische Quelle ist aufgrund des Befunds bei den LXX-Prophetenbüchern und *Aristeas* trotzdem wahrscheinlich.

den, von denen jeder sechs Übersetzer liefert. Die Zahl 72 beglaubigt die Übersetzung als ein Werk, das vom ganzen Volk Israel erwünscht ist. Was die Zahl 70 angeht, ist H. St. J. Thackeray der Meinung, dass sie aus Exodus 24 stammt: Wie es dort 70 Vermittler zwischen Moses und dem Volk gibt, gibt es auch 70 Vermittler zwischen Israel und der Diaspora. Es scheint aber, dass es eine genauere Entsprechung für die Übersetzer gibt, nämlich die 70 Ältesten von Numeri 11,16–17 und 25. In der Tat, in diesem Fall prophezeien die 70 Ältesten, und sie tun es ein einziges Mal. Das ist genau, was die Übersetzer, diese „Hierophanten und Propheten", wie Philon sagt, auch tun; ihre einmalige Übersetzung ist von dem Geist Gottes inspiriert und für alle Zeiten gültig. Der Vorteil, Numeri 11, eher als einen anderen Passus des AT, als Vorlage zu betrachten, besteht darin, dass dieses Kapitel es erlaubt, die Zahlen 70 und 72 miteinander zu versöhnen. In der Tat, als sich Moses und die 70 außerhalb des Lagers vor der Stiftshütte befinden, erhalten zwei Männer, Eldad und Modad, den Geist und prophezeien innerhalb des Lagers. Für einige Kommentatoren (wie Kyrill von Jerusalem und Basilius von Cäsarea) sind Eldad und Modad Teil der 70, für die anderen (z. B. für Epiphanius und Theodoret) müssen sie zu den 70 addiert werden. Es scheint, dass es in *Aristeas* selbst, was die Übersetzer angeht, einen Hinweis in diese Richtung gibt. Er spricht ja in § 273 von den „zwei Übersetzern, die zu den 70 hinzukommen", als ob 70 die Grundzahl wäre und zu dieser Grundzahl noch zwei hinzukämen.[245]

Dorival hat sicherlich recht: Num 11 ist ein Text, zu dem die Septuaginta-Legende sowohl in *Aristeas* als auch bei Philon deutliche Bezüge hat. Waren aber die Bezüge zu Ex 24 nicht auch deutlich – und spezifisch? Das Verb διαφωνέω, in dem Heinsius den Ursprung der wundersamen Einstimmigkeit der Übersetzer fand, ist ja nur in Ex 24,11, nicht im Buch Numeri zu finden. Aber müssen wir wählen? Ist es nicht eher so, wie wir es aus Philons Werken kennen: Stellen der Heiligen Schrift, die einen gemeinsamen Nenner haben (dieser Nenner kann unterschiedlicher Natur sein, thematisch, lexikalisch usw.), werden in der Exegese auf einander bezogen und eine durch die andere erklärt. Die resultierende Interpretation bezieht sich auf den ganzen Komplex von so gewonnenen Inhalten.

Es gibt in der Tora einen ganzen Pool von Stellen, in denen Moses, der 70-köpfige Ältestenrat und die Vertreter der 12 Stämme eine Rolle spielen und wo es um die Verkündung des Gotteswortes/Gesetzes geht. Teilweise scheinen

---

245   Dorival (1988), 60 (aus dem Französischen, meine Übersetzung).

82 KAPITEL 1

sie auch redaktionsgeschichtlich verbunden zu sein – ein Phänomen, das man „innerbiblische Fortschreibung" nennt. Letzteres muss uns hier nicht beschäftigen – für die alexandrinischen Exegeten standen alle diese Stellen gleichzeitig und gleichberechtigt nebeneinander; die Kommentatoren waren aber gut darin, Bezüge, Ähnlichkeiten und Abhängigkeiten zu bemerken – und zu einer einheitlichen Erzählung zusammenzuführen. Sie machen öfters dieselben Beobachtungen wie die heutigen Alttestamentler, so dass man aus der Lektüre der modernen AT-Kommentare zu den entsprechenden Stellen viel Nutzen für das Verständnis des *Aristeas* ziehen kann; es ist nicht auszuschließen, dass auch das umgekehrte Vorgehen, die Berücksichtigung der alexandrinischen Exegese, den Alttestamentlern manchmal brauchbare Beobachtungen bescheren könnte.

Aus Ex 24 LXX, der Kernstelle der Tora-Verkündung, stammt also – nicht nur in *Aristeas*, sondern in allen Versionen der Septuaginta-Legende – die Anzahl der Übersetzer, ihre Bezeichnung als die „Ältesten Israels", der wundersame Einklang des Endergebnisses bei einer so vielköpfigen Arbeitsmannschaft. Mit dem letzten Punkt geht noch ein exegetischer Inhalt einher. Das „οὐ διεφώνησεν οὐδὲ εἷς" stammt ja spezifisch aus dem Vers 24,11. Wer „den Einklang" auf die Übersetzer bezieht, und diese gleichzeitig als „72 Älteste" bezeichnet, hat eine schwerwiegende exegetische Entscheidung schon vorher getroffen, nämlich, dass die אצילי בני ישראל, ἐπίλεκτοι τοῦ Ισραηλ, denen eine Gottesschau zuteil wurde, ohne dass sie es mit dem Leben hätten bezahlen müssen, die 70 Ältesten (plus Nadab und Abihu) der Verse 1 und 9 sind. Diese Entscheidung ist nicht selbstverständlich: Nicht nur Augustinus, wie oben[246] erwähnt, ringt darum, sondern auch die rabbinische Tradition scheint vorauszusetzen, dass die אצילי בני ישראל des Verses 11 mit den נערי בני ישראל (den „Jünglingen der Söhne Israels") des Verses 5 identisch sind.[247] In der Septuaginta, wie wir sie haben, schickt Moses in 24,5 τοὺς νεανίσκους τῶν υἱῶν Ισραηλ, „die Jünglinge der Söhne Israels", Brandopfer darzubringen und Jungstiere als Heilsopfer für den Herrn zu schlachten. Von diesen Jünglingen ist anzunehmen, dass sich ihre Zahl durch 12 dividieren lassen muss, da im vorigen Vers, 24,4, gesagt wird, dass Mose am Berg Sinai einen Altar für diese Darbringung mit 12 Malsteinen für die 12 Stämme Israels errichtete. Außerdem sind בני ישראל mit einer zusätzlichen Qualifizierung, wie etwa נערי oder אצילי, von vornherein Vertreter der 12 Stämme: Jakob-Israel hatte nun einmal 12 Söhne. Dies spiegelt sich wohl in der

---

246   S. 33.

247   Belege aufgeführt in Levy, *Neuhebräisches und Chaldäisches Wörterbuch über die Talmudim und Midraschim*, Erster Band (1876), 507 f., s. v. זאטוט. Eine längere Besprechung der rabbinischen Stellen bei Veltri (1994), 78–88, vgl. Kovelman (2005), 180 Anm. 58.

ARISTEAS: KONTEXTE – EINST UND HEUTE 83

Wiedergabe der Septuaginta: die „Söhne Israels" des Verses 5 sind mit dem üblichen τῶν υἱῶν Ισραηλ wiedergegeben; die Verse 4–5 bilden eine Sinneseinheit, wo die 12 Stämme mit Nachdruck thematisiert sind. Im Vers 11 dagegen verschwinden die „Söhne" in der griechischen Wiedergabe. Offenbar angleichend an die 70 Ältesten, die in 1 und 9, dem hebräischen Original שבעים מזקני ישראל entsprechend, ἑβδομήκοντα τῶν πρεσβυτέρων Ισραηλ, ohne die „Söhne", genannt werden, werden auch die „Auserwählten" bzw. die „Abgesonderten" des Verses 11 – diesmal vom Hebräischen abweichend – als „Auserwählte Israels", τῶν ἐπιλέκτων τοῦ Ισραηλ, bezeichnet. Dies trennt sie von den im Vers 5 erwähnten Personen und macht wahrscheinlich, dass sie mit den „Ältesten Israels" von 1 und 9 identisch sind.

In den rabbinischen Listen der „für den König Ptolemäus geänderten Stellen" der Septuaginta wird mehrmals[248] gesagt, die Übersetzer hätten sowohl das נערי des Verses 5 als auch das אצילי des Verses 11 durch ein Wort, dessen Orthographie je nach Handschrift variiert, ersetzt, nämlich זטוטי,[249] זאטוטי, זעטוטי. Dieselbe Variante (in der Form זעטוט) ist von den Rabbinen als die Lesart einer im Vorhof des Tempels gefundenen Rolle tradiert.[250] Die Bedeutung der ungewöhnlichen Vokabel זטוט ist umstritten. Veltri schließt sich denjenigen an, die darin ein aramäisches Äquivalent des hebräischen נער sehen.[251] Er erklärt die Probleme mit dem Vers Ex 24,5 in der rabbinischen Diskussion dadurch, dass die Jünglinge, „und nicht die Priester bzw. Leviten nach dem zitierten Vers das Opfer darbringen."[252] Es bleibt aber nach Veltris Darstellung unklar, warum dasselbe Wort auch als Ersatz für das אצילי des Verses 11 fungiert, „als handle es sich um dasselbe Wort."[253] Veltri nimmt nämlich das Problem der Identität der אצילים nicht wahr, ebenso wenig wie die konkurrenzierenden Vorschläge, die es, nach der LXX zu urteilen, in der exegetischen Tradition dazu gab. Die Rabbinen scheinen aber mit genau diesem Problem beschäftigt gewesen zu sein: Wer waren nun diese „Abgesonderten der Söhne Israels"? Die Interpretation, welche in den rabbinischen Texten den Übersetzern für Ptolemäus zugeschrieben wird, scheint sie mit den im Vers 5 genannten Personen zu identifizieren,

---

248 Belege gesammelt bei Veltri (1994), 79 f.

249 Angaben zu einzelnen Hss. mit der jeweiligen Lesart bei Veltri (1994), 80 Anm. 229.

250 Veltri (1994), 80–82.

251 Veltri (1994), 86: „זטוטי ⟨ist⟩ nichts anderes als das aramäische Äquivalent zu נער", und ibid. Anm. 266, wo die Diskussion referiert wird, am Schluss: „Schließlich genügt der Gebrauch in Qumran (1QM 7,3: וכל נער זטוט) und Cant 6,5 als Grundlage für die These, זטוט sei, wenn nicht als perfekte, so doch als mögliche aramäische Übersetzung von נער zu betrachten."

252 Veltri (1994), 87.

253 Veltri (1994), 87.

84 KAPITEL 1

die aber nicht mehr „Jünglinge", sondern anders genannt werden. Wenn זטוט tatsächlich nichts anderes als eine aramäische Übersetzung von נער ist, kommen wir damit exegetisch nicht weiter. Anders stellt sich die Lage dar, wenn man den Vorschlag von Abraham Geiger ernst nimmt, der darin das griechische ζητητής sieht:

> ... wo für das bekannte Wort נערי 2. Mos 24,5 ein offenbar ausländisches זעטוטי gesetzt wurde; dies ist ohne Zweifel das gr. ζητητής, der Forscher, Sucher, indem das Verb ζητέω in den Apokryphen häufig für: Gott, die Weisheit suchen gebraucht wird. Diese seltsame Aenderung gehört nicht zu den Ungenauigkeiten, sondern sie ist eine tendentiöse, da man für unpassend fand zu sagen, bei jener grossen Offenbarung seien die Knaben oder Jünglinge zum Opfer abgesandt worden, vielmehr sollten Dies auserlesene Weisheitsforscher sein.[254]

Levy leitet das Wort in seinem Wörterbuch (s. v.)[255] auch von ζητητής ab. In einem Artikel von 1860, „Beiträge zur Revision der Targumim",[256] entwickelt er eine interessante Theorie darüber, wie dieses Wort in die von den Rabbinen den 70 Übersetzern zugeschriebene Version des Verses Ex 24,11 Eingang gefunden hat. Er geht davon aus, dass die LXX den Rabbinen immer verhasst war und dass es um eine „sarkastische Anspielung" auf die 70 Übersetzer von Seiten der „palästinensischen Lehrer"[257] gehe. Darin muss man ihm nicht unbedingt folgen, aber der ganze von ihm rekonstruierte Zusammenhang scheint plausibel und relevant zu sein.

> Für die von den 70 oder 72 Dolmetschern beanspruchte Autorität hat man höchst wahrscheinlich eine Stütze gesucht in 2 Mos. Cap. 24., wo von der durch Moses niedergeschriebenen Lehre, vom Schliessen eines Bundes mit dem Volke u. s. w. gehandelt wird; und mochte besonders hervorgehoben sein ebend. v. 9, dass die 70 Ältesten nebst Nadab und Abihu zugezogen wurden.

Die „palästinensischen Lehrer" nun, wissend, dass die (nach Levy ihnen verhassten) Verfasser der Septuaginta (damit meint Levy wohl die die Septuaginta benutzenden und preisenden griechischsprachigen Juden) die Autorität die-

---

254 Geiger (1857/1928), 243, zit. nach dem Nachdruck Frankfurt a. M.: Madda, 1928.
255 Wie Anm. 247.
256 Levy (1860), 276 f.
257 Levy (1860), 276.

ser Übersetzung dadurch zu erhöhen suchen, dass sie den Vers 24,11 auf die Personen aus dem Vers 9 beziehen und das Ganze auf die 72 Dolmetscher für Ptolemäus anwenden, haben ihnen dies gern zugestanden. Wenn man nämlich den Vers 11 auf Hebräisch, und nicht in der Übertragung der Septuaginta, liest, steht dort „Gott hat seine Hand über sie nicht ausgestreckt." Aus den prophetischen Schriften ist aber der Gebrauch des Ausdrucks „Hand Gottes" im Sinne der prophetischen Inspiration gut bekannt, etwa Ez 8,1 (Levy begnügt sich mit „u.s.w." Der Stellen, die in Betracht kommen, sind tatsächlich viele, besonders ähnlich sind Jes 8,11 und 2 Kön 3,15 [über den Propheten Elischa]). Wenn man also, meint Levy, אצילי im V. 11 durch das griechische ζητηταί ersetzt – um die Verbindung mit der Septuaginta-Legende deutlicher zu machen –, wird aus dem Vers ein vernichtendes Urteil über die LXX: „also", schreibt Levy, „über diese Forscher (Dolmetscher) hat sich der heilige Geist nicht ergossen'". Das ist ein witziger Einfall, der Sarkasmus aber, falls welcher im Spiel war (eindeutig belegt ist dies, soweit ich sehen kann, nirgendwo), muss späteren Datums sein. Wo Levy aber bestimmt Recht hat, ist, dass es eine exegetische Verbindung zwischen לא שלח ידו („Gott streckte seine Hand nicht aus") von Ex 24,11 und dem „prophetischen" Gebrauch von „Hand Gottes" an Stellen wie Ez 8,1 und 2 Kön 3,15 gegeben haben musste, weil die Ausdrucksweise in Ex 24,11 einerseits ungewöhnlich und nicht eindeutig ist, es andererseits um eine Gottesschau unter Verwendung des spezifisch „prophetischen" Verbs חזה geht, und der Gebrauch von „Hand Gottes" in den genannten Stellen auch auffällig ähnlich ist. Das würde aber bedeuten, dass die Verbindung des Exodus-Verses mit prophetischer Inspiration nicht nur aufgrund der griechischen Übersetzung und auch ohne Verbindung zur LXX-Legende existiert: Die Interpretation von „לא שלח ידו" ist ja unabhängig davon, gegen wen Gott seine Hand nicht ausgestreckt hat. Die griechischen Autoren würden dann nur einer Exegese des hebräischen Originals mit anderen Sprachmitteln folgen. Auch die exegetischen Vorlagen von *Aristeas* und Philon scheinen vorauszusetzen, dass in allen vier fraglichen Versen, 24,1.5.9.11, dieselben Personen gemeint sind, die 72 „Forscher" – das störende „Jünglinge" wird somit aus der Sinai-Erzählung wegerklärt.[258] Es sind durchwegs die Ältesten, die aber wegen ihres Lerneifers „Studenten" genannt wurden.[259] Ihre mehrmals wiederholte große Anzahl (70/72) macht das Wun-

---

258 Die rabbinische Exegese hat dasselbe Ziel dadurch erreicht, dass sie die „Jünglinge" zu den „Erstgeborenen" (בכורים, Belege s. Veltri [1994], 87, mit Hinweis [in Anm. 268] darauf, dass die „Erstgeborenen" nach Num 3,12 als „Leviten" interpretiert werden können) machte; somit konnten sie beliebigen Alters sein und – worauf es ankommt – von priesterlichem bzw. gehobenem Status.

259 Das Wort „Student" erscheint überraschend und scheinbar unerklärlich bei Marcus Jastrow im *Dictionary of the Targumim, Talmud Bavli, Talmud Jerushalmi and Midrashic Lit-

86 KAPITEL 1

der des Einklangs anschaulich: Es ist, als hätte das ganze Volk Israel wie mit einer Stimme gesprochen.

Die Idee der göttlichen Inspiration, die über die 70 Ältesten kommt, verbindet dann den Vers Ex 24,11 mit Num 11,16–17. Der Leser des Buches Ezechiel muss zu dem Schluss kommen, dass die „Hand" von Ez 8,1, die auf den Propheten „fällt" (ותפל עלי שם יד אדני יהוה), wonach ihm eine Gottesschau zuteil wird (die Schau selbst ist übrigens derjenigen in Ex 24,10 auffällig ähnlich[260]), gleichbedeutend ist mit dem „Geist" von Ez 11,5, der ebenfalls auf den Propheten „fällt" (ותפל עלי רוח יהוה), wonach dieser anfängt zu prophezeien. Die Ältesten von Num 11,16–17 erfüllen gleich mehrere Kriterien, die es erlauben, sie mit den „Auserwählten" von Ex 24,11 und – in der LXX-Version – auch mit den 70 Dolmetschern zu identifizieren. Gott sagt zu Moses:

> Num 11, 16–17 *Septuaginta Deutsch*: (Und der Herr sagte zu Mose:) Versammle mir 70 Männer von den Ältesten Israels, von denen du selbst weißt, dass sie Älteste des Volkes sind, und ihre Schreiber, und führe sie zum Zelt des Zeugnisses, und dort sollen sie sich mit dir hinstellen. Und ich werde herabsteigen und dort mit dir reden, und ich werde von dem Geist nehmen, der auf dir liegt, und auf sie legen, und sie werden mit dir zusammen den Eifer des Volkes auf sich nehmen, und du wirst sie nicht alleine tragen.[261]

Erstens sind diese 70 Ältesten tatsächlich die „Auserwählten": Der Text, sowohl hebräisch[262] als auch griechisch, besteht darauf, dass Moses sie aus einer grö-

---

erature, 407, s. v. זעטוט. Das griechische ζητητής erwähnt er nicht und leitet die Vokabel vom aramäischen זוטא („slender, young; small") ab. Er übersetzt „young man, youth, student" und fügt hinzu, dies sei eine Variante zu נערי in Ex 24,5, „because נערי admits of the meaning of *servants, slaves*, Greek παῖδες" (Er meint, die Variante wurde von den Exegeten vorgeschlagen, um dieser unerwünschten Bedeutung aus dem Weg zu gehen). Die Bedeutung „student" lässt sich aus dem semitischen Material nicht erklären und ist wohl ein Zugeständnis an Geigers Vorschlag, das Wort käme aus dem Griechischen.

260 Ez 8,2: „Abwärts von dem, was aussah wie seine Hüften, war Feuer, und von seinen Hüften an aufwärts sah es aus wie Glanz, wie der Anblick von Bernstein." Ex 24,10: „Und unter seinen Füßen war ein Gebilde wie aus einer Platte von Lapislazuli und klar wie der Himmel selbst."

261 συνάγαγέ μοι ἑβδομήκοντα ἄνδρας ἀπὸ τῶν πρεσβυτέρων Ισραηλ οὓς αὐτὸς σὺ οἶδας ὅτι οὗτοί εἰσιν πρεσβύτεροι τοῦ λαοῦ καὶ γραμματεῖς αὐτῶν καὶ ἄξεις αὐτοὺς πρὸς τὴν σκηνὴν τοῦ μαρτυρίου καὶ στήσονται ἐκεῖ μετὰ σοῦ 17 καὶ καταβήσομαι καὶ λαλήσω ἐκεῖ μετὰ σοῦ καὶ ἀφελῶ ἀπὸ τοῦ πνεύματος τοῦ ἐπὶ σοὶ καὶ ἐπιθήσω ἐπ' αὐτούς καὶ συναντιλήμψονται μετὰ σοῦ τὴν ὁρμὴν τοῦ λαοῦ καὶ οὐκ οἴσεις αὐτοὺς σὺ μόνος.

262 שבעים איש מזקני ישראל.

ARISTEAS: KONTEXTE – EINST UND HEUTE

ßeren Menge von „Ältesten" auswählt, und zwar deswegen, dass sie erstens nachgewiesenermaßen „Älteste des Volkes" sind, und zweitens „Schreiber" (*Septuaginta Deutsch*) bzw. „Schriftgelehrte", wie man γραμματεῖς üblicherweise im Neuen Testament übersetzt.

Genauso werden die Übersetzer in *Aristeas* ausgewählt: In § 39 verlangt der König von Eleazar:

> Es wäre gut und würde unserem Streben entsprechen, wenn du Männer auswählen würdest, Älteste von tugendhaftem Lebenswandel, die im Gesetz erfahren sind und fähig im Übersetzen, sechs von jedem Stamm, so dass von einer größeren Zahl der Einklang (τὸ σύμφωνον) gefunden wird, denn es werden sehr wichtige Dinge erforscht.[263]

Der Einklang (τὸ σύμφωνον) entspricht dem οὐ διαφωνέω von Ex 24,11, der Vorgang der Auswahl der Beschreibung in Num 11,16. Der Begriff des Einklangs wird dann in dem einzigen Paragraphen (302), der den Prozess der Übersetzung beschreibt, zweimal wiederholt:

> Οἱ δὲ ἐπετέλουν ἕκαστα σύμφωνα ποιοῦντες πρὸς ἑαυτοὺς ταῖς ἀντιβολαῖς· τὸ δὲ ἐκ τῆς συμφωνίας γινόμενον πρεπόντως ἀναγραφῆς οὕτως ἐτύγχανε παρὰ τοῦ Δημητρίου.

> Sie fingen an, ⟨die Übersetzung⟩ zu vollbringen, indem sie jedes ⟨Wort⟩ in Einklang brachten durch Besprechung mit sich selbst/untereinander. Das Ergebnis des Einklangs wurde von Demetrios in gebührender Weise schriftlich festgehalten.

Wiederum erklärt sich die Wortwahl durch Ex 24,11.[264] Der Passus wurde oft im Rahmen des „grammatischen Paradigmas" besprochen, weil das Wort ἀντιβολή darin vorkommt, das auch als *terminus technicus* den Abgleich der Manuskripte für eine Edition (*collatio*) bezeichnen kann.[265] Bei Übersetzungen aber

---

263 Καλῶς οὖν ποιήσεις καὶ τῆς ἡμετέρας σπουδῆς ἀξίως ἐπιλεξάμενος ἄνδρας καλῶς βεβιωκότας πρεσβυτέρους, ἐμπειρίαν ἔχοντας τοῦ νόμου, καὶ δυνατοὺς ἑρμηνεῦσαι, ἀφ' ἑκάστης φυλῆς ἕξ, ὅπως ἐκ τῶν πλειόνων τὸ σύμφωνον εὑρεθῇ, διὰ τὸ περὶ μειζόνων εἶναι τὴν σκέψιν.

264 Und nicht etwa aus dem „grammatischen Paradigma", wie Matusova (2015), 59 f. vorschlägt. Sie findet, der Ausdruck ἐκ τῆς συμφωνίας sei dem κοινῇ καὶ ὁμοφρόνως des Dionysios Thrax-Scholiasten ähnlich. Beides passe mehr zu einer Edition als zu einer Übersetzung und diene somit der Vermischung der Diskurse.

265 Zu unterschiedlichen Meinungen und Vorschlägen diesbezüglich s. Wright (2015), 435 f.

wie „Sie brachten alles jeweils durch Vergleich in Übereinstimmung" (Broder-sen), „And they accomplished it, making each detail agree by comparison with each other" (Wright) oder „And so they proceeded to carry it out, making all details harmonize by mutual comparisons" (Hadas) wird das Maskulinum πρὸς ἑαυτούς nicht eindeutig wiedergegeben. Es sind nicht die „Details" oder „Alles", die dem Prozess des Abgleichs unterliegen – dafür müsste es πρὸς ἑαυτά hei-ßen –, sondern die ἀντιβολαί nehmen die Übersetzer entweder gegenüber „sich selbst" oder „einander" vor. Deswegen nehme ich an, dass ἀντιβολή hier als *nomen actionis* das Verb ἀντιβάλλω vertritt. Nur in dieser seiner Eigenschaft kann ἀντιβολή mit πρός + Acc. gebraucht werden. πρὸς ἑαυτὸν ἀντιβάλλω kommt tatsächlich in der griechischen Bibel vor, und zwar in 2 Makk 11,13. Πρὸς ἑαυ-τὸν ἀντιβάλλων τὸ γεγονός bedeutet dort „als er das Geschehene mit sich selbst besprach", d. h. „als er über das Geschehene nachdachte." „Worte miteinander austauschen" wird Lk 24,17 mit τίνες οἱ λόγοι οὗτοι οὓς ἀντιβάλλετε πρὸς ἀλλή-λους ausgedrückt. Natürlich wurde das Reflexivpronomen im Griechischen zu allen Zeiten gelegentlich für Reziprozität missbraucht. Man kann nicht aus-schließen, dass auch hier so ein Fall vorliegt und die Übersetzer „in Diskus-sionen miteinander" alles in Einklang brachten. So wie es formuliert ist, sind aber Zweifel an dieser Deutung erlaubt. Nach dem, was auf Griechisch gesagt wird, stellt man sich am ehesten vor, dass jeder Übersetzer in sich ging und dann, nach der Beratung mit sich selbst, „das Übereinstimmende" produzierte. So gesehen, ist *Aristeas* in diesem Punkt mit Philon einig. Es ist bemerkens-wert, dass Demetrius plötzlich eine aktive Rolle im Prozess spielt: Nicht die Übersetzer selbst fixieren die Ergebnisse ihrer Übereinstimmung schriftlich, sondern ein anderer steht da und schreibt das prophetische Wort auf, wie es etwa bei der Pythia geschah: Was sie im Zustand der göttlichen Besessenheit orakelte, wurde von Dritten aufgeschrieben. Das Verb ἐπιτέλεω, womit die „Voll-bringung" der Übersetzung in *Aristeas* bezeichnet wird, wird am häufigsten in Bezug auf rituelle oder sakrale Handlungen, Opfer und dergleichen, gebraucht. Ob die Übersetzer nun jeder für sich oder im Gespräch miteinander den Ein-klang erreichten, die kurze Beschreibung des Übersetzungsprozesses scheint mit Ex 24,11 mehr gemeinsam zu haben als mit der alexandrinischen Philolo-gie.

Die Ausführung des Befehls Gottes folgt in Num 11,24 f.: Mose versammelte die „70 Männer von den Ältesten des Volkes" rund um die Stiftshütte, und schließlich nahm Gott „von dem Geist, der auf ihm ⟨Mose⟩ lag und legte ihn auf die 70 Männer, die Ältesten; als aber der Geist auf ihnen ruhte, da redeten sie prophetisch; dann fügten sie nichts mehr hinzu."

ARISTEAS: KONTEXTE – EINST UND HEUTE

ויאצל מן־הרוח אשר עליו ויתן על־שבעים איש הזקנים ויהי כנוח עליהם הרוח ויתנבאו
ולא יספו

καὶ παρείλατο ἀπὸ τοῦ πνεύματος τοῦ ἐπ' αὐτῷ καὶ ἐπέθηκεν ἐπὶ τοὺς ἑβδομήκοντα ἄνδρας τοὺς πρεσβυτέρους ὡς δὲ ἐπανεπαύσατο τὸ πνεῦμα ἐπ' αὐτούς
καὶ ἐπροφήτευσαν καὶ οὐκέτι προσέθεντο.

Der MT, der וְלֹא יָסָפוּ vokalisiert, versteht das Wort als eine Form von יסף, so wird
es auch in der LXX übersetzt („haben nichts hinzugefügt"). Diese Interpretation
hat auch in *Aristeas* Spuren hinterlassen, wo in § 311, nachdem die Übersetzung
von allen angehört und für ausgezeichnet befunden wurde, alle Entscheidungs-
träger darauf bestehen, dass nichts mehr hinzugefügt und nichts weggenom-
men werden darf:

> Sie verfluchten, wie bei ihnen Sitte ist, jeden, der den Text redigieren
> würde, indem er was auch immer dem Aufgeschriebenen hinzufügen
> oder etwas davon umstellen oder wegnehmen würde.[266]

In jedem Kommentar zu *Aristeas* wird vermerkt, dass diese Formel dem berühmten Vers Dtn 4,2 entspricht, wo Moses dem Volk untersagt, etwas zu den
Geboten des Herrn, die er ihnen gebietet, hinzuzufügen oder etwas davon weg-
zunehmen. Das mag sein, es ist aber auch wichtig, dass sie in der 70-Ältesten-
Episode in Num 11 vorkommt, in der unmittelbaren Vorlage der Übersetzungserzählung. Dort stellt sie jedoch gleichzeitig ein exegetisches Problem dar: Wie
die Übersetzung in der Vulgata („nec ultra cessarunt") und in den Targumen
(וְלָא פָּסְקִין)[267] zeigt, leitete man das letzte Wort des Verses – יספו – von der
Wurzel סוף ab; im Konsonantenbestand sieht das Imperfekt von סוף, defektiv
geschrieben, gleich aus wie das Perfekt von יסף. Außerdem wurde oft gesagt,
dass der absolute Gebrauch von יסף ohne einen nachfolgenden Infinitiv ungewöhnlich ist.[268] Es gibt im ganzen Pentateuch nur zwei Stellen, die für einen

---

266   ἐκέλευσαν διαράσασθαι, καθὼς ἔθος αὐτοῖς ἐστιν, εἴ τις διασκευάσει προστιθεὶς ἢ μεταφέρων τι
τὸ σύνολον τῶν γεγραμμένων ἢ ποιούμενος ἀφαίρεσιν.

267   TO, TPsJ.

268   Die Alttestamentler sind sich bis heute in diesem Punkt nicht einig: So besteht Schmidt
([2004], ad loc.) auf der Übersetzung „aber sie fuhren nicht fort" (im Sinne von: sie hörten
sogleich auf, zu prophezeien; dies wird auch in der *Zürcher Bibel* impliziert, die mit „aber
nur für kurze Zeit" übersetzt), d.h., auf einer Form von יסף. A.H.J. Gunneweg dagegen findet, nur eine Form von סוף sei an dieser Stelle denkbar (Gunneweg [1990], 176). Beide
verweisen auf die Parallelstelle Dtn 5,22, die sie wiederum unterschiedlich interpretieren.
Vgl. Schmidt (1998), mit Literaturangaben zum Thema.

90 KAPITEL 1

solchen absoluten Gebrauch in Frage kommen: Num 11,25 und Dtn 5,22. Der Vers Dtn 5,22 ist der Abschluss des Dekalogs in einer Moses-Rede:

> Diese Worte sprach der Herr zu eurer ganzen Versammlung auf dem Berg mitten aus dem Feuer – es war Dunkelheit, Finsternis, Sturmwind, große Stimme –, und er fügte nichts hinzu (ולא יסף), und er schrieb sie auf zwei steinerne Tafeln und gab sie mir.

Es geht also um die Verkündung der Tora am Sinai, es ist ein Rückblick Moses' auf dieselben Ereignisse, die in Ex 24 berichtet wurden. Entsprechend erscheinen nun in Moses' Rede „alle Anführer eurer Stämme und euer Ältestenrat" zusammen, ohne Zahlenangabe: ותקרבון אלי כל־ראשי שבטיכם וזקניכם. Die Worte, die sie an Moses richten, sind offenbar wiederum ein Kommentar zu Ex 24,11. Die Ältesten sprechen davon, dass sie nun wissen, dass ein Mensch Gott sehen und am Leben bleiben kann – sie haben es nämlich selbst erlebt (Dtn 5,24):

> ותאמרו הן הראנו יהוה אלהינו את־כבדו ואת־גדלו ואת־קלו שמענו מתוך האש היום הזה ראינו כי־ידבר אלהים את־האדם וחי

> „Siehe, der Herr, unser Gott, hat uns seine Herrlichkeit gezeigt, und seine Stimme haben wir aus der Mitte des Feuers gehört. An diesem Tage haben wir gesehen, dass Gott zu einem Menschen sprechen und dieser lebendig bleiben kann."

Was das ולא יסף in Dtn 5,22 angeht, sind sich die Septuaginta (καὶ οὐ προσέθη-κεν) und die Vulgata („nihil addens amplius") einig: Sie leiten die Form von יסף ab und verstehen sie als „fügte nichts hinzu" bzw. „hörte auf".[269] Die Form in Num 11,25 wurde offenbar in Verbindung mit Dtn 5,22 interpretiert, um so die beiden Ereignisse – die Verkündung der Tora an Moses und die Weitergabe des göttlichen Geistes, der ursprünglich nur auf Mose lag, an seine Helfer, die Ältesten und die Anführer der Stämme – deutlicher aneinander anzugleichen. Die Formel „und sie fügten nicht hinzu", die in *Aristeas* auftaucht, ist ein wichtiger Bestandteil dieser Angleichung.

Entsprechend verwundert es wenig, dass die 70 Ältesten in Numeri 11 auch gleichzeitig 72 sind: Im Vers 26 kommen dann zu den Siebzig die Zwei:

---

269 Die Targume aber bleiben auch in Dtn 5,22 folgerichtig bei ולא פסיק („und hörte nicht auf").

Und zwei Männer waren im Lager zurückgelassen worden; der Name des einen war Eldad, der Name des anderen Modad, und der Geist ruhte auf ihnen; und diese waren unter den Eingeschriebenen/standen auf den Listen (והמה בכתבים); und sie waren nicht zum Zelt gekommen und sie redeten im Lager prophetisch.

Sie standen „in den Schriften/auf den Listen" oder, wie es die LXX versteht, „sie gehörten auch zu den Aufgeschriebenen" (ἦσαν τῶν καταγεγραμμένων): Über diese geheimnisvollen Listen gibt es im Bibeltext keine weiteren Angaben. Dafür bietet *Aristeas* in §§ 47–49 die Liste von 72 Namen – eine zu erwartende Auffüllung einer so auffälligen Lücke.

Die zwei zusätzlich Genannten prophezeien auch – nicht vor der Stiftshütte, sondern im Lager selbst (Num 11,26). Josua war entsetzt und bat Moses, es ihnen zu verbieten. Moses aber weist ihn ab: Er freue sich über zusätzliche Propheten: „Willst du dich für mich ereifern? Wenn nur das ganze Volk des Herrn zu Propheten würde, wenn nur der Herr seinen Geist auf sie alle legte!" (Num 11,29). Die 72 sind also legitime Helfer und Nachfolger Moses', die seinen Geist (den Geist Gottes, der ursprünglich nur auf Moses ruhte, nun aber auf andere gelegt wurde, ohne dass Moses selbst deswegen weniger davon besessen hätte) mit seiner Erlaubnis weitertragen – eine für die Botschaft des *Aristeas* wichtige Behauptung (ein Echo davon kann man in den Geschichten von Theopompos und Theodektes in §§ 314–316 finden, wo die illegitimen Übersetzer von früher von Gott bestraft wurden).

2.2.1.2c   Die These Adrian Schenkers

Eine These aus der neueren Forschung ist im Zusammenhang der biblischen Vorlage des *Aristeas* von besonderem Interesse. Sie präsentiert sich aber nicht als Kommentar zu *Aristeas*, sondern als eine realhistorische Erklärung für das Zustandekommen der griechischen Tora-Übersetzung. Adrian Schenker, Nachfolger von Barthélemy auf dem Lehrstuhl in Fribourg, erklärte in einem Aufsatz von 2007[270] klipp und klar:

---

270   Adrian Schenker, „Wurde die Tora wegen ihrer einzigartigen Weisheit auf Griechisch übersetzt? Die Bedeutung der Tora für die Nationen in Dtn 4:6–8 als Ursache der Septuaginta" (Schenker [2007/2011]). Schenker bleibt diesem Gedanken treu, vgl. sein Vorwort von 2018 in Nodet (2018), I–IV, beginnend mit:

> In Deuteronomy (4:5–6), Moses said to the Israelites who were about to enter the Promised Land: „See, I now teach you statutes and laws … Keep them and do them, for this is your *wisdom* and your *discernment* in the sight of the peoples, who will hear all these statutes and say, ‚Surely this great nation is a wise and discerning people.'" Israel's wisdom had no reason to fear comparison with other peoples' wisdom. On the

Die Idee der Übersetzung entstand aufgrund von Dt 4:6–8, gelesen im hellenistischen Kontext Alexandriens und aufgefasst als wahres Wort des Propheten und Gesetzgeber-Philosophen Mose. Die Ursache der Übersetzung der Tora ist demgemäss, wenn diese Erklärung zutrifft, religiöser oder theologischer Art. Sie erklärt sich nicht aus praktischen Erfordernissen, etwa aus fehlenden Hebräischkenntnissen. Sie ist auch nicht als *Proselytismus* misszuverstehen. ... Das Ziel ist vielmehr, das von Mose angekündigte geistesgeschichtliche Ereignis von Weltrang herbeizuführen, das in der Feststellung der Philosophen bestehen würde, die Gesetzgebung Moses sei die weiseste und gerechteste Ordnung des Staates, die je auf dieser Erde bekannt geworden sei. Es ist die Entscheidung im Wettstreit der Philosophien zugunsten der Tora vor dem Forum aller Völker und aller Weisen.[271]

Deuteronomium 4,6–8 LXX lautet:

Haltet und tut sie ⟨sc. die Gebote und Urteile⟩, denn dies ist eure Weisheit und eure Gescheitheit vor den Augen aller Völker, die alle diese Gebote hören werden und sagen: Sieh, dieses große Volk, das sind weise und kundige Leute. (7) Denn wo ist so ein großes Volk, dem ein Gott so nahe ist wie unser Herr Gott uns nahe ist in allen Dingen, in denen wir ihn je anrufen? (8) Und wo ist so ein großes Volk, das solche Gebote und gerechte Urteile hat nach diesem ganzen Gesetz, das ich euch heute vorlege?[272]

Es geht hier also um die Bewunderung aller Völker angesichts des Gesetzes, das sich im Leben des jüdischen Volkes erfüllt und sichtbar wird. Dies ist Prophezeiung und Aufforderung zugleich, und dies, meint Schenker, bewegte die alexandrinischen Juden dazu, ihr Gesetz in eine Weltsprache zu übertragen.

---

contrary, other people would admire Israel's wise laws and customs as soon as they became aware of them. This conviction and promise of the lawgiver Moses may well have set off the initial spark for the unprecedented new idea of a translation of the *Torah* into Greek.

271 Schenker (2007/2011), zitiert nach *Anfänge der Textgeschichte des Alten Testaments. Studien zu Entstehung und Verhältnis der frühesten Textformen* (Stuttgart: Kohlhammer, 2011), 201–224, hier 218 f.

272 καὶ φυλάξεσθε καὶ ποιήσετε ὅτι αὕτη ἡ σοφία ὑμῶν καὶ ἡ σύνεσις ἐναντίον πάντων τῶν ἐθνῶν ὅσοι ἐὰν ἀκούσωσιν πάντα τὰ δικαιώματα ταῦτα καὶ ἐροῦσιν ἰδοὺ λαὸς σοφὸς καὶ ἐπιστήμων τὸ ἔθνος τὸ μέγα τοῦτο (7) ὅτι ποῖον ἔθνος μέγα ᾧ ἐστιν αὐτῷ θεὸς ἐγγίζων αὐτοῖς ὡς κύριος ὁ θεὸς ἡμῶν ἐν πᾶσιν οἷς ἐὰν αὐτὸν ἐπικαλεσώμεθα (8) καὶ ποῖον ἔθνος μέγα ᾧ ἐστιν αὐτῷ δικαιώματα καὶ κρίματα δίκαια κατὰ πάντα τὸν νόμον τοῦτον ὃν ἐγὼ δίδωμι ἐνώπιον ὑμῶν σήμερον.

Wenn es Schenker um den Plot des *Aristeas* und insbesondere um eine Erklärung der zentralen Rolle ginge, welche das Gastmahl beim König in *Aristeas* spielt, wo die weisen Antworten der jüdischen Ältesten nicht nur vom Gastgeber, sondern von den anwesenden namhaften Philosophen bewundert werden, könnte man nur einverstanden sein. Aber *Aristeas* wird in Schenkers Aufsatz nur beiläufig erwähnt, der ganze Plot ist schlicht und einfach in die Welt der Realitäten übertragen und als eine von dem modernen Forscher eigenständig vorgelegte Erklärung der Motive dargestellt, die zur griechischen Übersetzung der Tora führten. Ich sehe darin allerdings einen indirekten Hinweis darauf, dass Schenker der Zusammenhang der Erzählung in *Aristeas* mit Dtn 4,6–8 nicht entgangen ist. In einem weiteren Artikel[273] entwickelt Schenker diesen Gedanken dahingehend, dass die Entdeckung der Berührungen zwischen Platon und der Tora (vor allem dem *Timaios* und dem Schöpfungsbericht der Genesis) die alexandrinischen Übersetzer dazu inspiriert habe, dem Gebot des Deuteronomiums zu folgen und die Tora den Griechen durch eine Übersetzung nahezubringen. Auch in diesem Artikel finden sich Beobachtungen, die mir als Kommentar zu *Aristeas* (und auch zur philonischen Version der Legende) sehr wertvoll und zutreffend vorkommen, insbesondere seine Zusammenfassung der Prophezeiung in Dtn 4[274] mit Unterstreichung einiger Punkte, die tatsächlich alle in der LXX-Legende zur Geltung kommen. Für *Aristeas* sind Schenkers Punkte 9 und 10 besonders relevant:

> (9) Das Futurum in V. 6 „in den Augen der Völker, die alle diese Gebote hören werden" kann in solchem Kontext eines prophetischen Wortes als *Ankündigung eines zukünftigen Ereignisses* begriffen werden: es wird ein Tag kommen, wo die Völker die *Tora* hören werden. (10) Die Völker werden nicht etwa die Israeliten die *Tora* praktizieren *sehen*, sondern sie werden die *Tora* selbst *hören*. Das impliziert, dass sie sie sprachlich verstehen, ihrer Verlesung zuhörend oder selber lesend. Wie soll das konkret möglich werden, wenn nicht durch die Übertragung der *Tora* in die Sprachen der Völker ...? Zusammenfassend lässt sich festhalten, dass sich Dtn 4,6–8 als prophetische Ankündigung deuten lässt, es würden eines Tages die Völker der Welt von der *Tora* eine direkte Kenntnis erhalten, denn mit „hören" ist die direkte Kenntnisnahme gemeint. Diese impliziert Übersetzung der *Tora* in die Sprachen der Völker. Die *Tora* ist die Gesetzgebung

---

273   Schenker (2010).
274   Schenker (2010), 26.

94 KAPITEL 1

der israelitischen *Polis*, und nach dem Wort des Propheten die weiseste und gerechteste Verfassung, die irgendein Volk auf dieser Erde je sein eigen nannte.

Der letzte Satz spricht ein Thema an, das in der philonischen *Vita Mosis* besonders deutlich hervortritt (s. unten). Der Rest, einschließlich der besonderen Rolle des Wortes „hören" in Bezug auf die Tora (im Gegensatz zum „Lesen", *Aristeas* 127[275]), beschreibt den Plot des *Aristeas* sehr genau. Diese Überlegungen werden aber, um es noch einmal zu sagen, als eine eigenständige Analyse von Dtn 4,6–8, bezogen auf die realhistorische Situation der LXX-Übersetzung, vorgetragen. Von meinem Standpunkt aus übernimmt Schenker die aus der Exegese geborene Legende des *Aristeas* in eigenem Namen, als eine historische Erklärung. Obwohl ein solches Prozedere sehr verwirrend wirkt, hat es auch bestimmte Vorteile: Es erlaubt, ein wichtiges und äußerst kompliziertes Gespräch über den Zusammenhang der jüdischen Entdeckung von Platon und der griechischen Entdeckung der Juden in einer prägnanten, visionsartigen Form vom Zaun zu brechen. Was aber den konkreten Fall der Septuaginta angeht, bleibe ich bei der Überzeugung, dass die Prophezeiungen nur *ex eventu* funktionieren, d. h. eine Auslegung wie die von *Aristeas* und von Schenker vorgeschlagene zu den Dtn-Versen kann im Nachhinein die schon vorhandene Übersetzung erklären, aber nicht – wie Schenker es haben will – zur Übersetzung als einem realen Unternehmen führen. Auch von dieser Seite führt kein Weg von *Aristeas* zur historischen Wirklichkeit. Man sieht an diesem Beispiel besonders deutlich, was Wright ganz richtig in der Einführung zu seinem Kommentar unterstreicht:

> ... the work often functions as the implicit framework within which theories of Septuagint origins are set, and thus, its claims about the nature of the Septuagint are accepted as genuine indications of the Septuagint's original context. Whether the Septuagint is understood to have been translated for the use in liturgy or to serve as the law code for the Jews, one can detect the influence of Aristeas in the reconstructions, even if some of Ps.-Aristeas's claims have to be discarded as unhistorical.[276]

---

275 Τὸ γὰρ καλῶς ζῆν ἐν τῷ τὰ νόμιμα συντηρεῖν εἶναι· τοῦτο δὲ ἐπιτελεῖσθαι διὰ τῆς ἀκροάσεως πολλῷ μᾶλλον ἢ διὰ τῆς ἀναγνώσεως („Das tugendhafte Leben besteht im Einhalten der Gebote. Dies wird aber durch Hören viel eher erreicht als durch Lesen").

276 Wright (2015), 9 f.

3 Zusammenfassung

3.1 Aristeas als ein Werk der jüdischen parabiblischen Erbauungsliteratur

Wir haben viele Interpretationsversuche zu *Aristeas* von der Frühen Neuzeit bis heute Revue passieren lassen mit dem Ziel, das Stichhaltige zu sichern, das aus meiner Sicht weniger Überzeugende abzulehnen, eigene Beobachtungen durch die Auseinandersetzung mit der Forschungsgeschichte zu prüfen und zu einer ganzheitlichen Interpretation zu gelangen. Diese wird nun zusammenfassend dargestellt.

Vor biblischem Hintergrund gesehen, erscheint *Aristeas*, trotz der modischen hellenistischen *poikilia*, als ein einheitliches Werk. Das Thema, das alle Bestandteile umfasst und zusammenhält, lässt sich so beschreiben: *Hier wird erzählt, wie durch die Übersetzung des Gesetzes ins Griechische bestimmte Segenssprüche aus dem Pentateuch sichtbar erfüllt worden sind.* Es ist dieselbe Gattung wie ein Bericht darüber, welche Prophezeiungen durch die Lebens- und Leidensgeschichte des Jesus aus Nazareth erfüllt worden sind. Dass diese Ähnlichkeit vielleicht nicht gleich ins Auge springt, hängt wohl damit zusammen, dass *Aristeas* einen der wenigen erhaltenen *optimistischen* Berichte über die Erfüllung einer Prophezeiung darstellt. Was sich hier erfüllt, ist ein Segen. Sonst lesen wir meist darüber, wie die Schuld des Volkes auf eine längst vorhergesagte Weise bestraft wurde, d.h. darüber, wie ein Fluch in Erfüllung geht. *Aristeas* berichtet davon, wie das Volk nun einmal alles richtig gemacht hat, sich auf lobenswerte Weise an das Gesetz hielt und dafür von Gott, wie in den Segenssprüchen des Pentateuchs versprochen, mit der Anerkennung der Mitwelt und irdischem Wohl belohnt wurde.[277]

Auf keinen Fall zielt *Aristeas* auf die Verdrängung der hebräischen Tora aus dem religiösen Leben der alexandrinischen Juden bzw. auf die Rechtfertigung einer solchen Verdrängung, die angeblich schon stattgefunden hatte. Jerusalem

---

[277] Tcherikover (1958) hat seinerzeit diesen friedlichen Charakter des *Aristeas* gut beschrieben: „Preaching the Torah is obviously one of the most effective methods of self-defense, but in the second century there was not any need for defense, there was even less ground for a widespread Jewish propaganda among the Gentiles or for a direct attack on paganism. As for the glorification of Judaism, which is the main subject of the Letter, why should we see it as a means of propaganda? Is it not possible to imagine that this glorification of Judaism could have found more favor and understanding in the heart of a Jew, than it could have influenced a Greek reader?" (61). Allerdings nimmt auch er eine innerjüdische Polemik als Motivation des Werkes an. Muss aber jede schriftstellerische Tätigkeit einer Polemik entspringen?

spielt in der Erzählung eine zentrale Rolle. Die Übersetzung wird von Jerusalemer Gelehrten auf direkte Veranlassung von dem Hohenpriester in Jerusalem durchgeführt. Der heidnische König hat darum mit vielen Geschenken an den Tempel geworben und vor den hebräischen Tora-Rollen die Proskynese vollzogen. Letztere bleiben immer im Hintergrund, und der Erfolg der Übersetzung ist dadurch garantiert, dass sie dem Original treu ist. Was *Aristeas* eigentlich in so hohen Tönen preist und feiert, ist genau das, was die schiere Existenz dieses und anderer ähnlicher Werke, einschließlich der philonischen Kommentare, auch belegt: Die rapide Entstehung und Verbreitung der jüdischen religiösen Literatur in griechischer Sprache, sowohl als Übersetzungen (*Aristeas* macht Gebrauch von zu seiner Zeit wohl relativ neuen Übersetzungen der prophetischen Schriften) wie auch als original griechische Werke, die sich aber an der Tora-Exegese orientieren – und diese ist nun für immer auf den Abgleich der beiden Sprachversionen des heiligen Textes angewiesen.

Es sollte erlaubt sein, von den Ergebnissen des Übersetzungsunternehmens auf seine Motive zu schließen. In einem gewissen Sinn bin ich mit der These von Adrian Schenker solidarisch: Die Errungenschaften der griechischen Kultur mussten einen Ansporn gegeben haben. Der hohe gesellschaftliche Status der Juden in Alexandria, der mit einem entsprechenden Bildungsstatus einherging (etwa in Philon und seiner Familie exemplifiziert), führte zu dem Bedürfnis, die Errungenschaften der griechischen Kultur, vor allem Literatur und Philosophie, für die eigene Religion und Kultur fruchtbar zu machen. Hebräisch war im Zeitalter des Hellenismus eine heilige Sprache für alle Juden, aber kaum eine Muttersprache für jemanden, auch nicht in Palästina. Die Tora, könnte man vielleicht sagen, wurde ins Griechische übersetzt, um darüber auf Griechisch schreiben zu können – und dies ist glänzend gelungen, darüber sind auch an die Nachwelt Kunde und Belege gedrungen: Die bald darauf erfolgte Übersetzung der anderen Teile der Bibel, die ganze jüdisch-hellenistische Literatur einschließlich *Aristeas*, Josephus und Philon, die Evangelien, alles zeugt davon. Von juristischen Streitigkeiten zwischen Juden und ptolemäischen Beamten in Sachen der Applizierung und Interpretation des jüdischen Rechts, was nach Bickermans These doch massiv der Fall gewesen sein müsste, hat nie jemand etwas gehört. Die seinerzeit mit Begeisterung aufgenommene Idee Bickermans, die Tora-Übersetzung sei von „Dragomanen", offiziellen Dolmetschern, die in den Gerichten assistieren und Urkunden Wort für Wort übersetzen, in dem entsprechenden Wort-für-Wort-Stil ausgeführt worden, wurde inzwischen hinterfragt. Die Pentateuch-Septuaginta, auch in dem vielfach kontaminierten Zustand, den alle nachhexaplarischen Zeugen aufweisen, ist immer noch erkennbar ein Werk von Schriftgelehrten, die sich in der Exegese auskennen.[278] Auch die Literatur, die aus dieser Wurzel erwuchs, ist diesem Ursprung und diesem Milieu verpflichtet.

3.2 *Philon und seine Darstellung der Septuaginta-Legende*

Der Vergleich des *Aristeas* mit Philons Version zeigt, dass diese nicht nur die allgemeine Botschaft der Bewunderung der Völker als eines erfüllten Segensspruchs mit *Aristeas* teilt,[279] sondern auch Anspielungen an dieselben biblischen Vorlagen erkennen lässt; seine Version tritt mit *Aristeas* in einen exege-

---

278 Vgl. u. a. Rösel, *Übersetzung als Vollendung der Auslegung: Studien zur Genesis-Septuaginta* (Rösel [1994]): Das gesamte Buch gründet auf der Vorstellung, die LXX sei das Ergebnis gelehrter exegetischer Arbeit. S. insbes. 258 f.:

> Es scheint mir angemessener, die Genesis-LXX zunächst als ein Produkt eigenständiger jüdischer Denkbemühungen zu verstehen, die sich z. B. in den Anfängen eines alexandrinischen Schulwesens ereignet haben mag. Philo (de Vit. Mos. 2,215) berichtet, daß die Synagogen auch und besonders Unterrichtsstätten waren, Philo selbst verweist auf die Ergebnisse früherer „Exegetenschulen" (de Abrahamo 99; de opif. mundi 132). Auch die frühere exegetische Literatur des hellenistischen Judentums belegt ein ausgeprägtes Interesse an Fragen der gelehrten Schrifterklärung unter den Verstehensbedingungen der hellenistischen Umwelt. Als Übersetzer ist daher ein Mensch vorstellbar, der als Schriftgelehrter zu bezeichnen ist … Die Septuaginta ist, wenn diese Überlegungen zutreffen, ursprünglich nicht für gottesdienstliche Zwecke oder als Legitimationsurkunde dem ptolemäischen Staatswesen gegenüber abgefaßt worden. Sie verdankt ihre Entstehung dem Interesse gebildeter Kreise des alexandrinischen Judentums daran, die heilige Schrift in der aktuell gesprochenen Sprache verfügbar zu haben, zunächst wohl für Schulzwecke, dann aber möglicherweise auch für Diskussionen im Horizont von Bibliothek und Museion. Die Brauchbarkeit und Akzeptanz der griechischen Genesis wird dann die Arbeit an den folgenden Übersetzungen mit angestoßen haben.

> Ähnlich urteilt über die Provenienz der Übersetzer van der Kooij (1998).

279 Dies folgt aus dem Passus, der der Übersetzungserzählung in der *Vita Mosis* unmittelbar vorangeht: Am Anfang spricht er von der allgemeinen Bewunderung und Akzeptanz des mosaischen Gesetzes (17–25), die das eigentliche Wunder darstellen: „Das ist aber noch nicht das eigentliche Wunder … Noch mehr zu bewundern ist aber mit Fug und Recht, dass nicht nur die Juden, sondern auch fast alle anderen, vor allem diejenigen, die sich besonders um Tugend bemühen, sich durch die Akzeptanz und Hochschätzung dieser Gesetze als gottgefällig erwiesen haben. Somit wurde diesen Gesetzen eine einzigartige Auszeichnung zuteil, die in keinem anderen Fall vorkommt. Ein Beweis: Es gibt, kann man wohl sagen, keinen Staat, weder bei den Griechen noch bei den Barbaren, der Gesetze eines anderen Staates in Ehren hielte. … Um es kurz zu fassen: Die Bewohner Europas befolgen nicht die Gesetze der Asiaten noch die Asiaten diejenige der Europäer. Fast kann man sagen, jede Gegend, jedes Volk und jeder Staat unter der Sonne, vom Osten bis zum Westen, pflegt den Gesetzen der anderen abgeneigt zu sein; sie glauben die Hochschätzung der eigenen Bräuche zu fördern, indem sie fremde Sitten ablehnen. Aber mit unseren Gesetzen ist es anders: Sie gewinnen und faszinieren alle: Barbaren, Hellenen, Bewohner des Festlandes und der Inseln, des Orients und des Abendlandes, Europa und Asien, die ganze bewohnte Welt von einem Ende bis zum anderen."

98   KAPITEL 1

tischen Wettbewerb: Philon zeigt an mancher Stelle, wie man dieselben Verse
noch prägnanter oder erhabener interpretieren, dieselbe Geschichte noch ele-
ganter an die Vorlage anlehnen kann.

Die Geschichte der Übersetzung wird am Anfang des 2. Buches der Moses-
Biographie folgendermaßen erzählt:[280]

> Dass die heilige Würde dieser Gesetze nicht nur bei den Juden Bewunde-
> rung hervorruft, sondern auch bei allen anderen, ist aus dem schon Gesag-
> ten klar, wie auch aus dem Folgenden. 26. In der alten Zeit wurden diese
> Gesetze in chaldäischer[281] Sprache aufgeschrieben und blieben lange Zeit
> sich selbst gleich, ohne die Sprache zu wechseln, solange ihre Schönheit
> sich den anderen Menschen noch nicht offenbart hatte. 27. Als aber durch
> ihre ununterbrochene tägliche Pflege und Ausübung durch ihre Anhän-
> ger auch andere auf sie aufmerksam wurden und ihr Ruhm sich überall
> verbreitete – es ist doch so, dass das Schöne, auch wenn es für kurze Zeit
> durch bösen Willen verdunkelt wird, durch die Gunst der Natur zur rech-
> ten Zeit wieder leuchtet –, wandten sich einige der Übersetzung dieser
> Gesetze zu, weil sie es unerträglich fanden, dass jene bei der Zweiteilung
> des Menschengeschlechts nur dem barbarischen[282] Teil erscheinen soll-
> ten, die griechische Hälfte aber gar keinen Anteil daran haben würde. 28.

---

280   S. hierzu R. Bloch, L. Doering, M. Hose, M. Niehoff, S. Rebenich, T. Roemer, M. Sokolskaya,
       M. Kneubühler, ed., *Über das Leben des Moses/De Vita Mosis* (Tübingen: Mohr Siebeck,
       2023).

281   ‚Chaldäisch‘ gebraucht Philon als Bezeichnung der Sprache gleichbedeutend mit ‚hebrä-
       isch‘, etwa bei seinen Etymologien biblischer Namen, wo man beide Vokabeln ohne
       Bedeutungsunterschied antrifft. Philon nimmt für die Sprache der Bibel eine Eigenschaft
       in Anspruch, die man in seiner Welt eher mit dem Begriff ‚chaldäisch‘ als mit ‚hebräisch‘
       assoziierte: eine sehr weite Verbreitung als die Sprache der ganzen „Hälfte“ der Mensch-
       heit, des ganzen nicht-griechischen Ostens. Auf die in der breiten Masse in Ägypten ange-
       nommene Identität des Hebräischen und „Syrischen“ (Chaldäischen, Aramäischen) wird
       auch in *Aristeas* 11 angespielt: Ὑπολαμβάνονται Συριακῇ χρῆσθαι· τὸ δ' οὐκ ἔστιν, ἀλλ' ἕτερος
       τρόπος (Man nimmt gewöhnlich an, sie sprächen Syrisch ⟨d. h. Aramäisch⟩; dies ist nicht
       der Fall, sondern es ist ein anderer Dialekt).

282   Unter ‚Barbaren‘ versteht Philon, durchaus nicht abwertend, alle Völker, die andere Spra-
       chen als Griechisch sprechen, darunter auch die Juden. Darin folgt er dem allgemeinen
       Sprachgebrauch des klassischen Griechisch, was aber sowohl für Philon als auch für klas-
       sische Autoren nicht immer erkannt wird. Vgl. ganz treffend J. Werner: „Auch in Bezug
       auf βάρβαροι selbst wird immer wieder ... die Auffassung vertreten, daß es durchwegs
       negativ gemeint ist. Man lese doch nur einmal unbefangen etwa das Herodot-Proömium!
       Ἕλληνες/Βάρβαροι ist oft nichts anderes als ein Ausdruck für die Gesamtheit aller Wesen“
       (Werner [1992], 6 Anm. 22). Werner schlägt für βάρβαρος die Übersetzung „Nichtgrieche“
       vor, was auch für Philon durchaus sinnvoll wäre.

Da es aber eine sehr wichtige und gemeinnützige Aufgabe war, wurde sie nicht Privatpersonen übertragen, auch nicht Magistraten, deren es viele gibt, sondern einem König, und zwar dem angesehensten unter den Königen. 29. Ptolemäus mit dem Beinamen Philadelphus war der dritte nach Alexander, dem Eroberer Ägyptens. An Herrschertugenden war er der erste nicht nur unter seinen Zeitgenossen, sondern auch unter allen davor, so dass sein Ruhm bis heute, nach so vielen Menschenaltern, immer noch besungen wird; er hat so viele Andenken und Beweise seines hohen Sinnes in den Städten und auf dem Land hinterlassen, dass man seither besondere Großzügigkeitserweise und herrliche Bauten nach ihm „philadelphisch" nennt. 30. Überhaupt waren die Ptolemäer die hervorragendste Herrscherdynastie von allen, und Philadelphos der größte unter ihnen. Er hat nämlich so viel Löbliches getan, wie alle anderen zusammen kaum zu vollbringen vermochten, so dass er sozusagen das Haupt der Könige wurde, wie man bei Lebewesen den führenden Körperteil bezeichnet. 31. So war der Mann beschaffen, der, von Eifer und Verlangen nach unserem Gesetz ergriffen, den Gedanken hatte, das Chaldäische in die griechische Sprache zu übertragen; er schickte sogleich eine Gesandtschaft an den Hohenpriester und König von Judäa – es war dieselbe Person –, um ihm seine Absicht zu erklären und ihn zu bitten, die besten Männer für die Übersetzung des Gesetzes auszuwählen. 32. Dieser war natürlich hocherfreut und überzeugt, der König hätte einen solchen Plan niemals ohne göttliche Eingebung gefasst. Er wählte also Hebräer aus, die bei ihm in höchstem Ansehen standen, Männer, die zusätzlich zur herkömmlichen hebräischen auch die griechische Bildung genossen hatten, und entsandte sie mit Freuden. 33. Als sie ankamen und zum Gastmahl geladen wurden, erwiderten sie die Gastfreundschaft ihres Gastgebers mit geistreichen und weisen Reden. Es war nämlich so, dass er die Tüchtigkeit jedes einzelnen prüfte, indem er jeweils neue und durchaus ungewöhnliche Fragen stellte. Die Männer lösten sie aber trefflich und genau in kurzen Aphorismen, da lange Reden nicht zur Gelegenheit gepasst hätten. 34. Nach dieser Prüfung gingen sie sofort dazu über, die Aufgabe ihrer ehrenvollen Gesandtschaft zu erfüllen. Sie waren sich bewusst, wie schwer die Aufgabe war, die durch göttliche Offenbarung mitgeteilten Gesetze zu übersetzen – man durfte ja nichts auslassen, nichts hinzufügen und nichts ändern, sondern musste ihre ursprüngliche Form und Eigenart bewahren –, und suchten sich deswegen einen möglichst reinen Ort in der Umgebung, außerhalb der Stadt. Innerhalb der Mauern war nämlich alles voll verschiedenster Lebewesen und bedenklich wegen der Kranken, Toten und der unreinen Handlungen der Gesunden. 35. Die

Insel Pharos liegt vor Alexandria, von ihr erstreckt sich eine ausgedehnte Landzunge bis zur Stadt. Die Insel ist nicht von tiefem Meer umgeben, sondern von einer zumeist seichten Lagune, so dass das wilde Rauschen und Tosen der Wogen durch die Entfernung abgeschwächt wird. 36. Diese Insel sahen sie also als den geeignetsten Ort der ganzen Umgebung an für Ruhe und Abgeschiedenheit, für den alleinigen Verkehr der Seele mit den Gesetzen – und ließen sich dort nieder. Sie nahmen die heiligen Rollen, streckten die Hände zugleich mit diesen zum Himmel empor und erbaten sich von Gott, ihr Ziel nicht zu verfehlen. Er erhörte ihr Gebet, damit möglichst viele oder sogar alle Menschen davon profitieren sollten und die herrlichen philosophischen Gebote für die rechte Lebensführung zur Nutzung erhielten. 37. In dieser vollen Abgeschiedenheit also, wo sich nur die Bestandteile der Natur – Erde, Wasser, Luft und Himmel – zu ihnen gesellten, deren Entstehung sie als Erstes zu verkünden vorhatten – mit der Erschaffung der Welt beginnen ja die Gesetze –, prophezeiten sie wie im Rausch göttlicher Eingebung nicht jeder auf seine Weise, sondern alle dasselbe, mit denselben Wörtern und Sätzen, als stünde jedem von ihnen ein unsichtbarer Souffleur bei. 38. Und das, obwohl jedermann weiß, dass alle Sprachen, und die griechische ganz besonders, einen reichen Wortschatz haben, sodass man denselben Sinngehalt bei einer Übersetzung oder Nacherzählung auf vielfache Weise wiedergeben kann, mit jeweils anderen Vokabeln in verschiedener Zusammensetzung. Gerade das, sagt man, war bei dieser Gesetzgebung nicht der Fall, sondern jedes Wort, im eigentlichen Sinne gebraucht, wurde durch das eigentliche Wort für den jeweiligen Sinngehalt wiedergegeben, das chaldäische durch das griechische, den Sachverhalten völlig entsprechend. 39. Ich glaube, so wie in der Geometrie und in der Logik die Sachverhalte keine Vielfältigkeit des Ausdrucks zulassen, sondern die einmal gewählte Bezeichnung unveränderlich bleibt, genauso haben offenbar diese Männer Wörter ausgesucht, die mit den Gegenständen übereinstimmten und allein oder doch am besten das Gemeinte deutlich machen konnten. 40. Ein sonnenklarer Beweis dafür: Jedes Mal wenn Chaldäer Griechisch oder Griechen Chaldäisch lernen und mit beiden Schriften in Berührung kommen, mit der chaldäischen und mit ihrer Übersetzung, bewundern sie beide ehrerbietig als Schwestern oder eher wie ein und dieselbe Schrift im Sinn und im Ausdruck und nennen die Männer nicht Übersetzer, sondern Mysterienverkünder und Propheten, da es ihnen gelungen ist, durch die Lauterkeit ihres Denkens mit dem reinsten Geist Moses' Schritt zu halten. 41. Deswegen wird bis auf den heutigen Tag auf der Insel Pharos jährlich ein Fest mit einer großen Volksversammlung gefeiert, zu dem nicht nur Juden, son-

ARISTEAS: KONTEXTE – EINST UND HEUTE 101

dern auch sehr viele andere hinüberfahren, um den Ort zu würdigen, wo die Übersetzung zuerst erstrahlte, und Gott zu danken für die alte, immer jung bleibende Wohltat. 42. Nach Gebet und Danksagung schlagen die einen am Strand Zelte auf, die anderen lassen sich im Küstensand nieder und speisen mit Familie und Freunden unter freiem Himmel; die Küste scheint ihnen dann prächtiger als der Prunk eines Königspalastes.[283]

283　*Mos.* II,25–44: Τὸ δὲ τῆς νομοθεσίας ἱεροπρεπὲς ὡς οὐ παρ' Ἰουδαίοις μόνον ἀλλὰ καὶ παρὰ πᾶσι τοῖς ἄλλοις τεθαύμασται, δῆλον ἔκ τε τῶν εἰρημένων ἤδη κἀκ τῶν μελλόντων λέγεσθαι. (26) τὸ παλαιὸν ἐγράφησαν οἱ νόμοι γλώσσῃ Χαλδαϊκῇ καὶ μέχρι πολλοῦ διέμειναν ἐν ὁμοίῳ τὴν διάλεκτον οὐ μεταβάλλοντες, ἕως μήπω τὸ κάλλος εἰς τοὺς ἄλλους ἀνθρώπους ἀνέφηναν αὐτῶν. (27) ἐπεὶ δὲ ἐκ τῆς καθ' ἑκάστην ἡμέραν συνεχοῦς μελέτης καὶ ἀσκήσεως τῶν χρωμένων αἴσθησις ἐγένετο καὶ ἑτέροις καὶ τὸ κλέος ἐφοίτα πανταχόσε – τὰ γὰρ καλὰ κἂν φθόνῳ πρὸς ὀλίγον ἐπισκιασθῇ χρόνον, ἐπὶ καιρῶν αὖθις ἀναλάμπει φύσεως εὐμενείᾳ –, δεινὸν ἡγησάμενοί τινες, εἰ οἱ νόμοι παρὰ τῷ ἡμίσει τμήματι τοῦ γένους ἀνθρώπων ἐξετασθήσονται μόνῳ τῷ βαρβαρικῷ, τὸ δ' Ἑλληνικὸν εἰς ἅπαν ἀμοιρήσει, πρὸς ἑρμηνείαν τὴν τούτων ἐτράποντο. (28) τὸ δ' ἔργον ἐπεὶ καὶ μέγα ἦν καὶ κοινωφελές, οὐκ ἰδιώταις οὐδ' ἄρχουσιν, ὧν πολὺς ἀριθμός, ἀλλὰ βασιλεῦσι καὶ βασιλέων ἀνετέθη τῷ δοκιμωτάτῳ. (29) Πτολεμαῖος ὁ Φιλάδελφος ἐπικληθεὶς τρίτος μὲν ἦν ἀπ' Ἀλεξάνδρου τοῦ τὴν Αἴγυπτον παραλαβόντος, ἀρεταῖς δὲ ταῖς ἐν ἡγεμονίᾳ πάντων, οὐχὶ τῶν καθ' αὑτὸν μόνον, | ἀλλὰ καὶ τῶν πάλαι πώποτε γεγενημένων ἄριστος, οὗ καὶ μέχρι νῦν τοσαύταις ὕστερον γενεαῖς ᾄδεται τὸ κλέος πολλὰ δείγματα καὶ μνημεῖα τῆς μεγαλοφροσύνης κατὰ πόλεις καὶ χώρας ἀπολιπόντος, ὡς ἤδη καὶ ἐν παροιμίας εἴδει τὰς ὑπερόγκους φιλοτιμίας καὶ μεγάλας κατασκευὰς Φιλαδελφείους ἀπ' ἐκείνου καλεῖσθαι. (30) συνόλως μὲν οὖν ἡ τῶν Πτολεμαίων οἰκία διαφερόντως παρὰ τὰς ἄλλας βασιλείας ἤκμασεν, ἐν δὲ τοῖς Πτολεμαίοις ὁ Φιλάδελφος· ὅσα γὰρ εἰς ἔδρασεν οὗτος ἐπαινετά, μόλις ἐκεῖνοι πάντες ἀθρόοι διεπράξαντο, γενόμενος καθάπερ ἐν ζῴῳ τὸ ἡγεμονεῦον κεφαλὴ τρόπον τινὰ τῶν βασιλέων (31) ὁ δὴ τοιοῦτος ζῆλον καὶ πόθον λαβὼν τῆς νομοθεσίας ἡμῶν εἰς Ἑλλάδα γλῶτταν τὴν Χαλδαϊκὴν μεθαρμόζεσθαι διενοεῖτο καὶ πρέσβεις εὐθὺς ἐξέπεμπε πρὸς τὸν τῆς Ἰουδαίας ἀρχιερέα καὶ βασιλέα – ὁ γὰρ αὐτὸς ἦν – τό τε βούλημα δηλῶν καὶ προτρέπων ἀριστίνδην ἑλέσθαι τοὺς τὸν νόμον διερμηνεύσοντας. (32) ὁ δ' οἷα εἰκὸς ἡσθεὶς καὶ νομίσας οὐκ ἄνευ θείας ἐπιφροσύνης περὶ τὸ τοιοῦτον ἔργον ἐσπουδακέναι τὸν βασιλέα, σκεψάμενος τοὺς παρ' αὑτῷ δοκιμωτάτους Ἑβραίων, οἳ πρὸς τῇ πατρίῳ καὶ τὴν Ἑλληνικὴν ἐπεπαίδευντο παιδείαν, ἄσμενος ἀποστέλλει. (33) ὡς δ' ἧκον, ἐπὶ ξενίαιν κληθέντες λόγοις ἀστείοις καὶ σπουδαίοις τὸν ἑστιάτορα εὐώχουν ἀντεφεστιῶντες· ὁ μὲν γὰρ ἀπεπειρᾶτο τῆς ἑκάστου σοφίας καινὰς ἀλλ' οὐ τὰς ἐν ἔθει ζητήσεις προτείνων, οἱ δ' εὐστόχως καὶ εὐθυβόλως, οὐκ ἐπιτρέποντος μακρηγορεῖν τοῦ καιροῦ, καθάπερ ἀποφθεγγόμενοι τὰ προταθέντα διελύοντο. (34) δοκιμασθέντες δ' εὐθὺς ἤρξαντο τὰ τῆς καλῆς πρεσβείας ἀποτελεῖν καὶ λογισάμενοι παρ' αὑτοῖς, ὅσον εἴη τὸ πρᾶγμα θεσπισθέντας νόμους χρησμοῖς διερμηνεύειν, μήτ' ἀφελεῖν τι μήτε προσθεῖναι ἢ μεταθεῖναι δυναμένους, ἀλλὰ τὴν ἐξ ἀρχῆς ἰδέαν καὶ τὸν τύπον αὐτῶν διαφυλάττοντας, ἐσκόπουν τὸ καθαρώτατον τῶν περὶ τὸν τόπον χωρίων ἔξω πόλεως· τὰ γὰρ ἐντὸς τείχους ἅτε παντοδαπῶν πεπληθότα ζῴων διὰ νόσους καὶ τελευτὰς καὶ τὰς ὑγιαινόντων οὐκ εὐαγεῖς πράξεις ἦν ὕποπτα. (35) νῆσος ἡ Φάρος πρόκειται τῆς Ἀλεξανδρείας, ἧς αὐχὴν ὑποταίνιος τέταται πρὸς τὴν πόλιν περικλειόμενος| οὐκ ἀγχιβαθεῖ τὰ δὲ πολλὰ τεναγώδει θαλάττῃ, ὡς καὶ τῆς τῶν κυμάτων φορᾶς τὸν πολὺν ἦχον καὶ πάταγον ἐκ πάνυ μακροῦ διαστήματος προεκλύεσθαι. (36) τοῦτον ἐξ ἁπάντων τῶν ἐν κύκλῳ κρίναντες ἐπιτηδειότατον εἶναι τὸν τόπον ἐνησυχάσαι καὶ ἐνηρεμῆσαι καὶ μόνῃ τῇ ψυχῇ πρὸς μόνους ὁμιλῆσαι τοὺς νόμους, ἐνταυθοῖ κατέμειναν καὶ τὰς ἱερὰς βίβλους λαβόντες ἀνατείνουσιν ἅμ' αὐταῖς καὶ τὰς χεῖρας εἰς οὐρανόν, αἰτούμενοι τὸν θεὸν μὴ διαμαρτεῖν τῆς προθέσεως· ὁ δ' ἐπινεύει ταῖς εὐχαῖς,

102   KAPITEL 1

Auch in der philonischen Version wurden Anspielungen auf die Tora-Verkündung am Sinai von so gut wie allen Kommentatoren wahrgenommen. Sowohl bei Philon als auch in *Aristeas* wurde das Streben konstatiert, die griechische Übersetzung als unmittelbare göttliche Offenbarung darzustellen.[284]
Dahinter wurde in beiden Fällen das angeblich für die ganze hellenistisch-
jüdische Diaspora gültige Motiv vermutet, den Status des griechischen Textes zu erhöhen, um die Verdrängung des hebräischen Originals zu rechtferti-

---

ἵνα τὸ πλεῖστον ἢ καὶ τὸ σύμπαν γένος ἀνθρώπων ὠφεληθῇ χρησόμενον εἰς ἐπανόρθωσιν βίου
φιλοσόφοις καὶ παγκάλοις διατάγμασι. (37) καθίσαντες δ' ἐν ἀποκρύφῳ καὶ μηδενὸς παρόντος
ὅτι μὴ τῶν τῆς φύσεως μερῶν, γῆς ὕδατος ἀέρος οὐρανοῦ, περὶ ὧν πρῶτον ἢ τῆς γενέσεως ἔμελλον
ἱεροφαντήσειν – κοσμοποιία γὰρ ἡ τῶν νόμων ἐστὶν ἀρχή –, καθάπερ ἐνθουσιῶντες προεφήτευον
οὐκ ἄλλα ἄλλοι, τὰ δ' αὐτὰ πάντες ὀνόματα καὶ ῥήματα, ὥσπερ ὑποβολέως ἑκάστοις ἀοράτως ἐνη-
χοῦντος. (38) καίτοι τίς οὐκ οἶδεν, ὅτι πᾶσα μὲν διάλεκτος, ἡ δ' Ἑλληνικὴ διαφερόντως, ὀνομάτων
πλουτεῖ, καὶ ταὐτὸν ἐνθύμημα οἷόν τε μεταφράζοντα καὶ παραφράζοντα σχηματίσαι πολλαχῶς,
ἄλλοτε ἄλλας ἐφαρμόζοντα λέξεις· ὅπερ ἐπὶ ταύτης τῆς νομοθεσίας οὔ φασι συμβῆναι, συνενε-
χθῆναι δ' εἰς ταὐτὸν κύρια κυρίοις ὀνόμασι, τὰ Ἑλληνικὰ τοῖς Χαλδαϊκοῖς, ἐναρμοσθέντα εὖ μάλα
τοῖς δηλουμένοις πράγμασιν. (39) ὃν γὰρ τρόπον, οἶμαι, ἐν γεωμετρίᾳ καὶ διαλεκτικῇ τὰ σημαι-
νόμενα ποικιλίαν ἑρμηνείας οὐκ ἀνέχεται, μένει δ' ἀμετάβλητος ἡ ἐξ ἀρχῆς τεθεῖσα, τὸν αὐτὸν ὡς
ἔοικε τρόπον καὶ οὗτοι συντρέχοντα τοῖς πράγμασιν ὀνόματα ἐξεῦρον, ἅπερ δὴ μόνα ἢ μάλιστα
τρανώσειν ἔμελλεν ἐμφαντικῶς τὰ δηλούμενα. (40) σαφεστάτη δὲ τοῦδε πίστις· ἐάν τε Χαλδαῖοι
τὴν Ἑλληνικὴν γλῶτταν ἐάν τε Ἕλληνες τὴν Χαλδαίων ἀναδιδαχθῶσι καὶ ἀμφοτέραις ταῖς γραφαῖς ἐντύχωσι, τῇ τε Χαλδαϊκῇ καὶ τῇ ἑρμηνευθείσῃ, καθάπερ ἀδελφὰς μᾶλλον δ' ὡς μίαν καὶ τὴν
αὐτὴν ἔν τε τοῖς πράγμασι καὶ τοῖς ὀνόμασι τεθήπασι καὶ προσκυνοῦσιν, οὐχ ἑρμηνέας ἐκείνους
ἀλλ' ἱεροφάντας καὶ προφήτας προσαγορεύοντες, οἷς ἐξεγένετο συνδραμεῖν λογισμοῖς εἰλικρινέσι
τῷ Μωυσέως καθαρωτάτῳ πνεύματι. (41) διὸ καὶ μέχρι νῦν ἀνὰ πᾶν ἔτος ἑορτὴ καὶ πανήγυρις
ἄγεται κατὰ τὴν Φάρον νῆσον, εἰς ἣν οὐκ Ἰουδαῖοι μόνον ἀλλὰ καὶ παμπληθεῖς ἕτεροι διαπλέουσι
τό τε | χωρίον σεμνυνοῦντες, ἐν ᾧ πρῶτον τὰ τῆς ἑρμηνείας ἐξέλαμψε, καὶ παλαιᾶς ἕνεκεν εὐερ-
γεσίας ἀεὶ νεαζούσης εὐχαριστήσοντες τῷ (42) θεῷ. μετὰ δὲ τὰς εὐχὰς καὶ τὰς εὐχαριστίας οἱ μὲν
πηξάμενοι σκηνὰς ἐπὶ τῶν αἰγιαλῶν οἱ δ' ἐπὶ τῆς αἰγιαλίτιδος ψάμμου κατακλινέντες ἐν ὑπαίθρῳ
μετ' οἰκείων καὶ φίλων ἑστιῶνται, πολυτελεστέραν τῆς ἐν βασιλείοις κατασκευῆς τότε τὴν ἀκτὴν
νομίζοντες.

284   Benno Badt vermerkt in einer Anmerkung zur dt. Übersetzung der *Vita Mosis*, dass die
        Sinai-Episode fehle, was er allerdings nicht mit der Rolle der LXX-Legende, sondern mit
        einer von ihm angenommenen Lücke im überlieferten Text erklärte: „Die Inhaltsangabe
        des ersten Abschnittes, wie sie § 46 skizziert ist, zeigt, dass hier ein Stück über Gebote
        und Verbote verloren ist (vgl. Cohn, Einteilung und Chronologie d. Schriften Philos S. 32).
        Daraus erklärt sich vielleicht auch die auffallende Tatsache, dass das wichtigste Ereignis
        in Moses' Leben, die Offenbarung am Sinai, nicht erwähnt ist. Der im § 70 erwähnte Auf-
        enthalt auf dem Berge bezieht sich auf 2. Mos. 34:28 ff." (Cohn et al., *Philo von Alexandria.
        Die Werke in deutscher Übersetzung*, Bd. 1 [1909], Anm. 1 auf S. 313). Arnaldez hat dann in
        einer Anm. zur frz. Übersetzung von 1967 (ad *Mos.* II,65) dieses Erstaunen über das Fehlen
        des wichtigsten Ereignisses übernommen. Vgl. Feldman (2007), 138 (Feldman findet dies
        nicht erstaunlich und schlägt eine Erklärung vor). Es ist tatsächlich auffällig, dass Philon,
        was die Gesetzestafeln angeht, gleich Ex 34 kommentiert. Die Exegese von Ex 24 scheint
        bei ihm tatsächlich in Form der Septuaginta-Legende präsentiert zu sein.

gen.[285] Philon, den wir – im Unterschied zum *Aristeas*-Autor – auch sonst als Schriftsteller kennen, wurde zusätzlich persönliches Interesse an einer solchen Interpretation unterstellt. Da Philon kein Hebräisch konnte, so mancher seiner modernen Interpreten, musste er aus der Not eine Tugend machen und sein Unvermögen rechtfertigen. Dieses Unvermögen fand auch in Einzelheiten seines Übersetzungsberichts Ausdruck. Hätte er eine Ahnung von dem Original gehabt, so die Kritiker, würde er die Übersetzung nie auf die Weise loben, wie er es tut.[286] Angesichts dieser Interpretationen benötigt die Septuaginta-Erzählung bei Philon eine ausführlichere Kontextualisierung. Die Vorstellung einer Apologie für eine rein griechische, vom hebräischen Original vollständig losgelöste Bibelexegese erscheint bei Berücksichtigung des erzählerischen Zusammenhangs eher unglaubhaft. Auf die Septuaginta kommt Philon nicht etwa in einem Vorwort zu seinem allegorischen Genesis-Kommentar zu sprechen, wo er den biblischen Text teilweise Vers für Vers im exakten Wortlaut der griechischen Übersetzung kommentiert – dort wäre eine Aussage in dem angenommenen Sinne, eine Verherrlichung der griechischen Übersetzung auf Kosten des hebräischen Originals, angebracht –, sondern in der Biographie Moses', einem Werk also, wo der erste Verkünder des Gesetzes omnipräsent

---

285   Z.B. Amir (1988). Amir kommentiert den ersten Satz des philonischen Berichts folgendermaßen:

> „In ancient time the laws were written in the Chaldean tongue, and remained in this form for many years, without any change of language, so long as they had not yet revealed their beauty to the rest of mankind" ⟨Mos. 2:26⟩. Our own logic would lead us to expect something like „remained restricted to that language". But the word-for-word meaning of Philo's sentence is that the language of the book *was* originally Hebrew … but *is* Hebrew no more. Of course he knows that the original text continues to exist … but now that the Law of Moses can reveal its beauty to all humankind in the garment of the Greek language, the Hebrew is of no importance (Amir [1988], 442).

286   Hier repräsentativ das unten in Teil II, 2.2.5 ausführlich besprochene Kapitel von Gooding (1983). Zu Philons Beschreibung der Übersetzung als inspiriert: „Obviously, if a translation is produced by direct inspiration of God, there is no need to refer to the original" (119). Wenn Philon über seine Übersetzer sagt, dass „the Greek words they chose correspond with the ‚Chaldean' with the precision of geometrical or philosophical terminology … one must conclude that the man who could write those words had no conception of the material differences that exist in many places between the Hebrew original and the LXX translations" (ibid.) „… there are several places where the poor quality of the LXX translations has led Philo to make wrong deductions from what they appear to say. In fairness to Philo, of course, we should remember that his belief that the translation was equally inspired as the original, would prevent him from suspecting that the translation could on times be mistaken, and from regarding its literalistic renderings as misleadingly inadequate translations: to him oddities and seeming imperfections in the Greek translation would appear as indicators of profound meaning" (124).

ist. Man darf auch nicht vergessen, dass Moses für Philon nicht nur eine wichtige *Figur* in der biblischen Erzählung ist, wie etwa Abraham oder Jakob. Auch wenn es später – oder vielleicht auch früher und gleichzeitig – Streit unter den Exegeten gab, ob nur der Dekalog oder der ganze Pentateuch oder bestimmte Teile davon von Moses selbst geschrieben wurden, arbeitet Philon unter strikter Annahme der mosaischen Autorschaft des ganzen Pentateuchs. Entsprechend unterscheidet sich die *Vita Mosis* deutlich von zwei anderen erhaltenen βίοι aus seiner Feder, *De Abrahamo* und *De Josepho*. In diesen wird eine Figur aus dem Buch Genesis zu einem Symbol für diese oder jene seelische Haltung gemacht; entsprechend gehören diese „βίοι" einer populär-philosophischen Gattung an, welche unterschiedliche „Lebensweisen" bzw. „Lebensprogramme" ausarbeitet, wie etwa ein tätiges oder ein betrachtendes Leben, das Leben eines Politikers oder eines Weisen, der durch Belehrung zur Weisheit gelangt. Moses' Lebensbeschreibung dagegen steht einer echten „Biographie" im modernen bzw. hellenistischen Sinne des Wortes – einer zusammenhängenden Darstellung des Lebens eines bestimmten Menschen von seiner Geburt bis zum Tod – unter den philonischen Werken am nächsten. Daraus wurde oft der voreilige Schluss gezogen, die *Vita Mosis* sei eine an die nichtjüdische Leserschaft gerichtete Schrift, die genau aus diesem Grund bewusst hellenistische biographische Muster nachahme.[287]

Moses' doppelter Funktion entsprechend ist auch die philonische Schrift zweigeteilt. Im 1. Buch wird Moses, nach Philons Worten, „in seiner Eigenschaft als König" dargestellt. Das bedeutet konkret, dass die Biographie der biblischen Figur mit ihrer wunderbaren Erhebung zum ägyptischen Prinzen, der Flucht nach Midian, der Berufung zum Exodus-Anleiter und den Anführer-Funktionen in der Wüste und an der Grenze des Gelobten Landes nach den biblischen Büchern Exodus und Numeri in einer vereinheitlichten Version nach Art der *Rewritten Bible* dargestellt wird.[288] Von diesem Standpunkt aus scheint es auch klar, warum Buch I mit dem Ende des Buchs Numeri schließt: In den Büchern Exodus bis Numeri wird von Moses hauptsächlich in der 3. Person berichtet. Das Deuteronomium besteht dagegen aus Reden Moses' im Rück-

---

287 Feldman (2007), 11–16 (Abschnitt „Philo's Audience in De Vita Mosis"). Vgl. die Diskussion bei Damgaard (2014) (s. auch Anm. 288), 235, mit Literaturangaben. Aus den letzten Jahren: Niehoff (2019), vgl. meine Rezension dieses Buches (Sokolskaya [2021b]), insbes. 34–35.

288 Zur lebhaften Diskussion in der Forschung darüber, ob Philons Schriften im Allgemeinen und die *Vita Mosis* im Besonderen, oder zumindest nur Letztere, unter den Begriff *Rewritten Bible* fallen, s. neulich Damgaard (2014). Damgaard plädiert dafür, zumindest das 1. Buch als *Rewritten Bible* gelten zu lassen – die Einschränkung ist, wie mir scheint, sehr sinnvoll. Tatsächlich sind Buch I und Buch II in dieser Hinsicht nicht gleichartig.

ARISTEAS: KONTEXTE – EINST UND HEUTE

blick auf dieselben Ereignisse, hier ist er selbst der Haupterzähler. Nur das Schlusskapitel, eine Art Epilog, erzählt wiederum in der 3. Person seinen Tod und die Trauer der Gemeinde und eröffnet einen Ausblick in die Zukunft: Josua wird sein Nachfolger; aber nie wieder wird ein Prophet wie Moses in Israel aufstehen.

Das 2. Buch dagegen ist vor allem Moses als dem Autor der Tora gewidmet.[289] Philon verspricht, Moses nun „als Gesetzgeber, Propheten und Hohenpriester" darzustellen. Diese drei Funktionen entsprechen nicht unbedingt dem Moses als einer Figur in Exodus–Numeri; sie beschreiben aber die Implikationen der angenommenen mosaischen Autorschaft des ganzen Pentateuchs. Das Buch fängt, nach einer Ankündigung des Themas, mit dem Lob der Tora (einschließlich der Septuaginta-Legende als eines schlagenden Beweises ihrer Herrlichkeit) an, geht mit der Nacherzählung der Genesis weiter – denn die Genesis mit ihrem Weltschöpfungsbericht ist erstens auch ein Beweis für die universale Bedeutung der Gesetze,[290] zweitens nur durch ihre angenommene Autorschaft mit Moses verbunden, also in dem gegebenen Zusammenhang einer besonderen Behandlung bedürftig. Sehr ausführlich behandelt Philon die Kultangelegenheiten – es ist ihm offenbar sehr an ihrem Ursprung in der Wüstenwanderung gelegen. Der Tempel in Jerusalem scheint in Philons Frömmigkeit eine minimale Rolle gespielt zu haben. Seine Version des Judentums ist strikt mosaisch: Seine Heilige Schrift ist der Pentateuch, das mosaische Gesetz, das überall auf der Welt einzuhalten ist. Was Gebote und Verbote angeht, bespricht er in diesem Traktat nicht deren Inhalt, sondern die Art, wie sie mitgeteilt werden: Es geht wiederum um das Problem der Autorschaft, des doppelten – göttlichen und vermittelten – Ursprungs; damit wird ein echtes Problem der Pentateuch-Exegese behandelt, denn in diesen Texten ist manchmal Gott selbst und manchmal Moses der Sprecher; es ist auch nicht überall klar, welcher von beiden spricht. Philon klassifiziert das Material nach den Arten der Prophetie: in Verzückung, durch Frage und Antwort usw. Der Tod Moses'

---

289   Dies wurde auch von Finn Damgaard – und nur von ihm in aller mir bekannten Philon-Literatur – bemerkt (235):

> ... I suggest that Philo's combination of a biography of Moses with a presentation of Moses' publications may be the principle that has defined his division of the narrative into two books. Thus the second book is primarily occupied with the Pentateuch as the writing of Moses (his laws, his prophecies and account of priestly issues), whereas the first book uses the Pentateuch as a source for the life of Moses ... In a nutshell the different approaches adopted in the first and second book reflect the difference between picturing Moses as life, i.e. the protagonist of the Pentateuch, and Moses as writing, i.e., as the author of the Pentateuch.

290   Das erklärt Philon ausführlich in *De Opif.* 1–3.

106 KAPITEL 1

(die letzten Kapitel des Deuteronomiums) gehört auch ins zweite Buch, und nicht in das „biographische" erste, weil dieser Bericht wiederum einer besonderen Erörterung in Bezug auf seine mosaische Autorschaft bedarf (wie konnte er über seinen eigenen Tod und darüber, wie seine Leiche niemals gefunden wurde, berichtet haben?) und als eine (erfüllte) Prophezeiung des Verfassers über zukünftige Ereignisse eingestuft wird.

Die Problematik, die mit der mosaischen Autorschaft verbunden ist, wird von Philon gleich im ersten Satz seines Traktats angesprochen, in der allgemeinen Einleitung im Buch I,1: „Moses' Leben habe ich mir vorgenommen aufzuschreiben, des Gesetzgebers der Juden, so manche, des Verkünders heiliger Gesetze, so andere."[291] Diese Alternative, die im Text keine Fortsetzung findet und nicht zugunsten einer der beiden Möglichkeiten aufgelöst wird, sorgte bei den modernen Kommentatoren für Verwirrung. Zu den Zeiten, in denen man anzunehmen pflegte, dass jüdische Autoren eine ganze Literatur speziell für den externen Gebrauch, für die Heiden, schufen, wurde darin eine Gegenüberstellung der inneren und äußeren Perspektive gesehen: Als „Gesetzgeber der Juden" wäre Moses von den Nichtjuden, vor allem von den Griechen, bezeichnet und damit in eine Reihe mit etwa Lykurgus und Solon gestellt worden, als „Verkünder heiliger Gesetze" dagegen von den Juden selbst.[292] Dies ist aber wenig wahrscheinlich: Die Bezeichnung „Gesetzgeber der Juden" wurde für Moses in der jüdischen Literatur, in *Aristeas*, in den Fragmenten des Aris-

---

291 Μωυσέως τοῦ κατὰ μέν τινας νομοθέτου τῶν Ἰουδαίων, κατὰ δέ τινας ἑρμηνέως νόμων ἱερῶν, τὸν βίον ἀναγράψαι διενοήθην.

292 Aktuell bleibt Maren Niehoff diesem Ansatz treu. In ihrem Eintrag zur *Vita Mosis* in einem neueren Handbuch kommentiert sie diesen Anfangssatz folgendermaßen:

> These two descriptions of Moses reflect two different perspectives, the former an outsider's view, the latter an insider's view. While it was common for Greek writers to refer to Moses as the „lawgiver of the Jews", the notion of Scripture as „Holy Law" is first attested in the „Letter of Aristeas" from 2nd century BCE Alexandria (Let. Aris. 5,45,313). The notion of Moses as the „interpreter" of Holy Law implies that the Scriptures were divinely inspired, with Moses fulfilling a special religious role in the transmission of their meaning. This approach significantly differs from that of other Alexandrinian Jews, who identified Moses as the author of the Torah and critically analyzed his style of writing, often finding flaws (Niehoff [2013], 961f.).

„Andere alexandrinische Juden" sind, wie der Verweis auf Niehoffs Buch *Jewish Exegesis and Homeric Scholarship in Alexandria* (Niehoff 2011) zeigt, die „Kollegen Philons", welche die Autorin aus den philonischen Texten rekonstruiert hat. Ihre Existenz bleibt eine Sache des Glaubens. Dagegen bezeugt der Aristeasbrief, wie Niehoff richtig vermerkt, mindestens ein Jahrhundert vor Philon große Selbstverständlichkeit im Umgang mit dem Begriff des von Moses verkündeten Heiligen Gesetzes. Das hält *Aristeas* aber nicht davon ab, Moses durchwegs (§§ 131, 139, 148, 312) νομοθέτης zu nennen. Eine etwas ältere, inhaltsreiche Besprechung mit Stellen- und Literaturangaben bietet Burkhardt (1988),

ARISTEAS: KONTEXTE – EINST UND HEUTE

tobulus wie auch von Philon selbst auf Schritt und Tritt, auch in der *Vita Mosis*, verwendet. Außerdem ist auffällig, dass der Verfasser sich weder zu den „einen" noch zu den „anderen" bekennt, sondern die Alternative in diesem ersten, schon seiner Stellung nach programmatischen, Satz des Traktats einfach stehen lässt. Sie verweist auf ein zentrales Anliegen des Werks, auf die doppelte Autorschaft der Heiligen Schrift, die einerseits, wie Philon bei jeder Gelegenheit wiederholt, in jedem Wort ein „Orakel", ein offenbartes Gotteswort, ist, andererseits einen menschlichen Verfasser hat – eben Moses.[293] In der Forschung wurde auch das Wort ἑρμηνεύς unterschiedlich verstanden, man dachte oft an die Bedeutung „Ausleger" und fragte sich, inwiefern Moses als „Ausleger heiliger Gesetze" (unter den heiligen Gesetzen wollte man in diesem Fall nur den Dekalog, Ex 20,2–17 bzw. Dtn 5,6–21, verstehen, mit dem Rest des Pentateuchs als Auslegung dazu) gelten kann.[294] Meistens gebraucht Philon das Wort ἑρμηνεύς dort, wo es um (bei ihm auffällig häufige) Situationen geht, in denen eine Aussage zwei Urheber hat: einen, dem sie sozusagen ursprünglich gehört, und den anderen, der sie nach außen trägt. So spricht z. B. Bileam (*Mos.* I,277) „wie einer, dem ein anderer die Worte in den Mund legt", wenn er gegen seinen Willen durch göttliche Eingebung Segenssprüche statt Verwünschungen für die Juden verkündet; so verspricht Gott Moses (*Mos.* I,84), falls dieser mit seiner „schweren Zunge" nicht im Stande sein sollte, das Nötige zu sagen, werde Aaron sein „helfender Mund" sein, falls er einen ἑρμηνεύς brauchen würde; so wird der Begriff „Prophet" in *Praem.* 55 (bezogen auf Moses) so erklärt, dass ein Prophet ein ἑρμηνεύς ist, falls der innere Zuflüsterer der Worte Gott ist („Der Prophet ist ein Sprachrohr, indem Gott ihm innerlich zuflüstert, was zu sagen sei", ἑρμηνεὺς γάρ ἐστιν ὁ προφήτης ἔνδοθεν ὑπηχοῦντος τὰ λεκτέα τοῦ θεοῦ). Die Beispiele könnten leicht vermehrt werden.[295] Es sieht so aus, als ginge es bei der Unterscheidung νομοθέτης/ἑρμηνεύς nicht um eine Alter-

---

172 f. Vgl. auch Feldman (2007), 269–273, wo die Alternative als ein Hinweis auf innerjüdische Polemik verstanden wird. Feldman sieht Philon eher auf der Seite der „Gesetzgeber"-Interpretation.

293 Dieses Problem beschäftigte später auch das rabbinische Judentum. Nach der Auffassung des Talmuds ist Moses zwar unbestreitbar der Vermittler, aber seine Rolle wird möglichst passiv verstanden. Berühmt ist die Aussage in bSanh. 99a: „Und selbst wenn einer sagt, die ganze Tora sei vom Himmel mit Ausnahme von einem Verse, den nicht der Heilige, gepriesen sei er, gesagt hat, sondern Moše von sich aus, so beziehen sich auf ihn [die Worte]: denn er hat das Wort des Herrn verachtet" (Übers. L. Goldschmidt, *Der Babylonische Talmud*, Bd. 9, 1934, 76).

294 Feldman (2007), 272.

295 Vgl. den ausgezeichneten Exkurs „Prophet und Hermeneut bei Philo" in Burkhardt (1988), 156–171.

108   KAPITEL 1

native, sondern um eine Vertiefung des Verständnisses: Moses ist auf jeden Fall
der Gesetzgeber der Juden, das bestreitet niemand. Einige wissen aber noch
mehr von ihm, nämlich, dass er der Verkünder der heiligen Gesetze ist. Somit
ist er nicht nur für die Juden wichtig: Die heiligen, sprich göttlichen, Gesetze,
im Unterschied zur lokalen Gesetzgebung der Juden, sprechen die ganze Welt
an und werden auch von der ganzen Welt wahrgenommen. Dieses Thema, im
2. Buch entfaltet, kommt auch im kurzen Prolog in Buch I zur Sprache: „Denn
zwar verbreitete sich der Ruhm der Gesetze, die er hinterlassen hat, durch das
gesamte bewohnte Land und hat sogar die Grenzen der Erde erreicht. Wer
er aber war, wissen wahrheitsgetreu nicht viele" (I,2). Entsprechend wird die
erwartete Leserschaft definiert: *Bekannt machen will ich ihn jenen, die es würdig sind, ihn zu kennen.* Das sind offenbar die Menschen, die das Göttliche in
seiner reinsten Gestalt, frei von den herkömmlichen nationalen Mythologien,
suchen."[296]

---

296 Vgl. den fiktiven Autor (Aristeas) und Adressaten (Philokrates) im Prolog des *Aristeas*
     (§§ 5 f.): Aristeas erklärt, dass Philokrates den Bericht über die Jerusalemer Gesandtschaft
     deswegen zugeschickt bekommt, weil er schon immer eine Neigung für das Pietätswür-
     dige hatte (ἔχοντα πρόσκλισιν πρὸς τὴν σεμνότητα) und sich für die Juden interessierte, diese
     Menschen, die ihr ganzes Leben nach dem heiligen Gesetz richten (τὴν τῶν ἀνθρώπων διά-
     θεσιν τῶν κατὰ τὴν σεμνὴν νομοθεσίαν διεξαγόντων). Wegen dieser Neigung des Philokrates
     habe Aristeas schon früher denkwürdige Dinge, die er von den gelehrtesten ägyptischen
     Priestern über das jüdische Volk in Erfahrung gebracht hatte, aufgeschrieben und ihm
     zugeschickt. – Erstaunlich wenig wurde in der langen und heftigen Diskussion in der For-
     schung über die beabsichtigte Leserschaft des *Aristeas* (das Werk kann in dieser Hinsicht
     exemplarisch für die ganze hellenistisch-jüdische Literatur stehen) von dieser Eigendar-
     stellung des erwünschten Lesers Gebrauch gemacht. Meistens wird nur darauf hingewie-
     sen, dass der Autor sich selbst und seinen Adressaten für Heiden ausgibt. Es sind aber
     vor allem solche Heiden, die „die Bücher der Fabeldichter" verabscheuen und sich dem
     ernsten Philosophieren zuwenden (§ 322, Epilog: Τέρπειν γὰρ οἴομαί σε ταῦτα ἢ τὰ τῶν μυθο-
     λόγων βιβλία. Νένευκας γὰρ πρὸς περιεργίαν τῶν δυναμένων ὠφελεῖν διάνοιαν, καὶ ἐν τούτοις τὸν
     πλείονα χρόνον διατελεῖς „Denn ich glaube, dass dich dies mehr erfreut als die Bücher der
     Fabeldichter, neigst du doch zur Beschäftigung mit dem, was den Verstand fördern kann",
     übers. K. Brodersen) sowie schon im Voraus überzeugt sind, dass das jüdische Gesetz mit
     der echten Philosophie und der echten Frömmigkeit (die Fabeldichter, die Mythologen,
     sind ja gleichzeitig die Verbreiter der traditionellen „homerischen" Religion) identisch sei.
     So sind auch diejenigen Leser beschaffen, die der philonischen *Vita Mosis* nicht unwürdig
     sind, ob sie Juden sind oder nicht. Somit verteidige ich den überlieferten Text von *Mos.*
     I,1 f. καὶ γνώριμον τοῖς ἀξίοις μὴ ἀγνοεῖν αὐτὸν ἀποφῆναι gegen die Konjektur von Mangey in
     seiner ersten kritischen Ausgabe von Philons Schriften (1742). Die Begrenzung der ange-
     strebten Leserschaft auf die „Würdigen" schien Mangey für ein griechisches Proömium so
     ungewöhnlich und deren Zweck so undurchsichtig, dass er es für nötig hielt, zu emen-
     dieren. Seine Konjektur ἀξιοῦσι – die zur Übersetzung „die danach verlangen, nicht usw."
     führen würde – wurde von Cohn und Wendland in der klassisch gewordenen Ausgabe von
     1896–1930 (Bd. 4, 1902) zwar nicht in den Text übernommen, aber im kritischen Apparat

ARISTEAS: KONTEXTE – EINST UND HEUTE 109

Mit dieser Auffassung des Gesetzes steht Philon keineswegs isoliert da. Die hellenistisch-jüdische Tradition, in der er steht, hat einen ausgesprochen globalen Anspruch: Der Gott Abrahams, Isaaks und Jakobs ist der ganzen Menschheit Gott, und die Juden sind die Priester der gesamten Menschheit. Diese bei Philon beliebte Aussage[297] stammt auch aus dem Pentateuch: Ex 19,6 („Ihr werdet mir ein königliches Priestertum und ein heiliges Volk sein" ὑμεῖς δὲ ἔσεσθέ μοι βασίλειον ἱεράτευμα καὶ ἔθνος ἅγιον), vgl. Dtn 28,9 (heiliges Volk); Lev 20,26 –, aber es kommt natürlich immer darauf an, welche Verse am häufigsten zitiert und wie sie interpretiert werden. Für Philon gibt es keinen Gott (im eigentlichen Sinn, als Gegensatz zu den „Götzen"), der nur zu einem Volk gehört, keinen „Gott Israels", der mit Göttern anderer Völker wetteifert. Somit wird

---

verzeichnet und hat öfters Zustimmung gefunden. In einem gewissen Sinn handelt Philon bei dieser Begrenzung nach dem Vorbild von Moses selbst, von dem er in *Mos.* II,11 sagt, dass er die heiligen Bücher „auf Gottes Weisung geschrieben und denen übergeben hatte, die würdig sind, sie zu benutzen" (συνέγραψεν ὑφηγησαμένου θεοῦ καὶ παρέδωκε τοῖς ἀξίοις χρῆσθαι). Damit wird ein bekanntes exegetisches Problem angesprochen. Man fragt sich angesichts der kosmischen Bedeutung der Tora-Verkündung, die offensichtlich für die ganze Menschheit gelten muss, wieso die Tora von Moses nur dem Volk Israel verkündet wurde. Gerade auf diese Frage antwortet Philon mit seiner LXX-Legende, er sagt es explizit in den §§ 26–27. Hier sei nur auf die Rolle verwiesen, die der Begriff „würdig sein" bzw. „verdienen" (זכה) in den rabbinischen Texten, die von der Tora-Übergabe handeln, spielt. Wir hören etwa in *Sifre Devarim* 311: „Als der Heilige, gepriesen sei er! die Tora den Israeliten gab, stand er da und spähte und dachte nach, wie es heisst: ‚Er trat auf und mass die Erde, er schaute hin und gab die Heiden preis' (Hi 3:6). Und es war kein Volk unter den Völkern, das würdig war, die Tora zu empfangen ausser Israel" (Übers. Hans Bietenhard, *Sifre Deuteronomium*). Vgl. tSan 4,7: „Esra war würdig, dass das Gesetz durch ihn gegeben würde, wenn Mose ihm nicht zuvorgekommen wäre" (Übers. Børge Salomonsen, *Die Tosefta*) (die Belege stammen aus Stemberger [2010], wo es gar nicht um den Begriff „würdig" geht, sondern darum, dass Moses in der rabbinischen Literatur erst spät eine große Rolle als Empfänger der Tora zu spielen beginnt. In früheren Zeiten wird die Tora mehr oder weniger direkt von Gott dem Volk Israel übergeben. Aber eine Sammlung der Stellen, die von der Übergabe der Tora handeln, ergibt von selbst eine Liste von Belegen für זכה, ‚würdig' in einem Sinn, der durchaus dem philonischen τοῖς ἀξίοις χρῆσθαι entspricht). Ähnliches finden wir auch im jüdisch beeinflussten griechischen Schrifttum, etwa im ersten Traktat des *Corpus Hermeticum*, *Poimandres*, das viele Anspielungen auf die jüdische Weisheit und direkt auf die Genesis enthält. Hier wird die Wendung auch in Bezug auf das Heil der gesamten Menschheit gebraucht, *CH* I,26: οὐχ ὡς πάντα παραλαβὼν καθοδηγὸς γίνῃ τοῖς ἀξίοις, ὅπως τὸ γένος τῆς ἀνθρωπότητος διὰ σοῦ ὑπὸ θεοῦ σωθῇ; „Warum wirst du jetzt, nachdem du die ganze Lehre erhalten hast, nicht zum Wegeführer für diejenigen, die würdig sind, damit durch deine Hilfe das Menschengeschlecht von Gott errettet wird?" – sagt Poimandres zu dem Seher (meine Übers.).

297 Z.B. *Abr.* 56 und insbes. *Spec. Leg.* II,162 f.: τὸ δ' αἴτιον, ὅτι ὃν λόγον ἔχει πρὸς πόλιν ἱερεύς, τοῦτον πρὸς ἅπασαν τὴν οἰκουμένην τὸ Ἰουδαίων ἔθνος („Der Grund dafür: was für eine Stadt der Priester, das ist das jüdische Volk für die ganze Welt").

„mein heiliges Volk" oder „mir ein königliches Priestertum" automatisch zur Priesterschaft für das ganze Menschengeschlecht.

Die Verkündung des Gotteswortes auf Hebräisch, wie sie durch Moses geschehen war, reicht nicht mehr aus: Jetzt muss auch „die zweite Hälfte der Menschheit" den Zugang bekommen. Diese neue Stufe des Heils wird durch das Verdienst des Volkes Israel erreicht, das überall auf der Welt nach Moses' Gesetz lebte und bei seinen Nachbarn Bewunderung und Anerkennung der Tora erreicht hat. Der eigentlichen Übersetzungssage in *Mos.* II,25–44 wird eine Einführung vorangestellt, die genau das besagt: Als Beweis, dass das mosaische Gesetz wahrhaft göttlich ist, wird darauf hingewiesen, dass es von allen Völkern in hohen Ehren gehalten wird (§§ 17–25, mit besonderer Betonung der Tatsache, dass es keineswegs „normal" sei, die Gesetze eines anderen Volks zu verehren; das ist an sich schon ein Gotteswunder). Die LXX-Legende folgt dann als ein besonders anschauliches Beispiel einer solchen Anerkennung. Insofern nimmt sie zu Recht einen Platz in der Biographie des Tora-Verfassers bzw. -Verkünders ein – nicht, um seine Rolle zu schmälern, sondern gerade umgekehrt: um seine Größe, seine Rolle als Prophet der ganzen Menschheit deutlicher hervortreten zu lassen. So wie die LXX-Legende bei Philon platziert ist, kann sie keineswegs auf die Verdrängung des Originals zielen. In *Aristeas* war die Übersetzung eine Gabe Jerusalems an Alexandrien und die griechische Hälfte der Welt. Bei Philon ist sie ein Teil von Moses' prophetischem Wirken.

Auch bei Philon können wir im Kern der Übersetzungserzählung die charakteristische Vermengung von Ex 24 und Num 11 konstatieren. Barthélemy fand, wie oben erwähnt, im Satz καθίσαντες δ᾽ ἐν ἀποκρύφῳ καὶ μηδενὸς παρόντος („sie saßen in Abgeschiedenheit, ohne dass jemand sonst anwesend gewesen wäre", § 37) eine Annäherung an die Zellen-Version, die er für eine ursprünglich volkstümliche, mündliche alexandrinische Tradition hielt. Diese Tradition muss aber nicht so volkstümlich gewesen sein, wenn man bedenkt, wie nahe dieser Satz der Exegese von אצילי kommt, deren Spuren in der Vulgata sichtbar sind: „super eos qui procul recesserant." Wie Heinsius richtig bemerkte,[298] setzen die lateinischen Varianten in der *Vetus Latina* – aber auch in der Vulgata in Fällen wie diesem, wo sich die Lesart kaum als eine leicht nachvollziehbare Angleichung ans Hebräische erklären lässt – so gut wie immer eine (unter Umständen nicht erhaltene) griechische Vorlage voraus. Die gemeinsame Abgeschiedenheit der Übersetzer bei Philon entspricht der Interpretation von אצילים als „diejenigen, die sich entfernt haben". καθάπερ ἐνθουσιῶντες

---

298   Vgl. oben S. 37 f.

ARISTEAS: KONTEXTE – EINST UND HEUTE

προεφήτευον οὐκ ἄλλα ἄλλοι („sie prophezeiten wie vom Geist ergriffen nicht jeder etwas anderes") im selben Satz scheint aus zwei exegetischen Vorlagen kombiniert zu sein: der Septuaginta-Übersetzung von Ex 24,11 οὐ διεφώνησεν οὐδὲ εἷς, interpretiert als „es gab keinen, der nicht im Einklang gewesen wäre" und der Interpretation der „Hand Gottes" in der hebräischen Vorlage als prophetische Inspiration. Das Ereignis wird deutlich als ein übernatürliches Wunder gekennzeichnet, mit einem ausdrücklichen Hinweis darauf, dass das Übersetzen im Normalfall nicht so funktioniert.[299] Die wörtliche Inspiration der fertigen Übersetzung wird dann mit Anspielungen auf Num 11,17 bestätigt. Dort verspricht Gott Moses: καὶ καταβήσομαι καὶ λαλήσω ἐκεῖ μετὰ σοῦ καὶ ἀφελῶ ἀπὸ τοῦ πνεύματος τοῦ ἐπὶ σοὶ καὶ ἐπιθήσω ἐπ' αὐτούς καὶ συναντιλήμψονται μετὰ σοῦ τὴν ὁρμὴν τοῦ λαοῦ καὶ οὐκ οἴσεις αὐτοὺς σὺ μόνος. („und ich werde herabkommen und dort mit dir reden und von dem Geist, der auf dir ist, nehmen und auf sie legen, und sie werden mit dir die Last des Volkes tragen, und du wirst sie nicht allein tragen.") Von dem „reinsten Geist Moses'", mit dem die Übersetzer „Schritt halten", spricht Philon in § 40: „Die Verständigen nennen die Männer *nicht Übersetzer, sondern Mysterienverkünder und Propheten, da es ihnen gelungen ist, durch die Lauterkeit ihres Denkens mit dem reinsten Geist Moses' Schritt zu halten"*.

Das fragliche יסף von Num 11,25 („hinzufügen" bzw. „aufhören") baut Philon dort ein, wo es nach Numeri 11 hingehört, bezogen auf die Übersetzer selbst: λογισάμενοι παρ' αὑτοῖς, ὅσον εἴη τὸ πρᾶγμα θεσπισθέντας νόμους χρησμοῖς διερμηνεύειν, μήτ᾽ἀφελεῖν τι *μήτε προσθεῖναι ἢ μεταθεῖναι δυναμένους*.[300] („Sie waren sich bewusst, wie schwer die Aufgabe war, die durch göttliche Offenbarung mitgeteilten Gesetze zu übersetzen – sie durften ja nichts auslassen, *nichts hinzufügen* und nichts umstellen.")

Obwohl die philonische Version der Legende viel kürzer ist als diejenige des *Aristeas*, ist sie an bestimmten Punkten ausführlicher. Dies betrifft nicht nur die Betonung der prophetischen Inspiration, sondern auch das Thema „festliches Begehen des Jahrestages". In *Aristeas* gibt es eine Andeutung einer solchen Möglichkeit, und zwar in der Rede des Königs: „Den Tag eurer Ankunft habe ich

---

299 Man kann aber nicht sagen, dass Philon das Geschehen wundersamer darstellt als *Aristeas*. Dieser ist nicht weniger als Philon bestrebt, die Übersetzung als ein von Gott ganz unmittelbar gelenktes Geschehen zu präsentieren, aber ohne den Boden des Quasi-Natürlichen zu verlassen. Dies beweist seine Bemerkung (§ 307): „Und es traf sich, dass der Übersetzungsprozess in 72 Tagen abgeschlossen wurde, als ob es durch eine Art Absicht so gekommen wäre." Die scheinheilige Unsicherheit ist nichts anderes als ein geschicktes *understatement*: Der Leser begreift ohne Mühe, wessen Absicht dies sein musste und warum.

300 *Mos.* II,34.

112   KAPITEL 1

als Feiertag angesehen, und er wird für meine ganze Lebenszeit in jedem Jahr festlich begangen werden. Er fällt nämlich auch mit dem Gedenktag unseres Seesieges über Antiochus zusammen."[301] Philon aber schließt seinen Übersetzungsbericht (§§ 41–42) mit einer Beschreibung des jährlichen Festes auf Pharos, am Strand, von Juden und Nichtjuden zusammen gefeiert, wobei man Zelte aufschlägt und darin, aber auch draußen, direkt am Meer, nach einem Dankesgebet miteinander speist.

Keine andere Quelle erwähnt dieses Fest, auch Philon kommt nirgendwo sonst in seinen Schriften darauf zu sprechen. Es gibt keine Möglichkeit, zu entscheiden, ob es sich um eine literarische Fiktion, um einen Versuch, ein neues Fest in den Kalender einzuführen, oder um eine Realie handelt.[302] Für die Einzelheiten des Festes gibt es auf jeden Fall eine naheliegende biblische Vorlage. Es ist die Verlesung und Erklärung der Tora vor dem Volk durch Esra in Neh 8,8–18, einem Text, dessen Anklänge in der Szene der Übersetzungsverkündung in *Aristeas* in der Forschung vielfach beachtet wurden.

Insbesondere Vers 8 ist für die Übersetzungsgeschichte von direkter Relevanz. Eine genaue Übersetzung des hebräischen Textes ist schwierig, als erste Annäherung steht da Folgendes:

> Und sie lasen im Gesetzbuch Gottes *verständlich?/in Übersetzung?/mit Erklärung?* und man [? ein Infinitivus absolutus im Hebräischen] legte Einsicht dar, sodass sie durch die Lesung auch verstanden.

ויקראו בספר בתורת האלהים מפרש ושום שכל ויבינו במקרא

Das Partizip מפרש kann unterschiedlich interpretiert werden, darunter auch „übersetzt".[303] Der Masoretentext vokalisiert das Partizip מְפֹרָשׁ, versteht es also als ein Passiv (Pual), bezogen auf die Tora („übersetzt" bzw. „erklärt" oder „in Abschnitte verteilt"). Der Infinitivus absolutus שׂוֹם, hier offenbar als Ersatz für eine finite Form gebraucht, muss dann, als eine Fortsetzung des Plurals ויקראו, auch als Plural verstanden werden. Die LXX sieht die Syntax des Satzes offenbar ganz anders:

---

301   *Ar.* 180: Μεγάλην δὲ τέθειμαι τὴν ἡμέραν ταύτην ἐν ᾗ παραγεγόνατε καὶ κατ’ ἐνιαυτὸν ἐπίσημος ἔσται πάντα τὸν τῆς ζωῆς ἡμῶν χρόνον. συντέτυχε γὰρ καὶ τὰ κατὰ τὴν νίκην ἡμῖν προσπεπτωκέναι τῆς πρὸς Ἀντίγονον ναυμαχίας.

302   Vgl. Birnbaum (2011).

303   S. z. B. Martin (2010), 54: „The situation ⟨in Aristeas⟩ may be parallel to the event related in Neh 8:8 where the term מפרש is considered by some to mean ‚translate‘, and by others ‚explain‘, or as HALOT explains it: ‚to make an extempore translation of a text‘ ".

Esdras II,18,8 (= Neh 8,8): καὶ ἀνέγνωσαν ἐν βιβλίῳ νόμου τοῦ θεοῦ καὶ ἐδίδασκεν Εσδρας καὶ διέστελλεν ἐν ἐπιστήμῃ κυρίου καὶ συνῆκεν ὁ λαὸς ἐν τῇ
ἀναγνώσει.

Die griechischen Übersetzer haben sich wohl gefragt, wer genau die Hoheit hat,
das Gesetz zu verkünden und zu erklären, und sind zu dem Schluss gekommen, diese Ehre gebühre nur Esra. Das Partizip מפרש wurde entsprechend aktiv
interpretiert (Piel, was vom Konsonantenbestand her durchaus möglich ist)
und als ἐδίδασκεν („er erklärte") übersetzt. Der Infinitivus absolutus wird somit
auch zum Singular, und Esra wird als Subjekt der beiden Verben eingefügt: „Sie
lasen vor aus dem Buch des göttlichen Gesetzes, und Esra erklärte und erläu-
terte es durch die Wissenschaft des Herrn und das Volk verstand durch die
Lesung." Die Exegese der Gesetzesverkündung am Sinai in Ex 24 zeigt ein ähnlich starkes Interesse daran, wer genau mit Moses am Sinai opfern und Gott
schauen durfte, ob es die Erstgeborenen, die Ältesten, die Auserwählten, die
Vertreter der Stämme oder des Ältestenrates waren; auch in Numeri 11 ist die
Befugnis zum Prophezeien, zum Weitertragen des „Geistes Moses'" das Thema.
Diese Befugnis wird von Moses Eldad und Modad und theoretisch dem ganzen
Volk verliehen. Im nächsten Vers der Nehemia-Stelle (8,9) wird der Kreis der
beteiligten Personen noch einmal präzisiert:

ויאמר נחמיה הוא התרשתא ועזרא הכהן הספר והלוים המבינים את־העם

(„Und es sprach Nehemia, der Statthalter, und Esra, der Priester und
Schriftgelehrte, und die Leviten, die das Volk unterwiesen.")

καὶ εἶπεν Νεεμιας καὶ Εσδρας ὁ ἱερεὺς καὶ γραμματεὺς καὶ οἱ Λευῖται οἱ συνε-
τίζοντες τὸν λαόν

(„Und es sprach Nehemia und Esra, der Priester und Schriftgelehrte, und
die Leviten, die das Volk unterwiesen.")

Esra, der im vorigen Vers nach LXX das Gesetz Gottes „verdolmetschte und
verständlich machte", wird nun, genau wie die Ältesten von Num 11,16, γραμμα-
τεύς, Schriftgelehrter, genannt, dazu aber auch Priester. Diese etwas verworrene
Aufzählung der Gesetzeserklärer ist wohl die Vorlage der nicht weniger verwor-
renen und verwirrenden Aufzählung der Übersetzungsempfänger in *Aristeas*
310:

Als die Rollen vorgelesen wurden, standen die Priester auf und von den Übersetzern die Ältesten und von der Gemeinde die Vorsteher des Volkes und sagten ...

Καθὼς δὲ ἀνεγνώσθη τὰ τεύχη, στάντες οἱ ἱερεῖς καὶ τῶν ἑρμηνέων οἱ πρεσβύτεροι καὶ τῶν ἀπὸ τοῦ πολιτεύματος οἵ τε ἡγούμενοι τοῦ πλήθους εἶπον ...

Die Priester gehören offenbar zu den Übersetzern, und auch die Ältesten. Die Übersetzer sind gleichzeitig Älteste des Volkes und Schriftgelehrte (Num 11,16 LXX). Nun sind auch die Priester darunter, und die Zivilbehörden nehmen ebenfalls teil – dies kommt wohl aus Esdras II 18,8–9 (Neh 8,8–9.) In Neh 8,9–10 verkünden die Erklärer des Gesetzes dem Volk, dass dieser Tag, an dem die Erklärung/Verdolmetschung stattgefunden hat, ab nun „Gott, eurem Herrn, heilig" ist הַיּוֹם קָדֹשׁ־הוּא לַיהוה אֱלֹהֵיכֶם, ἁγία ἐστὶν ἡ ἡμέρα τῷ κυρίῳ ἡμῶν, an dem man nicht trauern, sondern Fettes essen, Süßes trinken und auch denen, die solches nicht haben, einen Teil schicken soll. Die Ausführung des Befehls folgt in Neh 8,12:

וַיֵּלְכוּ כָל־הָעָם לֶאֱכֹל וְלִשְׁתּוֹת וּלְשַׁלַּח מָנוֹת וְלַעֲשׂוֹת שִׂמְחָה גְדוֹלָה כִּי הֵבִינוּ בַּדְּבָרִים אֲשֶׁר הוֹדִיעוּ לָהֶם

καὶ ἀπῆλθεν πᾶς ὁ λαὸς φαγεῖν καὶ πιεῖν καὶ ἀποστέλλειν μερίδας καὶ ποιῆσαι εὐφροσύνην μεγάλην ὅτι συνῆκαν ἐν τοῖς λόγοις οἷς ἐγνώρισεν αὐτοῖς

Und alles Volk ging hin, um zu essen, zu trinken und davon auszuteilen und ein großes Freudenfest zu machen; denn sie hatten die Worte verstanden, die man ihnen kundgetan hatte.

Luther-Übersetzung

Die Hauptmerkmale des Festes sind also ausgiebiges Essen und Trinken, und zwar gemeinsam, so dass alle ihren Teil bekommen. Auch fröhlich soll man sein, und zwar aus dem noch einmal ausdrücklich genannten Grund, dass man die Worte (des Gesetzes) verstanden hat, die dem Volk gedolmetscht wurden. In Neh 8,14 wird dieses Fest zum Laubhüttenfest: ὅπως κατοικήσωσιν οἱ υἱοὶ Ισραηλ ἐν σκηναῖς ἐν ἑορτῇ ἐν μηνὶ τῷ ἑβδόμῳ. In Neh 8,16–17 werden diejenigen genannt, die die Laubhütten bzw. die „Zelte" bauen und darin feiern. In Vers 16 ist es „das Volk" (הָעָם, ὁ λαός), in Vers 17 „die ganze Gemeinde derer, die aus der Gefangenschaft zurückgekommen waren" (כָּל־הַקָּהָל הַשָּׁבִים מִן־הַשְּׁבִי, πᾶσα ἡ ἐκκλησία οἱ ἐπιστρέψαντες ἀπὸ τῆς αἰχμαλωσίας). So sind wir wieder bei dem Schlüsselausdruck „aus der Kriegsgefangenschaft zurückkehren" (ושב יהוה אלהיך את־שבותך von Dtn 30,3), der den ganzen Plot des *Aristeas* enthält.

Man hat sich oftmals gewundert darüber, dass bei Philon auch die Nichtjuden das Septuaginta-Fest mitfeiern. Das Laubhüttenfest ist aber schon in Sacharja 14,16 mit der Verehrung Jahwes vonseiten der „Völker" bzw. der „Heiden" (und speziell der Ägypter, V. 18) verbunden:

> והיה כל־הנותר מכל־הגוים הבאים על־ירושלם ועלו מדי שנה בשנה להשתחות למלך
> יהוה צבאות ולחג את־חג הסכות

> καὶ ἔσται ὅσοι ἐὰν καταλειφθῶσιν ἐκ πάντων τῶν ἐθνῶν τῶν ἐλθόντων ἐπὶ Ιερουσαλημ καὶ ἀναβήσονται κατ' ἐνιαυτὸν τοῦ προσκυνῆσαι τῷ βασιλεῖ κυρίῳ παντοκράτορι καὶ τοῦ ἑορτάζειν τὴν ἑορτὴν τῆς σκηνοπηγίας

> Und alle, die übriggeblieben sind von allen Heiden, die gegen Jerusalem zogen, werden jährlich heraufkommen, um anzubeten den König, den HERRN Zebaoth, und um das Laubhüttenfest zu halten.
>
> Luther-Übersetzung

Philon beschreibt das Fest sehr ähnlich (*Mos.* II,41–44):

> Deswegen wird bis heute auf der Insel Pharos jährlich (ἀνὰ πᾶν ἔτος) ein Fest mit einer großen Volksversammlung (ἑορτὴ καὶ πανήγυρις) gefeiert, zu dem nicht nur Juden, sondern auch sehr viele andere (οὐκ Ἰουδαῖοι μόνον ἀλλὰ καὶ παμπληθεῖς ἕτεροι) hinüberfahren, um den Ort zu würdigen, wo die Übersetzung zuerst erstrahlte, und Gott zu danken für die alte, immer jung bleibende Wohltat (παλαιᾶς ἕνεκεν εὐεργεσίας ἀεὶ νεαζούσης εὐχαριστήσοντες τῷ θεῷ). Nach Gebet und Danksagung schlagen die einen am Strand Zelte auf (πηξάμενοι σκηνάς), die anderen lassen sich im Küstensand nieder und speisen mit Familie und Freunden unter freiem Himmel; die Küste scheint ihnen dann prächtiger als der Prunk eines Königspalastes. So zeigt sich deutlich, wie begehrenswert und wertvoll unsere Gesetze sowohl für einfache Leute wie auch für Herrscher sind! Dies, obwohl es dem Volk seit langer Zeit nicht gut geht, und wenn sich Menschen nicht auf dem Gipfel des Glücks befinden, wirft dies irgendwie auf alles, was ihnen gehört, einen dunklen Schatten. Wenn es aber eine Wende zu mehr Glanz geben würde, welchen Zulauf könnte man dann erst erwarten! Ich glaube, jedes Volk würde das Eigene aufgeben, sich von dem Vererbten verabschieden und sich der Verehrung ausschließlich dieser Gesetze zuwenden. Die Gesetze, die durch das Wohlergehen des Volkes in ihrem

116 KAPITEL 1

Glanz erstrahlen, werden alle übrigen in den Schatten stellen wie der Sonnenaufgang die Sterne.

Schon in Neh 8 ist das Laubhüttenfest nichts anderes als eine Feier der Tora-Verkündung, und zwar einer ganz speziellen: Das Volk baut die Festzelte, weil sie „die Worte verstanden hatten, die man ihnen kundgetan hatte" (Neh 8,12). Es ist eine Verkündung, vermittelt durch Übersetzer bzw. Ausleger. Das freudige Speisen mit Familie und Freunden als Teil des Festes stammt auch aus Neh 8,12: „Und alles Volk ging hin, um zu essen, zu trinken und davon auszuteilen und ein großes Freudenfest zu machen." Die §§ 43–44 scheinen anzudeuten, dass das Fest sozusagen nur mit einem Fuß in der Wirklichkeit (d. h. in der narrativen Realität der philonischen Übersetzungslegende) steht, aber eigentlich der glänzenden Zukunft angehört, die in den Segenssprüchen verheißen wurde. Sacharja spricht ja auch von dem endgültigen Triumph Israels in unbestimmter Zukunft. An diesem Punkt merkt man deutlich, wie tief der philonische „Universalismus" in der nachexilischen genuin jüdischen Tradition verankert ist – und wie wenig er eine Konzession an die Hellenisierung darstellt. Das Thema von Sacharja 14,16–21 wurde (ohne Bezug auf *Aristeas* und Philon) von Walter Harrelson herausgearbeitet:[304]

> The nations' worship of the Lord at Zion ... seems to be a consummation of God's purpose for them. ... Zech XIV 16–21, then, reveals a feature of apocalyptic thinking in post-Exilic times all too frequently overlooked. It is unwarranted to speak of the Jewish community dominated by adherence to Torah as an independent entity, loosed from its „heilsgeschichtliche" moorings. It is wrong to focus attention upon the divine judgment of the heathen on the Last Day and overlook the promise of universal peace and blessing for mankind, for the nations as well as for Israel.

---

304   Harrelson (1970), hier 94 f. Ein neues Buch über den griechischen Sacharja, Eidsvåg (2016), findet in der griechischen Übersetzung eine noch ausgeprägtere Betonung der universalistischen Botschaft: „The call to come to Jerusalem is thus made universal. This is apparent in the Hebrew text already, but underlined in the Greek translation" (201). Eidsvåg unterstreicht, dass Sacharja einzigartig ist in seiner Verbindung des Laubhüttenfests mit den „Völkern": „In Zech 14:16–21 the festival of booths acquires a new dimension as it includes not only all men of Israel but also all the nations" (199). Insofern hat Sacharja keine Konkurrenten als Philons Vorlage, ich vermute aber auch in diesem Fall eine Kombination von Stellen, und zwar aus Neh 8 und Sach 14, hinter dem philonischen Festbericht.

ARISTEAS: KONTEXTE – EINST UND HEUTE

In seiner 2003 publizierten Dissertation von 1973 zu Sacharja 9–14 verband Rex Mason[305] den Verweis auf das Laubhüttenfest in Sach 14,16 mit dessen Vorkommen in Esr 3 und Neh 8 zu einer zusammenhängenden Auslegung und verwies auch auf eine Fortsetzung dieser Linie in 2 Makk 1, einem Brief der Jerusalemer Gemeinde an die Juden in Ägypten mit dem Vorschlag, das Laubhüttenfest wegen der Reinigung des Tempels zu begehen, was wiederum als Bezug auf das Fest gemeint war, das Nehemia unmittelbar nach der Rückkehr aus dem Exil und dem „Wiederaufbau des Tempels und des Altars"[306] mit dem Volk feierte. Mit dem 2. Makkabäerbuch bzw. mit seiner Quelle Jason von Kyrene sind wir schon irgendwo in der Zeit zwischen *Aristeas* und Philon, auch die räumliche Bewegung in Richtung Alexandrien ist im Brief vorhanden, sodass die Rezeption dieser Symbolik bei Philon sehr wahrscheinlich ist. Aber nirgendwo in der mir bekannten Literatur wird das Fest in der *Vita Mosis* vor dem Hintergrund der genannten biblischen Bezüge betrachtet. Dabei ist der exegetische Zusammenhang, wie Masons Resümé zeigt, für die Übersetzungssage höchst relevant:

> There are indications ... that the Chronicler was, at least in part, utilizing traditions concerning the history of the Feast of Tabernacles which were already current. If, in the mind of the restored community, it had become associated with two critical points in their history, their return from exile to the land of promise, and the adoption of the law as constitutive of the true people of God under the leadership of Ezra, the second Moses, does this not suggest a further possible significance in its mention in Zech. 14? The next great stage of renewal, the next decisive step forward in the life of the people of God, will be when Gentile nations also come to acknowledge the kingship of Yahweh and to worship him, and this too will be marked by the observance of the Feast of Tabernacles.[307]

Genau das sagt Philon explizit im unmittelbaren Anschluss an seinen Festbericht (*Mos.* II,44): „Ich glaube, jedes Volk würde das Eigene aufgeben, sich von dem Vererbten verabschieden und sich der Verehrung ausschließlich dieser Gesetze zuwenden. Die Gesetze, die durch das Wohlergehen des Volkes in

---

305 Mason (2003).

306 2 Makk 1,18 „damit auch ihr dies Fest so begeht, wie man das Laubhüttenfest und den Tag begeht, an dem Nehemia das Feuer gefunden hat, als er den Tempel und den Altar baute und wieder opferte" (Luther-Übersetzung) (ἵνα καὶ αὐτοὶ ἄγητε σκηνοπηγίας καὶ τοῦ πυρός ὅτε Νεεμίας ὁ οἰκοδομήσας τό τε ἱερὸν καὶ τὸ θυσιαστήριον ἀνήνεγκεν θυσίας).

307 Mason (2003), 194.

ihrem Glanz erstrahlen, werden alle übrigen in den Schatten stellen wie der Sonnenaufgang die Sterne", mit demselben Gedanken hat er die Geschichte der Übersetzung auch eingeleitet (*Mos.* II,26–27):

> In der alten Zeit wurden diese Gesetze in chaldäischer Sprache aufgeschrieben und blieben lange Zeit sich selbst gleich, ohne die Sprache zu wechseln, solange ihre Schönheit sich den anderen Menschen noch nicht offenbart hatte. Als aber durch ihre ununterbrochene tägliche Pflege und Ausübung durch ihre Anhänger auch andere auf sie aufmerksam wurden und ihr Ruhm sich überall verbreitete ..., machten sich einige daran, diese Gesetze zu übersetzen, weil sie es unerträglich fanden, dass jene bei der Zweiteilung des Menschengeschlechts nur dem barbarischen Teil erscheinen würden, die griechische Hälfte aber gar keinen Anteil daran haben sollte.

Mit der Übersetzung wird eine neue Etappe der Heilsgeschichte betreten, in der die Tora, das Weltgesetz, als solches von der ganzen Welt anerkannt wird. Diese Vision gehört bestimmt dem Zeitalter der Großreiche an und wird im Zuge der hellenistischen „Globalisierung" immer wichtiger, aber sie bleibt in diesem neuen Zusammenhang deutlich jüdisch und biblisch.[308] Sie beinhaltet keineswegs einen Verzicht auf das Gesetz in seiner ursprünglichen Form.

Die ganze Weltanschauung des *Aristeas*-Autors und Philons, wie auch ihre Art, die Bibel zu verstehen und auszulegen, sind einander sehr ähnlich. Wenn sich aufgrund dieser Texte etwas über die historische Realität der griechischen Tora-Übersetzung positiv behaupten lässt, dann folgendes: Die Septuaginta stand offenbar in den Zeiten vor der Tempelzerstörung bei den Juden sowohl in Alexandrien als auch in Jerusalem in hohem Ansehen; die Tatsache der griechischen Übersetzung wurde als Erfüllung eines Segensspruches betrachtet, als Belohnung für die Gesetzestreue des jüdischen Volkes; die griechische Version wurde keineswegs als Ersatz oder Konkurrenz für das hebräische Original empfunden, sondern ihre Verfasser wurden den Helfern Moses', auf die etwas von seinem Geist gelegt wurde, gleichgestellt – den Helfern, die dadurch notwendig geworden waren, dass das Volk erfreulicherweise zu zahlreich wurde für das ihm gegebene Land, sich in der ganzen Welt verbreitete und die Bewunderung der Völker hervorrief. Offensichtlich wurde die unter solchen Umständen

---

308 Vgl. noch etwa die Botschaft des Jona-Buches, die Fürsorge Gottes für seine ganze Schöpfung, einschließlich Ninives, der großen Stadt, „in der mehr als hundertzwanzigtausend Menschen wohnen, welche nicht ihre Rechte oder ihre Linke erkannten, und viele Tiere" (Jona 4,11).

ARISTEAS: KONTEXTE – EINST UND HEUTE

hervorgebrachte griechische Auslegung der Tora für einen besonders wertvollen Teil der Tradition gehalten. Letztendlich galt schon das hebräische Original in einem gewissen Sinn als Auslegung. Denn die Menschensprache kann ein Wort Gottes nicht adäquat zum Ausdruck bringen. Gottes Worte im eigentlichem Sinn sind gleich Taten, durch sie wird die Welt erschaffen, sagt eine alte Exegese zu Gen 1:

> Unter der Rede Gottes ist nicht eine Aussage, sondern die Erschaffung der Dinge zu verstehen, wie Moses in unserer Gesetzgebung sagt, dass die ganze Weltschöpfung Worte Gottes waren. Er sagt ja ständig zu jeder einzelnen Erschaffung: und Gott sprach, und es wurde.[309]

Ein menschliches Wort kann das göttliche nur andeuten, nur eine Richtung weisen – die Exegese muss her, um möglichst viel (aber nie restlos alles) von dem, was sich darin verbirgt, herauszuholen. Es geht bei der Tora in einem gewissen Sinn immer um eine Übersetzung – aus dem Göttlichen ins Menschliche. Nicht zufällig kann das Wort ἑρμηνεύς, „Verkünder", sowohl „Übersetzer" als auch „Exeget" bedeuten – beide machen eines Anderen Gedanken den weniger Gebildeten zugänglich. In diesem Sinn ist in *Aristeas* und auch bei Philon tatsächlich ein „blurring of discourses" vorhanden, nämlich der Diskurse der Übersetzung und der Auslegung, aber diese Vermengung liegt in der Natur der Sache: Wir sagen auch heute, dass eine Übersetzung immer eine Auslegung ist, und bezogen auf die Verwandlung des heiligen hebräischen Konsonantentextes in griechische Prosa galt dies *a fortiori*.

Das hebräische Original war allerdings weiterhin da für jeden, der im Stande war, es zu konsultieren. Nach der Übersetzung der Siebzig arbeitete die hellenistisch-jüdische Bibelgelehrsamkeit weiter mit dem hebräischen Text und fasste die Ergebnisse oft in die griechische Sprache.

---

309 Aristobulus Fr. 2 Holladay: Δεῖ γὰρ λαμβάνειν τὴν θείαν φωνὴν οὐ ῥητὸν λόγον, ἀλλ' ἔργων κατασκευάς, καθὼς καὶ διὰ τῆς νομοθεσίας ἡμῖν ὅλην τὴν (35) γένεσιν τοῦ κόσμου θεοῦ λόγους εἴρηκεν ὁ Μωσῆς. συνεχῶς γὰρ φησιν ἐφ' ἑκάστου· „καὶ εἶπεν ὁ θεός, καὶ ἐγένετο." Vgl. Joh 1,1.

TEIL 2

Philons Bibel: *Die griechische Übersetzung und das durchschimmernde Original*

∵

Einleitung zum Teil 2

Für die Legende der Septuaginta war *Aristeas* die Hauptquelle und der Ausgangspunkt der Untersuchung. Für die exegetische Praxis auf Griechisch im Judentum des Zweiten Tempels ist Philon mit seinen vielen Bänden von Tora-Kommentaren der Hauptzeuge. Seine Bibel war eindeutig die Septuaginta – die biblischen Lemmata seiner Kommentare lassen keinen Zweifel daran zu. Trotz manchem gelehrten Versuch ist es bisher niemandem gelungen, Hebräisch-Kenntnisse bei ihm nachzuweisen. Gerade dort, wo er sich ausdrücklich auf das Hebräische beruft, bei den Etymologien der Eigennamen, finden sich auch die eindeutigsten Beweise dafür, dass er die biblischen Namen nur in griechischer Transliteration kennt und entsprechend die Namensinterpretationen aus zweiter Hand, aus griechisch geschriebenen Quellen schöpft. Philon scheint im Hebräischen im eigentlichen Sinne des Wortes ein Illiterat zu sein – er macht Buchstabenfehler. Gleichzeitig sind seine Etymologien teilweise exzellent, nicht im heutigen sprachwissenschaftlichen Sinn, sondern gemessen an Erfindungsreichtum und Witz, die eine hohe hebräische Sprachkompetenz zur Voraussetzung haben. Eine solche Kombination lässt nur eine Erklärung zu – die hebräischen Sprachkompetenzen sind nicht Philons eigene, sondern die seiner Quellen. Sein Hebräisch stammt aus einer griechischen Nacherzählung.

In die gleiche Richtung führen manche Beobachtungen außerhalb des Etymologien-Bereichs. Philons Exegese erklärt oft genau die Ausdrücke oder Inhalte, die im Griechischen wegübersetzt wurden. Der Wortlaut, auf den der Kommentar Bezug nimmt, ist durchwegs derjenige der Septuaginta. Trotzdem wird der Sinn und der Aufbau einer exegetischen Einheit oft verständlicher, wenn man den hebräischen Text heranzieht. Wiederum liegt die Vermutung nahe, dass sich der Exeget griechischer Kommentare bediente, die ursprünglich den hebräischen Text erklärten.

Wenn die Beispiele in diesem Teil tatsächlich die genannten Punkte belegen, müssen wir in der Zeit zwischen der Septuaginta und Philon eine exegetische Tradition annehmen, die mit Griechisch und Hebräisch gleichzeitig arbeitete und die Ergebnisse auf Griechisch darstellte. Diese Tradition wird das Fundament sein, auf dem Philons biblische Weisheit fußt. Sein Unvermögen im Hebräischen ist sicherlich ein Symptom für die allmähliche Verdrängung des entsprechenden Wissens unter den jüdischen Gelehrten in Alexandrien – aber kaum eine Ideologie, eine bewusste Entscheidung für die eine Sprachform gegen die andere, wie man es oft darstellt. „Die zwei Schwestern", wie er sie nannte, die hebräische und die griechische Tora, blieben in seiner Exegese unzertrennbar miteinander verbunden.

© MARIA SOKOLSKAYA, 2022 | DOI:10.1163/9789004523166_004

KAPITEL 2

Belege für eine griechische Quelle der Etymologien

Was die Ideologie angeht, bekundet Philon lautstark seine Treue zu der hebräisch verkündeten Wahrheit dadurch, dass er für jeden bei ihm erwähnten biblischen Eigennamen eine hebräische Etymologie bietet. Dies ist auf keinen Fall selbstverständlich. Die antiken Etymologien sind keine Leistungen der historischen Sprachwissenschaft, sondern ein rhetorisches Mittel, das mit hauptsächlich lautlicher oder graphischer Ähnlichkeit der unterschiedlichsten Wörter arbeitet und nur eine Regel kennt: Das Ergebnis muss passend bzw. zielführend sein.[1] Dass die fremdsprachigen Vokabeln (wie etwa die Eigennamen in der griechischen Tora) aus der Herkunftssprache erklärt werden müssen und nicht etwa aus der Zielsprache, steht nirgendwo geschrieben. Philon hat zwar nur ausnahmsweise Etymologien aus dem Griechischen für hebräische Namen, aber er hat sie[2] und findet – wie bestimmt auch seine Leser – nichts Befremdliches dabei. Der absolute Großteil seiner Etymologien erklärt aber Hebräisches aus dem Hebräischen – und dies ist einerseits ein Bekenntnis, andererseits – ein Hinweis auf seine Quellen.

Die philonischen Etymologien wurden in der Forschung mehrfach behandelt. Eine fast komplette Liste erstellte Siegfried in seiner Dissertation von 1863.[3] Seine Erklärungen zu den problematischen Fällen erwiesen sich aber als verbesserungsbedürftig. Es kamen einzelne glänzende Lösungen hinzu, etwa von Wutz zu dem Namen Σεσείν in seinen *Onomastica Sacra* von 1914.[4] Edmund Stein legte 1929 eine wichtige systematische Studie zu den philonischen Etymologien vor, ein schmales Buch von nur 60 Seiten,[5] die zwar nicht unbemerkt blieb, aber m. E. zu wenig oder zu oberflächlich zur Kenntnis genommen wurde.[6] Stein sah in den hebräischen Etymologien einen Schlüssel zu

---

1 Stein hat diese Erkenntnis in Bezug auf Philons Etymologien schon 1929 prägnant formuliert: „Man beging einen Irrtum, wenn man die unphilologische *Methode* als Beweis für die mangelhafte Kenntnis der hebräischen Sprache gelten ließ. Man könnte ebenso von einer mangelhaften Kenntnis des Griechischen bei – PLATO sprechen, weil sein ‚Kratylos‘ von falschen Etymologien wimmelt. Die Methode ist bei PLATO ebenso unphilologisch und man möchte fast sagen, daß seine Ausführungen kindlich anmuten" (Stein [1929], 24).

2 Aufgelistet in Grabbe (1988), 237; Stein (1929).

3 Siegfried (1863).

4 Wutz (1914), Bd. 1, 72.

5 Stein (1929).

6 Eine wichtige Ausnahme: Walter (1964).

© MARIA SOKOLSKAYA, 2022 | DOI:10.1163/9789004523166_005

den philonischen Quellen und einen Beweis, dass Philon seine „Allegoristik"
von früheren Generationen von jüdisch-hellenistischen Exegeten übernahm,
die kreativ mit dem hebräischen Originaltext und semitischem Sprachmaterial
arbeiteten. Damit trug er der Tatsache Rechnung, dass einige Etymologien –
insbesondere, wenn es um wichtige Figuren der Bibel geht, deren Namen sich
im Text mehrmals wiederholen – mindestens eine gewisse Ausrichtung auf
die allegorische Interpretation des Textes, wie Philon sie bietet, voraussetzen.[7]
Gleichzeitig konnte er genügend Belege dafür anführen, dass das philonische
Material nicht direkt aus einer semitischen Quelle stammt, sondern griechisch
vermittelt und auf dem Weg mehrfach verstümmelt, falsch abgeschrieben oder
missverstanden wurde. 1988 hat Lester L. Grabbe den philonischen Etymologien eine erneute sorgfältige Untersuchung gewidmet.[8] Er teilt sowohl Steins
Überzeugung, dass das beeindruckende etymologische Korpus – so gut wie
für jeden biblischen Eigennamen, den Philon erwähnt (Grabbes Liste beinhaltet 166 Namen) – „ein Erzeugnis von jemandem mit guten Hebräisch- und
Aramäisch-Kenntnissen sein musste",[9] wie auch diejenige, dass Philon unmöglich der Autor dieser Etymologien sein konnte. Die Möglichkeit, dass Philon
seine Etymologien von einer Tradition der allegorischen Exegese geerbt hat,
wie etwa aus seiner eigenen Aussage in *Abr.* 99 in Bezug auf die Etymologie
von Sara ersichtlich ist, lässt Grabbe zwar gelten, findet es aber unwahrscheinlich, dass Philon seine etymologischen Informationen „einfach durch Stöbern
in den Kommentaren oder Allegorien von Anderen" erworben habe. „Seine
Etymologien sind dafür einfach zu umfangreich", meint er und postuliert deswegen für Philon die Benutzung einer Namensliste, eines *Onomasticon*, wie

---

7   Vgl. zuletzt Bloch (2021), mit einigen Beispielen solcher Etymologien. Bloch will daraus (in
     der Nachfolge Wolfsons) schließen, dass die Etymologien von Philon selbst stammen und
     seine Hebräischkenntnisse bezeugen. Die von Stein, Grabbe und anderen dargelegten philo-
     logischen Gegenargumente, denen ich in der vorliegenden Arbeit etliche Details aus eigener
     Beobachtung hinzufüge, scheinen mir eine solche Möglichkeit mit einiger Sicherheit auszu-
     schließen. Aber, wie schon Stein in Bezug auf „ein etymologisches System" in Philons Schrif-
     ten treffend formulierte: „Dieses System ist vielmehr mit der Allegoristik eng verwachsen und
     ausschließlich aus ihr zu erklären. Wie in der stoischen Allegorie die Eigennamen, insbeson-
     dere die der Götter, den Ausgangspunkt für die allegorische Deutung bilden, sind auch bei
     Philon die Namen so dargestellt, daß sie im wesentlichen den Inhalt der Allegorie bereits
     enthalten und demnach sich mit den Begriffen schlechthin decken" (S. 25). Das trifft aber
     nur auf einen Teil der philonischen Etymologien zu (vgl. Grabbe [1988], 48). Eine systemati-
     sche Untersuchung der philonischen Etymologien in ihrem exegetischen Kontext bleibt ein
     Desiderat für die Zukunft.
8   Grabbe (1988).
9   Grabbe (1988), 101.

126 KAPITEL 2

sie aus späteren Zeiten – sowohl aus patristischem Schrifttum als auch aus einigen Papyri – bekannt sind.[10]

Ich werde im Weiteren für eine partielle Rückkehr zu Steins Ansichten plädieren. Unter der Annahme, dass Philon in seinen Auslegungen frühere auf Griechisch geschriebene exegetische Werke verwertete, die ihrerseits nicht nur die Septuaginta, sondern auch das hebräische Original berücksichtigten, drängt sich eine strikte Alternative „eigenständige Hebräisch-Kenntnisse" versus „Benutzung der *Onomastica*" nicht unbedingt auf. Wenn Philon die Etymologien nicht aus den Namenslisten entlehnte, sondern sie in den fortlaufenden Kommentaren seiner Vorgänger vorfand, konnte er auch die inhaltlichen Zusammenhänge der jeweiligen Etymologie mit der angebotenen Auslegung von dort bezogen haben. Eine eingehende Untersuchung in diese Richtung bleibt ein Desiderat für die Zukunft. Im Folgenden konzentriere ich mich auf die Belege dafür, dass Philon das semitische Material nur in griechischer Transliteration vorlag; dies erscheint wichtig, da man in letzter Zeit immer wieder eine Revision der alten Frage nach den philonischen Hebräischkenntnissen aufgrund von allgemeinen Plausibilitätserwägungen versucht,[11] wo doch grundsätzlich nur philologische Detailuntersuchungen aussagekräftig sein können.

Die markantesten Beispiele sind Μαχείρ in *Congr.* 42 mit der Etymologie πατρός (Nr. 103 Grabbe) und Σεσείν in *Post.* 61 mit der Etymologie ἐκτός μου (Nr. 134 Grabbe) sowie Σεπφώρα in *Cher.* 31 und *Her.* 128, beide mit der Etymologie ὀρνίθιον (Nr. 133 Grabbe), obwohl es sich um zwei verschiedene hebräische Namen handelt, die nur in ihrer griechischen Form (in der LXX) gleich aussehen.

1   Μαχείρ

Congr. 41 f.:

> Mit dem Mann des Gedächtnisses lebt eine Ehefrau, Gedächtnis, mit dem Mann des Vergessens ein Kebsweib, Wiedererinnerung, ihrer Herkunft nach Syrerin, prahlerisch und überheblich; denn Syrien bedeutet übersetzt „hochfliegend". Dieses Kebsweibes, der Wiedererinnerung, Sohn ist Machir, wie die Hebräer ihn nennen, die Griechen aber nennen ihn

---

10   Grabbe (1988), 102 f.
11   Vgl. Rajak (2014).

BELEGE FÜR EINE GRIECHISCHE QUELLE DER ETYMOLOGIEN

„des Vaters". Denn diejenigen, die sich wiedererinnern, meinen, der Vater Intellekt sei die Ursache des Erinnerns, ohne zu berücksichtigen, dass dieser selbst einst auch das Vergessen umfasste, die er aber nicht bei sich aufgenommen hätte, wenn es an ihm läge. Es wird ja gesagt: „Manasse wurden Söhne geboren, die ihm das syrische Kebsweib geboren hat, den Machir. Machir aber zeugte Galaad."[12]

Dies ist eine äußerst merkwürdige Fortschreibung einer Allegorie, die in ihrem Kern zu Philons Lieblingsstücken gehört. Über Manasse und Ephraim als Gedächtnis und Wiedererinnerung spricht er nicht nur hier in *Congr.*, sondern auch noch an folgenden Stellen: *Leg. All.* III,90–93; *Migr.* 205; *Mut.* 98–102. In *Mut.* 100 beginnt Philon seine Ausführungen sogar mit der Bemerkung „wie ich in meinen anderen Werken schon öfters gesagt habe" (ὡς πολλάκις εἴπομεν ἐν ἑτέροις), einem der seltenen Hinweise zur relativen Chronologie seiner Traktate. Μνήμη und ἀνάμνησις werden in dieser Allegorie in einer durchaus unplatonischen Weise verstanden, nämlich eher so wie in Aristoteles' Schrift *De memoria et reminiscentia* (Περὶ μνήμης καὶ ἀναμνήσεως), die sich explizit gegen Platons Anamnesis-Theorie richtet. Das Gedächtnis sei, erklärt Philon, ein ununterbrochener Besitz des erworbenen Wissens, die Wiedererinnerung setze dagegen ein vorheriges Vergessen voraus, sei ein sporadisches Ereignis und deswegen niedriger einzuschätzen. Außerdem müsse man sich einer Sache mehrmals wiedererinnern, bevor man sie im Gedächtnis behalten kann. Zeitlich gehe also die Erinnerung vor, sei sozusagen älter als das Gedächtnis – und trotzdem weniger wertvoll. Das Gedächtnis verfüge über seine Inhalte, Wiedererinnerung habe mit Vergessen zu tun, das unfreiwillig ist. Dies zeige wiederum, dass das Gedächtnis höher steht als die Wiedererinnerung. Dies alles findet Philon perfekt in der Szene symbolisiert, wo Jakob vor seinem Tod die Söhne Josephs, Manasse und Ephraim, segnet (Gen 48,8–20) und seine Arme kreuzt, die rechte Hand auf des jüngeren (Ephraim) Haupt legt, die linke aber auf Manasses Haupt, „obwohl er der Erstgeborene war" (V. 14). Die Etymologie spielt mit. Der Ausgangspunkt scheint in der Etymologie Manasses ἐκ λήθης, „aus dem Vergessen" zu liegen (von מן und נשׁה). Καρποφορία, „das Früchte-Tragen" als Übersetzung für Ephraim, hätte alleine das Ganze wohl nicht in Gang gesetzt, passt aber leidlich ins Bild, da die Inhalte des Gedächtnisses die eigentlichen Früchte des Lernens sind. Es sind keine Etymologien, die

---

12 μνημονικῷ μὲν οὖν ἀνδρὶ ἀστὴ συμβιοῖ γυνή, μνήμη, ἐπιλανθανομένῳ δὲ παλλακίς, ἀνάμνησις, Σύρα τὸ γένος, ἀλαζὼν καὶ ὑπέραυχος· Συρία γὰρ ἑρμηνεύεται μετέωρα. τῆς δὲ παλλακίδος ταύτης, ἀναμνήσεως, υἱός ἐστι Μαχείρ, ὡς Ἑβραῖοι καλοῦσιν, ὡς δὲ Ἕλληνες, πατρός· νομίζουσι γὰρ οἱ ἀναμιμνησκόμενοι τὸν πατέρα νοῦν αἴτιον εἶναι τοῦ ὑπομνησθῆναι. καὶ οὐ λογίζονται, ὅτι ὁ αὐτὸς

128   KAPITEL 2

die beschriebene Allegorie von vornherein voraussetzen – es ist also unmöglich
zu wissen, ob Philon sie in diesem Zusammenhang oder unabhängig davon vorgefunden hatte; aber sowohl das Gesamtbild wie auch die Ableitung aus dem
Hebräischen sind stimmig. Es ist ein elegantes und klares Stück Exegese. Von
Machir „des Vaters" kann man dies aber bei bestem Willen nicht sagen. Sein
Eindringen erklärt sich dadurch, dass es im Zusammenhang von *De congressu
eruditionis gratia* auf die Gegenüberstellung von Ehefrauen und Kebsweibern
(als Analogien zu den Hauptfiguren Sara und Hagar) ankommt. Manasse hatte
ein syrisches Kebsweib, die ihm den Sohn Machir geboren hat, diesen Vers
zitiert Philon. Ephraim dagegen, erfahren wir, lebt mit einer Ehefrau zusammen. Das ist interessant, da man im Pentateuch zwar viel über die Söhne
Ephraims liest, aber nichts über ihre Mütter. In 1 Chr 7,23 wird jedoch erwähnt,
dass Ephraim „zu seiner Frau einging". Es ist dasselbe Kapitel, aus dem der Vers
Gen 46,20, den Philon zitiert, supplementiert wurde (1 Chr 7,14: בני מנשה אשריאל
אשר ילדה פילגשו הארמיה ילדה את־מכיר אבי גלעד) – ein Zusatz, den die LXX behielt,
der MT aber ausgeschieden hat. Es scheint, dass Philon die exegetischen Traditionen über die Söhne Josephs außerhalb des Pentateuchs berücksichtigte. Da
nun die Gegenüberstellung der beiden Brüder durch den Gegensatz „Ehefrau –
Kebsweib" dupliziert wird, verdoppelt sich auch die Allegorie. Nicht Ephraim
selbst ist nun „Gedächtnis", sondern er ist ein gedächtnisstarker Mann, dessen Ehefrau „Gedächtnis" ist, Manasse aber „der Vergessliche", dessen Kebsweib
„Wiedererinnerung" ist. Von dieser „arroganten" Frau hat er nun einen Sohn, der
deswegen „des Vaters" heißt, weil derjenige, der sich erinnert, meint, der Vater
Geist sei dafür verantwortlich, dass die Erinnerung aufgekommen ist, ohne zu
berücksichtigen, dass dieser selbe Geist davor das Vergessen beinhaltete, und
zwar unfreiwillig. Offenbar will Philon sagen, dass das Ergebnis der Wiedererinnerung nicht aus dem Intellekt des sich Erinnernden kommt, sondern von
außen, also nicht in seiner Gewalt steht und somit minderwertig ist. Als eine
Interpretation im Geiste von *De memoria et reminiscentia* mag das schlüssig
sein, die etymologische Begründung ist aber doppelt absurd: Sie scheint *ex
negatione* zu funktionieren, wie das berühmte *lucus a non lucendo* („ein Hain"
von „kein Licht"): Er heiße „des Vaters", weil einige Leute denken, da wäre ein
Vater Geist/Intellekt im Spiel, aber eigentlich kann dieser nichts dafür … Es
bleibt auch rätselhaft, was Machir eigentlich symbolisiert, so dass Grabbe in
der Rubrik „Symbol" einfach nur „son of Manasse (remembering)" anführen

---

οὗτος ἐχώρησέ ποτε καὶ λήθην, οὐκ ἂν δεξάμενος αὐτήν, εἰ παρ'αὐτὸν ἦν τὸ μεμνῆσθαι. λέγεται γάρ·
„ἐγένοντο υἱοὶ Μανασσῆ, οὓς ἔτεκεν αὐτῷ ἡ παλλακὴ ἡ Σύρα, τὸν Μαχείρ· Μαχεὶρ δὲ ἐγέννησε
τὸν Γαλαάδ" (Gen 46,20 LXX).

BELEGE FÜR EINE GRIECHISCHE QUELLE DER ETYMOLOGIEN 129

konnte.[13] In Cohns Ausgabe von Philons Werken in deutscher Übersetzung hat der Übersetzer Hans Lewy nach einer gewagten Konjektur übersetzt. Der Streit darüber zwischen Lewy und dem Herausgeber Isaac Heinemann wird sogar in einer Fußnote ausgetragen. Lewy übersetzt: „Den Sohn dieser Kebsfrau ‚Wiedererinnerung' nennen die Hebräer ‚Machir', die Griechen ‚⟨Erwachen⟩ des Vaters.'"[14] Die Fußnote lautet:

> Vor πατρός ist mit L. Cohn[15] auf Grund der Nebenüberlieferung im Onom. Sacr. 195, 68 ed. Lagarde ἐγρήγορσις zu ergänzen. Die etymologische Deutung ist unklar. Wutz (Onom. Sacra I 72) nimmt dagegen an, daß Philon in seiner Vorlage πατρός irrtümlich statt πρατός (מְכוּר) gelesen habe. [Vielleicht dachte Philos Vorlage an מְכוּרָה „Abstammung, Herkunft". Die Ergänzung ἐγρήγορσις ist mir nicht wahrscheinlich. Denn die Deutung nimmt nicht auf den mystischen, Philo vertrauten Begriff des Erwachens (aus Dumpfheit und Sünde) Bezug, sondern tadelt den Stolz, der sich des „Vaters", des Verstandes rühmt, wie Über die Einzelges. I 333. I.H.].

Die Anmerkung ist gleich ein Dialog. Hans Lewy plädiert dafür, dem Vorschlag Cohns (bzw. Wendlands) im Apparat seiner *Editio Maior* zu folgen und eine Etymologie aus einem späten *Onomasticon* zu übernehmen, um eine sinnvolle Übersetzung zu bekommen, räumt aber gleich ein, dass man keine vernünftige Ableitung aus dem Hebräischen vorschlagen kann, ob mit oder ohne „Erwachen". Isaac Heinemann, der Herausgeber, wendet in der gleichen Fußnote ein, dass man in der philonischen Deutung keine Spuren von „Erwachen" entdecken kann; die Ergänzung wird also weder von der handschriftlichen Überlieferung noch von dem Inhalt des Kommentars getragen und ist deswegen abzulehnen. Zur semitischen Ableitung der Etymologie verweist er (ohne Quellenangabe) auf den Vorschlag von Siegfried in seiner Dissertation von 1863,[16] wo „des Vaters" durch eine bei Ezechiel (29,14; vgl. 16,3) vorkommende Vokabel מכורה erklärt wird.[17] Die Ableitung ist nicht überzeugend, aber Heinemann setzte bei Philon Hebräisch-Kenntnisse voraus und war deswegen mit der Idee

---

13 Grabbe (1988), 186.

14 Philon Deutsch Bd. VI (1938), 15 mit Anm. 3

15 Cohn-Wendland Band III mit *De Congressu* ist von Paul Wendland herausgegeben, ich gehe davon aus, dass „scripsi" im Apparat zu *Congr.* 41 auf ihn verweist. Entweder hat Lewy vergessen, wer von den beiden Herausgebern für den Band verantwortlich war, oder wusste er etwas, was mir entgangen ist.

16 Siegfried (1863), 27.

17 Die Vokabel ist offenbar von כרה „graben" abgeleitet, wird in der Septuaginta und Vulgata als „Wurzel" übersetzt und bedeutet im Zusammenhang in Ezechiel „Herkunft".

130 KAPITEL 2

Wutz' nicht glücklich, hier liege eine korrumpierte Lesart einer auf Griechisch formulierten Etymologie vor. Wutz' Erklärung hat aber viel für sich: Die Ableitung aus dem Semitischen ist bei πρατός, „zum Verkauf aufgestellt, käuflich" von מכר „kaufen" tadellos, und die Verschreibung zu πατρός paläographisch trivial. So sagt auch Grabbe mit gutem Grund: „Wutz is almost certainly correct; it fits the Hebrew better and is also the meaning given by Hier⟨onymus⟩ (,vendens')."

Dass Philon in diesem Fall von einer griechischen Quelle irregeleitet wurde, scheint somit sicher. Für die Frage, ob diese Quelle ein Kommentar oder ein *Onomasticon* gewesen ist, bringt der Beleg nicht viel. Es ist offenbar Philons persönliche Leistung in diesem Abschnitt, seine Lieblingsinterpretation von Ephraim und Manasse, den beiden ungleichen Brüdern, in das für *De congressu* bestimmende Schema „Ehefrau vs. Kebsweib" zu zwingen. Das Thema der Ephraim-Manasse-Allegorie, „Lernen" vs. „Wissen", „ein fruchtbares Wissen, der echte Reichtum der Seele" vs. „die Voraussetzung zu dessen Erreichen, ein vergängliches, vorläufiges Wissen", passt einfach zu gut in *De congressu*; nur muss der Gegensatz von erstgeborenem und nachgeborenem Bruder zur Gegenüberstellung der Ehefrau und Konkubine werden. Dies wird mit Hilfe von Manasses syrischem Kebsweib erreicht, das eine passende Etymologie mitbringt. Diese wurde womöglich von Wendland in der *Editio Maior* und infolgedessen auch von Hans Lewy missverstanden. Alle Handschriften lesen in *Congr.* 41 Συρία γὰρ ἑρμηνεύεται μετεωρία. In der *Editio Maior* übernimmt Wendland seine eigene Konjektur μετέωρα in den Text – offenbar aufgrund der Parallelstelle *Leg. All.* III,18, wo die Handschriften in derselben Etymologie μετέωρα bieten. Das Plural Neutrum schien schon Mangey verdächtig, er schlug μετέωρος vor. Dabei wäre höchstwahrscheinlich an beiden Stellen μετεωρία zu lesen. Das Wort ist zwar nur bei lateinischen Schriftstellern überliefert, aber gerade diese Zeugnisse machen deutlich, dass wir es mit einem im 1. Jh. u. Z. (wahrscheinlich auch schon früher) sehr gängigen Ausdruck der griechischen Umgangssprache zu tun haben, den die Römer für so prägnant und nützlich hielten, dass sie ihn durch kein lateinisches Äquivalent ersetzen konnten oder wollten; die Bedeutung gibt Liddell-Scott mit „Vergesslichkeit" an, womit wohl das deutsche „Übersehen" zu vergleichen ist. Nach Philons Kommentar zu urteilen, wurde damit eine Geistesabwesenheit bezeichnet, die auch etwas mit Überheblichkeit zu tun hatte. Die Beispiele sind Sueton, *Claudius* 39:

> Inter cetera in eo mirati sunt homines et oblivionem et inconsiderantiam, vel ut Graece dicam, μετεωρίαν et ἀβλεψίαν. Occisa Messalina, paulo post quam in triclinio decubuit, cur domina non veniret requisiit. („Unter anderem wunderte man sich über seine Vergesslichkeit und Zerstreut-

heit, oder, um es griechisch zu sagen, seine μετεωρία und ἀβλεψία. Kurze
Zeit nachdem Messalina ermordet wurde, fragte er, als er seinen Platz am
Tisch nahm, wo denn die Herrin bleibe.")

Das andere ist Fronto, *Brief an den Kaiser Marcus Aurelius*, 4,7:

Sed cum dis juvantibus ad urbem veniemus, admone me, ut tibi aliquid de
hac re narrem. Sed quae tua et mea meteoria est, neque tu me admonebis
neque ego tibi narrabo. („Wenn ich mit Gottes Hilfe nach Rom komme,
erinnere mich daran, dass ich dir über diese Sache berichten soll. Aber
wie ich deine und meine Vergesslichkeit kenne, wirst du mich nicht daran
erinnern und ich werde dir nicht berichten.")

Eine solche überhebliche Vergesslichkeit passt wunderbar als Kebsweib zu
Manasse, der „aus dem Vergessen" bedeutet. Für Machir bleibt in dieser Allegorie kein Platz vakant, egal was der Name bedeutet. Philon fühlte sich anscheinend verpflichtet, wenn er schon einen biblischen Vers in seine Ausführungen
eingeflochten hatte, die Namen *aller* darin vorkommenden Personen zu ety-
mologisieren. Von ähnlichen Fällen sagt Grabbe: „It is natural that any unusual
feature of the text had to be explained. In the same way, the very existence of an
etymology for a particular name demanded its use. Thus, the etymology might
itself be the problem rather than an aid to the solution."[18]

2 Σεσείν

Σεσείν ist unter den Etymologien der Kronzeuge dafür, dass Philon sich ausschließlich auf griechische Quellen stütze. Den Namen ששׁי in Num 13,22,
der aus dem Hebräischen als „mein sechster" interpretiert werden kann, also
ΕΚΤΟϹ ΜΟΥ (ἐκτός μου), versteht er als „außer mir", also auf Griechisch ohne
diakritische Zeichen wiederum ΕΚΤΟϹ ΜΟΥ (ἐκτός μου); entsprechend macht
er aus diesem Bewohner von Hebron ein Symbol für äußere Güter. Ein Fehler wie dieser setzt voraus, dass Philon in seiner Quelle bloß eine Übersetzung
des Namens vorgefunden hatte, ohne einen interpretativen Zusammenhang.
Dieser Beleg suggeriert die Benutzung einer Namensliste oder eines Kommentars mit knappen Angaben zu den Eigennamen, ohne allegorischen Über-
bau.

---

18   Grabbe (1988), 47.

132 KAPITEL 2

3   Σεπφώρα

Wie wenig das griechische Alphabet für Hebräisch taugte, zeigt unter anderem die Tatsache, dass die Namen צפרה (Moses' Frau) und שפרה (eine der Hebammen in Ex 1,15) in der Septuaginta gleich aussehen, nämlich Σεπφωρα. Entsprechend hat Philon für beide dieselbe Erklärung – „Vogel", und zwar beide Male in der unklassischen Form ὀρνίθιον:

Für Zippora:

> *Cher.* 41: Σεπφώρα δὲ ἡ Μωυσέως ἀπὸ γῆς εἰς οὐρανὸν ἀνατρέχουσα καὶ τὰς ἐκεῖ θείας καὶ εὐδαίμονας φύσεις κατανοοῦσα, καλεῖται δὲ ὀρνίθιον. („Sepphora, Moses' Frau, die von der Erde in den Himmel emporgeeilt ist und dort göttliche und selige Wesenheiten mit geistigem Auge geschaut hat, heißt ‚Vogel'.")

Für Schifra:

> *Her.* 128: ταύτας μοι δοκεῖ τὰς ἀρετὰς Μωυσῆς αἰνιξάμενος μαίας Ἑβραίων ὀνομάσαι Σεπφώραν τε καὶ Φουάν· ἡ μὲν γὰρ ὀρνίθιον, Φουὰ δὲ ἐρυθρὸν ἑρμηνεύεται. („Mir scheint, dass Moses genau diese Tugenden andeutete, als er die hebräischen Hebammen Sepphora und Phua nannte; denn jene heißt übersetzt ‚Vogel' und Phua heißt ‚rot'.")

Nicht nur das Nicht-Unterscheiden der Namen macht hier Philons Abhängigkeit von einer griechischen Quelle klar, sondern (bei Grabbe vermerkt)[19] auch das unklassische, umgangssprachliche ὀρνίθιον für „Vogel" anstatt des gehobenen ὄρνις, das Philon ansonsten (immerhin 17 Mal in seinem erhaltenen Korpus) gebraucht, auch in *Her.* 128, sobald er die Bedeutung „Vogel" im unmittelbaren Anschluss an die Etymologie mit eigenen Worten kommentiert: τῆς μὲν οὖν θείας ἐπιστήμης ὄρνιθος τρόπον τὸ αἰεὶ μετεωροπολεῖν ἴδιον. („Die Eigenschaft des göttlichen Wissen ist Höhenflug nach Vogelart.") Die diminutive Form ὀρνίθιον gehört demselben nicht-klassischen, umgangssprachlichen Griechisch an, in dem auch der LXX-Pentateuch verfasst ist. Grabbe macht auf mehrere Fälle eines solchen abweichenden Sprachgebrauchs in philonischen Etymologien aufmerksam:[20] Einer davon wurde von Yehoschua Amir in einem 1961 auf Hebräisch publizierten Artikel vorgestellt. Eine englische Übersetzung

---

19   Grabbe (1988), 203: „Interest⟨ing⟩ly also, that Philo's definition makes use of a word (*ornithion*) not normally part of his usage; elsewhere he has *ornis* for ‚bird.'"
20   Grabbe (1988), 107 f.

BELEGE FÜR EINE GRIECHISCHE QUELLE DER ETYMOLOGIEN

von Amirs Artikel hat Grabbe als Anhang 2 in seinem Buch veröffentlicht.[21] Es geht um die Etymologie des Namens von Moses' Schwiegervater Jethro, die Philon nach Amir an zwei Stellen, in Wirklichkeit sogar dreimal in der Form περισσός angibt. Amir verweist auf *Agr.* 43 und *Mut.* 103, dazu kommt noch *Gig.* 50: ὁ περισσὸς τῦφος, ἐπίκλησιν Ἰοθόρ („der überschüssige Prunk, Jothor mit Namen"), und macht darauf aufmerksam, dass Philon an beiden Stellen sofort zu der attischen Form zurückkehrt, wenn er die Etymologie in eigenen Worten kommentiert:

> *Mut.* 103: Ἰοθὸρ μέν, ὅταν τῦφος εὐημερῇ· μεταληφθεὶς γάρ ἐστι περισσός, περιττὸν δὲ ἀψευδεῖ βίῳ τῦφος. („Iothor, wenn der Prunk die Oberhand hat; denn übersetzt bedeutet der Name ‚überschüssig', und Prunk ist für das wahre Leben überschüssig.")

> *Agr.* 43: περισσὸς γὰρ Ἰοθὸρ ἑρμηνεύεται, περιττὸν δὲ καὶ ἐπεισηγμένον ἀπλανεῖ βίῳ πρὸς ἀπάτην τῦφος. („denn Iothor bedeutet übersetzt ‚überschüssig', und tatsächlich ist Prunk für ein rechtschaffenes Leben etwas überschüssiges und sich trügerisch einschleichendes.")

Heute lässt sich mit Hilfe des *TLG* unschwer feststellen, dass Philon die attizistische Form περιττός in seinen Werken 102 Mal gebraucht, περισσός aber nur vier Mal. Drei davon sind die obengenannten Belege für den Namen Jethro, die vierte Stelle ist *Somn.* II,64: καθάπερ γὰρ τοῖς δένδρεσιν ἐπιφύονται βλάσται περισσαί ... ἃς καθαίρουσι καὶ ἀποτέμνουσι προνοίᾳ τῶν ἀναγκαίων οἱ γεωργοῦντες. („Wie überflüssige Auswüchse an den Bäumen ... welche die Bauern als notwendige Pflege bereinigen und entfernen."). Woher Philons landwirtschaftliche Parabel stammt, konnte ich nicht herausfinden, es könnte auch ein Zitat sein. Auf jeden Fall kommt, wenn man die Etymologie von Jethro abzählt, ein Beleg von περισσός auf 102 von περιττός, so dass man Ersteren mit einiger Sicherheit als Anomalie in Philons Sprachgebrauch bezeichnen kann.

Grabbe nennt noch ὠμίασις für „Schulter" als Etymologie von Sichem in *Leg. All.* III,25 und *Migr.* 221, anstatt des sonst üblichen ὦμος. Sichem wird bei Philon 4 Mal etymologisiert, zweimal mit ὠμίασις und zweimal mit ὦμος in *Det.* 9 und *Mut.* 193. ὠμίασις scheint ein künstlich gebildetes Wort zu sein, das es im ganzen Thesaurus nur 11 Mal gibt, und alle 11 sind Belege für die Sichem-Etymologie. Ob die patristischen Belege alle von Philon abhängig sind oder bei

---

21   Grabbe (1988), 233–235.

134 KAPITEL 2

näherem Betrachten Schlüsse auf eine andere (womöglich mit Philon gemeinsame) Quelle für diese Vokabel erlauben, konnte ich bisher nicht herausfinden.

Ich frage mich, ob die oben besprochene μεθεωρία als Etymologie von Syrien nicht auch zu den Belegen des Koine-Charakters der Etymologien-Quelle(n) zählen könnte. Es handelt sich offenbar auch um ein im postklassischen Griechisch (die Belege sind aus dem 1. Jh. u. Z.) populäres umgangssprachliches Wort, das aber in unseren literarischen Quellen keine Spuren hinterlassen hat, gehörte also nicht zur Standard-Schriftsprache.

4 Νῶε

In Richtung Kommentar zum ganzen Bibelvers (im Unterschied zu einer alphabetischen Namensliste) weisen Belege, wo sonstige Informationen aus dem betreffenden Vers von Philon irrtümlich für die Etymologie des Namens gehalten werden.

Ein relativ klarer Fall dieser Art ist Noah (Νῶε) (Grabbe Nr. 115): In *Leg. All.* III,77 sagt Philon: ἑρμηνεύεται γὰρ Νῶε ἀνάπαυσις ἢ δίκαιος („Noah bedeutet übersetzt ,Ruhe/Erholung' oder ,Gerechter'"), in *Abr.* 27: ὃς Ἑβραίων μὲν τῇ γλώττῃ καλεῖται Νῶε, τῇ δὲ Ἑλλήνων „ἀνάπαυσις" ἢ „δίκαιος." („der auf Hebräisch Noah heißt, auf Griechisch ,Ruhe/Erholung' oder ,Gerechter'.") Die erste Etymologie ist eine unproblematische Ableitung von dem hebräischen נוח, die zweite stammt offensichtlich aus Gen 6,9: Νωε ἄνθρωπος δίκαιος τέλειος ὢν ἐν τῇ γενεᾷ αὐτοῦ. („Noah war ein gerechter, untadeliger Mann in seiner Generation.") Philon muss also ein wichtiges Epitheton Noahs für eine Übersetzung seines Namens gehalten haben. Am interessantesten ist die Stelle *Det.* 121f.:

> μαρτυρήσει δ' ἡ Νῶε γένεσις – ὃ ἑρμηνεύεται δίκαιος –, ἐφ' οὗ λέγεται· „οὗτος διαναπαύσει ἡμᾶς ἀπὸ τῶν ἔργων ἡμῶν καὶ ἀπὸ τῶν λυπῶν τῶν χειρῶν ἡμῶν καὶ ἀπὸ τῆς γῆς ἧς κατηράσατο κύριος ὁ θεός" (Gen 5,29). πέφυκε γὰρ ἡ δικαιοσύνη πρῶτον μὲν ἀνάπαυλαν ποιεῖν ἀντὶ καμάτου etc. „Das wird uns die Geburt Noahs bezeugen – dessen Name lautet übersetzt ,Gerechter' –, von dem gesagt wird: ,Dieser wird uns Erholung bringen von unseren Werken und von den Mühen unserer Hände und von dem Acker, den der Herr Gott verflucht hat.' Denn die Gerechtigkeit bringt vor allem Erholung anstatt Mühsal" usw.

Als Etymologie des Namens Noah gibt Philon hier explizit nur „gerecht" an, seine Erklärung aber bemüht gerade den Vers, in dem die Septuaginta Noah etymologisch mit dem Verb נוח verbindet, und zwar im Unterschied zu dem MT, der eine viel weniger naheliegende Ableitung (von נחם) bietet. Wie Grabbe richtig sagt: „It is likely there were two Heb⟨rew⟩ textual traditions, one of which gave rise to the LXX and the other to the MT."[22] Das macht wahrscheinlich, dass Philons Quelle schon die Verbindung zwischen Noahs Haupteigenschaft „Gerechtigkeit" und der „Ruhe" bzw. „Erholung" enthielt, die er seinem Namen nach dem Menschengeschlecht bringen wird, nur ist Philon nicht im Stande zu unterscheiden, welcher Teil zur Etymologie gehört und welcher ein davon unabhängiges Epitheton ist. Diese Quelle musste auf jeden Fall ein Kommentar zur Sintflut-Perikope gewesen sein; am wahrscheinlichsten ist diese Quelle aus dem Hebräischen/Aramäischen übersetzt. Denn in einer Übersetzung ist eine solche Vermengung des Epitheton mit der Etymologie fast unvermeidlich. Zur Veranschaulichung: Es gibt einen russischen Vornamen Swetlana, der von „Swet" kommt, einer Vokabel für „Licht". Stellen wir uns vor, ein russischer Kommentator einer Swetlana-Erzählung schreibt auf Russisch: Swetlana bedeutet Schönheit, denn Swet ist schön, und sie bringt den Menschen Swet. Innerhalb der russischen Sprache heißt das unmissverständlich: Licht ist die Etymologie des Namens und Schönheit eine Eigenschaft der besagten Swetlana. Wenn wir aber diesen Kommentar, so wie er steht, ins Deutsche übersetzen, bekommen wir den Satz „Swetlana bedeutet Schönheit, denn Licht ist schön, und sie bringt den Menschen Licht". Hier ist es schon wesentlich schwieriger zu unterscheiden, ob „Swetlana" als Vokabel nun „Schönheit" oder „Licht" bedeutet. In einem *Onomasticon* aber wäre der Name schlicht mit „Licht" übersetzt, die „Schönheit" kommt nur durch die Berücksichtigung des ganzen Satzes ins Spiel. Genauso konnte in einem Kommentar stehen: Noah steht für „gerecht", weil die Gerechtigkeit Ruhe bringe. Für Philon kann man sich die Benutzung eines solchen aus dem Semitischen übersetzten Kommentars vorstellen.

---

22 Grabbe (1988), 193.

KAPITEL 3

Belege für die hebräisch orientierte Exegese bei Philon

Es lässt sich allerdings die Meinung verfechten, dass die Bibelexegese in den ersten Zeiten ihrer Gräzisierung Kommentare benutzte und nach und nach übersetzte und anpasste, die ursprünglich mit dem hebräischem Text im Blick verfasst worden waren. Da diese Gattung extrem konservativ ist (deswegen sucht und findet man etwa in der rabbinischen Literatur Überlieferungen aus der Zeit vor der Tempelzerstörung und dergleichen mehr), würde sie erwartungsgemäß vieles behalten, was zu den neuen Textformen nicht genau passte, aber durch die Tradition geheiligt und gefühlsmäßig unentbehrlich war – so etwa hebräische Etymologien in griechischen Kommentaren, aber auch andere Elemente, die weiter tradiert werden, obwohl es die exegetischen Haken, an denen sie im ursprünglichen hebräischen Wortlaut hingen, in der griechischen Übersetzung oftmals nicht mehr gab – diesem Phänomen in Philons Werken wenden wir uns gleich zu. Diese exegetischen Elemente würden dann dafür sorgen, dass die hebräische und die griechische Textform der Heiligen Schrift immer im Dialog blieben (wie wir sie in der Frühzeit des Christentums, die besser dokumentiert ist, tatsächlich im Dialog vorfinden), auch wenn die einzelnen Exegeten nur in einem Sprachbereich eigentliche Kompetenzen besaßen.

1 Allgemeine Überlegungen

Einige allgemeine Überlegungen zum Zusammenspiel des Biblischen und Griechischen, „Jerusalem" und „Athen" bei Philon und der Wahrnehmung des Problems in der Forschungsgeschichte müssen vorangestellt werden.

Ein bis heute einflussreiches Buch von Carl Siegfried, *Philo von Alexandria als Ausleger des Alten Testaments*, Jena 1875 ist eine Fundgrube nützlichen Materials. Andererseits ist es auch, wie nicht anders möglich, in mancher Hinsicht veraltet. Allerdings wird manche Behauptung und, was wichtiger ist, manche Einstellung von Siegfried bei Besprechungen der philonischen Exegese bis heute oft unreflektiert mitgeschleppt. Einige ganz allgemeine Probleme des heutigen Zugangs zur Bibelexegese lassen sich hier sozusagen an der Wurzel sehr gut verdeutlichen. Bei seiner Verortung Philons innerhalb des Judentums

© MARIA SOKOLSKAYA, 2022 | DOI:10.1163/9789004523166_006

BELEGE FÜR DIE HEBRÄISCH ORIENTIERTE EXEGESE BEI PHILON   137

tendiert Siegfried dazu, zwei Größen in unmittelbaren Kontakt treten zu lassen: das Alte Testament, wie es, nach Siegfrieds Meinung, „wirklich" ist – und die „philonische Schriftdeutung", die in seinen Augen ein individuell erreichtes Ergebnis griechischer philosophischer Schulung und jüdischer Religiosität ist. Deswegen kann Siegfried, indem er die philonische Vorstellung von dem höchst transzendenten, jeden menschlichen Verstand übersteigenden, eigenschaftslosen göttlichen Wesen schildert, etwa schreiben:[1]

> Aber von einem eigenschaftslosen Gott weiss das A.T. nichts, vielmehr hat Gott in demselben sehr bestimmte Eigenschaften; auch ist Gott im A.T. nichts weniger als frei von Affekten, sondern von sehr lebhaftem Eifergeist erfüllt, von Reue bewegt u. ähnl.; und er ist durchaus kein namenloses Wesen, sondern seinem Volke unter einem bestimmten heiligen Namen geoffenbart. Das A.T. endlich unterscheidet wol [sic!] Gott von der Welt, ist aber sehr weit entfernt diesen Gegensatz zum unversöhnlichen Dualismus zu treiben. *Es ist daher offenbar, dass das A.T. nicht das Fundament der philonischen Gotteslehre sein kann*; wir entdecken das Letztere vielmehr in jenem Gegensatze, in welchen die platonische Philosophie die Idee zur Materie stellt. ... Eine solche Theologie, wenn sie nicht geradezu mit dem A.T. brechen wollte, war zu den gewaltsamsten Umdeutungen genötigt.

Das Verständnis des Alten Testaments ist bei dem protestantischen Theologen Siegfried durchaus historisch-kritisch: Er betrachtet die *Scriptura* von jeglicher religiösen Tradition losgelöst und nimmt als ihren „eigentlichen" Sinn denjenigen an, der die Entstehung des Textes am plausibelsten erklärt. Vor Philon und dem Judentum macht sein Historizismus aber halt: Er scheint sich nicht im Klaren darüber zu sein, dass die Auffassung eines gläubigen Juden im 1. Jh. u. Z., egal ob in Palästina oder in Alexandrien, nicht unbedingt dem rekonstruierten Glauben der ersten Verfasser des Pentateuchs entspricht. Durch dieses Missverständnis – einer direkten Konfrontation mit einem historisch rekonstruierten „Geist" der ältesten Teile der Biblia Hebraica – wird das Bild Philons nicht weniger verunstaltet als durch einen direkten Vergleich seiner Auslegungen mit dem talmudischen Judentum, wenn dieses wiederum als *das* Judentum (im Gegensatz zum philonischen Hellenismus) verstanden wird. So konfrontiert man ihn mit Traditionen, welchen er so unmittelbar gar nicht ausgesetzt war.

---

1   Siegfried (1875), 199 f.

138   KAPITEL 3

Diese Einstellung ist keineswegs nur dem verblichenen 19. Jh. eigen. Ein Zitat – das Fazit einer Untersuchung – von 1989 zeigt, dass sich solche Betrachtungsweisen in Bezug auf Philon bis heute gehalten haben:[2]

> *Aufgrund dieser Prüfung kommt man zum Schluss, dass Philon seine philosophischen Ideen nicht durch eine echte Untersuchung des LXX-Textes gewinnt, dass er sie daraus nicht durch eine Analyse der ⟨biblischen⟩ Verse schöpft* ... Anders gesagt, seine Ideen stehen von vornherein fest, zumindest in groben Zügen, und er findet sie wieder in der Heiligen Schrift, genauer gesagt, er liest sie hinein, sozusagen auf Biegen und Brechen. Die Art und Weise, wie er sich da und dort erlaubt, den Text der Septuaginta abzuändern, ist ein hinreichender Beweis. ... *Im Allgemeinen aber bezieht Philon seine Ideen aus der griechischen Philosophie.* Zu seiner Zeit war jene schon eklektisch, und Philon hat sich in großem Ausmaß von diesem Eklektizismus inspirieren lassen. Was man positiv behaupten kann, ist, dass die biblischen Zitate ihm erlaubt haben, eine Auswahl zu treffen und verschiedene Anleihen, die er beim Platonismus, dem Stoizismus und anderen philosophischen Systemen machte, zu formulieren.

Das sind an sich sehr widersprüchliche Behauptungen, aber eines scheint klar zu sein: Arnaldez glaubt an die Möglichkeit, aus einer unvoreingenommenen (so viel ist offenbar mit „réelle étude du texte des LXX" gemeint) „Analyse der biblischen Verse" einen positiven philosophischen und theologischen Inhalt herauszulesen – wobei unvoreingenommen bzw. echt für ihn mit „historisch-kritisch" identisch ist. Wenn Philon anders vorgeht, ist das für Arnaldez ein Beweis, dass sein Denken nicht durch die biblische Tradition, sondern durch die „griechische Philosophie" geprägt sei – obwohl diese bekanntlich auch keine einheitliche Weltanschauung darstellt; deren Vielfältigkeit versucht Arnaldez noch in seinen letzten Sätzen unterzubringen. Das Problem, das hier allen Missverständnissen zugrunde liegt, wurde seinerzeit durch eine Auseinandersetzung zwischen Luther und Erasmus sehr einleuchtend aufgezeigt. Luther berief sich auf seinen Grundsatz *sola scriptura*, auf die angenommene Klarheit der Heiligen Schrift, welche in der kirchlichen Tradition durch Willkürlichkeiten der Ausleger nur verdunkelt worden sei und bei einer „echten Analyse der Verse", wie Arnaldez sagen würde, von selbst zutage treten würde. Erasmus, der Philologe, bestand darauf, dass man von vornherein gar nicht wissen kann, was die Heilige Schrift eigentlich besagt, und die Anstrengungen der

---

2 Arnaldez (1984), 266, meine Übersetzung.

bewährten Männer willkommen seien, um uns auf der Suche nach Wahrheit zu helfen.[3] Um es etwas zugespitzt zu sagen: Einen bestimmten philosophischen Inhalt besitzt die Bibel nur innerhalb einer exegetischen Tradition. Die Tradition ist, solange sie lebendig bleibt, allen Einflüssen der Umwelt ausgesetzt und wird mit den Mitteln der jeweiligen Zeit weiterentwickelt. Ein direktes, unvermitteltes Aufeinanderprallen des Quellentextes in seinem angeblich ursprünglichen (von uns rekonstruierten!) Sinn und einer ihm wesensfremden Philosophie im Werk eines Exegeten wie Philon ist dagegen wenig wahrscheinlich.

Philon ist wohl weder der Urheber des transzendenten Monotheismus und der apophatischen Theologie[4] noch der philosophisch problematischen, aber in ihrer geschichtlichen Wirkung unübertroffenen Verbindung dieser Auffassung des Göttlichen mit einer starken Personifizierung des transzendenten Weltherrschers und der Verinnerlichung seines Kultes, der zu der moralischen Aufgabe jedes Einzelnen, zu einem persönlichkeitsbildenden Faktor wird. Die Grundzüge dieser Art von Religiosität bilden bis heute das Gerüst sowohl des Judentums als auch des Christentums, und auch die „paganen" Religionen der Gnostiker und der Neuplatoniker stehen in dieser Reihe, obwohl sie es nie zu einer Weltreligion geschafft haben. Philon ist aber ausnehmend wichtig als das für uns früheste, ausführlichste und artikulierteste Zeugnis für diese Entwicklung in einem kurzen Augenblick, wo sie die breiteste universalistische Tendenz zeigte und noch nicht von sich bekriegenden Seiten je für sich in Anspruch genommen wurde, mit der Folge von starken Verzerrungen und Partikularisierung.

---

3   Vor allem in der Schrift *Hyperaspistes* I (1526). Aus vielen einschlägigen Passus seien nur wenige Beispiele angeführt (zit. nach der Ausgabe: *Erasmus von Rotterdam, Ausgewählte Schriften*, hg. von W. Welzig, Bd. 4): 277: „Deinde quod dicis de luce scripturarum, utrum esset verissimum! At longe aliter sentiunt qui in his explanandis multis retro seculis desudarunt." („Was du ferner über das Licht der Schrift sagst, wäre es doch ganz wahr! Aber weitaus anders denken die, die sich in vielen vergangenen Jahrhunderten abgemüht haben, sie zu erklären!") 484: „Imo nec discipuli Domini post tot sermones auditos, post tot visa miracula, post tot notas et indicia, quae de Christo Prophetae praedixerant, intellegunt Scripturas, donec Christus illis aperiret sensum, ut intelligerent Scripturas" („Vielmehr verstehen sogar die Jünger des Herrn nach Anhörung so vieler Predigten, nach Erleben so vieler Wunder, nach so vielen Zeichen und Hinweisen, die die Propheten vom Messias vorausgesagt hatten, die Schrift nicht, bis Christus ihnen das Verständnis eröffnete, damit sie die Schrift verstanden." Übers. W. Lesowsky).

4   Obwohl er unser frühester direkter Zeuge dafür ist, und aus diesem nachvollziehbaren Grund konnte ihn Wolfson zum Fundament der ganzen nachfolgenden Religionsphilosophie erklären, s. *Philo: Foundations of Religious Philosophy in Judaism, Christianity and Islam* (Wolfson 1947). Vgl. Louth (1981), 19: „Negative theology must be something of an ill-begotten child, for claims made for paternity are so diverse; but Philo certainly has some claim to be called the Father of negative theology."

140 KAPITEL 3

Die allgemeine Kultur, welche die Menschen dieser Zeit prägte, nennen wir „hellenistisch", mit gutem historischem Grund; man darf aber nicht vergessen, dass die Träger dieser Kultur sie meistens nicht so empfanden. Sie war ihre Luft zum Atmen und prägte die Wahrnehmung der eigenen nationalen Tradition, ohne mit ihr in einen bewussten Konflikt zu treten.[5] Philon zeigt uns im Detail, wie die gebildeten Juden seiner Zeit die biblische Religion interpretierten und für sich genießbar machten. Es war dies eine religiöse Blüte mit immensen historischen Folgen.

2 Bibelexegese aufgrund der LXX

Philons Werke sind ein Kapitel in der Geschichte der griechischen Bibelexegese, und das bedeutet: in der Exegese der griechischen Bibel. Es ist das früheste Kapitel in dieser Geschichte, welches uns nahezu vollständig erhalten geblieben ist. Das besagt aber nicht, dass es das erste Kapitel wäre. Man kann sogar ziemlich sicher sein, dass Philon als Exeget auf einer langen Tradition fußt. Als Ausgangspunkt dieser Tradition kann man die Septuaginta selbst betrachten. Eine Übersetzung ist unvermeidlich von den exegetischen Vorstellungen der Übersetzer beeinflusst, insofern kann man in der griechischen Übersetzung des Pentateuchs den ersten Ausdruck der damaligen Exegese der *hebräischen* Tora in *griechischer* Sprache sehen.[6] Diese Annahme wäre

---

5 Vgl. Niehoff (2001), 139: „Philo hardly treats these writers ⟨die klassischen griechischen Dichter⟩ as representatives of a foreign or even other culture." Genauso wenig haben dies alexandrinische Juden schon in den Generationen vor ihm getan. Der Fall des jüdischen Tragikers Ezechiel, der den Exodus als Tragödie in entsprechenden klassischen Versmaßen dargestellt hat, ist ein Schulbeispiel dafür. Es ist bezeichnend, dass Josephus, indem er Philons Expertise in der Philosophie preist, nicht auf die Idee kommt, von der „griechischen" Philosophie zu sprechen, AJ XVIII,259: Φίλων ὁ προεστὼς τῶν Ἰουδαίων τῆς πρεσβείας, ἀνὴρ τὰ πάντα ἔνδοξος Ἀλεξάνδρου τε τοῦ ἀλαβάρχου ἀδελφὸς ὢν καὶ φιλοσοφίας οὐκ ἄπειρος („Philon, das Haupt der jüdischen Gesandtschaft, ein höchst angesehener Mann, sowohl als Bruder von Alexander dem Alabarchus als auch ein Experte in der Philosophie"), wo das Partizip ὢν eine kausale Bedeutung hat, so dass die beiden daran hängenden, durch τε ... καί verbundenen Adjektive die Gründe angeben, warum Philon „ein höchst angesehener Mann" gewesen ist (ἀνὴρ τὰ πάντα ἔνδοξος): Er ist ein Spross einer prominenten Familie und persönlich ein hochgebildeter Mensch; das macht ihn geeignet, die jüdische Gemeinde würdig vor dem römischen Kaiser zu vertreten.

6 Diesen Punkt hat schon Zacharias Frankel im Jahr 1851 angesprochen: *Einfluß der palästinischen Halacha auf die alexandrinische Exegese* (Frankel 1851). Es ist aber ein bedauernswerter Zustand, dass sein Buch heute noch als Referenzwerk in diesem Bereich gilt – unvermeidlich, weil seitdem wenig hinzugekommen ist, was es ersetzen könnte. Seine feste Überzeugung, dass die alexandrinischen Übersetzer schlecht Hebräisch konnten und von dem „richtigen"

BELEGE FÜR DIE HEBRÄISCH ORIENTIERTE EXEGESE BEI PHILON   141

auch berechtigt, wenn man, wie es inzwischen immer weniger der Fall ist, die Abweichungen der LXX von dem uns bekannten „kanonischen" MT meistens als bewusste Änderungen vonseiten der griechischen Übersetzer selbst deutet. Es ist aber in vielen Fällen wahrscheinlich – nach den Funden von Qumran an mancher Stelle sogar materiell nachgewiesen –, dass eine entsprechende exegetische Deutung nicht erst unter der Feder der Übersetzer entstanden ist, sondern in ihrer hebräischen Vorlage in der einen oder anderen Form vorhanden war.[7] Insofern bedeutet die LXX und die auf ihr basierende Auslegungstradition keinen Bruch mit der hebräischen Exegese. Diese Überlegungen haben weitreichende Folgen für die Philon-Forschung. Valentin Nikiprowetzky[8] vor

---

(d.h. dem ihm vertrauten talmudischen) Judentum keine zuverlässige Kenntnis hatten – das gilt für seinen Umgang mit Philon natürlich *a fortiori* –, war schon damals nicht an der vordersten Linie des wissenschaftlichen Fortschritts. Die Vorwürfe, welche Frankels ewiger Widersacher Abraham Geiger in seinem Hauptwerk *Urschrift und Übersetzungen der Bibel* (Breslau 1857) erhebt (S. 16 ff.), sind durchaus berechtigt, werden aber bis heute nicht immer genügend zur Kenntnis genommen. Inzwischen zweifeln immer weniger Fachleute daran, dass das rabbinische Judentum ein sehr spezifisches Produkt der Entwicklungen ist, welche auf die Zerstörung des Zweiten Tempels im Jahre 70 u. z. und auf die Verselbstständigung und Ausbreitung des Christentums in den Jahrhunderten danach folgten. In der heutigen Forschung wird angenommen, dass es sich nicht vor dem 3. Jh. u. z. etabliert hat, siehe die Arbeiten von Seth Schwartz (z. B. Schwartz [2014]). Damit kommt auch die Abstempelung Philons als „nicht (echt) jüdisch" aufgrund des Vergleichs mit dem rabbinischen Judentum langsam aus der Mode.

7   Mit dem Problem der hebräischen Vorlage der LXX und ihres Verhältnisses mit dem MT hat sich insbesondere Emanuel Tov beschäftigt; s. Tov (2015), insbes. 4–5 und 244 (Kap. 16, „The textual development of the Torah"): „The reconstructed Hebrew source of the LXX also reflects a free approach to the text. The Hebrew source of the LXX reflects the largest number of contextual small harmonisations among the textual witnesses, more than the SP group, which until recently was considered to be the most harmonizing text." Abgesehen von dem Problem der „Harmonisierung", auf das später zurückzukommen ist, gibt es in der LXX deutliche Anzeichen der ihr zugrundeliegenden hebräischen Exegese. Beispiele wie Ex 24,10 LXX zwingen einen fast, an eine glossierte hebräische Vorlage als Mittelglied zwischen dem MT und der LXX zu denken; s. darüber ausführlich unten, S. 175.

8   Nikiprowetzky (1977). Schon 1960 wurde derselbe Tatbestand mit großer Bestimmtheit von einem norwegischen Forscher angesprochen: Jacob Jervell schreibt in seiner reichhaltigen Studie *IMAGO DEI: Gen. 1, 26f. im Spätjudentum, in der Gnosis und in den paulinischen Briefen* (Jervell 1960), 52: „Wenn man Philo richtig verstehen will, muß man sich ständig vor Augen halten, daß er beansprucht, Schriftausleger zu sein. ... Er will überhaupt keine systematische Theologie oder normative Dogmatik des Judentums geben, sondern die Mannigfaltigkeit und den Reichtum der Schrift ausbreiten. Wenn man auch die eklektische Art seines philosophischen Denkens nicht leugnen kann, so darf man sich die Dinge nicht so vorstellen, als habe Philon Gedankengut aus der griechischen Philosophie, aus dem Judentum und dem hellenistischen Synkretismus aufgegriffen, um ein neues philosophisches System aufzubauen." Diese Warnung, scheint mir, kann nicht ernst genug genommen werden, wie auch ihre

einigen Jahrzehnten und später Peder Borgen[9] haben darauf hingewiesen, dass Philon vor allem als Exeget der griechischen Tora betrachtet werden muss; das bedeutet, wie Nikiprowetzky unterstreicht, dass alle seine Ausführungen immer mit Blick auf den entsprechenden Bibeltext und dessen inhärente Probleme gelesen werden müssen.[10] Was weniger bemerkt wurde, ist, dass dieses Postulat schlecht mit einer Annahme vereinbar ist, welche seit einigen Jahrzehnten als unumstößliche Wahrheit in fast jeder Untersuchung zu Philon steht, insbesondere in jenen mit der Aufgabe einer allgemeineren Einführung:[11] Philons Bibel sei einzig und ausschließlich die Septuaginta, es seien (abgesehen von den hebräischen Etymologien, welche, nimmt man an, den *Onomastica* entnommen sind) keine Spuren einer Auseinandersetzung mit dem hebräischen Original vorhanden. Auch wenn – was inzwischen mehrfach geschah – in der philonischen Exegese Spuren seiner Vorgänger gesucht werden, geht

---

von Jervell gleich danach angesprochene Folge: „Methodisch hat man ja eigentlich nicht viel geleistet, wenn man die verschiedenen von ihm verwandten Begriffe und Vorstellungen auf ihren Ursprung hin zurückführen kann. … Man muß auch seinen ,Synkretismus' mit seiner Schriftauslegung verbinden: Das Gedankengut der griechischen Philosophie ist schon in der Schrift da. Weil nun die Schrift allen philosophischen Systemen überlegen ist, kann man in ihr sowohl platonische wie stoische und gnostische Gedanken wiederfinden. So ist die Heilige Schrift nicht eine Quelle unter vielen, woraus Philo Material zu einer neuen Philosophie findet; sondern sie ist die Urquelle aller Weisheit."

9   Borgen (1997).

10   S. sein Buch von 1977, *Le Commentaire de l'Ecriture chez Philon d'Alexandrie*, passim (Nikiprowetzky 1977); eine kurze Zusammenfassung seiner Gedanken zum Thema im Artikel „L'exégèse de Philon d'Alexandrie" von 1973, wieder abgedruckt in einer postumen Sammlung seiner Arbeiten zu Philon, *Études philoniennes* (1996), 111–131, insbes. 125–126:

> Philons Traktate sind eine literarisch anspruchsvolle Ausführung der „Quaestiones". Die „Quaestio" bleibt … die Basiseinheit sogar in den detailliert ausgearbeiteten Abhandlungen, wo die Darlegung nur deswegen eigensinnig bzw. unverständlich erscheint, weil man es unterlässt, dem Leitfaden zu folgen; dieser Leitfaden sind die einzelnen „Quaestiones", welche, der Logik der exegetischen Untersuchung folgend, aneinandergereiht und entsprechend formuliert werden. Diese Logik wird dagegen sichtbar von dem Moment an, wo man sich die Mühe gibt, nicht Philons „Ideen" zusammenzufassen, sondern die exegetischen Aporien zu identifizieren, für welche Philons Text eine Lösung anzubieten sucht; kurzum, von dem Moment an, wo man das Traktat auf die „Quaestiones" zurückführt, die ihm zugrundeliegen. Zusammenfassend kann man sagen, dass Philons Traktate, deren Ursprung in der Bibel-Kommentierung liegt, wie sie in den Synagogen von Alexandrien praktiziert wurde, diesen authentischen Charakter der Schriftexegese bewahren (meine Übersetzung aus dem Französischen).

11   Z.B.A. Kamesar, „Biblical Interpretation in Philo: I. Philo's Bible: The Greek Pentateuch", in *The Cambridge Companion to Philo* (Kamesar [2009]), 71 f., und Otto Kaiser, *Philo von Alexandrien: Denkender Glaube – eine Einführung* (Kaiser 2015), ein Werk, das viele Vorurteile und *loci communes* der Forschung unreflektiert übernimmt.

BELEGE FÜR DIE HEBRÄISCH ORIENTIERTE EXEGESE BEI PHILON   143

man meistens davon aus, dass es sich um eine spezifisch alexandrinische, der griechischen Philosophie entspringende, sich von allem eigentlich Jüdischen fernhaltende Auslegungstradition handle.[12] Dies wird dadurch erklärt, dass Philon kein Hebräisch konnte, was wiederum daraus zu schließen sei, dass er bei der Septuaginta stehen bleibe und sich nicht auf den hebräischen Text beziehe. Schon hier hat das Argument etwas von einem *circulus vitiosus*. Problematischer als die anfechtbare Logik ist aber die faktische Basis des Postulats: Die Forschung hat seit langem Stellen bei Philon gesichert, die aus dem Septuaginta-Text allein nicht zu erklären sind.[13] M.E. ist dieser Umstand der beste Beweis dafür, dass Philon tatsächlich ein Glied in der langen Kette der exegetischen Überlieferung ist und nicht ein kühner Dilettant, der mit seinem Platon in der Hand die alten Texte nach eigenem Gutdünken interpretiert, als wäre er der Erste, der sie liest. Die Überlieferung hat die Tora in allen ihren Gestalten kommentiert, ursprünglich naturgemäß in ihrer Originalsprache. Die wesentlichen Abweichungen im LXX-Pentateuch beziehen sich jeweils auf Stellen von hoher exegetischer Brisanz und bezeugen damit die Existenz der vorhergehenden hebräischen Exegese. Es ist von zentraler Bedeutung, dass die Tora-Texte immer Gegenstand der Exegese waren und ohne sie praktisch nicht im Umlauf waren.[14] Ein Schriftgelehrter zu sein bedeutete offensichtlich vor allem, sich der vielen exegetischen Möglichkeiten, welche die jeweilige Stelle eröffnet, bewusst zu sein.[15]

Sieht man die philonische Exegese als einen Teil des ununterbrochenen exegetischen Prozesses innerhalb der Bibelüberlieferung, so erscheinen viele altbekannte Phänomene in einem anderen Licht. Es ist ein Gemeinplatz in der Philon-Forschung, dass Philon sehr oft „auf offenbare Übersetzungsfeh-

---

12   S. z.B. Goulet (1987).

13   Vgl. Leonhardt-Balzer (2010), 629: „Dass Philos Schriften Zitate enthalten, die gelegentlich dem Hebräischen näher stehen als der Septuaginta, ist schon lange bekannt."

14   Vgl. Tov (2015), Kap. 16, „The textual development of the Torah", 243: „In the number of textual branches in a book, the Torah is unique in that its branches are much more numerous than those of other Scripture books. This large number indicates extensive exegetical activity visible in many changes inserted in the Torah text, including completely revised segments. Such activity took place in spite of its special sacred character, and more likely, because of it."

15   Ein neueres Buch schlägt aufgrund von *Writings of Paul, Josephus and the Jahad* einen anderen Ansatz vor, der mir auch für Philon vielversprechend scheint: Jonathan D.H. Norton, *Contours in the Text. Textual Variation in the Writings of Paul, Josephus and the Jahad* (Norton [2011]). Was Norton unter „Konturen im Text" versteht, erklärt er etwa folgendermaßen: „So an exegete encountering a passage within an exegetical discussion could be familiar with several exegetical ideas traditionally associated with that passage, regardless of the wording within the particular written source" (54).

ler der LXX seine ganze Auslegung stützt."[16] Man kann aber denselben Tatbestand so beschreiben, dass manche den Sinn signifikant verändernde Abweichung der LXX vom hebräischen Original seiner exegetischen Aufmerksamkeit nicht entgeht,[17] zumindest an den Stellen, die Philon ausführlich bearbeitet.

Aus dieser Perspektive versuchen wir nun, eine Liste der von Philon nachgemachten „Septuaginta-Fehler" aus der älteren Literatur kritisch durchzugehen. Dass es sich nicht um Nachweise von eigenständigen Hebräisch-Kenntnissen bei Philon handeln kann, ist aus allem bisher Gesagten hinreichend klar. Es geht mir darum, ein Bild von Philon und der alexandrinischen Bibelexegese zu gewinnen, das beide längst bekannten Tatsachen gleichzeitig zu fassen vermag, anstatt sie einander bekriegen zu lassen: Seine Unkenntnis des Hebräischen und die Fülle der Informationen in seinen Schriften, die keineswegs von der Septuaginta allein ableitbar sind und auf eine lebendige Verbindung mit dem hebräischen Original und seiner Exegese deuten.

In weiter Ferne werden manchmal, scheint es, sogar die blassen Konturen der Exegetenschule sichtbar, welche die Septuaginta selbst hervorgebracht hatte. Hier ist natürlich Vorsicht geboten: Zwischen Philon und der LXX liegen wohl 300 Jahre, in denen am Text und an seiner Auslegung intensiv gearbeitet wurde.

Stein hat sich in seiner oben mehrmals erwähnten wichtigen Studie schon 1929 dieselbe Aufgabe gestellt.[18] Im Vorwort, das, prominent zwischen das Titelblatt und Inhaltsverzeichnis gesetzt,[19] den Leser über den Hauptertrag der Studie informiert, schreibt er:

> Ein genaues Studium des philonischen Schrifttums führte mich zur Überzeugung, dass Philo des Hebräischen völlig unkundig war, und dass folglich die bei ihm vorkommenden hebräischen Etymologien das gesuchte objektive Kriterium für die Quellenforschung abgeben können

---

16   Siegfried (1875), 142. Siegfried verweist in seinen „Philonischen Studien" auf eine ganze Liste solcher Stellen.

17   Der MT scheint für den Pentateuch in den Hauptzügen tatsächlich die älteste Textvariante zu sein, von der ausgehend die Vorlage der LXX wie auch der SP exegetische Änderungen vorgenommen haben. Es ist dies aber keine ausgemachte Tatsache für jeden konkreten Vers, sondern eine überwiegende Tendenz. Es gibt durchaus Gegenbeispiele. Der MT ist keineswegs mit dem „ursprünglichen" Text des Pentateuchs identisch; es wird immer zweifelhafter, ob der Begriff des ursprünglichen Textes überhaupt Sinn macht. Vgl. Otto (2013).

18   Stein (1929).

19   Nicht in die Seitenzählung aufgenommen.

BELEGE FÜR DIE HEBRÄISCH ORIENTIERTE EXEGESE BEI PHILON 145

– weil sie nämlich, wie er weiter ausführt, gerade von hervorragender Beherrschung des Hebräischen und Aramäischen zeugen. Das war ein äußerst produktiver Ansatz. Leider blieb es bei dem schmalen Büchlein von 60 Seiten; es war dem Verfasser auch nicht beschieden, später etwa von den Qumran-Funden Kenntnis zu nehmen. Edmund (Menachem) Stein (geb. 1893), Spezialist für jüdisch-hellenistische Literatur, Professor des Instituts für jüdische Studien in Warschau, seit 1939 im Warschauer Getto, wurde 1943 nach Majdanek abtransportiert.

Steins Belege[20] wurden schon einmal an prominenter Stelle kritisch revidiert. Valentin Nikiprowetzky hat das Kapitel *Les connaissances hébraiques de Philon* in seinem Buch von 1977, *Le commentaire de l'Écriture chez Philon d'Alexandrie*, als Überprüfung der Einwände Steins aufgebaut. Nikiprowetzkys Analysen stellen aber nur drei Größen einander gegenüber: Philon, die Septuaginta und den hebräischen Text. Für exegetische Traditionen, die, ursprünglich vom Hebräischen ausgehend, auch die Exegese der griechischen Übersetzung, darunter die philonische, beeinflussen können, ist in seinem Philon-Bild kein Platz.[21] Er findet einige Argumente von Stein und anderen Gegnern der philonischen Hebräisch-Kenntnisse gut, andere schlecht, von den Beweisen der „Hebräisch-Befürworter" dagegen ist seiner Meinung nach kein einziger stichhaltig. Sein Fazit ist: „... der Eindruck bleibt insgesamt negativ", was er aber ausdrücklich undogmatisch verstanden haben will.[22] Alles in allem merkt man, wie wenig das Abwägen der einzelnen Argumente unter dem ästhetischen Gesichtspunkt der „Einfachheit" und „Natürlichkeit" („Das Unbehagen, das die Komplexität und die Künstlichkeit von Steins Ausführungen hervorruft ...")[23] sogar unter der Feder eines solchen Meisters wie Nikiprowetzky abwirft. Man ist infolgedessen versucht, eine andere Basis für die Beurteilung der besprochenen Stellen und des Problems insgesamt zu suchen; entsprechend strebe ich nicht die Erkenntnis darüber an, was Philon persönlich über eine bestimmte Bibelstelle wusste oder nicht wusste, sondern bemühe mich, dem exegetischen Problem auf die Spur zu kommen, das durch die jeweilige Interpretation gelöst wird. Nicht selten bekämpfen die philonischen Ausführungen eine Schwierigkeit, die im LXX-Text bei Lichte besehen gar nicht vorhanden ist; im hebräischen Original aber steht einem das Problem deutlich vor Augen. Es sieht dann so aus, als breite Philon vor uns den Gedankengang aus, der in der LXX, natür-

---

20   Stein (1929), 20–24.

21   Über seinen in einem gewissen Sinn „unhistorischen" Zugang zu Philon s. unten, Anm. 117.

22   Nikiprowetzky (1977), 81.

23   Nikiprowetzky (1977), 53. („L'impression de malaise que font naître ... la complication et le caractère artificiel des explications ⟨von Stein⟩ ...").

146   KAPITEL 3

lich stillschweigend, in einer entsprechenden Übersetzung resultierte. Solche
Mutmaßungen und Rückschlüsse sind immer ein Wagnis, lassen aber öfters
sowohl Philon als auch den LXX-Text verständlicher erscheinen.

2.1   κύριος, θεός, *Tetragramm*

Sowohl Siegfried als auch Stein sehen den schlagendsten Beweis für Philons
Unkenntnis des Hebräischen in seiner Ahnungslosigkeit in Bezug auf das Tetragramm und dessen Wiedergabe als κύριος in der LXX. „Philo ahnt nicht einmal",
sagt Stein, „daß die Bezeichnung Gottes durch κύριος und θεός in der LXX den
hebräischen Jahve und Elohim entsprechen, obwohl die Unterscheidung der
Gottesnamen einen der philonischen Hauptgedanken bildet."[24]

Seit Frankel wurde dieser Vorwurf öfters als besonders schlagend empfunden, zum Topos der Philon-Forschung ist er durch das schon erwähnte Buch
von Carl Siegfried geworden. Im Abschnitt über „die jüdische Bildung" Philons
schreibt Siegfried:

> Dass Philo den Grundtext nicht benutzte, geht ganz deutlich daraus her-
> vor, dass er erstens stets den Wortlaut des griechischen Textes ... zur
> Grundlage seiner Beweisführung macht, ... und dass er endlich, was das
> Schlagendste ist, das Tetragramm (יהוה) für etwas anderes als κύριος hält,
> womit doch die LXX dieses stets übersetzen. Dies hätte ihm unmöglich bei
> einer Vergleichung der Übersetzung mit den Grundtexte entgehen kön-
> nen.[25]

Weiterhin heißt es:[26]

> Schwierig war es besonders, die von Philo behauptete Namenlosigkeit
> des göttlichen Wesens mit den im A.T. vorkommenden Namen desselben
> in Einklang zu bringen. Hier half dem Philo seine mangelhafte Kennt-
> nis des Hebräischen. Die LXX geben die beiden Gottesnamen אלהים und
> יהוה durch θεός und κύριος wieder. Philo, der nicht ahnte, dass der letztere
> die Übersetzung des geheimnisvollen Tetragrammaton sei, übertrug diese

---

24   Stein (1929), 20 mit Anm. 4, die zustimmend auf Frankel (1851), 26 ff. verweist: „Philo wußte
      nicht, daß κύριος das Tetragramm wiedergeben will. Auch bei θεός hat Philo eine griechi-
      sche (falsche) Etymologie verwendet, wonach dieses Wort von τίθημι abzuleiten ist und
      daher die schöpferische Kraft δύναμις ποιητική bezeichnet; während ihn das hebräische
      Elohim (אל = Macht, Kraft) vielmehr auf die königliche Kraft, δύναμις βασιλική, wie es tat-
      sächlich der Midrasch an vielen Stellen versteht, hingewiesen hätte."
25   Siegfried (1875), 142.
26   Siegfried (1875), 203.

beiden Bezeichnungen auf die beiden vornehmsten göttlichen Kräfte ... und behauptete, der eigentliche Name Gottes sei unaussprechbar, ja er sei überhaupt gar nicht vorhanden. Die 4 Buchstaben am Schilde des Hohenpriesters deuteten nach seiner Meinung den Namen Gottes nur an (ἐξ ὧν [γραμμάτων] ὄνομα τοῦ ὄντος φασὶ μηνύεσθαι). Ihn durften nur die Geweihten im Heiligtume aussprechen (*Mos.* 2,114 f.[27]). .... Ebenso geht aus Exod. 6,3 τὸ ὄνομά μου κύριος οὐκ ἐδήλωσα αὐτοῖς und aus Gen. 32,29, dem Verbote, nach dem Namen Gottes zu fragen, hervor, dass Gott namenlos sei (τὸ ὂν ἄρρητόν ἐστιν) *de mut. nom.* 14. – Nur so erklärt es sich auch, weshalb Levit. 24,15 ff. das Nennen des göttlichen Namens für etwas Schlimmeres erklärt wird als das Fluchen (*Mos.* 2,204).

Was wissen wir darüber, wie das Judentum zur Zeit Philons zum Tetragramm und dem damit bezeichneten Namen Gottes stand? Das ist eine in der Forschung bis heute (oder heute wieder) heiß debattierte Frage.[28] In der hebräischen Tora selbst findet man keine Anzeichen davon, dass das Tetragramm unaussprechbar wäre. Dieses Verbot scheint aber in der LXX-Übersetzung von Lev 24,16 anzuklingen: ὀνομάζων δὲ τὸ ὄνομα κυρίου θανάτῳ θανατούσθω ... ἐάν τε προσήλυτος ἐάν τε αὐτόχθων ἐν τῷ ὀνομάσαι αὐτὸν τὸ ὄνομα κυρίου τελευτάτω („Wer aber den Namen des Herrn nennt, soll des Todes sterben ... Ob Proselyt oder Eingeborener, wenn er den Namen des Herrn nennt, soll er hingerichtet werden"), einem Vers, den Philon *Mos.* II,204 ausführlich kommentiert. Frankel hat seinerzeit bestritten, dass die LXX hier etwas anderes sagen wollte, als was der hebräische Text besagt, und bezichtigte Philon und Josephus der Verzerrungen, den einen wegen seiner Unkenntnis des Hebräischen, den zweiten wegen seiner apologetischen Tendenz.[29]

Die Sache scheint aber weniger klar zu sein, als Frankel es haben wollte. Heute noch streiten die Bibelexegeten darüber, was ursprünglich im hebräischen Text von Lev 24,15–16 gemeint sein könnte: ob das „seinem Gott Fluchen" und das „den Namen Jahwes Lästern" zwei verschiedene Sachverhalte oder eine doppelte Beschreibung des gleichen Tatbestandes seien.[30] Die Übersetzer des LXX-Textes haben (*pace* Frankel) offenbar in den zweiten Teil (V. 16) das Verbot, den Namen des wahren Gottes auch nur zu nennen, hineingelesen.[31] Das passt gut zu der in den LXX-Hss. bezeugten Praxis, das Tetragramm meistens als

---

27　Die Stellenangaben wurden dem heutigen Standard angepasst.

28　Vgl. Andrade (2015).

29　Frankel (1851), 130 ff.

30　S. z. B. den Leviticus-Kommentar von Thomas Hieke in HThKAT, Bd. 1 (Hieke [2014]), 964 f.

31　Oder waren es spätere Bearbeiter, die ὀνομάζω anstatt einer direkteren Wiedergabe von

148   KAPITEL 3

κύριος oder – weniger häufig – mit θεός wiederzugeben. Vor allem diese Praxis und an zweiter Stelle der griechische Wortlaut von Lev 24,16 sind die Grundtatsachen, die zu der Annahme führten, der Name Jahwe sei ab dem 3 Jh. v. u. Z. im Judentum tabuisiert worden. Dies wiederum führte zu einer schon weniger nachvollziehbaren Annahme: dass dieser Name, den man nicht mehr laut aussprechen durfte, dadurch den Juden selbst – auch den jüdischen Schriftgelehrten – unbekannt sei, ja, dass sie nicht einmal wüssten, wie er auszusprechen wäre. Nur so kann man zu der Behauptung kommen, Philon wüsste nichts davon, dass κύριος eine griechische Wiedergabe von JHWH wäre.

Neue Handschriftenfunde und neues Licht, das dadurch auf längst bekannte Informationen geworfen wird, untergraben langsam die historische Wahrscheinlichkeit von Philons Ahnungslosigkeit. Die frühen Kirchenväter, die sich intensiv mit der Septuaginta und ihrem hebräischen Original beschäftigten, Origenes und Hieronymus, haben Hinweise darauf hinterlassen, dass man in den ihnen zugänglichen griechischen Hss. das Tetragramm in paläo-hebräischen und hebräischen Buchstaben finden konnte, wobei die Griechen es in diesen Fällen trotzdem als „Κύριος" ausgesprochen haben oder, die hebräischen Buchstaben aus Ignoranz für griechische haltend, als „PIPI"[32] (Letzteres klar auf das Tetragramm in Quadratschrift hindeutend). Papyri wie auch die

---

קלל, wie etwa λοιδορέω, gesetzt haben? Shaw (2014), 152 f. (als eine gedankliche Möglichkeit). Jedenfalls war diese Version für Philon schon mit der „LXX" identisch: er kennt den Text in der Form mit ὀνομάζω.

32   S. Rösel (2008), 90. Die Stelle in Origenes' *Selecta in Psalmos*, Ps 2,4 ist umstritten sowohl in ihrem exakten Wortlaut (stand da ursprünglich IAH, IAΩ, oder standen dort gar hebräische Buchstaben? Einige Sätze scheinen fehlerhaft überliefert zu sein) als auch in ihrer Autorschaft (ist sie tatsächlich von Origenes oder Evagrius?). Eindeutig ist aber in diesem Text davon die Rede, dass sowohl die Griechen als auch die Hebräer öfters „Kyrios" oder „Adonai" aussprechen, wenn der geschriebene Text etwas anderes, nämlich das Tetragramm in dieser oder jener hebräischen Schrift oder eine griechische Nachahmung davon, aufweist. Zur Aussprache „PIPI" s. Hieronymus, *Ep.* 25 (*ad Marcellam*), 2–4: „primum dei nomen est hel, quod septuaginta ‚deum', aquila ἐτυμολογίαν eius exprimens ἰσχυρόν, id est ‚fortem', interpretatur. deinde eloim et eloe, quod et ipsum ‚deus' dicitur. quartum sabaoth, quod septuaginta ‚uirtutum', aquila exercituum transtulerunt. quintum elion, quem nos ‚excelsum' dicimus. sextum eser ieie, quod in exodo legitur: qui est, misit me. septimum adonai, quem nos ‚dominum' generaliter appellamus. octauum ia, quod in deo tantum ponitur et in alleluiae quoque extrema syllaba sonat. nonum tetragrammum, quod ἀνεκφώνητον, id est ineffabile, putauerunt et his litteris scribitur: iod, he, uau, he. quod quidam non intellegentes propter elementorum similitudinem, cum in graecis libris reppererint, πιπι legere consueuerunt" („Der erste Name Gottes ist Hel; die Siebzig übersetzen ihn als ‚Gott', Aquila, der Etymologie des Wortes folgend, als ‚stark'. Dann gibt es Eloim und Eloe, was auch ‚Gott' bedeutet. Der 4. ist Sabaoth, was die Siebzig als ‚der Mächte', Aquila als ‚der Heerscharen' übersetzt haben. Der 5. ist Elion, was wir ‚den Höchsten' nennen. Der 6. ist ‚eser ieie', dieser Name steht im Buch Exodus; er bedeutet ‚derjenige, der ist, sandte

Qumran-Funde bestätigen, dass es im 1. Jh. v. u. Z. – 1. Jh. u. Z., zu Philons Zeit also, solche Handschriften gab. Martin Rösel ist allerdings der Meinung, dass es sich dabei nicht um die ursprüngliche Fassung der LXX handle, sondern um Ergebnisse „vorchristlicher Revisionstätigkeit ..., bei der die griechische Übersetzung auf den hebräischen Text hin überarbeitet wurde. Die hebräischen Tetragramme passen genau zu dieser Art der Revision, gelten inzwischen in der LXX-Forschung als eines ihrer Kennzeichen."[33] In Qumran wurde aber auch ein Leviticus-Fragment gefunden, 4QLXXLev[b], datiert auf 1. Jh. v. u. Z. – 1. Jh. u. Z., wo das Tetragramm als „IAW" wiedergegeben wird. Das Fragment hat großes Aufsehen erregt, weil diese Wiedergabe, im Unterschied zu den hebräischen oder paläohebräischen Buchstaben, auf eine Aussprache ohne Substitution durch κύριος zu deuten schien. Rösel plädiert aber gegen die Annahme, diese Form der Tetragrammaton-Wiedergabe sei in der LXX ursprünglich und erst später in den christlichen Hss. durch „Κύριος" ersetzt worden. Sein „entscheidendes Argument" dagegen ist gerade das Verständnis des Verses Lev 24,16, welches die LXX an den Tag legt:

> Die LXX hat hier eine entscheidende Abweichung: ὀνομάζων δὲ τὸ ὄνομα κυρίου θανάτῳ θανατούσθω, „Wer aber den Namen des Herrn *nennt*, soll durch den Tod hingerichtet werden". Es scheint mir ausgeschlossen, dass ein Übersetzer, der diesen Vers so wiedergegeben hat, ausgerechnet *IAW* für den hebräischen Gottesnamen im griechischen Text verwendet haben soll. Der fragliche Text hätte ja gelautet: „Wer den Namen Iaos nennt, soll durch den Tod hingerichtet werden"; das wäre ein Widerspruch in sich selbst.[34]

---

mich'. Der 7. ist adonai, was wir meistens als ,Herr' übersetzen. Der 8. ist ia. Dies ist nur für Gott gebraucht; Dieses ia ist auch die letzte Silbe von alleluia. Der 9. ist das Tetragramm, das sie für ,unaussprechbar' hielten. Es wird mit folgenden Buchstaben geschrieben: iod, he, waw, he. Einige, die dies wegen der Ähnlichkeit der Buchstaben mit den griechischen nicht kapierten, haben sich angewöhnt, es als PIPI zu lesen").

33 Rösel (2008), 92, mit Verweis auf E. Tov: „All the texts transcribing the Tetragrammaton in Hebrew characters reflect early revisions." Allerdings waren diese Revisionen zur Zeit Philons schon vorhanden. Über den Zeitpunkt ihrer Entstehung wurde immer noch kein Konsens erlangt. Vgl. Shaw (2014), 33 f., nach einer Analyse der *Onomastica*-Evidenz: „The easiest way to account for these data is to posit the notion that prior to Christianity, copies of Jewish onomastica must have circulated that regularly employed IAW to explain the theophoric elements of various Hebrew names. This leads to the conclusion that for some period after the Septuagint's production there must have been a somewhat substantial number of Jews employing, *and copies of the LXX itself that contained,* the divine name IAW" (Shaws Hervorhebung).

34 Rösel (2008), 93.

Dieses Argument ist aber selbst nicht ohne Widersprüchlichkeit: Die Übersetzer konnten doch nicht ihre hebräische Vorlage für frevelhaft halten – und dort ist der Name auf jeden Fall ausgeschrieben. Andererseits, wie Frank Shaw richtig bemerkt, wird das Problem auf diese Weise nur von der Ebene der ursprünglichen Übersetzung auf die Ebene der angenommenen „Revision" verlegt. Jemand hat ja den Namen ιαω in den Text, wie er in 4QLXXLev[b] bezeugt ist, gesetzt. Die Frage ist, was er sich dabei dachte.[35] Eugene Ulrich argumentiert im neuen Band, der die letzten Erkenntnisse aus der Erforschung der Qumranrollen präsentiert, unter Verweis auf einen älteren Artikel von Patrick Skehan,[36] dass ιαω das früheste Stadium in der Wiedergabe des Tetragramms in *Old Greek* darstelle, gefolgt von der Wiedergabe in Quadratschrift und derjenigen in paläohebräischer Schrift, zuletzt aber als κύριος. „Thus, it is plausible that Skehan's four stages overlapped to a large degree, but ιαω was undoubtedly very early, gradually dropping out, while κύριος began as a translation of the Hebrew substitute אדון und was gradually standardized throughout the LXX."[37] Das ist nicht sehr weit von dem entfernt, was Shaw in seinem Buch vorschlägt: Es habe bis in die frühnachchristliche Zeit keine Einheitlichkeit in der Wiedergabe des Tetragramms in griechischen Bibeltexten gegeben.[38] Es wurde ein Versuch gemacht, auch für das Neue Testament den Gebrauch des Tetragramms zu postulieren.[39] Es gibt jedoch keine Handschriften des NT, die diese Idee materiell unterstützten, allerdings einige *variae lectiones* in Hss., die diese Möglichkeit suggerieren. Es ist erstaunlich, wie wenig in dieser ganzen Diskussion, wo es schlussendlich um den Status des Namens JHWH im Judaismus des 1. Jh. u. Z. geht – ob der Name nun ausgesprochen wurde oder nicht –, von Philon die Rede ist.[40] Das ist 1991 James Royse aufgefallen.[41] Sein Ausgangspunkt ist folgender: Die Anerkennung der Tatsache, dass es vor dem 2. Jh. u. Z. gar keine materiellen Zeugnisse von LXX-Hss. mit κύριος gibt, sondern überall das Tetra-

---

35   Die Studie von Shaw (2014) enthält eine ausführliche Widerlegung von Rösels Thesen, s. insbes. 149–161.

36   Skehan (1980).

37   Ulrich (2015), 154.

38   Shaws Vorschlag einer soziologischen Stratifizierung der Data mit dem Ergebnis, die Gebildeteren unter den Juden hätten das Aussprechen des Tetragramms verweigert, während das einfache Volk den Gottesnamen voll ausgesprochen habe, scheint mir wenig überzeugend (s. insb. Shaw [2014], 272).

39   Howard (1977). Shaw will Howards Theorie, die ihn überzeugt, wieder ins Gespräch bringen.

40   Eine wichtige Ausnahme ist ein Artikel von Albert Pietersma (1981).

41   Royse (1991), 171: „What is curious is that the evidence of Philo for this whole issue has frequently been ignored."

gramm in der einen oder anderen Form steht, brachte die Idee mit sich, die Standardisierung der LXX in Bezug auf den κύριος-Gebrauch gehöre einer viel späteren Zeit an und wäre von Christen durchgeführt worden. Die Vertreter dieser Hypothese haben sich nicht ausdrücklich mit dem philonischen Gebrauch von κύριος beschäftigt, nahmen aber offenbar an, dass Philons Werke, die ja auch durch die Christen tradiert wurden, in dieser Hinsicht genauso redigiert worden seien.[42] Das wäre eine genaue Umkehrung der früheren Vorstellung, Philon wisse nicht, wofür κύριος in der LXX stehe. Nun sollen wir glauben, er habe höchstpersönlich das Tetragramm geschrieben, das erst viel später aus seinen Texten getilgt worden sei. Bei näherer Betrachtung der philonischen Texte merkt man gleich, dass diese Theorie unhaltbar ist. Die Gründe sind bei Royse schön zusammengestellt:

> It is not simply that we must imagine that the Christian scribes altered systematically all of Philo's citations and allusions involving κύριος, they must also have totally reworked considerable parts of his treatises. For … he quite often comments explicitly on the etymologies of κύριος and θεός, and, barring such drastic reworking, it is clear from the Greek terms cited that Philo meant to be talking about κύριος and θεός.[43]

Royse schlägt vor, deutlicher, als es bisher meist geschehen ist, zwischen dem zu unterscheiden, was Philon in seiner LXX-Hs. vorfand, und dem, wie er das Vorgefundene las und verstand. Er verweist auf die bekannte, bis heute übliche *ketîb-qerê*-Unterscheidung (von der ja auch Origenes im oben zitierten Fragment spricht) und darauf, dass lesen in der Antike immer laut aussprechen bedeutete. „And so Philo could shift without hesitation (and probably without even recognizing a shift) from the written Tetragrammaton to the spoken κύριος. And what was spoken would be the basis of his commentaries."[44]

In diesem Fall wäre Philon unser frühester Zeuge für eine strikte Vermeidung des eigentlichen Gottesnamens. Das Tetragramm, das er nach dieser Theorie in seiner Bibel in Quadratschrift ausgeschrieben vorfand, sprach er als κύριος aus und schrieb es entsprechend in eigenen kommentierenden Texten, einschließlich der Schriftzitate.

---

42   S. Royse (1991), 171, mit Verweis auf Kahle. Howard vertritt diese These sogar ausdrücklich, Zitat und Diskussion s. Royse (1991), 175.

43   Royses Beispiele mit der Etymologie von κύριος: *Her.* 23; *Somn.* II,29; *Ios.* 28; *Spec.* I,30; *QE* II,62.

44   Royse (1991), 178 f.

152   KAPITEL 3

Somit hat Royse, im Unterschied zur älteren Forschung, keine Schwierigkeiten mit einer vermeintlich rätselhaften Stelle, wo Philon von der Inschrift auf dem Stirnband des Hohepriesters spricht, *Mos.* II,132 f.:

> Oben auf der Tiara befand sich das Goldblatt, *in das die vier Buchstaben eingraviert wurden, welche, so heißt es, den Namen des Seienden verkündigen*; denn ohne Anrufung Gottes kann nichts Seiendes bestehen: Das Band, das alles zusammenhält, ist seine Güte und seine gnadenvolle Kraft.[45]

In diesem Punkt kann man mit Royse nur einverstanden sein: Eigentlich steht in diesem Text ganz klar geschrieben, dass auf dem Stirnband das Tetragramm eingraviert war. Dazu noch einige Überlegungen:

Siegfrieds Überzeugung, dass Philon von dem Tetragramm als dem Namen Gottes nichts wissen konnte, war so tief, dass er auf wenig nachvollziehbare Erklärungen verfiel:

> ⟨Philon⟩ behauptete, der eigentliche Name Gottes sei unaussprechbar, ja er sei überhaupt gar nicht vorhanden. Die 4 Buchstaben am Schilde des Hohenpriesters deuteten nach seiner Meinung den Namen Gottes nur an (ἐξ ὧν [γραμμάτων] ὄνομα τοῦ ὄντος φασὶ μηνύεσθαι).

Das ist eine offensichtliche Verdrehung: Erstens bedeutet μηνύω nicht „andeuten" – dafür benutzt Philon gewöhnlich das Verb αἰνίττομαι –, sondern „bekannt machen", „verkünden".[46] Die beiden Verben können sogar als Antonyme gelten: Die Bedeutung von αἰνίττομαι beschreibt etwa LSJ als „speak darkly or in riddles", die von μηνύω dagegen als „disclose what is secret, reveal; generally, make known, declare". In der Parallelstelle *Mos.* II,114 f.[47] geht es auch darum, dass die

---

45   ὑπεράνω δὲ τὸ χρυσοῦν ἐστι πέταλον, ᾧ τῶν τεττάρων αἱ γλυφαὶ γραμμάτων ἐνεσφραγίσθησαν, ἐξ ὧν ὄνομα τοῦ ὄντος φασὶ μηνύεσθαι, ὡς οὐχ οἷόν τε ὃν ἄνευ κατακλήσεως θεοῦ συστῆναί τι τῶν ὄντων· ἁρμονία γὰρ πάντων ἐστὶν ἡ ἀγαθότης καὶ ἵλεως δύναμις αὐτοῦ.

46   Vgl. *Mutat.* 14, einen Kommentar zu Gen 32,30, wo Gott sich weigert, Jakob seinen Namen zu nennen: καὶ οὐ μηνύει τὸ ἴδιον καὶ κύριον (den Eigennamen, den eigentlichen, verkündet er nicht).

47   χρυσοῦν δὲ πέταλον ὡσανεὶ στέφανος ἐδημιουργεῖτο τέτταρας ἔχον γλυφὰς ὀνόματος, ὃ μόνοις τοῖς ὦτα καὶ γλῶτταν σοφίᾳ κεκαθαρμένοις θέμις ἀκούειν καὶ λέγειν ἐν ἁγίοις, ἄλλῳ (115) δ' οὐδενὶ τὸ παράπαν οὐδαμοῦ. τετραγράμματον δὲ τοὔνομά φησιν ὁ θεολόγος εἶναι, τάχα που σύμβολα τιθεὶς αὐτὰ τῶν πρώτων ἀριθμῶν, μονάδος καὶ δυάδος καὶ τριάδος καὶ τετράδος.

      114. Sodann wurde auch eine Art Kranz aus Blattgold angefertigt, in den die vier Buchstaben des einen Namens eingraviert wurden, den nur diejenigen im Heiligtum hören und aussprechen dürfen, deren Ohren und Zunge durch Weisheit gereinigt sind, sonst nie-

BELEGE FÜR DIE HEBRÄISCH ORIENTIERTE EXEGESE BEI PHILON

vier Buchstaben den Namen ausmachen, es fällt sogar das Wort „Tetragramm". Dieser Kommentar bezieht sich auf Ex 28,36, wo in unseren LXX-Texten natürlich nur κύριος steht: καὶ ποιήσεις πέταλον χρυσοῦν καθαρὸν καὶ ἐκτυπώσεις ἐν αὐτῷ ἐκτύπωμα σφραγῖδος ἁγίασμα κυρίου. („Und du sollst eine Platte aus reinem Gold machen und darauf eine Aufschrift wie einen Siegelabdruck eingravieren: ‚Geheiligtes des Herrn'".) Im hebräischen Text wird der Name allerdings genannt:

ועשית ציץ זהב טהור ופתחת עליו פתוחי חתם קדש ליהוה

(„Du sollst auch ein Stirnblatt machen aus feinem Golde und darauf eingraben, wie man Siegel eingräbt: ‚Heilig dem HERRN'").

Das ist schwer mit der Vorstellung vereinbar, Philon wisse nicht, dass das Tetragramm der Name Gottes ist und κύριος dessen Wiedergabe.

Colson ringt viele Jahrzehnte später (1935) auch mit dem philonischen Satz und schreibt in seinem Kommentar zu *Mos.* II,114:[48]

> A further question, to which I can give no answer, is what Philo means by saying that the „theologian", presumably Moses, declares that the name of the Self-existent has four letters. I do not think he anywhere shews any knowledge of the YHVH, or that it is represented by κύριος in the LXX.

Philon meint aber offensichtlich genau das, was er schreibt. Dabei ist Colson nicht entgangen, dass auch Josephus über die Inschrift auf dem Stirnband dasselbe sagt:

> Das Haupt bedeckte eine Tiara aus Byssusstoff, um den sich ein Hyazinthstreifen herumwand, der von einem goldenen Diadem umgeben war. In das Diadem waren die heiligen Buchstaben erhaben eingraviert, nämlich die vier Vokale.[49]

---

mand und an keinem Ort. 115. Der Gottesverkünder sagt, dieser Name bestehe aus vier Buchstaben; vielleicht versteht er sie als Sinnbilder für die ersten Zahlen, die Eins, die Zwei, die Drei und die Vier.

48 Philo in LCL, Bd. 6, Anhänge, S. 609.

49 *BJ* V,235 f.: τὴν δὲ κεφαλὴν βυσσίνη μὲν ἔσκεπεν τιάρα, κατέστεπτο δ' ὑακίνθῳ, περὶ ἣν χρυσοῦς ἄλλος ἦν στέφανος ἔκτυπα φέρων τὰ ἱερὰ γράμματα· ταῦτα δ' ἐστὶ φωνήεντα τέσσαρα. Der Ausdruck φωνήεντα τέσσαρα wurde in der alten deutschen Übersetzung von Clementz als „vier Consonanten" wiedergegeben, offenbar aus der Überzeugung, man könne in Bezug auf die hebräische Konsonantenschrift nicht von Vokalen reden. In der durchgesehenen Neuauflage dieser Übersetzung von 2005 sind die φωνήεντα τέσσαρα etwas rätselhaft als „vier

154 KAPITEL 3

Er sieht darin „the strongest evidence I have yet seen of Josephus' use of his predecessor." Dabei sind Josephus' Worte, insbesondere in der Form, welche sie in *AJ* haben, eine fast wörtliche Wiederholung dessen, was *Aristeas* besagt:

> Auf dem Kopf trägt er die sogenannte Kidaris, darauf die einzigartige Mitra, das geheiligte königliche Diadem, wo auf einer Goldplatte in heiligen Buchstaben der Name Gottes eingraviert ist.[50]

Dass Josephus *Aristeas* benutzte, ist hinlänglich bekannt: Er schreibt ihn in seinem Bericht über die Übersetzung des Pentateuchs (*AJ* XII,11–118) seitenlang ab. Insofern erfahren wir aus dieser Übereinstimmung nichts darüber, ob Josephus Philon benutzte, sondern nur, dass es eine jüdisch-hellenistische Tradition über die Stirnblattinschrift gab. Auffällig ist, dass *Aristeas* von den „heiligen Buchstaben" spricht, Philon von dem „Tetragramm" und Josephus von den „vier Vokalen".[51] Es scheint klar zu sein, dass der heilige Gottesname aus vier hebräischen Zeichen ihren griechischen Lesern ein Begriff war. Die Formulierung Josephus' scheint mir darüber hinaus zu implizieren, dass diese Leser auch die griechischen lautlichen Entsprechungen dieser Zeichen kannten, d. h. dass der Name griechisch ΙΑΥΗ oder ΙΗΥΗ transliteriert wurde, also von dem Standpunkt des Griechischen aus tatsächlich aus vier Vokalen bestand. Das braucht aber keineswegs zu bedeuten, dass sie diesen Namen so transliteriert in ihren Bibeln lasen, wie Royse meint. Es bedeutet nur, dass „in der Aussprache tabuisiert" und „geheim, unbekannt" zwei ganz verschiedene Sachverhalte sind, wenn nicht sogar zwei einander widersprechende: Es macht wenig Sinn, sich aus Pietät des Aussprechens eines Wortes zu enthalten, das man gar nicht kennt. Dass auch die Heiden unter Umständen Bescheid wussten, bezeugt Philon selbst in seinem Bericht über den schlechten Empfang, den Caligula der jüdischen Delegation bereitet hat:

---

bestimmte Laute" wiedergegeben. Vgl. *AJ* III,187: „Die Mitra wird deswegen hyazinthenblau gemacht, weil sie den Himmel symbolisiert; sonst wäre der glänzende Name Gottes nicht darauf angebracht, und zwar auf dem Golddiadem, wegen des Glanzes, an dem das Göttliche seine Freude hat" (ὁ πῖλος δέ μοι δοκεῖ τὸν οὐρανὸν τεκμηριοῦν ὑακίνθινος πεποιημένος, οὐ γὰρ ἂν ἄλλως ὑπερανετίθετο αὐτῷ τὸ ὄνομα τοῦ θεοῦ τῇ στεφάνῃ ἠγλαϊσμένον καὶ ταύτῃ χρυσέᾳ, διὰ τὴν αὐγήν, ᾗ μάλιστα χαίρει τὸ θεῖον).

50 *Aristeas* 98: Ἐπὶ δὲ τῆς κεφαλῆς ἔχει τὴν λεγομένην κίδαριν, ἐπὶ δὲ ταύτης τὴν ἀμίμητον μίτραν, τὸ καθηγιασμένον βασίλειον ἐκτυποῦν ἐπὶ πετάλῳ χρυσῷ γράμμασιν ἁγίοις τὸ ὄνομα τοῦ θεοῦ, κατὰ μέσον τῶν ὀφρύων, δόξῃ πεπληρωμένον.

51 Auch die Sibylle spricht in *Or. Sib.* I,326 (Christus-Namen-Rätsel) davon, dass Christus vier Vokale trägt: τέσσαρα φωνήεντα φέρων. Vermutlich ist damit gemeint, dass man aus dem Namen Jesus/Joschua das Tetragramm herauslesen kann.

BELEGE FÜR DIE HEBRÄISCH ORIENTIERTE EXEGESE BEI PHILON   155

„Ihr seid also", sagte er, „die Gottesverächter, die nicht mich als Gott aner-
kennen, mich, dem alle anderen längst zugestimmt haben, sondern denjenigen, den ihr nicht nennen dürft?" Darauf streckte er seine Arme gen
Himmel und rief einen Namen aus, den schon zu hören ein Frevel ist,
geschweige denn, ihn wörtlich wiederzugeben![52]

Im Unterschied zu den modernen Forschern scheint Philon überhaupt nicht
darüber erstaunt zu sein, dass der Kaiser den heiligen Namen kennt. Er fragt
sich nicht, wie Frank Shaw, ob ihm etwa König Agrippa oder der Sklave Heli-
kon[53] das Geheimnis verraten haben mochte, sondern empört sich über das
Sakrileg: Der Kaiser, die Hände zum Himmel erhoben (anscheinend eine Par-
odie des bekannten jüdischen Gebetsgestus, den etwa die Übersetzer in *Aristeas* 36 auch vollführen), „nennt den Namen, den man nicht einmal hören,
geschweige denn direkt, ohne Substitut, aussprechen darf."
   Die eigentliche Crux mit der Stirnbandinschrift ist, dass sie im Buch Exodus – sei es hebräisch oder griechisch – gar nicht „JHWH" lautet, sondern קדֶשׁ
לַיהוה, ἁγίασμα κυρίου (Ex 28,36; 39,30). Es mutet unwahrscheinlich an, dass
dies unseren Autoren einfach entgangen sein sollte. Josephus war außerdem
Jerusalemer und sogar Priester, man erwartet, dass er über die Insignien des
Hohepriesters Bescheid wusste. Dabei ist klar, dass für die Art von Beschrei-

---

52 *Leg.* 353: „ὑμεῖς" εἶπεν ⟨Gaius⟩ „ἐστὲ οἱ θεομισεῖς, οἱ θεὸν μὴ νομίζοντες εἶναί με, τὸν ἤδη παρὰ
    πᾶσι τοῖς ἄλλοις ἀνωμολογημένον, ἀλλὰ τὸν ἀκατονόμαστον ὑμῖν;" καὶ ἀνατείνας τὰς χεῖρας
    εἰς τὸν οὐρανὸν ἐπεφήμιζε πρόσρησιν, ἣν οὐδὲ ἀκούειν θεμιτόν, οὐχ ὅτι διερμηνεύειν αὐτολεξεί.
    Darüber neulich F. Shaw, „The emperor Gaius' employment of the divine name" (Shaw
    [2005]). Shaw bespricht die Frage, ob Gaius tatsächlich den Namen JHWH aussprach –
    seine Antwort ist ja, gegen zuvor von McDonough ausgesprochene Zweifel. Ich sehe auch
    keine Möglichkeit, den Text anders zu verstehen. Das zweite Problem mit diesem Satz Phi-
    lons ist die syntaktische Bindung, und entsprechend die Übersetzung, von ἀλλὰ τὸν ἀκατο-
    νόμαστον ὑμῖν. Die richtige Deutung hat m. E. Nikiprowetzky (1977), 86–87, vorgeschlagen,
    gegen frühere englische Übersetzungen (aber übereinstimmend mit der deutschen von
    Hans Leisegang in Cohn et al.: „Denn mit einem höhnischen Lächeln bemerkte er: ‚Ihr
    seid also die Gottesverächter, die nicht glauben, ich sei ein Gott, ich, der ich schon bei
    allen anderen anerkannt bin, sondern ihr glaubt an den für Euch unbenennbaren Gott!' "):
    „vous qui pensez que ce n'est pas moi qui suis dieu ..., mais celui que vous ne devez pas
    nommer: votre Jahwe." Shaw ist zwar für Nikiprowetzkys Deutung der Syntax, findet aber
    anschließend, dass sich Philon an dieser Stelle absichtlich doppeldeutig äußere – was ich
    nicht glaube. Was ich noch weniger *to the point* finde, ist seine Zusammenfassung, dass die
    bisherige Forschung sich im Irrtum befunden habe, da Gaius womöglich gar nicht „Jahwe",
    sondern eher „IAO" gesagt haben mag. Ich glaube nicht, dass das Problem darin liegt, wie
    der Name genau ausgesprochen wurde. Wichtig ist nur, dass er den unaussprechlichen
    Namen meinte.

53 Shaw (2005), 40–41.

bungen, wie wir sie bei allen drei Autoren finden, nicht die Autopsie des Goldblechs die entscheidende Rolle spielt, sondern vielmehr die Auslegung des einschlägigen biblischen Textes. Der Text der LXX ist an diesen Stellen eindeutig, egal, ob man κυρίῳ oder κυρίου liest:[54] Die Inschrift besteht aus zwei Wörtern und besagt „heilig (bzw. „aufgespart", auf die Etymologie des hebräischen Wortes kommt es uns in diesem Fall nicht an) dem JHWH", wobei die LXX den Substantivcharakter von קדש genau wiedergibt (was den Genitiv möglich macht) und keinen Zweifel an dem intendierten Sinn zulässt. Der hebräische Wortlaut lässt dagegen, zumindest theoretisch, unterschiedliche Interpretationen zu. Ein Versuch, den hebräischen Text anders als die Septuaginta und die Vulgata auszulegen, wurde in einem Artikel von James E. Hogg[55] aus dem Jahre 1924 unternommen. Hogg macht darauf aufmerksam, dass das לְ in קדש ליהוה nicht nur eine *nota dativi* sein kann, sondern auch ein sogenanntes לְ *inscriptionis*[56] und verweist auf dieselben Stellen wie die Gesenius-Kautzsch-Grammatik. Er bringt auch Sach 14,20–21 ins Spiel und suggeriert, die tatsächliche Inschrift auf den Pferdeschellen und Töpfen (קדש ליהוה) hätte auch nur aus dem Tetragramm bestehen können. Was soll dann aber קדש bedeuten? Hier ist Hogg wenig überzeugend: „קדש is used in so many ways, and of so many things, as indicating sacredness, that here it might well be considered as referring to the sacred or holy name. קדש ליהוה could then be translated ‚the sacred name ‚Jahve.'"[57] Die Aktualität und das Interesse von Hoggs Artikel bestehen vor allem in der Bedeutung, welche er, untypisch für seine Zeit, den griechischen Zeugnissen Philons und Josephus' (*Aris-*

---

54   *Pace* Hogg (1924), 74: „In Exod. xxviii 36 (LXX 32) this is not the assertion made by the LXX; in place of Κυρίῳ the word in the text is Κυρίου, with the result that the meaning is different. What is here asserted is that what was to be engraved was ‚a holy thing belonging to the Lord', not the words קדֶשׁ לַיהוָה. The difficulty is to discover what the translators intended to convey by the word ἁγίασμα which they used to render קדש, or what they thought קדש meant. This passage at any rate, as it stands in the LXX at Exod. xxviii 32, does not assert that the words to be inscribed on the ציץ were קדש ליהוה. From the text of the LXX itself it is not possible to say with confidence what ‚holy thing' was meant by ἁγίασμα in the phrase ἁγίασμα Κυρίου." Ich glaube nicht, dass der Wechsel des Kasus einen Sinnunterschied mit sich bringt. Philon hat sowieso an beiden Stellen κυρίῳ gelesen, wie auch ein (heute weniger zahlreicher) Teil der Hss., s. *Migr.* 103.

55   Hogg (1924).

56   S. Gesenius-Kautzsch (1991), 398, § 119u: „das (für uns unübersetzbare und lediglich etwa einem Kolon entsprechende) *Lamed inscriptionis* zur Einführung des Wortlauts einer Inschrift oder einer Benennung", s. Jes 8,1: וכתב עליו ... למהר שלל חש בז „und schreibe darauf ... (die Worte): מהר שלל חש בז"; so auch Ez 37,16... וכתוב עליו ליוסף עץ אפרים „und schreibe darauf ... (die Worte): ... יוסף עץ אפרים".

57   Hogg (1924), 75.

BELEGE FÜR DIE HEBRÄISCH ORIENTIERTE EXEGESE BEI PHILON   157

teas scheint seiner Aufmerksamkeit entgangen zu sein) für die Interpretation des hebräischen Wortlauts beimisst. Er schließt seinen Beitrag mit den Worten:

> This Zechariah passage stands of course by itself, except so far as the Exodus passages may be considered as helping it. But the Exodus passages have the aid of Philo and Josephus as testimony to the fact of the inscription on the ציץ consisting of the Tetragrammaton only, and unless it be considered impossible to render the Hebrew קדש ליהוה in the manner suggested, the scale might well be turned by the weight of these two Greek writers.[58]

Inzwischen sind epigraphische Belege ans Licht gekommen, die den Gebrauch der Formel קדש wie auch ל קדש auf Gegenständen wie Töpfen u. ä., die offenbar für den priesterlichen Gebrauch bestimmt waren,[59] belegen. Insofern scheint es kaum möglich zu bezweifeln, dass die hebräischen Verse eine Inschrift aus zwei Wörtern meinten und von den griechischen Übersetzern richtig verstanden wurden. Das schließt aber nicht aus, dass später – wahrscheinlich in Zusammenhang mit der wachsenden Ehrfurcht vor dem unaussprechlichen Namen – eine andere Auslegung dieser Verse aufkam, die wir bei den hellenistischen Autoren vorfinden.

Das hat seinerzeit Belkin behauptet mit Verweis auf eine „common Palestinian interpretation of the Hebrew phrase ‚Holy to the Lord.'"[60] Er bringt rabbinische Belege, die naturgemäß später sind als Philon und Josephus. Royse bezweifelt aus diesem Grund ihre Relevanz.[61] Der Hauptgrund für seine Zweifel ist aber die Überzeugung, dass Philon kaum einer Interpretation folgen konnte, die auf einer „subtilen Auslegung" des hebräischen Textes und nicht auf der LXX basiert[62] – eine Überzeugung, der die Annahme einer aus dem Hebräischen übersetzten bzw. auf den hebräischen Bibeltext ausgerichteten Quelle das Fundament entzieht. Das Stirnband des Hohepriesters kann, scheint mir, den Belegen hinzugefügt werden, wo Philon zwar das Griechische als Lemma

---

58   Hogg (1924), 75.

59   Gordon (1992). Gordon verweist (123 Anm. 13) bezüglich der Stirnbandinschrift auch auf *Aristeas* 98.

60   S. Belkin (1940), 42.

61   Royse (1991), 180.

62   „However, as Colson points out, this meaning ⟨die von Hogg vorgeschlagene Übersetzung⟩ is not found in the LXX at either passage, and we can hardly suppose that Philo is here following a subtle interpretation of the Hebrew against the Greek" (Royse [1991], 180).

158 KAPITEL 3

anführt, aber – ganz oder teilweise – Auslegungen hineinwebt, die in ihrem Ursprung auf das Hebräische hinweisen. Die Formulierung im MT Ex 39,30

ויכתבו עליו מכתב פתוחי חותם קדש ליהוה

und sie schrieben darauf nach Art der Siegelgravierung: ‚Heilig dem Herrn‘

ist derjenigen in Jes 8,1

וכתב עליו בחרט אנוש למהר שלל חש בז

und schreib darauf mit deutlicher Schrift: ‚Maher-Schalal-Hasch-Bas (Schnelle Beute – Rascher Raub)‘

tatsächlich sehr ähnlich. Das Muster scheint zu sein: „Und schreib darauf in der einen oder anderen Weise („nach Art der Siegelgravierung" in Ex, „mit deutlicher Schrift" [Luther-Übersetzung für das geheimnisvolle אנוש בחרט in Jes]): ‚XY‘", wo dem Kolon im deutschen Satz das *Lamed inscriptionis* entspricht (vgl. Ez 37,16).

Es ist das Wort קדש, das im Exodus-Text den Unterschied macht: Das mit ל angehängte Objekt wird nun auf קדש, nicht auf das Verb ויכתבו, bezogen. Wie vielfältig auch immer der Gebrauch von קדש sein mag, die Bedeutung „der heilige Name" (so Hoggs Vorschlag) kann es hier kaum haben. Gar nicht ungewöhnlich wäre aber, קדש auf das Vorhergehende zu beziehen, wie es im ersten Halbvers desselben Verses, Ex 39,30, mit Bezug auf denselben Gegenstand, das Stirnband, der Fall ist: ויעשו את־ציץ נזר־הקדש, hier übrigens mit Artikel, „(sie machten) die heilige Krone", „die Krone der Aufgespartheit." Im zweiten Halbvers wäre es dann „heilige Inschrift", bzw. „heilige Siegeleingravierung". קדש als *Nomen rectum* einer Constructus-Verbindung ist ganz gebräuchlich, vgl. Ex 28,2 (dieselbe Perikope über die Heiligtumseinrichtung): ועשית בגדי־קדש לאהרן, wo das ל nach קדש sich nicht darauf, sondern auf das Verb bezieht („mache dem Aaron heilige Kleider", nicht „mache Kleider, dem Aaron heilig", obwohl dies theoretisch auch eine mögliche Interpretation wäre, etwa: „mache Kleider, für den Priester aufgespart").[63] Das würde nicht nur die Vorstellung erklären, dass auf dem Stirnband nur „JHWH" stand, sondern auch den Ausdruck „in heiligen Buchstaben" bei *Aristeas* und Josephus. Ehe man externe Realien zur Erklä-

---

63   Andere Beispiele sind Ex 3,5: אדמת־קדש, Ex 30,25: משחת־קדש u. a.

BELEGE FÜR DIE HEBRÄISCH ORIENTIERTE EXEGESE BEI PHILON   159

rung heranzieht, etwa die paläohebräische Schrift (wie etwa in der Anmerkung zu *Bell. Jud.* V,235 in der Ausgabe von Michel und Bauernfeind[64]), sollte man berücksichtigen, dass der Vers übersetzt werden kann mit: „.... und brachten darauf die Inschrift an, die heilige Siegelgravierung: Herr." Das ist aber genau die Formulierung, welche *Aristeas* und Josephus haben.

In Gordons Artikel über epigraphische Belege sind auch Gegenstände erwähnt, die eine Inschrift ליהו tragen.[65] Man kann vermuten, dass es sich um denselben Typ von Mitteilung handelt: Der Dativ ist von einem gedachten, aber nicht geschriebenen קדש regiert. In den lateinischen Grabinschriften sind „Dis Manibus" und „Dis Manibus Sacrum" ungefähr gleich häufig, und *sacrum* entspricht in der Bedeutung genau dem hebräischen קדש. Es ist zwar müßig, Vermutungen darüber anzustellen, was auf dem Stirnband bzw. der Stirnplatte tatsächlich eingraviert war. Aber die grundsätzliche Synonymie der beiden Varianten – mit oder ohne קדש – ist vielleicht doch zu berücksichtigen.

Die Parallelen aus den beiden Talmudstellen, auf welche Belkin verweist, können meiner Meinung nach nicht so leicht von der Hand gewiesen werden, wie Royse es tut. Im Bavli, Schab. 6,4 (63b),[66] lesen wir:

> Als R. Dimi kam, sagte er im Namen R. Johanans: Woher, daß ein Gewebe, irgendwie groß, verunreinigungsfähig ist? Vom Stirnblatte. Abajje sprach zu ihm: War denn das Stirnblatt ein Gewebe, es wird ja gelehrt: Das Stirnblatt war eine Art Platte aus Gold, zwei Finger breit, und reichte von Ohr zu Ohr; darauf waren zwei Zeilen eingraviert: „Jod" und „He" oben und „geheiligt" unten. R. Eliezer b. R. Jose erzählte: Ich habe es in Rom gesehen, und darauf waren [die Worte] „geheiligt dem Herrn" in einer Zeile eingraviert.

Dasselbe steht in Sukka 1,1 (5a).

Im Yerushalmi steht in Meg. 1,11 (71d 55–57):

> Alle Buchstaben, die mit dem Gottesnamen verbunden geschrieben werden (und) vor ihm (stehen), diese sind Profanes und dürfen ausradiert werden, wie zum Beispiel „L-YHWH", „B-YHWH", „M-YHWH", „K-YHWH", „Sh-YHWH". Denn so finden wir es beim Stirnblatt (des Hohenpriesters),

---

64   Diese Theorie wird auch im neuesten Kommentar zu *Aristeas* als eine interessante Möglichkeit des Textverständnisses ausführlich dargestellt: Wright (2015), 212 f.

65   Gordon (1992), 122 mit Anm. 12.

66   *Der Babylonische Talmud*, übers. v. L. Goldschmidt, Bd. 1, 1930, 624.

160 KAPITEL 3

bei dem getrennt wird zwischen „Heilig" (und dem Buchstaben) Lamed, die tief (stehen), und dem Gottesnamen, der hoch (steht).[67]

Die Exegese von Num 16,41–50 LXX (MT 17,6–15) in Sapientia Salomonis 18,22–25 scheint auch in diese Richtung zu weisen. Wenn in Vers 24 bei der Beschreibung der hohenpriesterlichen Insignien καὶ μεγαλωσύνη σου ἐπὶ διαδήματος κεφαλῆς αὐτοῦ („und deine Herrlichkeit auf dem Stirnband seines Haupts") gesagt wird, gibt es einen triftigen Grund, μεγαλωσύνη als Substitut des Tetragramms zu verstehen.[68] Im Hebräerbrief wird das Wort nämlich genauso gebraucht: 1,3 ἐκάθισεν ἐν δεξιᾷ τῆς μεγαλωσύνης ἐν ὑψηλοῖς („und hat sich gesetzt zur Rechten der Majestät in der Höhe") und 8,1: ὃς ἐκάθισεν ἐν δεξιᾷ τοῦ θρόνου τῆς μεγαλωσύνης ἐν τοῖς οὐρανοῖς „der da sitzt zur Rechten des Thrones der Majestät im Himmel").[69] Dabei ist das Tetragramm im Ausgangstext im Buch Numeri (16,46–48 LXX bzw. 17,11–13) gar nicht erwähnt; dort wird auch nicht impliziert, dass Aaron den hohepriesterlichen Kopfschmuck anhätte, geschweige denn, dass der Name Gottes darauf der eigentliche Grund für das Aufhören der Plage gewesen wäre. Im Buch Numeri geht es um die Räucherpfannen und den Weihrauch, womit Aaron die Gemeinde entsühnt, so dass die Plage mit seinem Erscheinen aufhört. In der Nacherzählung der Sapientia dagegen wird dies zwar auch erwähnt, aber letztendlich geschieht das Wunder durch die symbolische Kraft der Insignien, und insbesondere des Gottesnamens:

> Denn als schon die Toten haufenweise übereinanderlagen, trat er dazwischen und hielt den Zorn auf und schnitt ihm den Weg zu den Lebenden ab. Denn auf seinem langen Gewand war die ganze Welt abgebildet, und die Ehrennamen der Väter waren in die vier Reihen der Steine eingegraben und deine Herrlichkeit auf dem Stirnband seines Haupts (18,23–24 Luther-Übersetzung).

---

67 Übersetzung des Talmud Yerushalmi v. F.G. Hüttenmeister, Bd. 2/10, *Megilla, Schriftrolle*, 57. Hüttenmeister verweist in seiner Anmerkung zu dieser Stelle auf die *Aristeas*-Philon-Josephus-Tradition. Vgl. Traktat Joma 4,1 (41c 14–18): „Auf dem Stirnblatt (des Hohenpriesters) stand geschrieben: Heilig dem Herrn, ‚heilig' unten und der Name oben, wie ein König, der auf seinem Sessel sitzt. Und ebenso (stand auf dem Los für den Namen: ‚Eines dem Herrn', Lev. 16,8) ‚eines' unten und der Name oben. R. Eleazar b. Rabbi Yose sagte: Ich sah es (sc. das Stirnblatt) in Rom, und nur eine Zeile stand darauf geschrieben: ‚Heilig dem Herrn'" (Übersetzung L. Goldschmidt).

68 Die Einheitsübersetzung hat hier direkt „und auf seinem Stirnband dein hoheitsvoller Name".

69 Vgl. Wilkinson (2015), 114.

BELEGE FÜR DIE HEBRÄISCH ORIENTIERTE EXEGESE BEI PHILON   161

Das erinnert wiederum an Philon mit seinem gnadenvollen Namen, der alles zusammenhält. Man sieht, dass es eine Tradition gibt, die auf dem Stirnblatt unbedingt den heiligen Namen – von allen Suffixen getrennt und in einer bevorzugten Stellung – sehen wollte, trotz der Einwände eines Augenzeugen, Rabbi Eliezer, der angeblich in Rom den von Titus geraubten Tempelschatz besichtigen konnte, und auch trotz des Wortlauts des Exodus-Verses. Von dieser Tradition können wir so viel sagen, dass sie uns sowohl griechisch als auch hebräisch begegnet; die auf uns gekommenen griechischen Zeugnisse sind älter, müssen aber deswegen nicht als Quelle der talmudischen Tradition gelten. Diese Tradition bezieht sich letztendlich nicht auf die Autopsie eines realen Gegenstandes, des hohepriesterlichen Kopfschmucks, sondern sie gehört in die Geschichte der Bibelexegese und knüpft konkret an Ex 28,36 und 39,30 an. Diese Tradition hat sowohl bei jüdisch-hellenistischen als auch bei palästinischen Autoren Spuren hinterlassen.

Insofern kann man darin keinen konkreten Beweis dafür sehen, wie Royse es tut, dass Philon in seiner Bibelhandschrift (bzw. seinen Bibelhandschriften) das Tetragramm vorfand, ΑΓΙΑΣΜΑ יהוה.[70] Wenn wir davon ausgehen, dass die philonische Exegese mannigfaltige und heterogene Quellen hatte (wie Philon selbst nahelegt, indem er öfters auf andere Interpreten hinweist), so ist die Entität, mit der wir arbeiten, nicht eine konkrete Handschrift mit ihren Besonderheiten, auch nicht eine reale Information, die unserem Autor konkret im Einzelfall zugänglich oder unzugänglich sein mochte, sondern die exegetische Tradition, welche, wie man es im Talmud am anschaulichsten sieht, eine Menge widersprüchlicher, unterschiedlichen Zeiten angehöriger,

---

70   Royse (1991), 181. Vgl. das Fazit des Artikels (183): „(1) The manuscript evidence very strongly indicates that Philo must have read Biblical texts with the Tetragrammaton written in palaeo-Hebrew or Aramaic letters, and not translated by κύριος. (2) Philo's own written use of κύριος is consistent with his having read such texts and having pronounced the Tetragrammaton as κύριος. (3) His remarks at *Mos.* 2.114 and 2.132 can be explained if we suppose that he saw the Tetragrammaton untranslated … in his Bible." Mir scheint, genau wie im Fall der Stirnplatte des Hohenpriesters ist es weniger wichtig, was etwa Rabbi Eleazar bei seinem Besuch in Rom tatsächlich auf dem Goldblatt geschrieben sah, als was die Tradition darüber erzählte. Die physische Realität ist im Reich der Deutungen von einer sehr eingeschränkten Geltung. Es wurde schon oft bemerkt, dass die Beschreibungen Jerusalems bei den hellenistisch-jüdischen Autoren wenig zu der realen Topographie der Stadt passen, dafür aber gut zu der Vorstellung, dass der Tempel „die Mitte" von allem (der Stadt wie auch der Welt) ist. Dies widerspricht keineswegs der Tatsache, dass diese Autoren die Stadt als eine physische Entität persönlich erlebt haben, illustriert aber gut das Prinzip, dass wir nichts darüber wissen können, was Philon tatsächlich sah – aber eine Menge darüber, was er sehen wollte bzw. zu sehen meinte.

162 KAPITEL 3

auf unterschiedlichen Textvarianten und Textinterpretationen basierender Informationen in einem Strom mitreißt.[71]

2.2 κύριος und θεός als göttliche Kräfte: Güte und Macht

Der oben zitierte Passus mit den „vier Buchstaben" (*Mos.* II,132f.) endet mit einer Erklärung, warum ohne den Gottesnamen nichts bestehen kann: ὡς οὐχ οἷόν τε ὂν ἄνευ κατακλήσεως θεοῦ συστῆναί τι τῶν ὄντων· ἁρμονία γὰρ πάντων ἐστὶν ἡ ἀγαθότης καὶ ἵλεως δύναμις αὐτοῦ. („Denn ohne Anrufung Gottes kann nichts Seiendes bestehen: Das Band, das alles zusammenhält, ist seine Güte und seine gnadenvolle Kraft.") Dieser Satz gibt wiederum Rätsel auf. Er passt nämlich genau zur jüdischen Tradition der Auslegung der beiden Bezeichnungen Gottes, steht aber im Widerspruch zu dem, was als philonische Version davon gilt. Leopold Cohn sagt:

> Philo spricht an mehreren Stellen von zwei höchsten Kräften oder Eigenschaften Gottes, die von dem über ihnen stehenden Logos zusammengehalten werden (oder von ihm ausgehen): Güte und Macht. Er findet sie ausgedrückt in den beiden Gottesnamen, die abwechselnd in der Bibel gebraucht sind und die in der Septuaginta mit θεός (Gott) und κύριος (Herr) wiedergegeben werden. Die eine Kraft nennt er auch die schöpferische, wohltuende, gnädige, die andere die königliche, leitende und strafende; diese Attribute werden von ihm aus den griechischen Ausdrücken θεός und κύριος abgeleitet. In ganz ähnlicher Weise unterscheidet der

---

71 Das Bedürfnis, eine neue Begrifflichkeit für die gleichberechtigten, aber signifikant unterschiedlichen Manifestationen der heiligen Bücher zu schaffen, ist heute, nach einem halben Jahrhundert Qumran-Forschung, auch bei den Herausgebern der biblischen Texte spürbar. Ein schönes Beispiel dafür ist der Artikel von Ronald Hendel, *What Is a Biblical Book?* (Hendel [2015]), insbesondere seine Bemerkung (295):

> At Qumran, for instance, a particular book token could be inscribed with the notation of any of several textual families – proto-MT, proto-SP, proto-LXX – or anything in between. When a Qumran document cites ספר משה, „the book of Moses" (viz., the Pentateuch), the book referred to is a type, an abstract semiotic object that encompasses all of its variant manuscript copies (as long as the copies survive the scrutiny of the bibliographical authorities). 4QpaleoExod^m, a proto-SP text written in Paleo-Hebrew script, was as much a copy of Exodus as 4QExod^b, which was an older manuscript with (arguably) a proto-LXX text, written in the square script. A biblical book was an abstract type, with many variant tokens in circulation.

Man fühlt sich an die vielbesprochene Behauptung Philons erinnert (die einst unter „Hebräisch-Unkenntnis-Beweisen" angeführt wurde und manchmal heute noch angeführt wird), dass die hebräische und die griechische Version zwei Schwestern oder noch eher ein und derselbe Text sind.

BELEGE FÜR DIE HEBRÄISCH ORIENTIERTE EXEGESE BEI PHILON 163

Midrasch in dem Wesen Gottes die Eigenschaften der Gerechtigkeit (מדת הדין) und der Barmherzigkeit (מדת הרחמים). Es heißt im Midrasch: „Wo in der heiligen Schrift das Wort יהוה steht, ist die Eigenschaft der göttlichen Liebe und Barmherzigkeit bezeichnet, wo dagegen אלהים steht, ist die Eigenschaft der göttlichen Gerechtigkeit gemeint". Der Midrasch findet also in dem Tetragrammaton, das die Septuaginta wegen der Aussprache אדני mit κύριος übersetzt, die Güte Gottes und in dem anderen Namen, den die Septuaginta mit θεός wiedergibt, die Allmacht und Gerechtigkeit Gottes ausgedrückt, gerade umgekehrt wie Philo. Der Gedanke hat gewiss in Palästina seinen Ursprung und ist von da nach Alexandrien gelangt. Aber Philo weiss nicht mehr, welchen hebräischen Worten die griechischen Bezeichnungen entsprechen, er hält sich nur an die griechischen Worte θεός und κύριος und zieht aus der Etymologie dieser Worte seine Folgerungen; so bietet seine Erklärung das Gegenteil von dem, was die Erklärung des Midrasch besagt.[72]

Wenn wir annehmen, Philon hat in seinem Exodus-Exemplar κύριος gelesen (und nicht etwa IAW), so schreibt er hier gerade diesem κύριος „ἡ ἀγαθότης καὶ ἵλεως δύναμις αὐτοῦ" zu. Das ist nicht die einzige Stelle, wo das geschieht. *Mos.* II,185: ὁ δὲ τὴν ἵλεων αὐτοῦ δύναμιν φθάνει προεκπέμψας, „da sandte Gott sein gnädiges Wirken vor sich her", wie Badt übersetzt, mit der Anmerkung, der griechische Ausdruck sei gleichbedeutend mit מדת הרחמים, und mit Verweis auf die ebenso zitierte Stelle in der Einleitung. Bemerkenswert ist aber, dass der Kommentar sich auf Ex 15,25 bezieht, ἐβόησεν δὲ Μωυσῆς πρὸς κύριον καὶ ἔδειξεν αὐτῷ κύριος ξύλον („Mose aber schrie zum Herrn, und der Herr zeigte ihn ein Stück Holz"), hebr. ויצעק אל־יהוה ויורהו יהוה עץ, und insofern auf κύριος und nicht auf θεός.

Philon verbindet also mit den beiden Gottesnamen der LXX, θεός und κύριος, die Vorstellung von zwei „Kräften", die auch aus der späteren jüdischen Tradition bekannt sind und sich dort auf die Namen *Elohim* und *Jahwe* beziehen. Insofern ist eine Beziehung des griechischen κύριος zu den hebräischen Gottesnamen bei Philon gegeben. Problematisch ist nur die Zuweisung der einzelnen Kräfte zu dem jeweiligen Namen. Diese Zuweisung aber wurde gewaltsam auf Texte angewandt, die ursprünglich nichts davon wussten. Martin Rösel[73] hat die Tatsache zu erklären versucht, dass die LXX an mehreren Stellen *Jahwe* mit θεός wiedergibt. Nach seinen Beobachtungen geschieht diese Abweichung vom

---

72   L. Cohn et al. (Hgg.), *Philo von Alexandria. Die Werke in deutscher Übersetzung*, Bd. 1, Berlin ²1962, *Einleitung*, 19.

73   Z.B. Rösel (2010).

allgemeinen Usus der LXX dort, wo Jahwe eine strafende Funktion zugeschrieben wird. Demzufolge hätten die Übersetzer des Pentateuchs achtgegeben, den strafenden Gott θεός und nur den milden und barmherzigen κύριος zu nennen, auch dort, wo ihre Vorlage (welche von dieser Lehre natürlich nichts weiß) einer solchen Unterscheidung entgegenläuft. Hier scheinen aber eher spätere exegetische Ideen auf die LXX selbst zurückprojiziert zu werden. Emanuel Tov hat in einem Artikel von 2014, „The Harmonizing Character of the Septuagint of Genesis 1–11,"[74] überzeugend gezeigt, dass diese Erklärung durch eine hinreichende Anzahl von Gegenbeispielen widerlegt werden kann.[75] Die Genesis-LXX hat für יהוה widersprüchliche Äquivalente, mal κύριος, mal θεός, dann wieder κύριος ὁ θεός. Die Erklärung von Tov: „The Greek renderings not seem [sic!] to follow any logical pattern, but the most probable explanation is that from 2:4 onwards we recognize patterns of harmonization with the vocabulary of the first creation story"[76] ist vielleicht auch nicht der Weisheit letzter Schluss. Es scheint aber so viel klar zu sein, dass die Übersetzer der Genesis ein feststehendes Verbot, den Namen *Jahwe* mit griechischen Buchstaben wiederzugeben, verinnerlicht haben, und dass das spätere Qerê perpetuum *adonai* schon zu dieser Zeit in Gebrauch war. Die Erklärung der unterschiedlichen Bezeichnungen der Gottheit als Hinweise auf unterschiedliche Aspekte dieser Gottheit gehört dagegen einer späteren Zeit an; die LXX weiß nichts davon. Insofern sind nicht die Rabbinen, sondern ist Philon unser erster Zeuge für diese Entwicklung. Eine gewisse Widersprüchlichkeit, die wir bei ihm in dieser Hinsicht festgestellt haben, kann unter der Annahme, dass sich einige von ihm benutzte Tora-Kommentare ursprünglich auf den hebräischen Wortlaut bezogen, gerade damit zu tun haben, dass der Jahwe des hebräischen Textes in der Genesis-LXX mal κύριος, mal θεός ist. Entsprechend konnten die Erklärungen, welche sich auf einen bestimmten Vers bezogen, einer „falschen" Gottesbezeichnung zugeschrieben werden.

Es gibt Stellen bei Philon, wo er den κύριος des entsprechenden biblischen Verses als die göttliche Barmherzigkeit interpretiert, ja im Beleg *Mos.* II,132 f. wird die Güte Gottes sogar direkt als Auslegung des Tetragramms genannt. Es bleibt aber die Tatsache bestehen, dass ihre Zuweisung dort, wo er die beiden Namen explizit erklärt und einander gegenüberstellt, umgekehrt ist als bei der späteren rabbinischen Tradition.[77] Man kann zunächst so viel sagen,

---

74   Ursprünglich in Kraus und Kreuzer (Hgg.) (2014), 315–332, zitiert nach: Tov (2015), Kap. 31 (470–489).

75   Tov (2015), 487.

76   Tov (2015), 489.

77   Z. B. *Mos.* II,99 f.; *Conf.* 137 f.; *Spec. Leg.* I,307; *Abr.* 121; *Mut.* 16; 19.

BELEGE FÜR DIE HEBRÄISCH ORIENTIERTE EXEGESE BEI PHILON   165

dass die Lehre von den göttlichen Kräften vorphilonisch ist und sich aufgrund des hebräischen Textes entwickelt hat, am wahrscheinlichsten aus dem akuten exegetischen Problem, dass der Gott Israels ohne ersichtlichen Grund unterschiedlich benannt wird, ein Problem, das irgendwann zu den Theorien der Quellenscheidung geführt hat und dazu, dass die bekannten Gestalten des Elohisten und des Jahwisten die Bühne betraten.

Arthur Marmorstein untersuchte das Problem in seinem Buch „The Old Rabbinic Doctrine of God"[78] und kam zu dem Schluss, dass die uns bekannte rabbinische Lehre mit *JHWH* als „measure of mercy" und *Elohim* als „measure of judgement" eine spätere Variante ist und dass es im rabbinischen Schrifttum Spuren gibt von der Version, welche wir bei Philon vorfinden: *Elohim* ist die gnädige und *JHWH* die richtende, strafende Macht. Die Datierung der rabbinischen Traditionen ist ein heikles Problem, die neuere Forschung geht damit vorsichtiger um.[79] Die Frage wurde 1978 von Nils A. Dahl und Alan F. Segal in einem wichtigen Artikel wieder aufgenommen.[80] Sie kommen bezüglich Philon zu folgenden Schlüssen:

> (1) The Philonic correlation of divine names and attributes is not due to Philo's imperfect knowledge of the aggada or to his peculiar „exegetical constraint." It is likely to have been known both to Hellenized and to more traditional exegetes in Alexandria. (2) The contrasting correlation of names and attributes is not an isolated phenomenon. It is a part of the themes and texts that relate to God's goodness and punishment or mercy and judgement. Though there is a vast difference between Philo's exegesis and rabbinic midrash, there are also several striking similarities, especially where Philo draws upon traditions which do not hypostatize the „beneficent" and „ruling" power. (3) The contradiction between the Philonic and the rabbinic „system" of relating God's attributes to his names is less important than it may seem to be. Both „systems" make it possible to see the mixture of mercy and justice as fundamental to the relationship between man and God.[81]

An einigen Stellen[82] versucht Philon tatsächlich, die Kräfte nicht nur zu unterscheiden, sondern sie auch miteinander zu verbinden und in eine bestimmte

---

78   Marmorstein (1927), 43–53.
79   Vgl. Anm. 7.
80   Dahl und Segal (1978).
81   Dahl und Segal (1978), 11.
82   *Mos.* II,99 f.; *Abrah.* 121 f.; *Plant.* 85–90.

166 KAPITEL 3

hierarchische Ordnung zu bringen: Der Schöpfer kommt zur Schöpfung dadurch, dass er seiner Natur nach gütig ist, und zum Herrschen dadurch, dass er Schöpfer ist (seine Eigenschaft als Herrscher kommt von seiner Eigenschaft als Schöpfer her). Gott ist ja „Vater" der Welt; ein Vater bestraft seine Kinder aus Liebe. Das Ineinanderfließen der Kräfte erleichtert womöglich den Austausch ihrer Attribute.[83]

Als Fazit können wir festhalten, dass Philon von der Existenz des Tetragramms wusste und dass seine Lehre über die zwei göttlichen Hauptkräfte einer auch aus der späteren jüdischen Tradition bekannten Theologie der göttlichen Namen entspricht. Bei der Benennung θεός – dieses Wort leitet Philon von τίθημι ab – steht bei ihm die Schöpfungstätigkeit im Vordergrund (etwa *Mos.* II,99: ὀνομάζεται δ᾽ ἡ μὲν ποιητικὴ δύναμις αὐτοῦ θεός, καθ᾽ ἣν ἔθηκε καὶ ἐποίησε καὶ διεκόσμησε τόδε τὸ πᾶν. [„Seine schöpferische Kraft wird ‚Gott' genannt, denn mit ihr hat er das Weltall gegründet, geschaffen und geordnet."]) Das hat aber möglicherweise weniger mit der griechischen Etymologie von θεός zu tun als mit der Tatsache, dass der erste Schöpfungsbericht durchwegs von Gott, אלהים, LXX θεός, spricht[84] – und die Schöpfung schon immer als ein Beweis der Güte Gottes *par excellence* galt. יהוה kommt hebräisch zum ersten Mal in Gen 2,4 vor, und zwar kombiniert mit אלהים: ביום עשות יהוה אלהים ארץ ושמים, LXX ᾗ ἡμέρᾳ ἐποίησεν ὁ θεὸς τὸν οὐρανὸν καὶ τὴν γῆν („an diesem Tag schuf Gott den Himmel und die Erde");[85] die LXX gebraucht bis 2,8 weiterhin nur θεός. Die Beobachtung, dass Gott als Schöpfer im eigentlichen Schöpfungsbericht Gen 1 *Elohim* und nicht *JHWH* genannt wird, war wohl ausschlaggebend für die Zuschreibung der „Güte", und die angebliche Etymologie „θεός von τίθημι" nur ihre Anpassung an die griechische Textform. Am deutlichsten sieht man

---

83   Vgl. Marmorstein (1927), S. 50 f.: „First of all there are very numerous passages which contradict this rule. For instance, in Gen. 8.1, we read ויזכר אלהים את־נח; here, plainly, a measure of love and mercy is spoken of, yet the text uses אלהים, v. also Ex. 2.24, וישמע אלהים את־נאקתם ויזכר אלהים את־בריתו and Gen. 30.22,ויזכר אלהים את־רחל. There are many instances of ‫יי‬ being connected with punishments, chastisement, and threats, cf. Gen. 6.5–7, and others. R. Samuel b. Nahmani deals with these verses in a homily, which says: ‚Woe unto the wicked, for they change the measure of love into a measure of punishment. Blessed are the pious, who changed the measure of judgement into that of love' (Gen. r. ch. 33. ib. 73.2)". Vgl. Dahl und Segal (1978), 26–27.

84   Vgl. *Plant.* 86: ἡ μὲν γὰρ κύριος καθ᾽ ἣν ἄρχει, ἡ δὲ θεὸς καθ᾽ ἣν εὐεργετεῖ· οὗ χάριν καὶ τῇ κατὰ τὸν ἱερώτατον Μωυσῆν κοσμοποιίᾳ πάσῃ τὸ τοῦ θεοῦ ὄνομα ἀναλαμβάνεται („Die ⟨Kraft⟩, nach der er herrscht, heißt ‚Herr', die Kraft nach der er wohltut, heißt ‚Gott'; das ist der Grund, warum im ganzen Weltschöpfungsbericht des hochheiligen Moses der Name ‚Gott' gebraucht wird").

85   Vgl. Kraus und Karrer (2011) ad loc., 160.

BELEGE FÜR DIE HEBRÄISCH ORIENTIERTE EXEGESE BEI PHILON 167

dies im philonischen Kommentar zu Gen 18, wo er die drei Besucher Abrahams deutlich als eine „Trinität" interpretiert (*Abr.* 121). „Der Vater des Alls", sagt er,

> dessen eigentlicher Name in der Heiligen Schrift „der Seiende" heißt, ist in der Mitte, und zu seinen beiden Seiten sind die beiden vornehmsten und nächsten Kräfte des Seienden, die schaffende und die königliche. Die schaffende heißt Gott (θεός), weil er durch diese das All gesetzt (ἔθηκε) und eingerichtet hat, die königliche aber heißt Herr, da das Schaffende über das Gewordene herrschen und verfügen darf.[86]

Trotz der griechischen Etymologie entspricht der besprochene Tatbestand dem hebräischen Text der Genesis: Gott im Schöpfungsbericht, Herr als sein Beiname von dem Moment an, wo er als Herrscher seiner Schöpfung fungiert. Unmittelbar danach sagt Philon auch: „... der Mittlere, von seinen zwei Lanzenträgern flankiert, kommt der sehenden Vernunft mal als Einer, mal als Drei vor."[87] Welche von den zwei Kräften die gnädige und welche die strafende ist, wird erst später deutlich gemacht, als Philon in *Abr.* 124 f. von den Menschen und ihrer Wahrnehmung des Göttlichen spricht:

> Drei Arten von Menschen gibt es, von denen jede eine von drei Gestalten sieht: die besten sehen die mittlere Gestalt in ihrem reinen Sein, die nächstbesten die rechte, die gnädige, die man Gott nennt ⟨das sind diejenigen, die auf Belohnung hoffen⟩, die dritten die linke, die regierende, die man Herr nennt ⟨das sind diejenigen, die die Gottesstrafe fürchten⟩.[88]

Dies scheint eine Weiterentwicklung des Gedankens zu sein, die mit dem Bibeltext, sei es dem griechischen oder dem hebräischen, nicht mehr unmittelbar verbunden ist.

Um die Sache noch komplizierter zu machen, finden wir gelegentlich bei Philon da, wo er θεός und κύριος nicht einander gegenüberstellt, sondern nur

---

86   πατὴρ μὲν τῶν ὅλων μέσος, ὃς ἐν ταῖς ἱεραῖς γραφαῖς κυρίῳ ὀνόματι καλεῖται ὁ ὤν, αἱ δὲ παρ' ἑκάτερα αἱ πρεσβύταται καὶ ἐγγυτάτω τοῦ ὄντος δυνάμεις, ἡ μὲν ποιητική, ἡ δ' αὖ βασιλική· προσαγορεύεται δὲ ἡ μὲν ποιητικὴ θεός, ταύτῃ γὰρ ἔθηκέ τε καὶ διεκόσμησε τὸ πᾶν, ἡ δὲ βασιλικὴ κύριος, θέμις (122) γὰρ ἄρχειν καὶ κρατεῖν τὸ πεποιηκὸς τοῦ γενομένου.

87   *Abr.* 122: δορυφορούμενος οὖν ὁ μέσος ὑφ' ἑκατέρας τῶν δυνάμεων παρέχει τῇ ὁρατικῇ διανοίᾳ τοτὲ μὲν ἑνὸς τοτὲ δὲ τριῶν φαντασίαν.

88   τρεῖς εἰσιν ἠθῶν ἀνθρωπίνων τάξεις, ὧν ἑκάστη διακεκλήρωται μίαν τῶν εἰρημένων φαντασιῶν, ἡ μὲν ἀρίστη τὴν μέσην τοῦ ὄντως ὄντος, ἡ δὲ μετ' ἐκείνην τὴν ἐπὶ δεξιά, τὴν εὐεργέτιν, ᾗ θεὸς ὄνομα, ἡ δὲ τρίτη τὴν ἐπὶ θάτερα, τὴν ἀρχικήν, ἣ καλεῖται κύριος.

das Lemma *Kyrios* bzw. das Tetragramm kommentiert, die wiederum umgekehrte Zuschreibung der Eigenschaften. Dieser Befund lässt vermuten, dass er an diesen Stellen von Quellen abhängig ist, die den Namen *JHWH* als die Gnade Gottes interpretieren.[89] Auch hier sieht man die „palästinische" und die „alexandrinische" Exegese, wenn nicht in direktem Kontakt, so doch in Berührung und Beziehung.

2.3 Gott und Götter in Lev 24,15–16 und Ex 22,27

Im oben besprochenen Abschnitt Lev 24,15–16 entsteht durch die griechische Übersetzung der Eindruck, dass der θεός des Verses 15 (ἄνθρωπος ὃς ἐὰν καταράσηται θεόν ἁμαρτίαν λήμψεται [„Ein jeder Mensch, der Gott verflucht, wird sich eine Sünde zuziehen"]) und der κύριος des Verses 16 (ὀνομάζων δὲ τὸ ὄνομα κυρίου θανάτῳ θανατούσθω [„Wer den Namen des Herrn nennt, soll des Todes sterben"]) nicht miteinander identisch sind. Philon bezieht den ersten Vers auf die „Staatsgötter" (s. unten). Ähnliches über das Verbot, fremde Götter zu lästern, findet sich zweimal bei Josephus: *c. Apionem* II,237 und *Ant. Jud.* IV,207, bezieht sich aber nach allgemeiner Meinung auf eine andere Bibelstelle, Ex 22,27, wo die Septuaginta eine sehr auffällige Übersetzung bietet: „Götter sollst du nicht lästern" für das hebräische אלהים לא תקלל, also eher „Gott sollst du nicht lästern", wie in der Lutherbibel steht. Ansonsten übersetzt die LXX die Gottesbezeichnung אלהים meistens mit Gott.[90]

Deswegen reicht es nicht, darauf zu verweisen, dass die Übersetzung einer dem hebräischen Text inhärenten Möglichkeit gerecht werde, noch darauf, dass diese Übersetzung dem Lebensgefühl der Diaspora, ihrer vermehrten

---

89 Bei Matusova (2015) wird an einer Stelle (16–20) Philons Exegese von Dtn 30,3 in *Praem.* 164 besprochen. Die Verfasserin kommt zum Schluss, dass Philon eine Quelle benutzt, die „was not originally composed on the basis of LXX Deut. 30:3, because this Greek translation shows a different understanding of the expression ⟨ושב יהוה אלהיך את־שבות, griech. καὶ ἰάσεται κύριος τὰς ἁμαρτίας σου, wo Philon nicht von der „Heilung der Sünden", sondern von der „Befreiung von der Sklaverei" spricht⟩ ... The source was composed either on the basis of the Hebrew text and was later translated into Greek, or on the basis of a differently translated Deut. 30:3. However, the first opinion is preferable ... Of course, given the lack of certainty that Philo had any knowledge of Hebrew it is unreasonable to suppose that it was Philo himself who translated his source. Rather, there was a source at his disposal, composed on the basis of Hebrew and translated into Greek sufficiently long ago to be able to form a tradition which would compete with the LXX and even overshadow it" (20).

90 Der Plural wird in der LXX auf ähnliche Weise auch in Gen 3,5 (der Rede der Schlange) gebraucht: והייתם כאלהים ידעי טוב ורע, LXX: ἔσεσθε ὡς θεοὶ γινώσκοντες καλὸν καὶ πονηρόν. („Ihr werdet wie Götter sein, erkennend Gut und Böse.") Hier scheint aber das nachstehende Partizip im Plur. ausschlaggebend gewesen zu sein.

Offenheit der paganen Umgebung gegenüber, entspreche.[91] Man müsste erst noch erklären können, warum sich dieses Lebensgefühl gerade an dieser Stelle, die deutlich innerjüdische Angelegenheiten anspricht, Bahn brechen sollte. In Lev 24,15 steht aber im MT nicht אלהים, wie die Wiedergabe der LXX, θεόν, nahelegt, sondern אלהיו, „sein Gott" bzw. „seine Götter". Es sieht so aus, als hätte die Vorlage der LXX hier etwas anderes gelesen als der MT, wiederum ein Zeichen intensiver exegetischer Tätigkeit an dieser Stelle. Wenn man den Zusammenhang anschaut, ist das Auffallende an der Leviticus-Stelle die Bezeichnung des Übeltäters als Mischling und der Verweis auf seinen ägyptischen Vater, weil der Zusammenhang dieser Information mit dem, was folgt, im Text nicht deutlich zu Tage tritt. Philons Verdeutlichung (*Mos.* II,196) unterstellt dem „Mischling" auch eine weltanschauliche Anbindung an seine ägyptische Provenienz. Man kann nun davon ausgehen, dass sich „sein Gott" bzw. „seine Götter" nicht auf den Gott Israels bezieht (diese Interpretation weist Frankel[92] vehement ab, indem er ihre Vertreter „tiefster Unkenntnis" beschuldigt). Gerade dies macht die philonische Exegese des Verses Lev 24,15 möglich: „Es scheint aber, dass das Wort ‚Gott' hier nicht den Ersten, den Schöpfer des Universums, meint, sondern die Staatsgötter." (*Mos.* II,205 f.) Bemerkenswert ist, dass diese Interpretation auf Grund des griechischen Wortlauts („Gott") viel weniger einleuchtet als auf Grund des hebräischen („seine Götter" als unter bestimmten Voraussetzungen mögliche Übersetzung von אלהיו). Nach dem, was uns Philon erzählt, sollen wir das von Gott dem Moses verkündete Urteil so verstehen: Hätte der Mann nur „seine Götter" gelästert, wäre es zwar auch eine Schuld, aber eine, deren Bestrafung keine menschliche Einmischung erforderte. Da er aber in seiner Gottlosigkeit den Namen des Höchsten und Wahren nannte, muss er hingerichtet werden. Insofern berührt sich Lev 24,15 mit der oben genannten Stelle Ex 22,27, wo sich das unvermittelte Erscheinen der „Götter" in der LXX-Übersetzung m. E. am ehesten dadurch erklärt, dass diese beiden Stellen, welche der Gebrauch des Verbs קלל *Pi.* mit „Gott" als Objekt verbindet, schon in der exegetischen Tradition aufeinander

---

91 Joosten (2011), 7: „But the process of spontaneous translation may also account for some more striking renderings. Exod 22:27 is usually taken to mean: ‚You shall not revile God.' The Septuagint, however, translates it: ‚You shall not revile the gods.' The verse has often been quoted, no doubt rightly, as an example of the Septuagint's more positive attitude to the pagan world (see e.g. Philo, Quaestiones in Exodum on Exod 22:27; Marcus 1953, 40–42). Yet on the word level, the rendering simply reflects one possibility of the Hebrew source text: the word elohîm can mean either ‚God' or ‚gods,' according to the context. The translator had to decide between these two basic possibilities."

92 Frankel (1851), s. oben S. 133.

bezogen wurden, die der LXX vorausgeht. Solche Ketten von Tora-Zitaten, bei einem bestimmten Wort eingefädelt und einander erklärend, sind in der späteren jüdischen Tradition wohlbekannt. An beiden Stellen wurde die Möglichkeit, jemand würde den wahren Gott „schmähen", anscheinend als frevelhaft abgelehnt. Beide Stellen wurden auf die heidnischen Götter bezogen. In *Quaestiones in Exodum* II,5 *ad locum*, einer Stelle, die nur in der armenischen Übersetzung erhalten ist,[93] wird sehr ähnlich interpretiert, auch *De spec. leg.* I,53:

> ... verbietet er ⟨Mose⟩, die Götter, an welche die anderen glauben, mit frechem Munde und zügelloser Zunge zu lästern, damit nicht auch jene in ihrer Erregung gegen den wahrhaft Seienden unerlaubte Reden führen; denn da sie den Unterschied nicht kennen, weil ihnen die Lüge seit ihrer Kindheit als Wahrheit gelehrt und innig vertraut geworden ist, so würden sie sich gewiss versündigen.

Die Übereinstimmungen mit Josephus sind so auffällig, dass Louis H. Feldman in seinem großen Josephus-Kommentar in der Anmerkung zu *c. Apion.* II,237[94] schreibt: „If Josephus does not derive this point from Philo, he certainly shares with him a common tradition." Es ist nach den obigen Ausführungen nicht ausgeschlossen, dass diese gemeinsame Tradition viel älter ist als die beiden Exegeten. Insofern können die philonischen fremden Götter des Verses Lev 24,15 auch zu den Spuren älterer hebräischer Exegese in seinem Werk gezählt werden.

2.4   Adam

Einen weiteren Beweis der Unkenntnis des Hebräischen sieht Stein darin, wie Philon mit dem Namen Adam umgeht:[95]

> Ebensowenig weiß Philo, daß das hebräische Wort Adam zugleich Gattungsname (= ἄνθρωπος) und Eigenname (= Ἀδάμ) ist. (Anm. 1: Das folgt aus Leg. alleg. I,29, wo sich Philo wundert, ποίῳ Ἀδάμ ἐντέλλεται καὶ τίς ἐστιν οὗτος und fügt hinzu: οὐ γὰρ μέμνηται πρότερον αὐτοῦ).[96]

---

93   Engl. Übers. von Ralph Marcus im LCL-Supplement zu Philon Bd. 2, 40–41.

94   Feldman (2000), Bd. 10, 306.

95   Stein (1929), 212.

96   *Leg. All.* I,90 (nach der heute üblichen Paragraphenzählung; Stein gibt Verweise auf Kapitel): „Welchem Adam gilt der Befehl und wer ist er?"

BELEGE FÜR DIE HEBRÄISCH ORIENTIERTE EXEGESE BEI PHILON 171

Dieser Einwand ist auch nicht neu. In der deutschen Übersetzung[97] von 1919 wurde angemerkt: „Vielmehr fasst die LXX hier zum ersten Mal אדם als Eigennamen auf, wovon ein Blick auf den hebräischen Text Philo, wenn er hebräisch verstanden hätte, überzeugt haben würde."

Hier muss man sich fragen, was genau der Blick auf den hebräischen Text Philon hätte bringen sollen. In der LXX erscheint der Name *Adam* tatsächlich urplötzlich in Gen 2,16; davor wurde durchgehend mit ἄνθρωπος übersetzt, danach meistens mit Ἀδάμ, in 2,18 aber wieder mit ἄνθρωπος. Die Frage, wie die Übersetzer die Entscheidung trafen, lässt sich nicht mit einem Verweis auf Artikellosigkeit beantworten, wie der *Septuaginta Deutsch*-Kommentarband 1 es haben will.[98] Die LXX liest Gen 2,16 τῷ Ἀδάμ und berücksichtigt damit den hebräischen Artikel – oder will vielleicht nur den Kasus genauer bestimmen. Sie liest Gen 5,1 ᾗ ἡμέρᾳ ἐποίησεν ὁ θεὸς τὸν Ἀδάμ, wo der MT keinen Artikel hat, obwohl dieser Vers auf Gen 1,26–27 verweist, und das erste (artikellose) אדם im selben Vers 5, 1, ספר תולדת אדם, wird zu ἡ βίβλος γενέσεως ἀνθρώπων, wird also als Kollektivum verstanden. Auch die deutschen Übersetzungen wechseln von Vers zu Vers von „Mensch" zu „Adam" – weil die Beschaffenheit des hebräischen Textes so ist, dass man es mal als Kollektivum, mal als Gattungsnamen, mal als Eigennamen auffassen muss, schon darum, weil es im Satz mal als Singular, mal als Plural fungiert, aber auch, weil man in Gen 5 erfährt, dass Adam nach der Geburt Seths noch 800 Jahre lebte (5,4) und „sein ganzes Alter ... 930 Jahre" (5,5) war, er ist also deutlich eine bestimmte Person und kein Kollektivum. Dagegen kann man aus Gen 5,2 LXX auch ohne das hebräische Original den Schluss ziehen, dass Adam ein Kollektivum ist, denn das Wort wird als Plural gebraucht und auf Mann und Weib zusammen bezogen: ἄρσεν καὶ θῆλυ ἐποίησεν αὐτοὺς καὶ εὐλόγησεν αὐτοὺς καὶ ἐπωνόμασεν τὸ ὄνομα αὐτῶν Ἀδάμ ᾗ ἡμέρᾳ ἐποίησεν αὐτούς. („männlich und weiblich schuf er sie und segnete sie und gab ihnen den Namen Adam an dem Tag, da er sie schuf.") Anscheinend sucht die LXX die Äquivalente für אדם nicht nach formalen Kriterien aus, sondern aufgrund der vorhandenen Exegese, zumal gerade die Schöpfungsgeschichte und die Paradieserzählung zu den am intensivsten interpretierten Stellen der Bibel gehörten.

Was Philon angeht, muss die Auslegung des Verses Gen 2,15 in *Leg. All.* I,90 in ihrem Zusammenhang betrachtet werden. Die einschlägige Kommentareinheit beginnt einige Seiten früher, mit der Schöpfung des Menschen im zweiten Schöpfungsbericht, *Leg.All.* I,31:

---

97 L. Cohn et al. (Hgg.), *Die Werke Philos*, Bd. 3, Übers. I. Heinemann, Breslau 1919, 47 Anm. 2.

98 Kraus und Karrer (2011), 161 zu 2,16: „Die LXX liest ab hier אדם mit Ausnahme von V. 18 ohne

„Und Gott bildete den Menschen – Staub von der Erde, und blies in sein Angesicht den Atem des Lebens, und da wurde der Mensch zu einer lebenden Seele." (Gen 2,7) Es gibt zwei Arten von Menschen. Der eine Mensch ist himmlisch, der andere irdisch. Der himmlische, da er nach dem Ebenbild Gottes geprägt ist, hat keinen Anteil an der vergänglichen und im Allgemeinen an der irdischen Natur. Der irdische dagegen wurde zusammengestellt aus lockerer Erde, die „Staub" genannt wird. Deswegen wird von dem himmlischen nicht gesagt, er wäre gebildet worden, sondern er wurde nach dem Ebenbild Gottes geprägt; der irdische dagegen ist ein Erzeugnis eines Handwerkers und nicht eine Schöpfung.[99]

Philon versteht die zwei Berichte als zwei Etappen der Schöpfung, davon ist in *De opificio mundi*, einem hauptsächlich dem Hexameron gewidmeten Traktat, ausführlich die Rede.[100] In Gen 1 wurde „der himmlische Mensch", d. h. die „Idee des Menschen", geschaffen, in Gen 2 „der irdische Mensch" gebildet. Wichtig ist der Unterschied zwischen den Verben „schaffen" und „bilden" (hebräisch ברא und עשׂה in Kap. 1 und יצר in Kap. 2, griechisch entsprechend ποιέω und πλάσσω); man merkt, dass diese Unterscheidung einen der Grundpfeiler der philonischen Exegese bildet.[101] Das wird mit Hilfe von verbalen und nomina-

---

      Artikel und mithin als Eigenname." Der griechische Artikel kann diese Unterscheidung nicht tragen, Ἀδάμ ist mit oder ohne Artikel immer ein Eigenname, für das Kollektivum hat die LXX ἄνθρωπος.

99   „Καὶ ἔπλασεν ὁ θεὸς τὸν ἄνθρωπον χοῦν ⟨λαβὼν⟩ ἀπὸ τῆς γῆς, καὶ ἐνεφύσησεν εἰς τὸ πρόσωπον αὐτοῦ πνοὴν ζωῆς, καὶ ἐγένετο ὁ ἄνθρωπος εἰς ψυχὴν ζῶσαν" (Gen 2,7). διττὰ ἀνθρώπων γένη· ὁ μὲν γάρ ἐστιν οὐράνιος ἄνθρωπος, ὁ δὲ γήϊνος. ὁ μὲν οὖν οὐράνιος ἅτε κατ' εἰκόνα θεοῦ γεγονὼς φθαρτῆς καὶ συνόλως γεώδους οὐσίας ἀμέτοχος, ὁ δὲ γήϊνος ἐκ σποράδος ὕλης, ἣν χοῦν κέκληκεν, ἐπάγη· διὸ τὸν μὲν οὐράνιόν φησιν οὐ πεπλάσθαι, κατ' εἰκόνα δὲ τετυπῶσθαι θεοῦ, (32) τὸν δὲ γήϊνον πλάσμα, ἀλλ' οὐ γέννημα, εἶναι τοῦ τεχνίτου. λαβὼν haben Cohn/Wendland aus der Hs. U übernommen, obwohl das Wort in allen anderen Philon-Hss. fehlt sowie auch in den meisten LXX-Hss. und dementsprechend im Haupttext der Göttinger Ausgabe. Katz (1950), 9, erhebt Einwände gegen diese Entscheidung. Cohn verwies auf die LXX, aber, wie Katz schreibt, „Cohn neglects the fact that λαβών, apart from being attested by none of the uncials (which in itself would not mean much) appears in three different places, in uncertain position, which is a mark of a secondary intrusion from a marginal addition. In fact λαβών is absent from all editions except the Complutensian and the Aldine." Cohn argumentiert mit dem gleichlautenden Zitat in *De opif. mundi* 134, wo aber die Hss. FG das strittige Wort wiederum nicht haben.

100 *Opif.* 129–139; vgl. auch *Opif.* 76. Es ist nicht die einzige Interpretation der Schöpfung des Menschen, die bei Philon vorkommt, s. Jervell (1960), 53.

101 Wie Tobin (1983), 32–33, richtig bemerkt, folgt aus QG. I,8 eindeutig, dass die Unterscheidung des „nach dem Ebenbild geschaffenen" Menschen aus Gen 1,26, der nicht sinneswahrnehmbar, sondern nur intelligibel ist, und des „gebildeten" aus Gen 2,7, der sinnes-

BELEGE FÜR DIE HEBRÄISCH ORIENTIERTE EXEGESE BEI PHILON 173

len Formen immer wieder eingeschärft: Der Himmlische ist „nicht gebildet" (οὐ πεπλάσθαι), sondern „nach dem Ebenbild Gottes geprägt" (κατ' εἰκόνα δὲ τετυπῶσθαι[102] θεοῦ), der Irdische dagegen ist πλάσμα, ἀλλ' οὐ γέννημα, „Gebilde und nicht Schöpfung/Geborenes."

Leg. All. I,53 kommt Philon zu der zweiten Hälfte des Verses Gen 2,8, wo es wiederum um den „Menschen, den Er gebildet hat", μόνος, geht. Sein Kommentar:

> Den Menschen, den Er gebildet hat, setzte Er, sagt ⟨die Schrift/Moses⟩, ins Paradies – und zwar nur an dieser Stelle. ⟨Gen 2,8⟩. Wer ist nun der, von dem ⟨die Schrift/Moses⟩ später sagt: „Gott nahm den Menschen, den er geschaffen hatte, und setzte ihn ins Paradies, damit er es bebaue und hüte" ⟨Gen 2,15⟩? Es kann nicht anders sein, als dass dies dieser zweite Mensch ist, der nach dem Ebenbild und der Idee geschaffene, so dass nun zwei Menschen ins Paradies gesetzt werden, der Gebildete und der nach dem Ebenbild Geschaffene.[103]

---

wahrnehmbar ist, vorphilonisch ist, da er die eigene Exegese der „einiger anderer" gegenüberstellt. Es ist, wie mir scheint, plausibel, dass die Tradition, die Philon hier verwertet, diese Aufteilung nicht ausschließlich auf die Schöpfung des Menschen anwendet, sondern, wie es auch bei Philon der Fall ist, die zwei Schöpfungsberichte im Ganzen einander gegenüberstellt und sie dadurch erklärt. Der nur armenisch erhaltene Text besagt in der englischen Übersetzung von Marcus: „Why does he place the moulded man in the Paradise, but not the man who was made in his image? Some, believing Paradise to be a garden, have said that since the moulded man is sense-perceptible, he therefore rightly goes to a sense-perceptible place. But the man made in his image is intelligible and invisible, and is in the class of incorporeal species. But I would say that Paradise should be thought to be a symbol of wisdom." Hier wurde also nur ein Mensch ins Paradies gesetzt, der „gebildete", von dem „geschaffenen" wird ausdrücklich gesagt, dass er nicht dorthin gesetzt wurde. Unten wird dieselbe Version in Bezug auf *Plant.* 34 besprochen, mit dem Ergebnis, dass sie am ehesten auf einem protomasoretischen Text basiert (ohne jeglichen Zusatz in 2,15, also ohne Widerspruch zwischen 2,8 und 2,15) und nicht auf der LXX, wie Philon sie kannte. Es wäre demnach anzunehmen, dass wir es in diesem Fall wiederum mit einer Exegese zu tun haben, die ihren Ursprung im Kommentieren des hebräischen Originals hat. Dies ist umso plausibler, da das Vorhandensein der beiden Schöpfungsberichte und eine gewisse Inkompatibilität derselben miteinander kein erst durch die Übersetzung entstandenes oder verschärftes Problem ist, sondern ein grundlegendes, im Original genauso unübersehbares.

102 In den hebr. Versen, wo es um das „Ebenbild" geht (1,26–27), sind beide konkurrierenden Verben, עשה (26) und ברא (27), gebraucht, die in der LXX in ποιέω zusammenfallen, Philon lässt den Leser den Abschnitt durch den Begriff „nach dem Ebenbild" identifizieren, indem er als Verb das auffallend nichtbiblische „prägen" (τετυπῶσθαι) gebraucht oder sich mit „werden" γίγνομαι und seinem Kausativ γεννάω behilft.

103 ὃν δὲ ἔπλασεν ἄνθρωπον τιθέναι φησὶν ἐν τῷ παραδείσῳ, νυνὶ μόνον ⟨Gen 2,8⟩ τίς οὖν ἐστιν, ἐφ' οὗ ὕστερόν φησιν ὅτι „ἔλαβε κύριος ὁ θεὸς τὸν ἄνθρωπον ὃν ἐποίησε καὶ ἔθετο αὐτὸν ἐν τῷ παρα-

174 KAPITEL 3

Schon hier wird die Frage gestellt: „Wer ist nun der …?“, und zwar bezogen auf den Vers Gen 2,15, der dem in § 90 besprochenen „Adam“-Vers unmittelbar vorangeht. Ein Blick in eine moderne Ausgabe der LXX lehrt, dass Philon hier ein Problem bespricht, das von dem heutigen Überlieferungszustand aus gesehen nur in hexaplarischen Rezensionen der LXX Spuren hinterlassen hat:[104] Weder die Septuaginta der Unzial-Kodices noch der MT geben dazu Anlass. Das Problem entsteht aus der Gegenüberstellung der Verse Gen 2,8 und 2,15.

Gen 2,8:

ויטע יהוה אלהים גן־בעדן מקדם וישם שם את־האדם אשר יצר :MT

LXX: καὶ ἐφύτευσεν κύριος ὁ θεὸς παράδεισον ἐν Εδεμ κατὰ ἀνατολὰς καὶ ἔθετο ἐκεῖ τὸν ἄνθρωπον ὃν ἔπλασεν.

(„Und Gott der Herr pflanzte einen Garten in Edem gegen Osten und setzte dorthin den Menschen, den er gebildet hatte.“)

Gen 2,15:

ויקח יהוה אלהים את־האדם וינחהו בגן־עדן לעבדה ולשמרה :MT

(„Und Gott der Herr nahm *Adam/den Menschen* und setzte ihn in den Garten Eden, damit er ihn bebaue und hüte.“)

δείσῳ, ἐργάζεσθαι αὐτὸν καὶ φυλάσσειν“ (Gen 2,15); μήποτ᾽ οὖν ἕτερός ἐστιν ἄνθρωπος οὗτος, ὁ κατὰ τὴν εἰκόνα καὶ τὴν ἰδέαν γεγονώς, ὥστε δύο ἀνθρώπους εἰς τὸν παράδεισον (54) εἰσάγεσθαι, τὸν μὲν πεπλασμένον, τὸν δὲ κατ᾽ εἰκόνα;

104 Genauer gesagt, die Lesart ἐποίησε ist in der Unzial-Hs. M (7. Jh.), den Randglossen der Hss. der *s-Gruppe* und noch in mehreren Minuskeln (72, 128, 75, 120, 55, 730) bezeugt. Die *s-Gruppe* und 128 gehören zu dem sog. C(atenen)-Text, die Marginalien der *s-Gr.* versammeln viel hexaplarisches Material. Bei dem C-Text „handelt es sich um einen relativ spät entstandenen Mischtext, dessen Bezeichnung aus seiner überwiegenden, aber nicht ausschließlichen Verbreitung in Catenen-Handschriften abzuleiten ist“ (Schäfer [2012], 102); 72 repräsentiert den O-Text, d.h. die hexaplarische Rezension. 120 gehört zur *z-Gruppe*, welche „neben den Übereinstimmungen mit dem sog. A-Text häufig hexaplarischen Einfluß aufweist.“ (Schäfer [2012], 136) 730 ist ein Mischtext, der sich für Gen mit der *s-Gr.* deckt, über 75 und 55 lässt sich nach Wevers nichts Bestimmtes sagen. Alles in allem scheint die Lesart hexaplarischer Provenienz zu sein, d.h. wurde von Origenes unter den ihm vorliegenden Textzeugen aufgefunden. Zu 2,15 sagt Wevers lediglich: „The group ⟨d.h. die *s-Gr.*⟩ occasionally reads a synonym for Gen the origin of which cannot be determined: φωτισμόν for φαῦσιν 1.14 (not in MT), ἐποίησεν for ἔπλασεν 2.15 (not in MT)“ (Wevers [1974], 72).

BELEGE FÜR DIE HEBRÄISCH ORIENTIERTE EXEGESE BEI PHILON 175

LXX: καὶ ἔλαβεν κύριος ὁ θεὸς τὸν ἄνθρωπον ὃν ἔπλασεν καὶ ἔθετο αὐτὸν ἐν τῷ παραδείσῳ ἐργάζεσθαι αὐτὸν καὶ φυλάσσειν.

(„Und Gott der Herr nahm *den Menschen, den er gebildet hatte* und setzte ihn in den Garten, damit er ihn bearbeite und hüte.")

Philon: ἔλαβε κύριος ὁ θεὸς τὸν ἄνθρωπον ὃν ἐποίησε κτλ. („Und Gott der Herr nahm *den Menschen, den er gemacht hatte.*")

ὃν ἔπλασεν („den er *gebildet* hatte") in Gen 2,15 hat keine Entsprechung im MT und wird in der *Septuaginta Deutsch* als ein „mit V. 8 harmonisierender Zusatz" erklärt. Der Text bietet in dieser Form kein Interpretationsproblem: Der „gebildete" Mensch, Adam, wird in den Garten Eden gesetzt, wie der ganze Zusammenhang der Erzählung auch nahelegt.

Philon fand aber in seiner Bibel etwas Anderes vor, nämlich für Gen 2,15 ἔλαβε κύριος ὁ θεὸς τὸν ἄνθρωπον ὃν ἐποίησε („*den er gemacht hatte*"). Da die Unterscheidung der Schöpfungsverben die Grundlage seiner Unterscheidung des „himmlischen" und „irdischen" Menschen bildet, ist die Abweichung keineswegs geringfügig und muss mit aller Wucht der Exegese bearbeitet werden, so dass laut Philon an dieser Stelle „zwei Menschen in den Garten hineingeführt" worden sind, „der gebildete und das Ebenbild Gottes." Um mit dem Problem fertig zu werden, muss Philon die übrigen vorhandenen Unterschiede zwischen Gen 2,8 und 2,15 beachten, u.a. das Verb ἔλαβεν (Gott „nahm") in 2,15, welches Philon im Sinne von „nahm auf" versteht, im Gegensatz zu dem „gebildeten" Menschen, den er nicht „aufnahm", sondern nur (temporär) in den Garten setzte.

Dieses Spiel mit ἔλαβεν scheint mir ein zusätzliches Argument gegen die Lesart λαβών in *Leg. All.* I,31 (Gen 2,7 LXX) zu sein.[105] Der zweite Unterschied ist, dass nur in 2,15, also im Vers, der für Philon vom „himmlischen" Menschen handelt, das „Bearbeiten und Hüten" des Gartens als Zweck der Versetzung des Menschen genannt wird. Daraus zieht Philon den Schluss, dass nur der himmlische Mensch als Bearbeiter und Hüter des Paradieses fungiere. In § 55 wird der Unterschied noch einmal zusammengefasst, wiederum von den Schöpfungsverben ausgehend:

Deshalb nennt ⟨die Schrift/Moses⟩ denjenigen, den Er in den Garten nur setzt, „*gebildet*", während der, den sie als Bearbeiter und Hüter präsen-

---

105 S. Anm. 99.

176 KAPITEL 3

tiert, *nicht „gebildet" heißt*, sondern *„den Er gemacht"*; und deshalb nimmt Er den einen auf, während Er den anderen hinauswirft.[106]

Nach längeren Ausführungen zu den vv. 9–14 (die vier Flüsse) kommt Philon in § 88 zu Gen 2,15 und wiederholt in knapper Zusammenfassung die oben angeführten Gedanken:

> „Und Gott der Herr nahm den Menschen, *den er gemacht hatte*, und setzte ihn in den Garten, dass er ihn bearbeite und behüte" (Gen 2,15). *Von dem (körperlich) „Gebildeten" unterscheidet sich*, wie ich ausgeführt habe, *der Mensch, den Gott „gemacht" hat*. Denn *der „gebildete"* Geist ist eher erdgebunden, *der gemachte* aber eher immateriell, ohne Anteil an dem vergänglichen Stoff, von reinerer und ungemischterer Zusammensetzung. Diesen reinen Geist „nimmt" Gott nun „auf", lässt ihn also nicht aus sich herausgehen, und nachdem er ihn aufgenommen hat, pflanzt er ihn ein unter den festgewurzelten und aufsprießenden Tugenden, *damit er sie bebaue und behüte*.[107]

Anschließend kommt in § 90 die Exegese des nächsten Verses, Gen 2,16, des „Adam"-Verses. Als Antwort auf die von ihm selbst gestellte Frage: „Was für einem Adam gilt dieser Befehl und wer ist er? Denn die Schrift erwähnt ihn nicht früher, sondern nennt ihn hier zum ersten Mal" gibt Philon an:

> Offenbar will sie dir nun *den Namen des „gebildeten" Menschen* nennen. Nenne ihn „Erde", so spricht ⟨die Schrift/Moses⟩ – denn das bedeutet Adam –, so dass du, jedes Mal wenn du „Adam" hörst, bedenkst, dass von dem irdischen und vergänglichen Geist die Rede ist. Der nach dem Ebenbild ist nämlich nicht irdisch, sondern himmlisch.

Die Frage und die Antwort erfolgen also im Zusammenhang der Unterscheidung des „himmlischen" und „irdischen" Menschen. Da beide nach den vorherigen Ausführungen in den Garten gesetzt wurden, stellt sich tatsächlich die Frage, welcher von den beiden in Gen 2,16 den Befehl erhält. Besonders

---

106 διὰ τοῦτο ὃν μὲν μόνον τίθησιν ἐν τῷ παραδείσῳ, πλαστὸν καλεῖ, ὃν δὲ καὶ ἐργάτην καὶ φύλακα ἀποδείκνυσιν, οὐ πλαστόν, ἀλλὰ „ὃν ἐποίησε"· καὶ τοῦτον μὲν λαμβάνει, ἐκεῖνον δὲ ἐκβάλλει.

107 „Καὶ ἔλαβε κύριος ὁ θεὸς τὸν ἄνθρωπον ὃν ἐποίησε καὶ ἔθετο αὐτὸν ἐν τῷ παραδείσῳ, ἐργάζεσθαι αὐτὸν καὶ φυλάσσειν" (Gen 2,15). τοῦ πλασθέντος διαφέρει ὃν ἐποίησεν ὁ θεὸς ἄνθρωπον, ὡς εἶπον· ὁ μὲν γὰρ πλασθεὶς νοῦς ἐστι γεωδέστερος, ὁ δὲ ποιηθεὶς αὐλότερος, φθαρτῆς ὕλης ἀμέτοχος, καθαρωτέρας καὶ εἰλικρινεστέρας (89) τετυχηκὼς συστάσεως. τοῦτον οὖν τὸν καθαρὸν νοῦν λαμβάνει ὁ θεός, οὐκ ἐῶν ἐκτὸς ἑαυτοῦ βαίνειν, καὶ λαβὼν τίθησιν ἐν ταῖς ἐρριζωμέναις καὶ βλαστανούσαις ἀρεταῖς, ἵνα ἐργάζηται αὐτὰς καὶ φυλάττῃ.

BELEGE FÜR DIE HEBRÄISCH ORIENTIERTE EXEGESE BEI PHILON   177

bezeichnend ist aber die nächste Aporie, die Philon in seinem Text sieht: „Nun ist zu untersuchen, weshalb er, der allen anderen Wesen den Namen gab, nicht auch sich selbst benannte."[108] Bezogen auf den griechischen Text, wo „Adam" gerade im hier ausgelegten Vers als Eigenname deutlich von der allgemeinen Bezeichnung „Mensch", ἄνθρωπος, unterschieden wird, wo der erste Mensch also nicht die ganze Zeit einfach „Mensch" genannt wird, ergibt die Frage nicht viel Sinn. Es ist nicht ersichtlich, warum der Name, mit dem Adam angesprochen wird, nicht seine Selbstbenennung sein sollte. Viel verständlicher wäre die Frage in der Formulierung „Warum hat der erste Mensch keinen Eigennamen? Warum wird er durchwegs einfach ‚Mensch' genannt?" Diese Frage wurde bestimmt öfters in Bezug auf den hebräischen Text gestellt, auf den griechischen ist sie etwas gewaltsam angewandt.

Philon bespricht die „Versetzung" des Menschen ins Paradies noch an einer anderen Stelle, *Plant. 32–46*:

> Denn es heißt: „Und Gott pflanzte einen Garten in Eden gegen Sonnenaufgang und setzte darein den Menschen, den er gebildet hatte." ... (34) Für wessen Genuss und Nutzen sollte das Paradies Früchte tragen? Sicherlich nicht für einen Menschen: Denn von keinem Menschen heißt es, dass er das Paradies bewohnt habe; denn auch der erste, aus Erde gebildete, namens Adam, wurde aus ihm entfernt. ... (41) Nun haben menschliche Besitztümer die wildesten Tiere als Hüter und Wächter zur Abwehr gegen Angreifer und Verwüster, die Besitztümer Gottes dagegen haben dafür vernunftbegabte Wesen; denn es heißt: „er setzte dorthin den Menschen, den er gebildet hatte", das heißt, nur die Ausübung und den Besitz der intellektuellen Tugenden. ... (44) Die Worte ⟨der Schrift/des Mose⟩ sind wohl bedacht, dass nicht der „im Ebenbild geprägte" Mensch, sondern der „gebildete" ins Paradies gesetzt worden sei; denn der nach dem Ebenbild Gottes durch seinen Geist geprägte kann nichts anderes sein, wie mir scheint, als der Baum, der die Frucht des unsterblichen Lebens trägt; denn sie sind beide unvergänglich und der zentralen, führenden Stellung gewürdigt; von dem Baum des Lebens heißt es ja, dass er mitten im Paradies ist (Gen 2,9); der andere aber unterscheidet sich in nichts von dem gemischten, erdhaften Körper, da er keinen Anteil hat an der nicht gebildeten, nicht zusammengesetzten Natur, deren Haus und Hof der Asket allein zu bewohnen weiß – Jakob gilt ja als „nicht gebildet, das

---

108 ζητητέον δέ, διὰ τί πᾶσιν ἐπιτιθεὶς τοῖς ἄλλοις τὰ ὀνόματα οὐκ ἐπιτέθεικεν ἑαυτῷ. Heinemann übersetzt „der Mensch, der usw.", es ist aber wichtig, dass im Text nicht ἄνθρωπος steht, sondern nur „er".

178 KAPITEL 3

Haus bewohnend." (Gen 25,27) ... (45) In das Paradies, d. h. in den ganzen Kosmos, muss also der mittlere Geist gesetzt und gepflanzt werden.[109]

Hier wird genau das Gegenteil von dem behauptet, was in *Leg. All.* steht: nicht zwei, sondern nur einen Menschen habe Gott ins Paradies gesetzt, und zwar den „gebildeten", die „mittlere" (d. h. neutrale, an sich weder gute noch böse) Vernunft. Hier sind, auf einer anderen exegetischen Ebene, beide Menschen nur Symbole für höhere Realitäten. Sogar der „gebildete" ist nicht schlechthin Mensch, sondern die menschliche Vernunft. Den „nach dem Ebenbild geprägten" brauchte Gott nicht ins Paradies zu versetzen, weil er ohnehin schon da war, nämlich als der Baum des Lebens. Hier ist klar, dass Philon nicht die „Idee des Menschen" meint, sondern seine Interpretation von Gen 1,26, die den Logos ins Spiel bringt. In den Indices zu Philons Bibelstellen (bei Leisegang und Colson) wird für diesen Abschnitt nur der Vers Gen 2,8 angegeben. Man findet aber deutliche Spuren von 2,15: Nur in diesem Vers wird nämlich gesagt, dass der Mensch „zum Bearbeiten und Bewachen" des Gartens dorthin gesetzt wird (ἐργάζεσθαι αὐτὸν καὶ φυλάσσειν). Philon sagt aber, dass Gottes Garten, im Unterschied zu denjenigen der Menschen, vernünftige Wesen als „Hüter und Wächter" (φρουροὺς καὶ φύλακας) habe, und bringt als Beleg für diese Behauptung dieselbe Formulierung „ἔθετο ἐκεῖ τὸν ἄνθρωπον ὃν ἔπλασεν", welche in dem uns heute bekannten Text den Versen 8 und 15 gemeinsam ist. Der Kommentar in *De plantatione* scheint sich demnach auf eine andere Lesart des Textes zu beziehen als derjenige in *Leg. All.*; wobei man sich diese Lesart in zweifacher Gestalt vorstellen kann: Philons Ausführungen würden zur heutigen Gestalt der LXX passen (also 2,15 mit ὃν ἔπλασεν) oder zum MT, wo es in 2,15 keinen Attributsatz zu „Mensch" gibt bzw. zu einem griechischen Text, welcher eben-

---

109 λέγεται γάρ· „ἐφύτευσεν ὁ θεὸς παράδεισον ἐν Ἐδὲμ κατὰ ἀνατολάς, καὶ ἔθετο ἐκεῖ τὸν ἄνθρωπον ὃν ἔπλασεν." (Gen 2,8) ... πρὸς τὴν τίνος οὖν ἀπόλαυσίν τε καὶ χρῆσιν καρποφορήσει ὁ παράδεισος; ἀνθρώπου μὲν οὐδενός· οὐδεὶς γὰρ εἰσάγεται τὸ παράπαν τὸν παράδεισον οἰκῶν, ἐπεὶ καὶ τὸν πρῶτον διαπλασθέντα ἐκ γῆς μεταναστῆναί φησιν ἐνθένδε, ὄνομα Ἀδάμ. ... (41) τὰ μὲν οὖν ἀνθρώπου κτήματα φρουροὺς ἔχει καὶ φύλακας ἀγριωτάτους θῆρας εἰς τὴν τῶν ἐπιόντων καὶ κατατρεχόντων ἄμυναν, τὰ δὲ τοῦ θεοῦ κτήματα λογικὰς φύσεις· „ἔθετο" γάρ φησιν „ἐκεῖ τὸν ἄνθρωπον ὃν ἔπλασεν", ὃ ἐπὶ λογικῶν μόνων τῶν (42) ἀρετῶν ἐστιν. ... (44) παρατετηρημένως δὲ οὐ τὸν κατὰ τὴν εἰκόνα τυπωθέντα ἄνθρωπον, ἀλλὰ τὸν πεπλασμένον εἰσαχθῆναί φησιν εἰς τὸν παράδεισον· ὁ μὲν γὰρ τῷ κατὰ τὴν εἰκόνα θεοῦ χαραχθεὶς πνεύματι οὐδὲν διαφέρει τοῦ τὴν ἀθάνατον ζωὴν καρποφοροῦντος, ὡς ἔμοιγε φαίνεται, δένδρου – ἄμφω γὰρ ἄφθαρτα καὶ μοίρας τῆς μεσαιτάτης καὶ ἡγεμονικωτάτης ἠξίωται· λέγεται γὰρ ὅτι τὸ ξύλον τῆς ζωῆς ἐστιν ἐν μέσῳ τοῦ παραδείσου (Gen 2,9) –, ὁ δὲ τοῦ πολυμιγοῦς καὶ γεωδεστέρου σώματος, ἀπλάστου καὶ ἀπλῆς φύσεως ἀμέτοχος, ἧς ὁ ἀσκητὴς ἐπίσταται τὸν οἶκον καὶ τὰς αὐλὰς [τοῦ κυρίου] οἰκεῖν μόνος – Ἰακὼβ γὰρ „ἄπλαστος οἰκῶν οἰκίαν" εἰσάγεται (Gen 25,27) ... (45) τιθέναι οὖν ἐν τῷ παραδείσῳ, τῷ παντὶ κόσμῳ, ῥιζωθέντα εἰκὸς ἦν τὸν μέσον νοῦν ...

BELEGE FÜR DIE HEBRÄISCH ORIENTIERTE EXEGESE BEI PHILON   179

falls keinen Zusatz enthalten würde.[110] Beides kann man sich als Ergebnis einer
Harmonisierung von 2,8 und 2,15 vorstellen. Der Ausdruck „Harmonisierung"
erklärt aber an sich nicht viel. Man sollte weiter fragen, welche Beweggründe
die „Harmonisatoren" für ihr Vorgehen gehabt haben könnten. Im vorliegenden Fall scheint es mir plausibel, dass die Lesart ὃν ἐποίησε eine ältere ist und
einer Zeit angehört, wo die Unterscheidung der Schöpfungsverben noch keine
zentrale Rolle in der Schöpfungstheologie spielte. Man kann sich fragen, ob
die hebräische Vorlage von Gen 2,15 ursprünglich möglicherweise den Zusatz
אשר עשׂה hatte. In dem Moment, als die früher einfach als Synonyme wahr-
genommenen Verben zu exegetischem Werkzeug wurden, könnte eine solche
Lesart als problematisch empfunden und deswegen gestrichen worden sein.
Das wäre ein möglicher Weg zu der heutigen Diskrepanz der Septuaginta-Hss.
und des MT. Innerhalb der LXX wurde das Problem dann auf eine andere Weise
gelöst, eben durch die „Harmonisierung" mit 2,8. Philons Texte enthalten möglicherweise sowohl Indizien dafür, welche Gründe zur Harmonisierung geführt
hatten, als auch dafür, dass Philon Kommentare benutzte, die sich ursprünglich
auf den (Proto-)MT bezogen und entsprechend das Problem der „zwei Menschen im Paradies", d.h. der Verben-Diskrepanz zwischen Gen 2,8 und 2,15,
nicht kannten, den Unterschied zwischen dem „ersten" und dem „zweiten"
Menschen (Gen 1,27 und 2,7) dagegen schon.[111]

Dies wirft die Frage auf, ob wir überhaupt von einer „Bibel Philons" sprechen
können, die man sich etwa ähnlich vorstellt wie eine heutige Studienausgabe
ohne Apparat. Es ist eine Vorstellung, welche die Forschung über Philon bis

---

110   Das scheint mir eine genauere Beschreibung des Tatbestandes zu sein als Heinemanns
       Anmerkung zu *Leg. All.* I,53 in der deutschen Ausgabe von Philons Werken (Cohn et al.):
       „An anderer Stelle (De plant. § 44) sagt Philo, dass nur der πεπλασμένος, nicht der κατὰ τὴν
       εἰκόνα ins Paradies gesetzt wurde; dort ignoriert er also den Vers 2,15."
111   Etwas Ähnliches meint offenbar (ohne seinen Gedanken genauer zu erklären) Robert
       G. Hammerton-Kelly in seinem Auftakt-Artikel im Eröffnungsband der *Studia Philonica*
       (Hammerton-Kelly [1972]). Dort ist von *Leg. All.* I,5–15 die Rede, wo das Lob der Zahl Sie-
       ben ungewöhnlich platziert zu sein scheint, nämlich noch *vor* dem Lemma, wo diese Zahl
       in der LXX vorkommt (Gen 2,2b), direkt nach einem auffällig kurzen Kommentar zur Zahl
       Sechs von Gen 2,2a. Da wir wissen, dass die Zahl Sechs in diesem Vers eine exegetische
       Korrektur ist und der MT in beiden Teilen des Verses „Sieben" hat, verdichten sich diese
       Beobachtungen „to a persuasive argument that in Leg. All. I,5–15 Philo presents a traditio-
       nal list in praise of the number seven. Its inclusion in the section of the commentary on
       Gen. 2:2a is probably due to the fact that it was traditionally associated with Gen. 2:2a in
       the proto-Masoretic form of the Genesis text ... The similar phenomenon in Leg. All. I,53–
       55, when Gen. 2:15 is introduced into the commentary on Gen. 2:8 may be explained in
       the same way. These texts concern the creation of man and his placing in paradise, and
       are evidently part of a tradition of exegesis on Gen. 1:26–27 and 2:7–8" (Hammerton-Kelly
       [1972], 18–19).

180   KAPITEL 3

heute zu einem großen Teil beherrscht: Man fragt nach „seinem" Bibeltext und
geht davon aus, dass dieser Text eine gegebene Größe sein muss, entweder ganz
ohne oder mit minimalen Varianten.[112] Fängt man aber an, sich konkrete Kom-
mentareinheiten genauer anzusehen, bekommt man einen anderen Eindruck.

---

112   Ein Beispiel davon, wie textkritische Überlegungen die Stelle einnehmen, welche einer
        Analyse interpretationsbezogener Probleme gebührt, ist der Eintrag von Gregory E. Ster-
        ling zu Philon in *A Companion to Biblical Interpretation in early Judaism* (Sterling [2012]),
        insbesondere der Abschnitt „The Text of Philo's Scriptures." Zu diesem vielschichtigen Pro-
        blem hat Sterling als Fazit (431) nur folgendes zu sagen: „It does appear that in some cases –
        each treatise should be studied independently – scribes altered the readings of Philo's
        text to bring them more into line with a literal translation of the Pentateuch. This means
        that the version of the Greek Bible that Philo knew was probably more polished than the
        version in some of the manuscripts, although we must always remember that Philo may
        have modified the text himself." Dieser Schluss, unabhängig davon, ob die Behauptung
        stimmt oder nicht, hat nur für die Frage nach der textkritischen Bedeutung der philoni-
        schen Zitate für den LXX-Text Relevanz – mit dem Thema des Handbuchs hat dies also
        nur indirekt zu tun. Peter Katz, dessen Ergebnisse Sterling hier wiedergibt und auf den
        er verweist, hat in seinem Buch *Philo's Bible* die abweichenden Zitate im Zusammenhang
        der LXX-Überlieferung studiert. Um „die Natur des ⟨philonischen⟩ Materials zu illustrie-
        ren" (430), benutzt Sterling eines von Katz' Beispielen. Es geht um die Verse Gen 3,14.18.19;
        2,16. An allen diesen Stellen steht in den LXX-Hss. φάγῃ als Entsprechung von תאכל (in
        3,18 von ואכלת), bei Philon aber φάγεσαι. Sterling kommentiert (S. 430 f.): „There is a clear
        pattern among the Greek translations. The LXX used the aorist subjunctive (φάγῃ), while
        MSS of Philo used the future indicative (φάγεσαι). ... We might question whether the future
        indicative rather than the aorist subjunctive is the reading in Philo ... The Philonic MSS
        that read the future indicative are the only Greek MSS that have this reading, with the
        exception of a single minuscule for the LXX of Gen 3:18. The future indicative is closer to
        the Hebrew imperfect than the aorist subjunctive. These considerations led Katz to argue
        that φάγεσαι was one of the marks of a later effort to bring Philo's MSS more into line with
        a literal rendering of the text." Katz, ein guter Kenner des Spätgriechischen, hat dies nie
        behauptet und nie Zweifel daran gehabt, dass φάγῃ und φάγεσαι in diesem Fall beides Vari-
        anten einer und derselben Form sind, nämlich 2. Pers. Fut. Indik. in einer späten, von dem
        2. Aorist abgeleiteten Gestalt, s. H. Thackeray, *A Grammar of the OT in Greek* (Thackeray
        [1909]. 216–218). Der Unterschied ist rein stilistisch: φάγεσαι ist eine spätere, „demotische"
        Form, die im LXX-Pentateuch nicht gebraucht wird, in den späteren Büchern aber häufig.
        Katz ist überzeugt, dass „neither the translator of Gen. nor Philo can have used this form"
        (82) – weil beide eine ältere, „klassischere" Form von Koine schreiben. Für die Benutzung
        von Aquila hier hat Katz kein wesentlicheres Argument, als dass für Aquila (der seiner
        Lebenszeit nach diese Form eher benutzen konnte) ähnliche Formen der 2. Person auf
        -σαι, etwa für Verba contracta, indirekt bezeugt sind. Das Argument ist eine gute Illustra-
        tion von Katz' Tendenz, alles möglichst Aquila zuzuschreiben. Vor allem aber ist die Frage,
        ob Philon φάγῃ oder φάγεσαι schrieb, irrelevant für seine Bibelexegese, weil die Wahl der
        Form in keiner Weise den Sinn der Aussage modifiziert. Zum Thema „Philons Bibel" im
        Zusammenhang mit dem Studium seiner Bibelexegese gehören aber signifikante und –
        eingedenk der *caveats*, welche Katz' Untersuchung enthält – durch den Gedankengang
        seiner Interpretationen unterstützte Abweichungen von dem uns bekannten Text.

BELEGE FÜR DIE HEBRÄISCH ORIENTIERTE EXEGESE BEI PHILON 181

Hier kann wiederum Nortons Idee der „contours in the text" hilfreich sein: Die antiken Exegeten hatten Kenntnis von semantisch (und nicht nur lexikalisch) unterschiedlichen Lesarten vieler biblischer Passus, d. h. von solchen, in denen eine andere Lesart einen neuen Sinn bzw. neue Interpretationsmöglichkeiten produziert.[113] Sie konnten durchaus Kenntnis haben von solch unterschiedlichen „Textkonturen" einer bestimmten Stelle, ohne dass die Frage nach ihrer Vorlage im Ganzen gestellt werden müsste oder nur könnte.[114]

Wenn also Philon, wie im hier verfolgten Fall der Versetzung Adams ins Paradies, die Aufmerksamkeit des Lesers konsequent auf die Stellen lenkt, wo die Septuaginta sich auffällig von dem hebräischen Text unterscheidet, muss dies nicht seiner Ignoranz geschuldet sein, sondern vielmehr seiner Kenntnis der exegetischen Tradition, die bestimmte konkurrierende Lesarten der Übersetzung an der jeweiligen Stelle bedingte. Abweichungen der LXX von dem uns bekannten MT wie auch eine Pluralität früh bezeugter Lesarten einer Stelle innerhalb der griechischen Tradition sind meistens ein Indiz für eine exegetische Aporie an dieser Stelle. So scheint die Frage „Wer ist dieser Adam? Er wurde ja bisher nicht in der Schrift erwähnt" weniger von der Lektüre des griechischen Textes allein nahegelegt zu sein als durch seine Lektüre vor dem Hintergrund des hebräischen Originals. Gefragt wird quasi: „Warum gerade an dieser Stelle plötzlich ‚Adam', wenn dasselbe Wort früher durchgehend ‚Mensch' hieß"? Wieviel Wesens von dem Zusatz ὃν ἐποίησε gemacht wird, wurde oben ausführlich dargestellt; dabei es ist wichtig, daran zu denken, dass die Unterscheidung der Schöpfungsverben in der Genesis ein klassisches exegetisches und kein von außen an den Text herangetragenes philosophisches Problem ist.[115]

In den philonischen Schwankungen widerspiegelt sich die Tatsache, dass die Abweichungen der LXX von dem hebräischen Original – in den Fällen, wo es tatsächlich um Abweichungen geht und nicht um eine sich von dem uns heute

---

113 Norton (2011), 52: „Various textual traditions reveal distinct ‚sense contours' at particular points. For the ancient exegete, a particular sense contour characterized a distinct semantic form of a passage. In relation to ancient exegetical discourse (rather than modern text-critical) discourse, sense contours (rather than variant readings) should be adopted as the category by which to perceive ancient exegetes' points of intellectual purchase of literature."

114 Norton (2011), 55: „If an ancient exegete presupposes now one textual tradition (such as OG) and now another (such as MT), no case can be made for his global knowledge of two text-forms of the entire work, not only because his source could be eclectic according to text-critical categories, but also because we may not attribute to him text-critical logic. However, his awareness of two semantic forms of precisely the same syntactical unit can be seen as evidence for his awareness of textual plurality."

115 Vgl. Nikiprowetzky (1977), 191 f.

182   KAPITEL 3

bekannten hebräischen Text unterscheidende Vorlage – oft nicht „Fehler", sondern exegetische Varianten sind, deren Voraussetzungen in der jüdischen Tradition selbst liegen. Zu Philons Zeit war die griechische Übersetzung des Pentateuchs ungefähr 300 Jahre alt; sie wurde in diesen ganzen Jahrhunderten intensiv studiert, ausgelegt, mit dem Originaltext verglichen und ihm angeglichen, wobei dieses Original auch nicht unverändert blieb, sondern ebenfalls intensiv interpretiert und immer wieder an der einen oder anderen Stelle modifiziert wurde; als Ergebnis wurden in der LXX ab und zu Abweichungen festgestellt, die zur Zeit ihrer Abfassung keine waren, aber nicht mehr zu dem später autoritativ gewordenen hebräischen Text passten (daher viele Übereinstimmungen zwischen der LXX und dem Samaritanus, der auch in mancher Hinsicht konservativ blieb).[116] Wichtig ist, dass diese ganze Geschichte nicht der modernen textkritischen, kann man im Anschluss an Norton sagen, sondern der exegetischen Logik folgte, d. h. die Lesarten wurden nicht einfach als solche tradiert, sondern zusammen mit damit verbundenen exegetischen Inhalten, die sich wiederum im Laufe der Zeit modifizierten, bereicherten und ihrerseits die Lesarten beeinflussten. Philon kommt relativ spät in dieses Geschehen hinein, aber doch früher als fast alle anderen Zeugen, die wir haben, und vor allem viel ausführlicher und systematischer. Es wäre bestimmt falsch, zu versuchen, aus Philon direkt die Erklärungen zu den Entscheidungen der „Siebzig" zu gewinnen. Dafür ist der historische Abstand zu groß. Aber man kann in seinen Ausführungen Vieles aufspüren, was die jüdische exegetische Tradition in ihrem historischen Werden in der Zeit vor der Tempelzerstörung ausmacht. Dafür muss Philon aber als ein legitimer Erbe dieser Tradition anerkannt werden, und nicht als ein Ausnahmefall – ein Philosoph hellenischer Prägung, der eigenmächtig und einsam die Tora im Sinne der ihm vertrauten griechischen Philosophie interpretiert.[117]

---

116   Vgl. Tov (2015), 429, in einer Liste von „the minimal points most scholars agree on regarding Greek Scriptures": „the text of the original translations was constantly revised towards an ever-changing text of the Hebrew Bible by known and anonymous revisers."

117   Vgl. Tobin (1983). Im einleitenden Kapitel „Philo the interpreter and tradition" äußert Tobin genau diesen Gedanken. Indem er Nikiprowetzky (zusammen mit einem aus heutiger Sicht weniger wichtigen Buch von Irmgard Christiansen) dafür lobt, dass dieser „the centrality of Philo's role as an interpreter of the biblical text" unterstreicht, übt er auch eine meiner Meinung berechtigte und produktive Kritik an Nikiprowetzkys Einstellung zu Philon: „At the same time, however, there is an oddly ahistorical colouring in their work. The method that they use treats Philo's exegeses as if they were all of a piece, as if they were all from the pen of Philo himself. Put another way, they tend to treat Philo apart from the exegetical traditions on which he drew" (4). In der Anmerkung zu diesem Satz (Anm. 14, ibid.) spricht Tobin (in Bezug auf einen bestimmten Artikel des Gelehrten, aber auch allgemein) eine wichtige negative Folge dieser Einstellung von Nikiprowetzky an:

2.5 Reue Gottes

Deus. 20–22 sagt Philon:

> Deswegen heißt es: „Als der Herr Gott sah, dass sich die Laster der Menschen auf der Erde mehrten und jeder einzelne in seinem Herzen fleißig auf Böses sann alle Tage, bedachte Gott, dass er den Menschen gemacht hatte auf Erden und beurteilte ihn. Und Gott sprach: Ich werde den Menschen, den ich gemacht habe, vertilgen vom Angesicht der Erde" (Gen 6,5–7). Einige Leute ohne wissenschaftliche Ader mögen auf die Idee kommen, der Gesetzgeber deute hier an, dass der Demiurg die Schöpfung der Menschen bereute, als er deren Frevel sah, und aus diesem Grund das ganze Geschlecht vernichten wollte. Sie sollen aber wissen, dass sie mit einer solchen Ansicht die Freveltaten dieser Ur-Menschen geringfügig und leicht erscheinen lassen verglichen mit ihrer eigenen unübertroffenen Gottlosigkeit. Denn was für eine größere Gottlosigkeit könnte es geben, als anzunehmen, dass der Unwandelbare wandelbar ist?[118]

Dieser Kommentar wurde 1983 von Gooding als ein Beleg für Philons Unkenntnis des Hebräischen herangezogen, weil „... the meaning of the Hebrew is exactly that which Philo is at pains to deny that the LXX rendering is hinting at."[119]

Tatsächlich, auf Hebräisch steht in Gen 6,6:

וינחם יהוה כי־עשה את־האדם בארץ ויתעצב אל־לבו („da reute es ihn, dass er die Menschen gemacht hatte auf Erden, und es bekümmerte ihn in seinem Herzen").

„N. tries to ‚harmonize' all of the various interpretations of the creation of the world and the creation of man. One can explain the *philosophical* inconsistencies found in Philo by appealing to the fact that Philo saw himself as an exegete and not a philosopher, but one cannot explain *exegetical* inconsistencies in that way. Philo's exegetical inconsistencies must be related to the traditions that he drew on and felt a responsibility toward."

118 „ἰδὼν" οὖν φησι „κύριος ὁ θεὸς ὅτι ἐπληθύνθησαν αἱ κακίαι τῶν ἀνθρώπων ἐπὶ τῆς γῆς, καὶ πᾶς τις διανοεῖται ἐν τῇ καρδίᾳ ἐπιμελῶς τὰ πονηρὰ πάσας τὰς ἡμέρας, ἐνεθυμήθη ὁ θεός, ὅτι ἐποίησε τὸν ἄνθρωπον ἐπὶ τῆς γῆς, καὶ διενοήθη. καὶ εἶπεν ὁ θεός· ἀπαλείψω τὸν ἄνθρωπον ὃν ἐποίησα ἀπὸ προσώπου τῆς γῆς" ἴσως τινὲς τῶν ἀνεξετάστων ὑποτοπήσουσι τὸν νομοθέτην αἰνίττεσθαι, ὅτι ἐπὶ τῇ γενέσει τῶν ἀνθρώπων ὁ δημιουργὸς μετέγνω κατιδὼν τὴν ἀσέβειαν αὐτῶν, ἧς χάριν αἰτίας ἐβουλήθη σύμπαν διαφθεῖραι τὸ γένος. ἀλλ' ἴστωσαν ὅτι ταῦτα δοξάζοντες ἐπελαφρίζουσι καὶ ἐπικουφίζουσι τὰ τῶν παλαιῶν ἐκείνων ἁμαρτήματα δι' ὑπερβολὴν τῆς περὶ αὐτοὺς ἀθεότητος. τί γὰρ ἂν ἀσέβημα μεῖζον γένοιτο τοῦ ὑπολαμβάνειν τὸν ἄτρεπτον τρέπεσθαι;

119 Gooding (1983), 122.

184 KAPITEL 3

Die Septuaginta vermeidet aber klarerweise, das Verb „bereuen" in Bezug auf Gott zu gebrauchen, und greift zu den euphemistischen Vokabeln „bedachte" und „beurteilte". Die exegetische Begriffskorrektur wurde in der griechischen Übersetzung schon vorgeleistet. Wenn Philon sich strikt an den griechischen Text gehalten hätte, hätte er sich mit den oben erwähnten Problemen gar nicht beschäftigen müssen: Dies veranlasst Gooding zu seinem Kommentar.

An dieser Stelle könnte man aber noch denken, die Idee der Reue sei durch den ganzen Zusammenhang der Geschichte, nicht durch einzelne Wörter in Gen 6,6, nahegelegt: Wenn Gott die Menschheit in der Sintflut umkommen ließ, dann bereute er offenbar deren Schöpfung. Als Philon aber einige Seiten weiter auf Gen 6,6 zurückkommt, wird klar, dass es ihm vor allem um die genaue Bedeutung der beiden problematischen Verben geht:

> Nachdem wir genug darüber gesprochen haben, dass das Seiende niemals Reue empfindet, erklären wir anschließend, was Folgendes bedeutet: „Gott bedachte den Menschen und beurteilte ihn". Denn Bedenken und Urteil, von denen das erste das Denken im Inneren, das zweite das Denken auf dem Weg nach außen ist, gehören dem Schöpfer des Alls als seine zuverlässigsten Kräfte; mit ihrer Hilfe betrachtet er ewig seine Werke.[120]

Auch in dem auf Griechisch erhaltenen Fragment der *Quaestiones in Genesim* (I,93) spricht Philon wiederum von „einigen", die aufgrund der in Gen 6,6 gebrauchten Verben der Gottheit Reue zuschreiben (Ἔνιοι νομίζουσιν μεταμέλειαν ἐμφαίνεσθαι περὶ τὸ θεῖον διὰ τῶν ὀνομάτων [„einige glauben aufgrund der [gebrauchten] Vokabeln, dass Reue in Bezug auf die Gottheit impliziert wird."]). Aber ihre Vermutung ist falsch (οὐκ εὖ δὲ ὑπονοοῦσιν), und zwar nicht aufgrund der allgemeinen Überlegung, dass die Gottheit unveränderlich ist, sondern auch deswegen, weil die beiden Verben ἐνεθυμήθη und ἐνενόησεν (nur hier, an allen anderen Stellen διενοήθη) keineswegs Reue bezeichnen (δηλωτικὰ μεταμελείας ἐστίν), sondern das Nachdenken der reinen Vernunft über den Grund, der sie bewogen hatte, den Menschen auf Erden zu erschaffen (ἀλλ᾽ ἀκραιφνοῦς λογισμοῦ περιεσκεμμένου τὴν αἰτίαν ἧς ἕνεκα ἐποίησεν τὸν ἄνθρωπον

---

120 *Deus.* 33 f.: Ἱκανῶς οὖν διειλεγμένοι περὶ τοῦ μὴ χρῆσθαι μετανοίᾳ τὸ ὂν ἀκολούθως ἀποδώσομεν, τί ἐστι τὸ „ἐνεθυμήθη ὁ θεὸς ὅτι ἐποίησε τὸν ἄνθρωπον ἐπὶ τῆς γῆς καὶ διενοήθη". ἔννοιαν καὶ διανόησιν, τὴν μὲν ἐναποκειμένην οὖσαν νόησιν, τὴν δὲ νοήσεως διέξοδον, βεβαιοτάτας δυνάμεις ὁ ποιητὴς τῶν ὅλων κληρωσάμενος καὶ χρώμενος ἀεὶ ταύταις τὰ ἔργα ἑαυτοῦ καταθεᾶται.

ἐπὶ τῆς γῆς). Philons Erklärung entspricht dem Charakter der von der LXX gebotenen Exegese; statt Emotionen haben wir zwei Verben vor uns, die eine intellektuelle Tätigkeit bezeichnen: Gott denkt ewig über die Bestimmung des von ihm erschaffenen Menschen nach.

Die Tatsache, dass die griechische Übersetzung den Stein des Anstoßes schon aus dem Weg geräumt hat, hindert Philon keineswegs daran, das Problem wiederholt und ausführlich zu besprechen. Dass es auch sonst rege besprochen wurde, zeigen die hexaplarischen Rezensionen: μετεμελήθη / μετεμελήθην ist sowohl für Gen 6,6 als auch für 6,7 als eine Lesart von Aquila bezeugt.[121]

Es gibt einen anderen Vers, in dem das Verb נחם mit Gott als Subjekt vorkommt, Num 23,19; die LXX übersetzt wiederum deutlich ausweichend, obwohl die Aussage in diesem Fall eine hypothetische und auch eine negierte ist:

לֹא אִישׁ אֵל וִיכַזֵּב וּבֶן־אָדָם וְיִתְנֶחָם הַהוּא אָמַר וְלֹא יַעֲשֶׂה וְדִבֶּר וְלֹא יְקִימֶנָּה

(„Gott ist nicht ein Mensch, dass er lüge, noch ein Menschenkind, dass ihn etwas gereue. Sollte er etwas sagen und nicht tun? Sollte er etwas reden und nicht halten?"[122])

οὐχ ὡς ἄνθρωπος ὁ θεὸς διαρτηθῆναι οὐδὲ ὡς υἱὸς ἀνθρώπου ἀπειληθῆναι αὐτὸς εἴπας οὐχὶ ποιήσει λαλήσει καὶ οὐχὶ ἐμμενεῖ.

(„Gott ist nicht *wie* ein Mensch, um irregeführt zu werden, nicht *wie* ein Menschenkind, dass man ihn abschrecken könnte, so dass er etwas, was er gesagt hatte, nicht ausführe, dass er reden würde und nicht bei seinem Wort bleiben.")

Dieser Vers ist ein Teil der Rede Bileams, die von Philon in *Mos.* I,283 f. nicht wortwörtlich zitiert, sondern nacherzählt wird. Der Vers Num 23,19 sieht in dieser Paraphrase so aus: οὐχ ὡς ἄνθρωπος ὁ θεὸς διαψευσθῆναι δύναται οὐδ' ὡς υἱὸς ἀνθρώπου μετανοεῖ καὶ ἅπαξ εἰπὼν οὐκ ἐμμένει. („Gott ist nicht wie ein Mensch, dass er getäuscht werden könnte, nicht wie ein Menschenkind, dass er seinen Sinn änderte und nicht bei dem bliebe, was er einmal gesagt hat.")

Von der Lektüre des griechischen Textes allein, ohne einen Bezug auf das hebräische Original, kann man unmöglich zu diesem Wortlaut kommen. Die

---

121   Frederick Field (Hg.), *Origenis Hexaplorum Fragmenta*, Bd. I, 23.
122   Luthers Übersetzung.

186 KAPITEL 3

LXX, offenbar grundsätzlich „schlechte" Verben in Bezug auf Gott vermeidend, auch wenn sie negiert sind, liest ויכזב als ein Passivum und benutzt einen weiteren Euphemismus für ויתנחם. Solange wir keine materiellen Zeugnisse für das Gegenteil haben, lassen sich die Unterschiede zum MT – das zusätzliche ὡς und die Veränderung der beiden Prädikate – eher als eine exegetisch bedingte Übersetzung des MT-Wortlauts erklären als durch eine andere Vorlage.[123] Der Text der LXX ist aber an dieser Stelle von dem Original weit genug entfernt, dass man sich kaum eine Paraphrase vorstellen kann, die sich dem hebräischen Wortlaut ausschließlich aufgrund des griechischen Textes annähert.

Wie kommt nun Philon zu seiner deutlich „hebraisierenden" Paraphrase?

Benno Badt sagt 1909 einfach: „Hier stimmt Philo mit dem hebr. Text (4 Mos. 23,19) ויתנחם gegen die überlieferte Lesart der LXX (ἀπειληθῆναι) überein."[124] Colson ist 1935 deutlich vorsichtiger: „Here Philo *whether accidentally or not*[125] agrees with the Hebrew against the LXX."[126] Die französischen Übersetzer vermeiden 1967 eine Auseinandersetzung mit dem Problem, indem sie auf Philons freien Umgang mit dem Bibeltext verweisen.[127]

Philon paraphrasiert zwar an dieser Stelle, hält sich dabei aber sehr nahe an den biblischen Text. Der zitierte Satz *ist* der biblische Vers Num 23,19, nur ist er, wie oft bei Philon, attizistisch aufbereitet: εἶπας und λαλήσει sind verworfen, die emphatische Wiederholung εἶπας οὐχὶ ποιήσει, λαλήσει καὶ οὐχὶ ἐμμενεῖ ist zusammengezogen zu dem perfekt klassizistischen ἅπαξ εἰπὼν οὐκ ἐμμένει. Weniger klar ist das Verhältnis διαρτηθῆναι / διαψευσθῆναι. Keine der Bedeutungen von διαρτάω im literarischen Griechisch, die in *Liddell-Scott* aufgelistet sind, passt in den Zusammenhang. *La Bible d'Alexandrie* erwähnt in einer Anmerkung *ad locum*, dass man „pour être inconséquent" übersetzen könnte, offenbar aufgrund der Bedeutung „lack connexion, be incoherent" bei *Liddell-Scott*, liest aber im Haupttext „pour être trompé", eine Bedeutung ohne Entsprechung in diesem Wörterbuch. Die *Septuaginta Deutsch* hat „von (seinem

---

123 Vgl. *La Bible d'Alexandrie, ad locum*: „Pour parler de Dieu, la LXX euphémise le texte de TM."

124 *Philon. Werke in deutscher Übersetzung*, Bd. 1, Breslau 1909 (Nachdruck Berlin 1962), Anm. 56 *ad locum*.

125 Meine Hv.

126 LCL, Bd. 6 (1935), *ad locum*.

127 „Wenn man diese Rede Bileams, wie Philon sie gestaltet hat, mit dem hebräischen Text oder der Septuaginta vergleicht, sieht man, wie frei der Alexandriner etwas aus der Heiligen Schrift übernimmt oder auslässt" (*Les œuvres de Philon d'Alexandrie 22, De vita Mosis I–II*, introduction, traduction et notes par Roger Arnaldez, Claude Mondésert, Jean Pouilloux, Pierre Savinel [Paris 1967], *ad locum*).

BELEGE FÜR DIE HEBRÄISCH ORIENTIERTE EXEGESE BEI PHILON   187

Vorhaben) abgehalten werden", die *New English Translation of the Septuagint* übersetzt „to be put upon", beides, wie es scheint, nach dem Hinweis von Muraoka: In seinem Wörterbuch wird das Lemma διαρτάω mit „to stay sbd's hand" übersetzt, unter Verweis auf den Parallelismus mit ἀπειλέω in Num 23,19 und auf den Vers 26 im Alpha-text von Esther E (es gibt keine anderen Vorkommen dieses Verbs in der LXX).[128] *La Bible d'Alexandrie* ist dagegen mit einem anderen wichtigen Septuaginta-Wörterbuch einer Meinung, das für διαρτάω die Übersetzung „to deceive, to mislead" bietet.[129] Argumente für diese letzte Interpretation sind in Fields Anmerkungen zur Hexapla[130] gesammelt. Er verweist auf Suda[131] und auf ein weiteres Beispiel bei Dionysius von Halicarnassus (*Ant. Rom.* I,86,4). Es sieht tatsächlich so aus, dass das Verb im späteren Griechisch so etwas wie „verwirren, irreführen" bedeuten konnte. Philon selbst gebraucht διαρτάω oft und gern, aber immer im klassischen Sinne von „zergliedern", „auseinandernehmen". Angenommen, Philon kannte die Bedeutung „verwirren" (hier wird man an den Fall διαφωνέω erinnert), so ist es durchaus in seinem Stil, διαρτηθῆναι durch διαψευσθῆναι zu paraphrasieren und somit eine ungewöhnliche/umgangssprachliche, mehrdeutige Vokabel durch ein klares, klassisches Synonym zu ersetzen. Auf jeden Fall weiß er genau, dass das Verb „lügen" bedeutet, wie es bei כזב *Pi.* tatsächlich der Fall ist. Das ist umso auffälliger, als das zweite Verb in diesem Satz, ἀπειληθῆναι, durch μετανοεῖ wiedergegeben wird – *pace* Colson kann das kein Zufall sein. Philon musste wissen, welches Verb sich hinter dem euphemistischen ἀπειληθῆναι versteckt, und in diesem Fall kein Bedürfnis für einen Euphemismus empfinden, da das Verb der „Reue" negiert ist. In der nicht-euphemistischen Form formuliert der Vers Num 23,19 gerade einen der wichtigsten Grundsätze der philonischen Theologie: Gott ist unveränderlich, *deus immutabilis est*; Philon hatte also gute Gründe zu paraphrasieren, wie er es tut, er musste aber auch die nötigen Informa-

---

128   Muraoka, *A Greek-English Lexicon of the Septuagint* s. v. διαρτάω.

129   Johan Lust, Erik Eynikel, Katrin Hauspie, *A Greek-English Lexicon of the Septuagint*, Bd. 1, s. v.

130   Field (1875), 254 f.

131   Suda, Delta, 737: Διαρτῆσαι· τὸ ἐξαπατῆσαι. οὕτως Μένανδρος. 740: Διαρτώμενος· ὁ δὲ Ἡρακλῆς τοῖς μὲν ἴχνεσι διαρτώμενος (τουτέστιν ἐξαπατώμενος), οὐδὲν δὲ ἧττον οἰόμενος εἶναι διερευνήσασθαι τὸν χῶρον. (= Dionysus Halic. *Ant. Rom.* I,39,3) καὶ αὖθις·πολλαχόθεν ἀκροβολισμοῖς χρώμενοι, ἵνα διαρτώμενοι τῇ δοκήσει τῶν κατὰ πρόσωπον ἐπιόντων, μηδεμίαν αἴσθησιν λάβωσι τῶν ὑπὲρ κεφαλῆς (Δ737: Διαρτῆσαι: „betrogen haben. So Menander." 740: Διαρτώμενος: „Herakles, verwirrt [d. h. betrogen] durch die Spuren, glaubt trotzdem, dass er den Ort absuchen soll"; oder: „oft verwenden sie einen Angriff durch leicht Bewaffnete, damit der Feind, verwirrt durch den Anblick von denen, die von vorn angreifen, gar nicht merkt, was über seinem Kopf geschieht").

tionen zur Verfügung gehabt haben. Διαψεύσεται für וייכזב und ἵνα μετανοήσῃ für וייתנחם sind in den hexaplarischen Rezensionen unter unterschiedlichen Namen (Aquila, Symmachus oder Theodotion) bezeugt.[132] Philon kann wieder einmal als Zeuge für ein frühes Aufkommen dieser Lesarten bzw. Interpretationen gelten.

Man kann sich leicht vorstellen, dass Gen 6,6 und Num 23,19 in der hebräischen Exegese aufeinander bezogen wurden als zwei Verse, wo Gott Subjekt des Verbs נחם ist, so dass der zweite Vers als ein Beleg gegen eine „falsche" Interpretation des ersten fungierte. In der LXX haben diese Verse aber kein gemeinsames Prädikat. Trotzdem wird von Philon in *Deus.* 53, wo eine erneute Widerlegung der Frevler vorkommt, die sich das Seiende als den Affekten zugänglich denken (wegen Gen 6,7: נחמתי, LXX: ἐθυμώθην), ein Verweis auf Num 23,19, οὐχ ὡς ἄνθρωπος ὁ θεός, gegeben.

2.6 *Söhne Gottes*

Gen 6,2 und 6,4 kommentierend (6,2 in *Gig.* 6; 6,4 in *Deus* 1–3), spricht Philon an beiden Stellen von οἱ ἄγγελοι τοῦ θεοῦ. Die Überlieferung der Septuaginta schwankt in Gen 6,2 zwischen οἱ ἄγγελοι τοῦ θεοῦ und οἱ υἱοὶ τοῦ θεοῦ. In Gen 6,4 haben alle Textzeugen außer Philon und einer Minuskel οἱ υἱοὶ τοῦ θεοῦ. Peter Katz in *Philo's Bible* und später in *The Text of the Septuagint*[133] sah darin den Beweis dafür, dass ἄγγελοι die Originalübersetzung der LXX ist, υἱοί dagegen aus einer späteren hebraisierenden Rezension stammt:

> No longer did the awkward sons of God Gen. 6:2, 4 present any difficulties. The earlier school had removed this stumbling-block by translating οἱ ἄγγελοι τοῦ θεοῦ, here as in other passages. It is hard to understand why Rahlfs should have rejected this reading of A[ras] L Bo. Spec. and Philo, Josephus, Clem. Al. Its origin at a later date is unconceivable, whereas the reading υἱοί, which he prefers, is obviously secondary, since it is the reading of the Three (A' υἱοὶ τῶν θεῶν Σ' οἱ υἱοὶ τῶν δυναστευόντων Θ' οἱ υἱοὶ τοῦ θεοῦ) and of Origen (Syr[hex] etc.). Here the fact that in 6:4 ἄγγελοι has been preserved by m (72) and Philo exclusively, must not mislead us. We can only say that most of our evidence has undergone some modernization here, and that such modernizations are hardly ever consistent.[134]

---

132 Field (1875), 254f.
133 Walters (1973).
134 Walters (1973), 255.

BELEGE FÜR DIE HEBRÄISCH ORIENTIERTE EXEGESE BEI PHILON   189

Valentin Nikiprowetzky weigerte sich, Katz' Argumente „sans réserves" zu akzeptieren,[135] weil das Fragment in *Quaestiones in Gen.* I,92 – nur auf Armenisch erhalten –, zeigt, dass Philon die Lesart υἱοί kannte. Am Ende seiner Besprechung der „Engel" sagt Philon:

> But sometimes he ⟨Moses⟩ calls the angels „sons of God" because they are incorporeal, born through no mortal men, but are spirits without body. But rather does that exhorter, Moses, give to good and excellent men the name of „sons of God," while evil and wicked men (he calls) bodies.[136]

Nikiprowetzky meint, dass diese Worte sich auf Gen 6,4 beziehen müssen. Die „Körper" bei Philon entsprechen nämlich dem „Fleisch" in Gen 6,3: καὶ εἶπεν κύριος ὁ θεός οὐ μὴ καταμείνῃ τὸ πνεῦμά μου ἐν τοῖς ἀνθρώποις τούτοις εἰς τὸν αἰῶνα διὰ τὸ εἶναι αὐτοὺς σάρκας. („Und Gott der Herr sprach: ‚Mein Geist wird nicht für ewig in diesen Menschen bleiben, denn sie sind Fleisch.'")

> Es sieht so aus, als würde Philon in seiner Bibel ἄγγελοι τοῦ θεοῦ in Gen ⟨6,⟩2 und υἱοὶ τοῦ θεοῦ in Gen 6,4 lesen. Er konnte Gen 6,4 auf eigene Faust Gen 6,2 anpassen, wegen des von ihm angeführten Grundes. Die Bezeichnung „Sohn Gottes" bedeutet vor allem weise und tugendhafte Männer, und genau das sind die „Engel Gottes", wie De Gigantibus sie beschreibt, nicht.[137]

Die Giganten sind aber weder Engel noch Söhne Gottes, sondern schon die nächste Generation. Es ergibt m. E. mehr Sinn, den philonischen Kommentar auf Gen 6,2 zu beziehen. Das exegetische Problem, das Philon zu lösen versucht, scheint die logische Verbindung zwischen Gen 6,2 und 6,3 zu sein:[138] Warum werden die Menschen dafür bestraft, dass die Engel (bzw. die Söhne Gottes) sich Menschentöchter zu Frauen nahmen? Philons Lösung scheint zu sein, dass „die Söhne Gottes" in Gen 6,2 „hervorragende Menschen" sind, deswegen ergibt es Sinn, dass „der Mensch" (die ganze Species) in 6,3 bestraft wird. Dann hat Philon wohl doch in 6,2 υἱοὶ τοῦ θεοῦ gelesen. Andererseits ist in *Gig.*

---

135   Nikiprowetzky (1983), 107.

136   R. Marcus' Übersetzung, leicht angepasst.

137   Nikiprowetzky (1983), 107.

138   „v.3 setzt abrupt ein ... v. 3 steht also hier in lockerem Zusammenhange, ein Umstand, der uns lehrt, daß diese Erzählung hier in stark verkürzter Gestalt vorliegt, der aber die Erklärung von v. 3 in hohem Grade erschwert" (Gunkel [1910], 57).

6 eindeutig von „Engeln“ in diesem Vers die Rede: „Ἰδόντες δὲ οἱ ἄγγελοι τοῦ θεοῦ κτλ.“ (Gen 6,2). οὓς ἄλλοι φιλόσοφοι δαίμονας, ἀγγέλους Μωυσῆς εἴωθεν ὀνομάζειν· ψυχαὶ δ᾿ εἰσὶ κατὰ τὸν ἀέρα πετόμεναι („‚Als die Engel Gottes sahen‘, usw. Moses pflegt diejenigen, die die anderen Philosophen Dämonen nennen, als Engel zu bezeichnen“). Für Gen 6,4 ist die Lesart ἄγγελοι bei Philon auch durch seinen Kommentar in *Deus* 2 gesichert (μετ᾿ ἐκεῖνο δὴ τὸ πνεῦμα οἱ ἄγγελοι πρὸς τὰς θυγατέρας τῶν ἀνθρώπων εἰσίασιν [„Nach jenem Geist gehen die Engel Gottes zu den Töchtern der Menschen ein“]). Es bleibt nur anzunehmen, dass er beide Ausdrücke kannte und auch, dass sie dasselbe bedeuten.

Dafür musste er nicht selbst den hebräischen Text konsultieren. Der Vergleich mit Deuteronomium 32,43 LXX zeigt, wie ausgiebig die Texte glossiert waren. In diesem Vers haben 1b und 2b der LXX keine Entsprechung im MT:

1a εὐφράνθητε οὐρανοί ἅμα αὐτῷ („Freut euch, ihr Himmel, zusammen mit ihm“)

1b καὶ προσκυνησάτωσαν αὐτῷ πάντες *υἱοὶ θεοῦ* („Alle *Söhne Gottes* sollen sich vor ihm niederwerfen“)

2a εὐφράνθητε ἔθνη μετὰ τοῦ λαοῦ αὐτοῦ („Freut euch, Völker, mit seinem Volk“)

2b καὶ ἐνισχυσάτωσαν αὐτῷ πάντες *ἄγγελοι θεοῦ* („Alle *Engel Gottes* sollen bei ihm stark werden“)

2a entspricht dem MT: הרנינו גוים עמו („freut euch/preist, *ihr Völker*, mit ihm/sein Volk“), 2b hat wiederum keine Entsprechung.

Man hätte lange über die Übersetzungstechnik der LXX rätseln können, die Lösung kam aber aus dem Qumran-Fragment 4QDeut^q (= DJD 14, 137–142),[139] ca. 1 Jh. v. u. Z.:

5 הרנינו שמים עמו („Preist/Jubelt, *ihr Himmel*, sein Volk/mit ihm“)

6 והשתחוו לו כל אלהים („Alle Götter sollen sich vor ihm niederwerfen“)

1b entspricht der Zeile 6 aus dem Qumranfragment: והשתחוו לו כל אלהים, bis auf „alle Götter“, die sich vor Ihm prosternieren sollen. In der Kombination der LXX (unsere 1b und 2b) suggeriert dies ein in der Überlieferung untergegangenes Stadium in der Entwicklung des hebräischen Textes, wo כל אלהים („alle Götter“) zu כל בני אלהים („alle Söhne Gottes“) geworden sind. Diese sind wiederum sowohl mit υἱοὶ θεοῦ wie auch mit ἄγγελοι θεοῦ übersetzt. Wie 1a und 2a zwei Interpretationen desselben hebräischen Konsonantentextes sind – עמו kann nämlich sowohl als „mit ihm“ oder als „sein Volk“ verstanden werden,

---

139 Vgl. Ulrich (2015), 159 f.

BELEGE FÜR DIE HEBRÄISCH ORIENTIERTE EXEGESE BEI PHILON 191

wenn man aber עם doppelt rechnet, bekommt man μετὰ τοῦ λαοῦ („mit seinem Volk") –, so wird dies wohl auch auf 1b und 2b zutreffen, obwohl es zur Zeit nicht klar ist, welche hebräische Wurzel sich hinter ἐνισχυσάτωσαν verbirgt und ob sie sich aus einer Verballhornung von והשתחוו erklären lässt. Die redaktionelle Arbeit mit Ausrichtung auf modernere Theologie wurde also nicht erst von den griechischen Übersetzern geleistet, sondern auch innerhalb der hebräischen Überlieferung unternommen. Wo der MT aber die störende Zeile einfach getilgt und der Buntheit der Lesarten Einhalt geboten hat, bietet die LXX eine ganze Anthologie von Interpretationen. Sie sind wohl ursprünglich als Glossen am Rande oder über dem Text geschrieben worden und irgendwann in den Text selbst eingedrungen. So glossiert kann man sich auch die griechische Bibel Philons vorstellen. Die Glossen sorgten für eine Pluralität der Lesarten und auch für eine konstante, wenn auch oft missverständliche, Verbindung zum Hebräischen.

2.7 „Alles Fleisch hat seinen Weg verderbt" (Gen 6,12)

In *Immut.* 140–143 kommentiert Philon Gen 6,12: ἦν ... κατεφθαρμένη ⟨ἡ γῆ⟩, ὅτι κατέφθειρε πᾶσα σάρξ τὴν ὁδὸν αὐτοῦ ἐπὶ τῆς γῆς. Auf Griechisch kann sich das Pronomen αὐτοῦ nur auf Gott beziehen, der am Anfang des Verses erwähnt ist:[140] „Da sah Gott auf die Erde, und siehe, sie war verderbt; denn alles Fleisch hatte *seinen* Weg verderbt auf Erden." Dass es um den Weg *des Fleisches* geht, ist in der griechischen Übersetzung ausgeschlossen, da σάρξ ein Femininum ist. Genau das sagt uns Philon: Einige würden behaupten, τὴν ὁδὸν αὐτοῦ sei ein falscher Text, und es müsse ὅτι κατέφθειρε πᾶσα σάρξ τὴν ὁδὸν αὐτῆς (i.e.: den Weg des Fleisches) heißen. Es gehe aber nicht um den Weg des Fleisches, sondern um den Weg Gottes, den das Fleisch verdorben habe. Maren Niehoff sieht in diesem Beispiel einen Beweis für ihre These, dass Philon in Alexandrien in einer „textkritischen Umgebung" arbeitete, wo die Bibelexegese, von den hebräischen Wurzeln vollständig abgeschnitten, sich die Methoden der „aristotelischen Tradition der Homerwissenschaft" angeeignet habe.[141] Ich sehe in Philons Bemerkung, es sei „unpassend, eine männliche Form auf ein weibliches Substantiv zu beziehen", und deswegen „würden einige sagen, diese Form sei korrupt; dem Sinn entsprechend und einwandfrei soll es heißen: verderbt, denn alle Fleischigkeit hatte *ihren* Weg auf Erden verderbt", nicht viel Aristotelisches und Homerwissenschaftliches, sondern nur die Vertrautheit mit

---

140 Vgl. Niehoff (2011), 114: „The Greek translator must have been aware of the grammatical gender of σάρξ and probably interpreted the pronoun as a reference to God, who is mentioned at the beginning of the verse."

141 Niehoff (2011), 115.

grammatischen Termini, die bei Philon auf jeden Fall vorauszusetzen ist: Er hat offensichtlich eine gute griechische Schulbildung genossen. Für den Inhalt seiner Exegese haben wir aber an dieser Stelle folgenden Befund: Im Hebräischen besteht hier eine echte Zweideutigkeit, weil sowohl das Wort für „Fleisch" als auch dasjenige für „Gott" Maskulina sind:

וירא אלהים את־הארץ והנה נשחתה כי־השחית כל־בשר את־דרכו על־הארץ

Da sah *Gott* die Erde, und siehe, sie war verderbt; denn alles *Fleisch* hatte *seinen* Weg verderbt auf Erden.

Die LXX-Übersetzung hat sich für letztere Interpretation entschieden. Damit wäre das exegetische Problem erledigt. Aber so funktioniert die philonische Exegese gerade nicht. Sie überführt, wie wir schon mehr als einmal gesehen haben, die Fragen und Antworten, welche sich in Bezug auf den hebräischen Text gebildet haben, in die griechische Tradition. Der hebräische Text bleibt immer im Hintergrund und schimmert gelegentlich durch.

TEIL 3

Parallelen zwischen Philon und der rabbinischen Exegese

∴

KAPITEL 4

„Ort" als Gottesname (Ex 24,10)

In *Somn.* I,60–72 erörtert Philon die Bedeutungen des Wortes „Topos" in der Heiligen Schrift. Es könne, sagt er, nicht nur „Ort" bedeuten, sondern auch als Bezeichnung des göttlichen Logos und sogar Gottes selbst fungieren. Unter den biblischen Belegen, die Philon anführt, befindet sich die Stelle Ex 24,10, wo das Wort „Topos" nur in der LXX erscheint, der MT aber unmittelbar von „Gott sehen" spricht. Insofern könnte man einfach sagen, hier scheint Philon wieder einmal mehr von dem Original zu wissen, als der griechische Text verrät. Bei der Besprechung der Passage in *Somn.* wurde am meisten und heftigsten darüber diskutiert, ob ein Zusammenhang mit dem rabbinischen המקום („der Ort") als Gottesnamen bestehe.[1] Philon ist – falls als ein solcher anerkannt – unser frühester Beleg für diese Tradition; die Frage nach ihrem Ursprung und Datum bleibt offen. Jacob Freudenthal verwies schon 1875 auf Übereinstimmungen zwischen der philonischen Stelle und den tannaitischen Erklärungen zu dieser Gottesbezeichnung; an einer Stelle handelt es sich nicht mehr um eine Ähnlichkeit, sondern um vollständige Übereinstimmung des Wortlauts.[2] Freudenthal sah darin ein Beispiel für die Beeinflussung des rabbinischen Judentums durch das hellenistische – ein Thema, auf das es ihm gegen die damals üblichen Annahmen besonders ankam. Isaac Heinemann hat eine Verbindung zwischen den philonischen Ausführungen und dem *Maqom* der Rabbinen ursprünglich heftig abgelehnt. 1922 erschien in der von Heinemann herausgegebenen Zeitschrift *Monatsschrift für die Geschichte und Wissenschaft des Judentums* ein Artikel von Arthur Spanier: „Die Gottesbezeichnungen המקום und הקדוש

---

1   Zu המקום als einem Namen Gottes in der rabbinischen Tradition s. Strack-Billerbeck (1924), 309 f.

2   Freudenthal (1875), 72 f.: „... eine Bezeichnung für Gott, für die wir in der biblischen Literatur vergebens einen Anhalt suchen, die, auch in der altgriechischen Philosophie nicht allzu häufig, doch auf griechische Einflüsse zurückgeht (Sext. Emp. adv. Math. x 33; Procl. in Tim 117d) und tief in die talmudische und ekklesiastische Literatur eingedrungen ist: die Benennung Gottes als des Ortes der Welt, auch des Ortes (τόπος, מקום) schlechthin. So sagt Philon (Fug. 75): τόπον γὰρ καλεῖ νῦν (θεόν), ἐπειδὴ περιέχων οὐ περιέχεται (ebenso Somn. I,63 und oft). Dieser Name Gottes erscheint nun auch schon in der Mischna (Abot II 9; Pessach. x 5; Middot v 4), und näher den philonischen Sätzen stehen folgende aus den Midraschim (Ber. Rab. c. 68): R. Huna sagte im Namen von R. Ami: Warum giebt man Gott den Namen ,Ort'? Weil er der Ort der Welt, nicht aber die Welt sein Ort ist."

© MARIA SOKOLSKAYA, 2022 | DOI:10.1163/9789004523166_007

ברוך הוא in der frühtalmudischen Literatur".[3] Spanier beweist darin das hohe Alter des Namens המקום, der zu den ältesten Strata der tannaitischen Literatur gehöre.[4] Dabei schreibt er: „Dass ein griechisches Aequivalent von המקום in diesem selben Literaturkreise ⟨i.e. in der griechisch überlieferten jüdisch-christlichen Literatur⟩ niemals vorkommt, ist nicht anders zu erwarten."[5] Zu diesem Satz bringt Heinemann, der Herausgeber, eine Anmerkung an:

> Von der Heranziehung der Philonstelle (De Somn. I § 63), nach welcher Gott „Ort genannt werden darf", hat der Verfasser mit vollem Recht abgesehen. Die Versuche, sie mit der rabbinischen Redeweise zu kombinieren, übersehen, dass bei Philon exegetischer Zwang vorliegt.[6]

Was Heinemann unter „exegetischem Zwang" versteht, ist nicht ganz klar. Am ehesten ist es ein wissenschaftlicher Ausdruck dafür, dass „nicht sein kann, was nicht sein darf."[7] Als dann 1938 der 6. Band der Werke Philons von Heinemann herausgegeben wurde, darin De Somniis in der Übersetzung von Maximilian

---

3 Spanier (1922).

4 Darin gefolgt und übertroffen von Marmorstein (1927), 92: „Our investigation shows that Simon the Just, c. 300 B.C.E., was the first of whom we know with certainty that he used this term." Es ist zwar sehr problematisch, die in Mischna und Talmud zitierten Aussprüche genau zu datieren und bestimmten historischen Personen zuzuschreiben; es hat aber eine gewisse Plausibilität für sich, dass die Scheu, Gott direkt zu benennen, die zu einem besonderem Umgang mit seinen Bezeichnungen führte, um die Lebenszeit Simons ihren Anfang nimmt und womöglich mit seiner Person in Verbindung steht. In Joma und Tosef. Soṭah XIII lesen wir, dass man nach dem Tode Simons des Gerechten aufgehört habe, das Tetragramm auszusprechen. Das ist auch die Zeit, in der die Pentateuch-Septuaginta angefertigt wurde, die das Tetragramm konsequent mit für einen griechischen Leser nicht unmittelbar aussprechbaren Zeichen bzw. mit der Umschreibung κύριος ersetzt (s. oben S. 134f. mit Anm. 33) und auch sonst Spuren einer besonderen Behandlung des Gottesnamens enthält.

5 Spanier (1922), 310.

6 Spanier (1922), 310.

7 Der exegetische Zwang, diesmal englisch, als „peculiar exegetical constraint", begegnet uns überraschend wieder 1968 im Vorwort Zwi Werblowskys zur Neuauflage des Buches von Marmorstein (Marmorstein [1927], s. oben, S. 150). Diese uneingestandene Spur der Heinemann-Lektüre dient nun dazu, Marmorsteins These zu disqualifizieren, in der philonischen Variante der Lehre von zwei göttlichen Kräften sei eine alte jüdische Tradition aufbewahrt. „There seems to be little proof of this thesis and Philo, whose interpretations are frequently the result of *his peculiar exegetical constraints*, is certainly no convincing witness – in the absence of other supporting evidence – of the existence of Jewish ‚traditions‘" (Hervorhebung mein, M.S., zitiert nach Dahl und Segal [1978], 3). Dahl und Segal antworten darauf durchaus richtig, dass „Philo's doctrine of the ‚two powers‘ is not an example of his ‚peculiar exegetical constraints‘ but presupposed by him *as a generally recognized, exegetical device*" (ibid., s. oben Teil II, 2.2.2). Dasselbe ist bei der Betrachtung der „Topos als Gottesname"-Stellen offensicht-

„ORT" ALS GOTTESNAME (EX 24,10) 197

Adler, sieht die Anmerkung zu dieser Stelle noch verwirrender aus: Adler gibt ausschließlich Parallelen aus Aristoteles an, und es ist wiederum der Herausgeber Heinemann, der sich mittels einer in eckigen Klammern gefassten Zusatzanmerkung zu Wort meldet – diesmal, um doch auf rabbinische Parallelen und auf die oben genannten Studien von Marmorstein, Spanier und Freudenthal zu verweisen. Seine Formulierung zeigt aber, dass er weiterhin zwischen „exegetisch" (Philon) und „nicht exegetisch" (Rabbinen) unterscheidet: „Während Philon nur den biblischen Ausdruck ‚Ort' auf Gott anwendet, findet sich מקום (= Ort oder Raum) als Bezeichnung Gottes, also ausserhalb der Exegese, in rabbinischen Aussprüchen seit dem 3. vorchristlichen Jahrhundert."[8] Es ist aber auffällig, dass der Abschnitt *De Somn.* I,62–70 eigentlich auch „außerhalb der Exegese" steht: Philon versucht nicht, die Bedeutung *Gott* oder *Logos* für *Ort* durch die Exegese der jeweiligen Stelle zu begründen, sondern er behauptet, „Ort" habe grundsätzlich diese drei Bedeutungen und führt für jede einzelne Bedeutung Beispiele an, wobei in §§ 64–67 gezeigt wird, wie alle drei Bedeutungen eventuell an ein und derselben Stelle (in dem Fall Gen 22,3–4) zu finden sind.[9]

Der Vers Ex 24,10 wird dann innerhalb einer Kette von Bibelstellen, welche diese besonderen Anwendungsmöglichkeiten von „Topos" illustrieren sollen, angeführt.[10] Das eigentliche Objekt der Exegese ist hier der Traum Jakobs in Gen 28,11–15. Als Erstes wird 28,11 kommentiert. In der LXX lautet dieser Vers: καὶ ἀπήντησεν τόπῳ καὶ ἐκοιμήθη ἐκεῖ· ἔδυ γὰρ ὁ ἥλιος· καὶ ἔλαβεν ἀπὸ τῶν λίθων τοῦ τόπου καὶ ἔθηκεν πρὸς κεφαλῆς αὐτοῦ καὶ ἐκοιμήθη ἐν τῷ τόπῳ ἐκείνῳ. („Und

---

    lich: Es geht nicht um eine besondere Auslegung, die Philon selbst vornimmt, sondern um ein schon vorhandenes exegetisches Verfahren, das Philon nicht ohne Mühe innerhalb der eigenen Exegese handhabt.

8   *Philo von Alexandria. Die Werke in deutscher Übersetzung*, hg. von Cohn, Leopold / Heinemann, Isaak / Adler, Maximilian / Theiler, Willy, Bd. 6, Breslau 1938, 186 Anm. 1.

9   „Doch vielleicht ist hier mit einem Worte von zwei verschiedenen Dingen die Rede, von denen das eine der göttliche Logos, das andere aber der dem Logos übergeordnete Gott ist. (66) Wer nämlich, von der Weisheit geleitet, an den ersten Ort kommt, findet als Gipfel und Ende seines Strebens den göttlichen Logos; ist er bei ihm angekommen, so kann er nicht bis zu dem vordringen, der seinem Wesen nach Gott ist, sondern er sieht ihn von ferne; besser gesagt: Er ist nicht einmal imstande, ihn selbst von ferne zu schauen, sondern er sieht nur, dass Gott fern von der ganzen Schöpfung ist und dass seine Erkenntnis ganz ferne, jeder Menschenvernunft entzogen ist. (67) Aber vielleicht hat er hier allegorisierend auch gar nicht den Ort auf den Schöpfer bezogen, sondern was er klarmachen will, ist: ‚Er kam an den Ort, und als er die Augen aufschlug, sah er', dass der Ort selbst, an den er gekommen war, weit entfernt war von dem unnennbaren, unsagbaren und in jeder Beziehung unerkennbaren Gott."

10   *Somn.* I,62.

198 KAPITEL 4

er begegnete einem Ort und schlief dort, denn die Sonne ging unter; und er nahm von den Steinen des Ortes und legte ihn zu seinen Häupten und schlief an diesem Ort.") Das entspricht genau dem MT: ויפגע במקום וילן שם כי־בא השמש ויקח מאבני המקום וישם מראשתיו וישכב במקום ההוא, mit einer bemerkenswerten Abweichung: Das erste *Maqom* im Hebräischen hat den Artikel bei sich, als ob es um einen bekannten, schon früher erwähnten Ort ginge.[11] Die griechische Übersetzung lässt den Artikel weg. Zusammen mit dem Verb ἀπαντάω, das nur für Personen gebraucht wird, meistens mit Dativ („jemandem begegnen"), wirkt der griechische Ausdruck befremdlich. Das artikellose „Topos" klingt in dieser Verbindung wie ein Eigenname, als müsste man das Wort groß schreiben.[12] Der hebräische Text gibt Veranlassung dazu: Das Verb פגע wird, genau wie ἀπαντάω, vor allem in Bezug auf Personen gebraucht, im Sinne von „jemandem begegnen", und zumindest an einer höchst relevanten Stelle, Gen 32,2, in identischer Konstruktion, nämlich mit der Präposition בְּ. Dort geht es wiederum um Jakob und darum, dass ihm die Engel Gottes begegneten.[13] Der Vers

---

11 Die Einheitsübersetzung versucht diese Besonderheit wiederzugeben: „Er kam an *einen bestimmten* Ort." Zu der möglichen Bedeutung des Artikels an dieser Stelle s. Houtman (1977), 345: „We recall in this context that in the opinion of some authors hammāqôm (v. 11 etc. 6x in the pericope) has the technical sense of ‚the sacred place', ‚the cult place', see, e.g., Gunkel; cf. already TPsJ and the marginal reading of TNf, which speak in connection of v. 11 of ‚the sanctuary' (byt mqdš[']). Others suppose that there is a use of the article characteristic of Hebrew idiom (cf. Ges.-K. §126r), and hold the view that the article indicates that māqôm is qualified in some sense. Several suggestions are made in this respect, see, e.g., Rashi; F. Delitzsch (1887); C.F. Keil (BC 1878³); H.L. Strack (SZ 1905²). In our opinion, it is likely that hammāqôm is to understand as ‚a holy place'. Accordingly the 'abnê hammāqôm (v. 11) are to be considered as holy stones. In our opinion the translation ‚the (cult) place' (see, e.g., Gunkel) is not to be recommended. Hebrew uses the article possibly because a qualified (see above) holy place is meant: the cult place which is discovered by Jacob."

12 Die Angabe in *Liddell-Scott*: „c. c. dat. loci, *light upon, come to*, τόπῳ LXXGe.28.11", ist m. E. falsch, was die Bestimmung der Kasusfunktion angeht. Es ist kein *Dativus loci* (für den es sonst mit ἀπαντάω keine Belege gibt), es ist ein bei diesem Verb üblicher *Dativus sociativus*, d. h. Dat. der Person, der begegnet wird. *The Dictionary of Classical Hebrew* (hg. von David J.A. Clines) dagegen bringt Gen 28,11 bei der Bedeutung 1 unter: „meet, come upon", und vermerkt bei der Präp. בְּ „introducing obj." (Belege sind Gen 28,11; 32,2 und Num 35,19.21, wo das Objekt „Mörder" ist), und nicht bei der Bedeutung 6: „reach", mit der Präp. בְּ „of place", wo ausschließlich Belege aus dem Josua-Buch, Kapp. 16 bis 19, vorkommen, d. h. aus einer späteren Sprachstufe, s. Knauf (2008), 37: „Die Grenzbeschreibungen in Jos 15–19 sind gänzlich in spätbiblischem Hebräisch abgefasst."

13 Gen 32,2–3: Καὶ Ιακωβ ἀπῆλθεν εἰς τὴν ἑαυτοῦ ὁδόν. καὶ ἀναβλέψας εἶδεν παρεμβολὴν θεοῦ παρεμβεβληκυῖαν, καὶ συνήντησαν αὐτῷ οἱ ἄγγελοι τοῦ θεοῦ. (3) εἶπεν δὲ Ιακωβ, ἡνίκα εἶδεν αὐτοὺς Παρεμβολὴ θεοῦ αὕτη· καὶ ἐκάλεσεν τὸ ὄνομα τοῦ τόπου ἐκείνου Παρεμβολαί („Und Jakob ging weg auf seinen eigenen Weg. *Als er die Augen hob, sah er eine Lagerstätte Gottes* ⟨*vor sich*⟩

„ORT" ALS GOTTESNAME (EX 24,10)

hat übrigens ein „Plus" verglichen mit dem MT. Es ist wiederum eine Stelle, wo es um das sensible Thema „Gott sehen" geht, und an der, nach der bunten Textüberlieferung zu urteilen, intensiv gearbeitet wurde. Die Geschichte ist ätiologisch aufgebaut: Es geht um die Erklärung des Ortsnamens „Mahanajim", der als „Lagerstätte Gottes" erklärt wird. Genauso läuft die Geschichte in Gen 28,11–19 auf die Erklärung des Namens Bet-El hinaus: Jakob ruft aus: יש יהוה במקום הזה („JHWH ist an diesem Ort!", 28,16), und daraufhin wird ihm klar, dass hier „das Haus Gottes und die Pforte des Himmels" sei.

Vieles spricht also dafür, dass die Verse Gen 28,11 und 32,2 in der Exegese aufeinander bezogen wurden[14] und dass die LXX dann in ויפגע במקום („er begegnete dem Ort") tatsächlich eine euphemistische Beschreibung einer Begegnung mit Gott sahen und aufgrund dieses Verständnisses ihre Übersetzung καὶ ἀπήντησεν τόπῳ gestalteten. Genau das erzählt uns Philon, *Somn.* I,61 ff.: „Als Drittes ist demnächst zu untersuchen, was dieser *Ort* ist, dem er begegnet; denn es heißt: ‚Er begegnete einem Ort'."[15] In den nachfolgenden Paragraphen erzählt Philon, wie schon erwähnt, welche drei Bedeutungen das Wort „Ort" haben kann, und kehrt in § 71 zu Gen 28,11 zurück; diesmal liegt der Akzent auf dem Verb „begegnen":

> Ganz außergewöhnlich ist aber, dass es nicht heißt, er wäre nach dem Ort gekommen, sondern er sei einem Orte begegnet. Das Kommen ist nämlich etwas Absichtliches, das Begegnen aber geschieht oft ohne Absicht.

---

gelagert, und die Engel Gottes begegneten ihm. (3) Jakob sprach, als er sie sah: Dies ist eine Lagerstätte Gottes. Und er nannte diesen Ort ‚Lagerstätten'"). Zu dem hervorgehobenen Satz gibt es im MT keine Entsprechung. Der Satz ist aber eigentlich notwendig, um die Benennung des Ortes Mahanajim im nächsten Vers zu begründen. Joachim Schaper im Kommentarband der *Septuaginta Deutsch* (Kraus und Karrer [2011] ad loc.) besteht darauf, dass der fragliche Satz von den griechischen Übersetzern hinzugefügt worden sei, um eine Erzähllücke im hebräischen Original zu füllen. Die Geschichte von Mahanajim im MT ist aber offensichtlich nur ein Torso. Das vermuteten ursprünglich schon Gunkel und andere Gelehrte seiner Generation; später kam die Theorie der kurzen ätiologischen Notizen auf, die angeblich von Anfang an so fragmentarisch angelegt worden seien. Es ist aber kaum plausibel, dass der Text, wie wir ihn heute in der Biblia Hebraica lesen, vollständig ist, insofern ist es mindestens genauso plausibel, dass die Septuaginta hier eine ältere, vollständigere Version bewahrt hat. Überhaupt erscheint das Bestehen der *Septuaginta Deutsch* auf der Selbstständigkeit der griechischen Übersetzer und der weitgehenden Identität ihrer Vorlage mit dem MT wenig überzeugend und schon etwas antiquiert (vgl. Ulrich [2015], *passim*).

14 Zu den Berührungspunkten beider Stellen und insbesondere dem Ausdruck פגע בְּ Houtman (1978), insbes. 39.

15 σκεπτέον δὲ τὸ τρίτον καὶ ἀκόλουθον, τίς ὁ τόπος, ᾧ ὑπαντᾷ· λέγεται γάρ, ὅτι „ἀπήντησε τόπῳ".

> So wollte der göttliche Logos, indem er plötzlich erschien, der einsamen Seele durch seine Wegbegleitung eine unerwartete, alle Hoffnung übertreffende Freude bescheren.[16]

Der „Topos" von Gen 28,11 ist also in Wirklichkeit der göttliche Logos. Das ist womöglich auch ein Hinweis darauf, dass er mit den מלאכי אלהים („Engeln Gottes") von Gen 32,2 gleichgesetzt wurde. Man beachte, dass es sich hier nicht um das für die LXX üblicherweise postulierte Vermeiden von Aussagen, die mit der Transzendenz Gottes schlecht vereinbar sind, handelt. Ganz im Gegenteil: Der hebräische Text spricht explizit nur von einem Ort bzw. von „dem Ort", wie besonders auch immer dieser Ort sein mag, Philon aber sieht – und, meiner These nach, schon die griechischen Übersetzer sehen – in diesem Wort einen Euphemismus für eine Bezeichnung Gottes. Jakob begegnet nicht einem Ort, sondern Gott oder zumindest einer seiner „Kräfte". Wie kommen die Exegeten dazu? Der Exkurs über die drei Bedeutungen von τόπος (*Somn.* I,62–67) ist eine Einheit für sich. Der zweite Beleg nach Gen 28,11 ist Ex 24,10, das uns schon vertraute Aufsteigen der 70 Ältesten Israels mit Moses, Aaron und Aarons Söhnen auf den Berg Sinai. Dabei bekommen die „Edlen Israels" Gott zu sehen, und, im Widerspruch zu Ex 33,20, sterben sie nicht daran.

> ויראו את אלהי ישראל ותחת רגליו כמעשה לבנת הספיר וכעצם השמים לטהר

> („und sie sahen den Gott Israels. Unter seinen Füßen war es wie eine Fläche von Saphir und wie der Himmel, wenn es klar ist.")

Die LXX unterscheidet sich stark:

> καὶ εἶδον τὸν τόπον οὗ εἱστήκει ἐκεῖ ὁ θεὸς τοῦ Ισραηλ καὶ τὰ ὑπὸ τοὺς πόδας αὐτοῦ ὡσεὶ ἔργον πλίνθου σαπφείρου καὶ ὥσπερ εἶδος στερεώματος τοῦ οὐρανοῦ τῇ καθαριότητι.

> („Und sie sahen den Ort, wo stand dort der Gott Israels, und unter seinen Füßen war wie ein Pflaster aus Saphir und wie ein Bild der Himmelsfeste in Klarheit.")

Insbesondere τὸν τόπον οὗ εἱστήκει ἐκεῖ ὁ θεὸς τοῦ Ισραηλ klingt so, als hätte der griechische Satz (ohne Entsprechung im MT) eine semitische Vorlage gehabt:

---

16   ὑπερφυέστατα δ' ἔχει τὸ μὴ φάναι ἐλθεῖν εἰς τὸν τόπον, ἀλλ' ἀπαντῆσαι τόπῳ· ἑκούσιον μὲν γὰρ

„ORT" ALS GOTTESNAME (EX 24,10)

Die Syntax ist ausgesprochen hebräisch, entsprechend einer gebräuchlichen Form des Relativsatzes mit שם ... אשר, wie etwa in Ex 21,13: ושמתי לך מקום אשר ינוס שמה, δώσω σοι τόπον οὗ φεύξεται ἐκεῖ ὁ φονεύσας („Ich werde dir einen Ort geben, wohin der Totschläger dort fliehen soll"). Für das griechische Idiom ist ἐκεῖ überflüssig.[17] Es ist verlockend, hinter dem so formulierten Zusatz im Griechischen eine Glosse zu vermuten, welche die Übersetzer in ihrem hebräischen Original etwa am Rande (hebräisch) vorgefunden und in ihre Übersetzung (griechisch, mit einem groben Semitismus) eingeführt hätten. Nur haben wir keine materiellen Zeugnisse solch glossierter Handschriften der Hebräischen Bibel, weder aus der Judäischen Wüste noch von woanders. Emanuel Tov[18] äußerte sich gegen den Begriff „Glosse" in Fällen, wo Aussagen zu Theologu-

---

τὸ ἔρχεσθαι, τὸ δ᾽ ἀπαντᾶν πολλάκις ἀκούσιον, ἵν᾽ ἐξαπιναίως ὁ θεῖος λόγος ἐπιφαινόμενος ἀπροσδόκητον χαρὰν ἐλπίδος μείζονα ἐρήμῃ ψυχῇ συνοδοιπορεῖν μέλλων προτείνῃ.

17 Vgl. Aejmelaeus (2006), 29–30: „Andererseits wäre es auch sehr verständlich, wenn die Erzählung von den siebzig Ältesten, die mit Mose und den anderen den Berg besteigen und nach dem MT Gott sehen (Ex. 24,10), eine Änderung schon in der hebräischen Vorlage erfahren hätte. Insbesondere der hebraisierende Wortlaut οὗ εἱστήκει ἐκεῖ ὁ θεὸς τοῦ Ισραηλ ist verdächtig: οὗ ... ἐκεῖ ist am besten als Übersetzung von שם ... אשר zu verstehen." Dieser Meinung war Anthony Hanson (1992), 559: „This is not only an attempt to avoid the directness of the MT, but must also witness a Hebrew text which already contained this periphrasis. We could conjecturally restore it thus: ויראו המקום אשר עמד שם אלהי ישראל. Thus by the time that the MT was translated, exegetical activity had already modified the directness of the original." Der Ausdruck „the MT was translated" ist etwas verwirrend. Offenbar meint Hanson, dass der hebräische Text (gerade nicht der Überlieferungsstrang, der später zum MT wurde) zum Zeitpunkt der griechischen Übersetzung schon im Geiste der absoluten Transzendenz Gottes exegetisch bearbeitet worden war, sodass ein entsprechend präparierter Text zur Vorlage der LXX wurde.

18 Ch. I. 4: „Glosses, Interpolations, and Other Types of Scribal Additions in the Text of the Hebrew Bible", in Tov (1999), 53–74. Tov schlägt vor, genauer, als es bisher üblich war, zwischen einer Glosse oder Scholie – einer Erklärung zu einem schwierigen Wort oder zu einem erklärungsbedürftigen Zusammenhang in margine oder zwischen den Zeilen, die der ursprüngliche Schreiber nicht als integralen Teil des Textes meinte, sondern als eine Art Anmerkung – und einer Interpolation (einem exegetischen Zusatz) zu unterscheiden, welche in die Syntax des Satzes integriert und somit von Anfang an dazu gedacht ist, im Text zu bleiben und seine Aussage zu modifizieren (und nicht zu kommentieren, wie im ersten Fall). Die meisten Interpolationen, meint Tov, wurden nicht auf der Ebene der Textüberlieferung von individuellen Schreibern eingefügt, sondern gehören der Ebene der „literarischen Entwicklung" an, d.h. einer Rezension, von der Art, wie wir uns die hebräische Vorlage der LXX vorstellen können. Für die Maqom-Geschichte ist auch das relevant, was Tov über die quantitative Unterscheidung zwischen diesen Ebenen schreibt (ibid., S. 68): „We believe that in some conditions it is possible to distinguish between the ... two levels in the following way. If a number of exegetical additions seem to be connected which each other in a coherent way, they probably constituted a layer of additions, created in the course of the literary growth of the biblical book."

mena, etwa über eine direkte Gottesschau, modifiziert werden. Er meint, falls eine übergreifende theologische Tendenz im Spiel ist, so dass die Modifikationen ein System bilden, geschähen Änderungen nicht auf der Ebene der einzelnen Verse, sondern auf der Ebene einer besonderen Rezension des ganzen Textes. Aber woher wissen wir das? Man darf den systematischen Charakter der Änderungen nicht überschätzen.[19] Wie Anneli Aejmelaeus richtig bemerkt: „Das Gesamtbild der Überlieferung bleibt undeutlich, manchmal werden Aussagen über Gottesschau im MT, manchmal in der LXX oder in ihrer Vorlage vermieden. Die tendenziellen Änderungen sind in keinem Text durchgehend eingearbeitet worden."[20] Eine mögliche Erklärung dazu ist m.E., dass es in diesen Fällen nicht um eine bloße „Tendenz" geht, die automatisch auf alle Stellen eines bestimmten Inhaltes anwendbar wäre, sondern um eine exegetische Arbeit, die zwar an bestimmte weltanschauliche Grundsätze anknüpft, aber in der Durchführung viel konkreter vorgeht, d.h. bei jedem einzelnen Vers spezifische Voraussetzungen für die jeweilige Modifikation hat. Diese Voraussetzungen sind entweder in dem unmittelbaren Kontext der biblischen Aussage zu suchen oder in einem angenommenen Parallelismus mit einer oder mehreren anderen Stellen, meistens aufgrund der gleichen Vokabel. Es ist dies ein kompliziertes Prozedere, deswegen mutet es auch unwahrscheinlich an, dass diese exegetische Tätigkeit stumm geschah, ohne einen anderen Ausdruck gehabt zu haben als Änderungen im Text. Ein exegetischer Kommentar zum biblischen Text – ob in mündlicher oder schriftlicher Form, können wir nicht wissen, aber auch im ersten Fall nur denkbar in der stabilen, tradierbaren Form einer Schultradition – ist eine Vorbedingung für die Entstehung einer neuen Textform. Es ist auch wenig wahrscheinlich, dass eine Rezension die exegetischen Erklärun-

---

19 Gegen Hanson vehement J. Schaper im *Septuaginta Deutsch Kommentarband 1* (Kraus und Karrer [2011]), ad loc.: „Eine dogmatische Korr. ... H⟨anson⟩ ... nimmt an, dass der jüd.-hell. Übersetzer bereits eine modifizierte Vorlage hatte. Doch darauf gibt es keinen Hinweis." Auf den im Text selbst vorhandenen Hinweis, die hebraisierende Konstruktion, geht Schaper nicht ein, sondern verweist auf die (von Hanson auch erwähnte) Übereinstimmung des MT mit der Vulgata; dies ist aber in diesem Fall irrelevant: Der hebräische Text, der Hieronymus vorlag, ist auf jeden Fall Jahrhunderte später als eine mögliche Vorlage der LXX und mit dem Proto-MT identisch. Genauso heftig lehnt Schaper eine vom MT abweichende Vorlage der LXX in Ex 33,13 ab, gegen Hanson und Aejmelaeus.

20 Aejmelaeus (2006), 30. S. *Septuaginta Deutsch, Kommentarband 1* (Kraus und Karrer [2011]), 318f. Schaper sagt dazu ohne weiteres: „Das ist nicht haltbar" und behauptet, dass die „Ex[LXX] konsequent und kohärent durch interpretative Eingriffe ein transzendenteres Gottesbild propagiert als der MT" (mit Verweis auf bekannte Thesen von M. Rösel zur „Septuaginta-Theologie"). Das sind meiner Meinung nach starke Übertreibungen und Vereinfachungen. Zur Reaktion auf Rösels „excessive claims for ‚theological intention' by the LXX translator" (mit Bibliographie) vgl. Ulrich (2015), 178 mit Anm. 20.

„ORT" ALS GOTTESNAME (EX 24,10) 203

gen, welche ihr vorangehen, einfach ablöst. Viel eher werden diese weiter tradiert, mit dem Neuen, was aufgrund der neuen Textgestalt dazukommt, kombiniert und modifiziert. Die „exegetische Tätigkeit", welche der LXX vorangeht, können wir uns am ehesten als einen auf Hebräisch kommentierten Text bzw. einen Kommentar zum hebräischen Text[21] vorstellen, dessen Vorschläge zum Verständnis problematischer Stellen von den Übersetzern in knappster Form unter Auslassung der Erklärungen berücksichtigt worden sind.

Wenn wir die obigen allgemeinen Betrachtungen auf Ex 24,10 anwenden, kann man Folgendes vermerken: Hier gibt es einen spezifischeren Grund, davon zu sprechen, dass die Edlen Israels nicht Gott selbst sahen, sondern „den Ort, wo der Gott Israels sich hingestellt hatte" als die allgemeine Vorstellung von der Unsichtbarkeit des transzendenten Gottes. In der 2. Hälfte des Verses wird nämlich eine genauere Beschreibung davon gegeben, was die Edlen sahen. Und tatsächlich, sie sahen das, was sich *unter seinen Füßen* befand, eine Art Pflaster aus Lapislazuli – den Ort eben, wo der Gott Israels gestanden hatte.

Wenn wir den Vers Ex 24,11 hinzuziehen, wo Gott (את־האלהים) wiederum durch ἐν τῷ τόπῳ τοῦ θεοῦ ersetzt wird, ist eine hebräische Vorlage auch sehr wahrscheinlich: Bei ויחזו (καὶ ὤφθησαν) unterscheidet sich im Konsonantenbestand das Aktiv (Qal) nicht von dem Passiv (Nifʿal), insofern ist die in der LXX überlieferte Interpretation des hebräischen Textes legitim. Natürlich legt die Syntax des Satzes nahe, dass ursprünglich die aktive Form gemeint war. Aber die Nichtberücksichtigung der Syntax ist in der jüdischen Schriftexegese mit ihrer „atomistischen" Einstellung zum Text, wo praktisch jedes Wort für sich betrachtet werden kann, durchaus üblich. Es scheint deswegen plausibel, dass diese Auslegung und im Allgemeinen die in der LXX nicht seltene Praxis, ein Aktiv in ein Passiv umzuwandeln, um etwa ggf. Gott nicht als Subjekt fungieren zu lassen, ursprünglich innerhalb der hebräischen Überlieferung entstanden sein muss und in der LXX nur verdeutlicht wurde. ὤφθησαν ἐν τῷ τόπῳ τοῦ θεοῦ ergibt auch inhaltlich an dieser Stelle Sinn. Statt einer Wiederholung des Gottesschau-Satzes mit einem anderen Verb greifen die Ausleger zu einer logischen Eingliederung des ersten Verbs in eine Reihe mit dem nachfolgenden καὶ ἔφαγον καὶ ἔπιον. Die Hauptaussage des Verses Ex 24,11 ist eine Bestätigung des Wunders: Menschen haben Gott geschaut und wurden von ihm nicht bestraft, nicht vernichtet – sie aßen und tranken, d.h. sind in voller menschlicher Gesundheit geblieben. Der erste Teil des Verses besagt auf Hebräisch, dass Gott „seine Hand gegen sie nicht ausstreckte", d.h. ihnen nichts angetan hat;

---

21 Zu den Pentateuch-Kommentaren in Qumran s. Bernstein (2013). Vgl. auch Brooke et al. (2011).

204 KAPITEL 4

die griechische Übersetzung scheint zu besagen, dass kein Einziger nach der Gottesschau (bzw. nach der Schau des göttlichen Ortes) vermisst wurde (tot war):[22] Sie alle wurden „im Ort Gottes" gesehen (eine mögliche Interpretation des hebräischen ויחזו את־האלהים „wurden mit Gott gesehen"; das Weitere ergibt sich aus der Gleichung Gott = Ort Gottes) und konnten essen und trinken.

Der nächste Satz bei Philon (*Somn.* I,62) informiert darüber, dass genau dieser Ort der einzige Ort ist, wo man Opfer darbringen darf. Ein Zitat aus Dtn 12,5–7, dem *locus classicus* der Kultzentralisation, zeigt, dass der Ort am Sinai, wo die Ältesten ihre Gottesschau hatten, mit dem Ort identifiziert wurde, den Gott als einzig legitime Opferstätte auserwählt hat. Es gibt Gründe im biblischen Text selbst (von Philon nicht benannt), die beiden Stellen aufeinander zu beziehen: Dtn 12, 7 wird gesagt: „Und ihr sollt dort vor dem Herrn, eurem Gott, essen."

ואכלתם־שם לפני יהוה אלהיכם καὶ φάγεσθε ἐκεῖ ἐναντίον κυρίου τοῦ θεοῦ ὑμῶν.

Das nächste Glied in der philonischen Kette ist Gen 22,3–4:

ויקם וילך אל־המקום אשר־אמר־לו האלהים ביום השלישי וישא אברהם את־עיניו וירא את־המקום מרחק

„… er machte sich auf und ging hin an den Ort, von dem ihm Gott gesagt hatte. Am dritten Tage hob Abraham seine Augen auf und sah die Stätte von ferne."

ἀναστὰς ἐπορεύθη καὶ ἦλθεν ἐπὶ τὸν τόπον ὃν εἶπεν αὐτῷ ὁ θεός τῇ ἡμέρᾳ τῇ τρίτῃ καὶ ἀναβλέψας Αβρααμ τοῖς ὀφθαλμοῖς εἶδεν τὸν τόπον μακρόθεν.

„Er stand auf und machte sich auf den Weg und kam an den Ort, den Gott ihm genannt hatte, am dritten Tag. Und als Abraham seine Augen hob, sah er den Ort aus der Ferne."

Von diesem Ort, dem Berg Morija (der in der LXX mit „Hochland" übersetzt wird, εἰς τὴν γῆν τὴν ὑψηλήν, Gen 22,2), wissen wir aus 2 Chr 3,1, dass er in der Exegese mit der Tenne Araunas, der späteren Stätte des Jerusalemer Tempels, identifiziert wurde.[23]

---

22 Vgl. Muraoka, *A Greek-English Lexicon of the Septuagint*, s. v. διαφωνέω: „to be wanting, lacking, alw. with a negator: euphemism for ‚to be dead' (?)". Vgl. Judith 10,13: καὶ οὐ διαφωνήσει τῶν ἀνδρῶν αὐτοῦ σὰρξ μία οὐδὲ πνεῦμα ζωῆς. Zu διαφωνέω vgl. oben Seite 39 f.

23 Eine Sammlung frühjüdischer Belege für diese Identifikation s. z. B. in Kalimi (1998). Dass der Ort, auf den Jakob auf seinem Weg nach Haran traf, auch mit dem Tempelberg gleich-

„ORT" ALS GOTTESNAME (EX 24,10) 205

Die LXX hat in Vers 3 einen Zusatz gegenüber dem hebräischen Text; auf diesen Zusatz macht uns Philon gleich aufmerksam. Das Problem mit Gen 22,3–4 ist die ungewöhnliche Stellung von ביום השלישי („am dritten Tag"). Das konsekutive Imperfekt kommt erst danach und wird dadurch eher als Fortsetzung der Verben in Vers 3 als als Satzanfang empfunden. Offenbar deswegen wird in der LXX τῇ ἡμέρᾳ τῇ τρίτῃ zu dem vorigen Satz gezogen: Abraham machte sich auf und ging hin und kam zu dem Ort, den ihm Gott genannt hatte, am dritten Tag. Als er dann die Augen aufschlug, sah er den Ort von fern. Da sich die Angabe „am dritten Tag" nur auf die Ankunfts-, nicht auf die Aufbruchszeit beziehen kann, wurde offenbar aus Vers 9, wo wiederum von המקום die Rede ist, das Verb „kommen" ergänzt.[24] Das syntaktische Problem, das auf diese Weise gelöst wird, gehört dem hebräischen Wortlaut an; es ist deswegen anzunehmen, dass auch die Lösung ursprünglich in einer hebräischen Vorlage vorgeschlagen und erst von dort von der LXX übernommen wurde.[25] Die Lösung hat aber eine Schwierigkeit im nächsten Vers (V. 4) generiert, und zwar genau die, worauf uns Philon aufmerksam macht: Abraham ist an einem Ort angekommen, und gleichzeitig sieht er ihn „von ferne". An sich muss dies nicht ein Widerspruch sein, da es um einen Berg geht; real interpretiert, kann man durchaus zu einem Berg kommen und sein Ziel an diesem Berg von ferne sehen. Es scheint plausibler, dass Philons Wissen um eine Aporie an dieser Stelle nicht seiner eigenen Beobachtungsgabe entspringt, sondern wiederum auf eine ältere Exegese zurückgeht, eine Exegese, die sich auf den hebräischen Wortlaut bezog und nach dem genauen Sinn des Ausdrucks „am dritten Tag" fragte. So viel Aufmerksamkeit bekam die Stelle wohl deshalb, weil המקום mit einem Prädikat wie „den Gott ihm genannt hat", „den Gott erwählt hat bzw. erwählen wird", „der Herr ist an diesem Ort" usw. ein besonders wichtiges exegetisches Thema darstellte. Ehe es zu dem Stadium kam, das wir bei Philon vorfinden, wo man sich

---

gesetzt wurde, berichten Bereschit Rabba, par. 68–69, auch Sanhedrin 95b und Chullin 95b enthalten Hinweise in diese Richtung. Der Ursprung dieser Exegese liegt in dem ungewöhnlichen Gebrauch des Artikels bei *HaMaqom* in Gen 28,11. Vgl. oben S. 177–180.

24 Das wurde womöglich durch die Wiederholung der Wendung אל־המקום אשר אמר־לו האלהים in V. 9 erleichtert. Die Anmerkung von Peter Prestel und Stefan Schorch im *Septuaginta Deutsch*-Kommentarband (Kraus und Karrer [2011]) ad loc., „Mit dem Vers 9 harmonisierender Zusatz", beschreibt die Situation m. E. allzu vage.

25 Vgl. Wevers (1993), 318: „Gen (d.h. die LXX) adds the temporal phrase ‚on the third day‘ to modify ἦλθεν. The Masoretes have ביום השלישי as part of v. 4, i.e. before וישא. The Gen interpretation in my opinion correctly understood the Hebrew text (which of cause had no verse numbers)" mit Anm. 7: „Though see GK 111b which interprets differently." Wevers' Erklärung des Gedankenganges hinter der Übersetzung von וילך אל mit ἐπορεύθη καὶ ἦλθεν ist überzeugend: „Gen understood וילך אל as zeugmatic for וילך ויבא אל" (ibid.).

fragt, ob „der Ort", an dem Gott „seinen Namen wohnen lässt" bzw. selbst wohnt oder anwesend oder sichtbar ist, nicht mit Gott oder seinem „Wort" identisch sein muss, ist eine ältere (durch die erstere nicht abgelöste, sondern weiterlebende) exegetische Strategie gut belegt (auch schon innerbiblisch, s. oben den Bezug in der Chronik auf Morija), die alle solchen Stätten, von Morija über Bethel bis zum Sinai/Horeb, mit dem Berg Zion (oder bei den Samaritanern mit dem Garizim) identifiziert. Die Zitatenkette in *Somn.* I,61–70 war anscheinend ursprünglich auf eine durchaus deuteronomistische Legitimierung des einzigen Kultusortes gemünzt, der in der historischen Perspektive nichts anderes als der Jerusalemer Tempel sein kann. Wenn Philon an einem exegetischen Thema kein eigenes Interesse hatte, dann ist es die Legitimation des Tempels. Alles scheint darauf hinzuweisen, dass der „Topos"-Exkurs einer älteren jüdischen Exegese angehört.

KAPITEL 5

Der erste Mensch als Androgyn

In einer Studie zu Alexander Polyhistor führt Freudenthal[1] als erstes, besonders anschauliches Beispiel eines „hellenistischen Midraschs", der die spätere palästinische Exegese beeinflusst habe, die Lehre vom ersten Menschen als „Androgyn", „Mannweib", an. Sagen von Hermaphroditen und Ähnlichem seien im Allgemeinen im Altertum sehr verbreitet gewesen, meint Freudenthal. „Über diese allgemeine Vorstellung geht es aber weit hinaus und kann nur im Anschluss an eine bestimmte philosophische Lehre ausgesprochen sein, wenn Talmud und Midrasch den ersten Menschen als Mannweib geboren sein lassen." Er führt einen entsprechenden Text aus Bereschit Rabba an, der wortwörtliche Parallelen mit Platons *Symposium* aufweist, und fährt fort:

> Es ist ferner zu vergleichen Philon, der, häufig die Vorstellung Platon's wiederholend, den Idealmenschen als Mannweib geboren sein lässt (p. 17. 32. 69 Mang.[2]). – Hier liegt also *wörtliche* Übereinstimmung zwischen einem Midrasch und einer griechischen Lehre vor, von der auch nicht die leiseste Spur in der älteren hebräischen Literatur anzutreffen ist. Wenn R. Jirmija und R. Samuel nicht Platon's Gastmahl gelesen haben, was Niemand annehmen wird, so verdanken sie diese Lehre Philon oder einem anderen jüdischen Hellenisten.[3]

Das klingt einleuchtend, zumal die „wörtliche Übereinstimmung" dermaßen wörtlich ist, dass der Midrasch das griechische Wort *androgynos* in hebräischer Umschrift benutzt. Die Vermutung, es wäre Philon, der den Rabbinen den Begriff „androgynos" vermittelte, wurde (allerdings mit Fragezeichen) auch von Leopold Cohn in einer Anmerkung zu §76 von *De opificio mundi* geäußert.[4]

---

1 Freudenthal (1875).
2 Entspricht in der heute üblichen Zitierweise *Opif*. 76, 135; *Leg. All.* II,13.
3 Freudenthal (1875), 69.
4 „Philo nimmt auch beim Menschen eine doppelte Schöpfung an, die des Idealmenschen und die des wirklichen ersten Menschen (vgl. §134). Hier spricht er von dem Idealmenschen oder der Gattung Mensch, und diesem Idealmenschen spricht er Doppelgeschlechtigkeit zu, indem er in den Worten der Septuaginta ‚ein männliches und ein weibliches erschuf er sie' die Andeutung finden will, dass in ihm die beiden Arten Mann und Weib potenziell vorhanden waren. Veranlasst ist diese Auffassung Philos wahrscheinlich durch die Stelle in Platos Gastmahl, wo der Komiker Aristophanes in einem von ihm erzählten Mythus sagt, dass der

Auch näher an unserer Zeit ist die Behauptung, Philon hätte den ersten Menschen als Androgyn gesehen, bei sehr kompetenten Autoren anzutreffen, wie etwa bei David Daube.[5] Er beschäftigt sich in einem Artikel mit der Geschichte des „androgynen Adam" in der jüdischen Tradition und kommt zu dem Schluss, Spuren dieser Lehre seien im Neuen Testament und bei Philon vorhanden. Das ist umso leichter zu glauben, weil der Anlass zu dieser Interpretation von dem Wortlaut des hebräischen Texts und auch des überlieferten griechischen Texts in Gen 1, 27 vorgegeben ist:

ברא אלהים את־האדם בצלמו בצלם אלהים ברא אתו זכר ונקבה ברא אתם

καὶ ἐποίησεν ὁ θεὸς τὸν ἄνθρωπον κατ᾽ εἰκόνα θεοῦ ἐποίησεν αὐτόν ἄρσεν καὶ θῆλυ ἐποίησεν αὐτούς.

Daube beschreibt die Natur der Schwierigkeit:

For one thing they ⟨die Rabbinen⟩ had to harmonize this verse, „male and female created he them", with the narrative (Gen. 2, 18ff.) according to which Adam came first and Eve was only subsequently formed from one of his ribs. A plausible solution was to maintain that the original Adam was a composite being, and that this was the meaning of the verse in question. For another thing, the Hebrew text wavers between singular and plural. It starts by using the singular „man" – God created man in his image – and then goes on to the plural „them" – „male and female created he them". What sort of being could it be, the Rabbis asked themselves, of whom one could equally speak in singular or in plural? Again the answer was that the verse must refer to the androgynous man. That this interpretation of the verse goes back to NT times is certain. Philo has it (Opif. 24, 76).[6]

Außerdem beruft sich Daube auf die Genesis-LXX, allerdings nicht auf den überlieferten Text. Die Rabbinen, sagt er, erzählen uns, dass es in der LXX in

---

Urmensch doppelgeschlechtig war. Diese Anschauung von der mannweiblichen Natur des ersten Menschen wird auch im Midrasch Beresch. R. erwähnt (aus Philo entlehnt?): ‚In der Stunde, da Gott den ersten Menschen schuf, schuf er ihn mannweiblich (אנדרוגינוס); denn es heißt: Mann und Weib schuf er sie.'" L. Cohn et al. (Hgg.), *Philon von Alexandria: Die Werke in dt. Übersetzung*, Bd. 1 (1909; ²1962), 53f. Anm. 2.

5   Daube (1956).
6   Daube (1956), 72.

DER ERSTE MENSCH ALS ANDROGYN   209

diesem Vers Änderungen im Vergleich zum hebräischen Text gebe – „Mann
und Weib schuf er *ihn*", im Singular, nicht „schuf er *sie*" wie im MT. Keine der
existierenden LXX-Hss. hat diese Variante, auch Philon scheint nichts davon zu
wissen. Aber die Rabbinen – so Daube – müssten diese Lesart in einigen für
uns verlorenen LXX-Abschriften gefunden oder sonst irgendwie gehört haben,
dass dies eine alte, auf die LXX zurückführende Tradition sei:

> Even if the Rabbis did not find those variants, such a tradition concerning
> the authors of the LXX could never have grown up had the teaching
> to which it refers, i.e. of the androgynous Adam, not been of very con-
> siderable age. Exactly how the myth reached the Rabbis we need not here
> to decide. Probably it came to them from Plato, though we must bear in
> mind that Plato himself no doubt had it from the Orient. It does not give
> the impression of a native Greek product; and, quite possibly, by putting
> it into the mouth of Aristophanes, Plato means to suggest that he does
> not want it taken too seriously.[7]

Daube stellt also zwei Behauptungen auf: Zum einen, Philon interpretiere den
ersten Adam als Androgyn (er verweist auf dieselben Stellen in *De opificio*
wie Freudenthal), zum anderen, die Rabbinen hätten den Androgynenmythos
nicht unbedingt von der griechischen Seite empfangen, weil Platon selbst die
Vorstellung „zweifellos vom Orient hat." Schauen wir uns die beiden Annahmen genauer an.

1   **Androgyne in Platons Gastmahl**

Man fragt sich zunächst, was im platonischen *Symposium* „nicht den Eindruck
eines genuin griechischen Produkts macht" und von Platon „zweifellos vom
Orient" übernommen wurde.

   Über gemeinsame Motive im AT und der griechischen Literatur hat schon
Gunkel das Wichtigste gesagt:[8]

> Da treffen zunächst einige Sagen und Sagenmotive mit *griechischen* Stof-
> fen zusammen: ... auch in den Ursagen findet sich Verwandtes: die Be-
> hauptung, daß Mann und Weib ursprünglich *ein* Leib gewesen seien ...
> ⟨ist⟩ auch bei den Griechen bekannt ... Griechen u. Hebräer haben in der

---

7   Daube (1956), 73. Vgl. Veltri (1994). Über den androgynen *Adam ha-rischon* ausführlich 38–45.
8   Gunkel (1910), LXIf. (Hervorhebungen des Autors).

hier in Betracht kommenden Zeit nicht in unmittelbarem Verkehr gestanden; die ihnen gemeinsamen Stoffe werden also nicht nur diesen beiden Völkern zu eigen gewesen sein, sondern müssen ihnen aus einem großen Überlieferungsschatze, der im Orient seinen eigentlichen Sitz gehabt haben muß, zugekommen sein. Daß wir bei diesen beiden Völkern verwandte Sagen entdecken, erklärt sich aufs einfachste daraus, daß wir über die Erzählungen gerade dieser Völker gut unterrichtet sind. So blicken wir also von hier aus von ferne in die gemeinsamen Erzählungsstoffe eines viel weiteren Kreises.

Speziell zum Verhältnis der Schöpfungsgeschichte zu Platon heißt es dann:

> *Der Mythus von der Entstehung des Weibes* 1) erklärt den Zug des Mannes zum Weibe aus der Art ihrer Entstehung: die beiden, ursprünglich eins, streben danach, wieder eins zu werden ... Derselbe Stoff findet sich auch bei Plato Symp. p. 189 ff.; auch hier mit dem Zweck zu zeigen, daß die Liebe die Menschen zur alten Natur vereinigt und aus zweien eins zu machen sucht p. 191; dies Verlangen und Suchen nach dem (ursprünglichen) Ganzen heißt Liebe p. 192.[9]

Was aber auf Daube einen „ungriechischen Eindruck" macht, ist offensichtlich nicht dieser schlichte Kern der Geschichte, sondern die farbige Darstellung der drei Sorten von ursprünglichen Doppelmenschen. Nun muss man sich aber fragen, ob diese ganze Geschichte bei Platon tatsächlich eine Nacherzählung einer überlieferten Sage ist. Platonische Mythen sind bekanntlich als Belege für volkstümliche Traditionen mit Vorsicht zu genießen. Die Warnung wurde von Platon selbst ausgesprochen. „O Sokrates", sagt Phaidros im gleichnamigen Dialog – „leicht erdichtest du uns ägyptische und was sonst für ausländische Mythen du willst."[10]

Was das *Symposium* angeht, wird der tradierte Kern der Geschichte nicht in der Aristophanes-, sondern danach, sozusagen als Resümee, in der Sokrates-Rede angesprochen, wo Sokrates sein Gespräch mit einer „Fremden aus Mantineia" nacherzählt. 205 d–e sagt Diotima: Καὶ λέγεται μέν γέ τις ... λόγος, ὡς οἳ ἂν τὸ ἥμισυ ἑαυτῶν ζητῶσιν, οὗτοι ἐρῶσιν („Nun geht zwar die Mär ... dass diejenigen lieben, die ihre andere Hälfte suchen"). Aristophanes erkennt darin eine Anspielung auf seine Rede.[11] Die Übereinstimmung mit der Genesis geht

---

9   Gunkel (1910), 13 (Hervorhebung des Autors).
10   275c, Schleiermachers Übersetzung.
11   212c: Εἰπόντος δὲ ταῦτα τοῦ Σωκράτους τοὺς μὲν ἐπαινεῖν, τὸν δὲ Ἀριστοφάνη λέγειν τι ἐπιχει-

DER ERSTE MENSCH ALS ANDROGYN
211

in dieser Hinsicht tatsächlich sehr weit: Wir lesen bei Platon buchstäblich, die Geschlechterliebe erkläre sich dadurch, dass der Protomensch von seinem göttlichen Schöpfer in zwei Hälften geschnitten wurde und dass die Hälften nach einer Wiedervereinigung streben, die „aus zweien wieder eins macht und die (ursprüngliche) menschliche Natur heilt."[12] Die Einzelheiten in der Geschichte der ursprünglichen Doppelmenschen sind aber als eine ätiologische Erklärung dieses Tatbestandes verdächtig, weil sie zu viel erklären. Den Protomenschen gibt es bei Platon gleich in drei Gestalten: einem doppelten Mann (vier Beine, vier Arme, zwei männliche Geschlechtsteile, ein Kopf mit zwei Gesichtern, Rücken und Seiten im Kreis herum[13]), einem doppelten Weib und dazu als eine dritte Variante noch dem eigentlichen Androgyn, dem Mannweib (alles andere genauso, Geschlechtsteile einmal männlich und einmal weiblich). Dank der dreierlei Gestalt der Protomenschen erklärt die Zerschneidung nun nicht nur den Drang der Geschlechter zueinander, sondern auch die gleichgeschlechtliche Liebe bei beiden Geschlechtern (es ist eine der sehr wenigen direkten Erwähnungen sexueller Beziehungen zwischen Frauen in der griechischen Literatur). Man soll nicht denken, dass der Lobgesang auf die homosexuelle Liebe, wie das platonische *Gastmahl* einer ist, für die Griechen und sogar speziell für die Athener am Anfang des 4. Jh. v. u. Z. etwas Selbstverständliches gewesen sei. Wahr ist, dass den Griechen die Homosexualität nie ein Gräuel war. Es gab kein religiöses Verbot. Aber die Kultur der homosexuellen Erotik existierte nur in bestimmten Kreisen der athenischen Gesellschaft, die mit dem Rest ihrer Mitbürger in einem ziemlich gespannten Verhältnis standen.[14] Die Aristophanes-Rede will beweisen, dass es gut und keine Schande für einen Jugendlichen sei, sich einem Mann zu ergeben. Aus dem *Symposium* selbst folgt, dass dies keineswegs die Meinung der Volksmoral war, auch in Athen nicht. Die Pädagogen waren gerade dazu da, keine Verehrer an ihre Schützlinge heranzulassen. Wenn von einem Jüngling bekannt wurde, er sei in dieser Hinsicht leichtsinnig, konnte dies später zu seinem Ausschluss aus dem politischen Leben führen. Aber genauso wie im Europa des 18. Jh. „galante" Abenteuer mit Frauen, war dies in aris-

---

ρεῖν, ὅτι ἐμνήσθη αὐτοῦ λέγων ὁ Σωκράτης περὶ τοῦ λόγου. („Nachdem Sokrates so gesprochen, lobten die anderen seine Rede, Aristophanes aber war im Begriff, etwas zu sagen, da Sokrates ihn erwähnte, als er von der Mär sprach").

12   *Symp.* 191d: ποιῆσαι ἓν ἐκ δυοῖν καὶ ἰάσασθαι τὴν φύσιν τὴν ἀνθρωπίνην und nochmals 192 d (Hermes-Rede): ὥστε δύ' ὄντας ἕνα γεγονέναι („so dass ihr, obwohl ihr zwei seid, eins werdet").

13   νῶτον καὶ πλευρὰς κύκλῳ ἔχον, wo „Seiten" (πλευραί) mit demselben Wort bezeichnet sind wie die „Rippe" in der Gen 2,21 LXX.

14   S. zu diesem ganzen Komplex das klassische Buch Dover (1978).

212   KAPITEL 5

tokratischen Kreisen unter jungen Männern ein Kavaliersdelikt – und man konnte sich seiner Siege sogar rühmen; außerhalb dieser Kreise wurde es von der Mehrheit der Athener als tiefe Verderbtheit der „Jeunesse dorée" empfunden; Sokrates hat gerade mit dieser „Jeunesse dorée" den Umgang gepflegt – was ihn dann in der tiefen Verstimmung des Volkes nach der Herrschaft der Dreißig das Leben kostete. Platon in seiner aristokratischen Gesinnung und in seinem Zorn gegen die athenische Pöbelherrschaft pflegt diesen Zug zu unterstreichen – aber gleichzeitig Sokrates zu rechtfertigen. Erklärungen, warum Sokrates in diesen Kreisen verkehrte, was er dort lehrte und bezweckte, warum an Vielem, was später kam, nicht seine Lehre schuld gewesen sei, sondern gerade der Umstand, dass die Schüler seine Lehre nicht genug beherzigten, sind das implizite Thema vieler platonischen Dialoge. Das *Symposium* ist deswegen ein hochbrisanter politischer Text, mit deutlichem satirischen Unterton.

Das ist wichtig für eine Einschätzung der Vokabel „Androgyn". In 189 d–e lesen wir dazu:

> Denn erstens gab es drei Geschlechter von Menschen, nicht wie jetzt nur zwei, männliches und weibliches, sondern es gab noch ein drittes dazu, welches das gemeinschaftliche war von diesen beiden, *dessen Name auch noch übrig ist*, es selbst aber ist verschwunden. Mannweiblich nämlich war damals das eine, Gestalt und Benennung zusammengesetzt aus jenen beiden, dem männlichen und dem weiblichen, *jetzt aber ist es nur noch ein Name, der zum Schimpf gebraucht wird*.[15]
>
> Übers. FR. SCHLEIERMACHER

Diese Stelle wird von den Kommentatoren so gut wie nicht bemerkt. Doch sie ist für unser Thema entscheidend: Wenn man die sokratische Ironie in eine direkte Mitteilung übersetzt, sagt Platon hier deutlich, dass ihm keine überlieferte Geschichte über ein mythisches Wesen „Androgyn" vorlag, sondern dass es in der Sprache seiner Zeit ein Schimpfwort „androgynos" gab, womit man einen „effeminierten" Mann bezeichnete. Der platonische Aristophanes verleiht diesem Ausdruck sozusagen Leib – aus einem Wort wird, durchaus nach Art und Weise der attischen Komödie, ein Ding, ein Lebewesen. Es macht also nicht viel Sinn, von „Androgynen" vor oder unabhängig von Platon zu sprechen,

---

15   πρῶτον μὲν γὰρ τρία ἦν τὰ γένη τὰ τῶν ἀνθρώπων, οὐχ ὥσπερ νῦν δύο, ἄρρεν καὶ θῆλυ, ἀλλὰ καὶ τρίτον προσῆν κοινὸν ὂν ἀμφοτέρων τούτων, οὗ νῦν ὄνομα λοιπόν, αὐτὸ δὲ ἠφάνισται· ἀνδρόγυνον γὰρ ἓν τότε μὲν ἦν καὶ εἶδος καὶ ὄνομα ἐξ ἀμφοτέρων κοινὸν τοῦ τε ἄρρενος καὶ θήλεος, νῦν δὲ οὐκ ἔστιν ἀλλ' ἢ ἐν ὀνείδει ὄνομα κείμενον.

wenn man dabei die Verbindung dieser Vokabel mit der bildlichen Vorstellung eines mit beiderlei Geschlechtsteilen ausgestatteten, vierbeinigen und vierarmigen Protomenschen meint.

Die Vernachlässigung der platonischen Auskunft über die Bedeutung der Vokabel in der Sprache seiner Zeit und die Faszination, die von seinem einprägsamen Bild ausging, führten zu einer Verzerrung der Wortgeschichte im einflussreichsten Wörterbuch der griechischen Sprache, was wiederum die späteren Leser beeinflusste. Der entsprechende Eintrag in *Liddell-Scott*[16] sieht folgendermaßen aus:

ἀνδρό-γῠνος, ὁ, man-woman, hermaphrodite, *Pl.Smp.189e.*
2. womanish man, effeminate person, *Hp.Vict.1.28, Hdt.4.67,*
   Aeschin.2.127, Plu.2.219f., cf. *LXXPr.18.8;* ἀνδρογύνων ἄθυρμα *Eup.3D.*
3. = pathicus, cinaedus, *AP6.254* (Myrin.), cf. *Lib.Decl.12.42.* b. of women, Sapphic, ἀ. ἔρωτες *Luc. Am.28,* cf. *Artem.2.12.*

Die erste, ohne Nummer angegebene Bedeutung ist in diesem Wörterbuch normalerweise die ursprüngliche, allgemeine; die anderen sind davon durch Sinnerweiterung oder Übertragung abgeleitet. Schon die Liste der Belegstellen legt die Vermutung nahe, dass es sich in diesem Fall genau umgekehrt verhält: Die allgemeine Bedeutung bei allen griechischen Autoren von Herodot bis Plutarch ist „effeminiert" – wohlgemerkt, sowohl vor als auch nach Platon, und es geht so weit, dass auch das moderne Griechisch das Schimpfwort in dieser ursprünglichen Bedeutung kennt – und nur im *Gastmahl* haben wir es mit dem Mannweib zu tun.

Aber vielleicht ist es so, dass nicht nur bei den modernen Lexikographen, sondern auch bei den späteren philosophisch gebildeten griechischen Autoren, zu denen Philon gehört, das unvergessliche platonische Bild die frühere Bedeutung verdrängte? Schauen wir uns den Fall Philon genauer an.

2   Androgyn bei Philon

Im philonischen Korpus gibt es insgesamt 8 Belege für die Vokabel ἀνδρόγυνος:
1) *Sacr.* 100 f.:

Wetteifern doch auch nicht Männer mit Frauen und Frauen mit Männern in solchen Dingen, die nur für eins von beiden Geschlechtern passend

---

16   Henry George Liddell, Robert Scott, Roderick McKenzie, *A Greek-English Lexicon, with a revised supplement,* Oxford 1996.

sind; denn die Frauen, würden sie Männerdinge anstreben, werden den *unrühmlichen Namen „Mannweiber"* davontragen, die Männer dagegen, die Frauensachen nacheifern, den von *„Weiblingen".*

ἄνδρες γοῦν ⟨οὐ⟩ γυναιξὶν οὐδὲ γυναῖκες ἀνδράσιν ἁμιλλήσαιντο ἂν περὶ ὧν μόνοις τοῖς ἑτέροις ἁρμόττει προσεῖναι· ἀλλ' αἱ μὲν *γυνάνδρων,* εἰ ζηλώσαιεν τὰ ἀνδρῶν, οἱ δὲ *ἀνδρογύνων,* εἰ τοῖς γυναικῶν ἐπίθοιντο ἐπιτηδεύμασι, *δύσκλειαν* οἴσονται.

2) *Spec. leg.* I,325:

... das Gesetz schließt von vornherein alle Unwürdigen aus der heiligen Gemeinschaft aus, allen zuvor diejenige, die an krankhafter Verweiblichung leiden, *die Effeminierten* (ἀνδρογύνων), die den ihnen von der Natur aufgeprägten Stempel verfälschen und sich gewalttätig die Leidenschaften und das Aussehen der zügellosen Weiber aneignen: Diejenige verbannt es, die ihre Geschlechtsteile zerquetschen oder verstümmeln, um ihre Jugendblüte zu wahren, damit sie nicht rasch verwelkt, und die männliche Eigenart in weibliches Aussehen umwandeln.

προανείργει πάντας τοὺς ἀναξίους ἱεροῦ συλλόγου τὴν ἀρχὴν ποιούμενος ἀπὸ τῶν νοσούντων τὴν θήλειαν νόσον *ἀνδρογύνων,* οἳ τὸ φύσεως νόμισμα παρακόπτοντες εἰς ἀκολάστων γυναικῶν πάθη καὶ μορφὰς εἰσβιάζονται. θλαδίας γὰρ καὶ ἀποκεκομμένους τὰ γεννητικὰ ἐλαύνει τό τε τῆς ὥρας ταμιεύοντας ἄνθος, ἵνα μὴ ῥαδίως μαραίνοιτο, καὶ τὸν ἄρρενα τύπον μεταχαράττοντας εἰς θηλύμορφον ἰδέαν.

3) *Spec. leg.* III,38:

Einen effeminierten Mann (τὸν ἀνδρόγυνον), der das Gepräge der Natur verfälscht, schreibt das Gesetz vor, ungestraft zu töten.

καθ᾽ ὧν φονᾶν ἄξιον νόμῳ πειθαρχοῦντας, ὃς κελεύει *τὸν ἀνδρόγυνον* τὸ φύσεως νόμισμα παρακόπτοντα νηποινεὶ τεθνάναι

4) *Somn.* I,127:

Er ist ein Archetyp einer asketischen Seele, da er allem *Effeminierten und Weibischen* (ἀνδρογύνῳ) feindlich gesinnt ist.

DER ERSTE MENSCH ALS ANDROGYN   215

οὗτός ἐστι παράδειγμα ἀρχέτυπον ἀσκητικῆς ψυχῆς, ἐκτεθηλυσμένῳ καὶ ἀνδρογύνῳ παντὶ πολέμιος.

5) *Spec. leg.* III,40:

> Schuld daran ist, meiner Meinung nach, dass bei vielen Völkern auf Zügel-
> losigkeit und Weichlichkeit Preise ausgesetzt sind: Man sieht doch die *Eff-*
> *eminierten* immer wieder über den belebten Marktplatz stolzieren, an der
> Spitze der Festzüge einherschreiten, man sieht diese Unheiligen an heili-
> gen Opfern teilnehmen, Mysterien und Weihen anführen und die Orgien
> der Demeter mitfeiern.

αἴτιον δ' οἶμαι τὸ παρὰ πολλοῖς τῶν δήμων ἀκρασίας καὶ μαλακίας ἆθλα κεῖ-
σθαι· τοὺς γοῦν ἀνδρογύνους ἔστιν ἰδεῖν διὰ πληθυούσης ἀγορᾶς ἀεὶ σοβοῦντας
κἀν ταῖς ἑορταῖς προπομπεύοντας καὶ τὰ ἱερὰ τοὺς ἀνιέρους διειληχότας καὶ
μυστηρίων καὶ τελετῶν κατάρχοντας καὶ ⟨τὰ⟩ Δήμητρος ὀργιάζοντας.

6) *Virt.* 21:

> Auch die Frau wollte er an die passende Ausstattung gewöhnen und ver-
> bot ihr das Tragen männlicher Kleidung, weil er ebenso wie *die effeminier-*
> *ten Männer* auch die Mannweiber nicht zulassen wollte.

Κατὰ τὰ αὐτὰ μέντοι καὶ τὴν γυναῖκα ἀσκήσας τοῖς ἁρμόττουσι κόσμοις ἐκώλυ-
σεν ἀναλαμβάνειν ἀνδρὸς ἐσθῆτα, πόρρωθεν ὡς ἀνδρογύνους οὕτως καὶ γυνάν-
δρους φυλαξάμενος.

7) *Her.* 274:

> Wenn der von oben herabgestiegene Geist an die körperlichen Bedürf-
> nisse gekettet wird, sich aber von keinem davon verführen lässt, wie *ein*
> *Effeminierter oder ein Weibling* das angenehme Übel zu schätzen ... ἐπει-
> δὰν ἄνωθεν ἀπ' οὐρανοῦ καταβὰς ὁ νοῦς ἐνδεθῇ ταῖς σώματος ἀνάγκαις, εἶτα
> ὑπὸ μηδεμιᾶς δελεασθεὶς οἷα ἀνδρόγυνος ἢ γύνανδρος τὰ ἡδέα ἀσπάσηται κακά
> ...

8) *Contempl.* 59 f.

> Das platonische Gastmahl dagegen befasst sich fast ausschließlich mit
> Liebe, und zwar nicht mit dem Begehren von Männern nach Frauen

und von Frauen nach Männern – das heißt, der in den Naturgesetzen verankerten Begierde –, sondern mit der Liebe von Männern zu (jüngeren) Männern, die sich nur im Alter von ihnen unterscheiden. Da dort äußerlich fein und hübsch über die Liebe und die himmlische Aphrodite gesprochen wird, wird es des literarischen Glanzes wegen akzeptiert. Dabei ist der größte Teil dieser Schrift der gemeinen, billigen Liebe gewidmet, welche die Männlichkeit beseitigt, eine Tugend, die von größtem Nutzen für das Leben ist in Krieg und Frieden, und ruft stattdessen die Krankheit der Verweiblichung hervor; sie macht diejenigen *effeminiert*, die auf jede Weise ihren Mannesmut hätten trainieren müssen.

τὸ δὲ Πλατωνικὸν ὅλον σχεδόν ἐστι περὶ ἔρωτος, οὐκ ἀνδρῶν γυναιξὶν ἐπιμανέντων ἢ γυναικῶν ἀνδράσιν αὐτὸ μόνον – ὑποτελοῦσι γὰρ αἱ ἐπιθυμίαι αὗται νόμοις φύσεως –, ἀλλὰ ἀνδρῶν ἄρρεσιν ἡλικίᾳ μόνον διαφέρουσι· καὶ γὰρ εἴ τι περὶ ἔρωτος καὶ Ἀφροδίτης οὐρανίου κεκομψεῦσθαι δοκεῖ, χάριν ἀστεϊσμοῦ παρείληπται. τὸ γὰρ πλεῖστον αὐτοῦ μέρος ὁ κοινὸς καὶ πάνδημος ἔρως διείληφεν, ἀνδρείαν μέν, τὴν βιωφελεστάτην ἀρετὴν κατὰ πόλεμον καὶ κατ᾽ εἰρήνην, ἀφαιρούμενος, θήλειαν δὲ νόσον ταῖς ψυχαῖς ἐναπεργαζόμενος καὶ ἀνδρογύνους κατασκευάζων, οὓς ἐχρῆν πᾶσι τοῖς πρὸς ἀλκὴν ἐπιτηδεύμασι συγκροτεῖσθαι.

Dieser Beleg ist in unserem Zusammenhang ganz besonders interessant: Hier geht es direkt um das *Gastmahl* von Platon. Das platonische Werk ist, in einer gewissen Vermischung von Realität und Literatur, als ein Beispiel von heidnischen Gastmählern angeführt, die in ihrer Üppigkeit und Frivolität einen Gegensatz zu den frugalen und frommen Tischgesellschaften der jüdischen Therapeuten bilden. Sogar die berühmtesten, bei den Griechen als musterhaft und philosophisch anerkannten *Symposia*, an denen Sokrates höchstpersönlich teilnahm, sind nichts als Frevel und Lüsternheit.

Kein einziger dieser Belege weist die mythologische Bedeutung auf. Es ist immer das gute alte Schimpfwort, hauptsächlich mit der besonders ausgeprägten jüdischen Aversion gegen die homosexuelle Liebe als „Gräuel" verbunden. Schon dies macht die Annahme, die Rabbinen hätten den Begriff des platonischen Androgyn, samt dem Namen dafür, von Philon übernommen, sehr unwahrscheinlich: Diesen „substantivierten" Androgyn gibt es in den philonischen Texten schlicht und einfach nicht. Außerdem sehe ich im philonischen Gebrauch ein starkes Argument für die Ursprünglichkeit und allgemeine Verbreitung von „androgynos" als Schimpfwort. Daraus folgt auch, dass die damaligen Leser griechischer Muttersprache die Persiflage, den ironischen Unterton in der Androgynen-Geschichte des *Symposiums* viel unmittelbarer wahrnehmen als wir in der Moderne.

DER ERSTE MENSCH ALS ANDROGYN   217

Letzteres lässt sich aus Philon noch direkter belegen. Nicht nur gebraucht er, wie wir gerade gesehen haben, auch in seiner Besprechung des *Gastmahls* Platons das Wort *androgyn* auf seine übliche Weise, also gar nicht auf die mythischen Protomenschen angewandt; mehr noch, auch wenn er etwas später direkt auf die Letzteren zu sprechen kommt, vermeidet er die Vokabel, die für ihn offenbar zu anstößig war, um sie in eigenem Namen als neutrale Bezeichnung zu gebrauchen:

> *Contempl.* 63: Ich will gar nicht über Märchen reden und über *die Doppelleibigen*, die anfangs unter dem Einfluss der vereinigenden Kräfte miteinander zusammenwuchsen, dann aber an den gleichen Gliedern, die vereinigt worden waren, auseinanderfielen, da die zusammenhaltende Harmonie gelöst wurde. All dieses ist verlockend und kann durch die Neuheit des Gedankens den Ohren schmeicheln. Die Schüler Moses' jedoch, die von frühester Jugend an gelernt haben, die Wahrheit zu lieben, verachten solche Dinge zutiefst und lassen sich durch sie niemals täuschen.

> σιωπῶ τὰ τῶν μύθων πλάσματα καὶ τοὺς δισωμάτους, οἳ κατ' ἀρχὰς προσφύντες ἀλλήλοις ἑνωτικαῖς δυνάμεσιν αὖθις οἷα μέρη συνεληλυθότα διεζεύχθησαν, τῆς ἁρμονίας ὑφ' ἧς συνείχοντο λυθείσης· εὐπαράγωγα γὰρ ταῦτα πάντα, δυνάμενα τῇ καινότητι τῆς ἐπινοίας τὰ ὦτα δελεάζειν· ὧν ἐκ πολλοῦ τοῦ περιόντος οἱ Μωυσέως γνώριμοι, μεμαθηκότες ἐκ πρώτης ἡλικίας ἐρᾶν ἀληθείας, καταφρονοῦσιν ἀνεξαπάτητοι διατελοῦντες.

Hier wird das Wort *androgyn* in Bezug auf den Protomenschen zweifellos absichtlich vermieden.

3   Androgyne in Bereschit Rabba

In Bereschit Rabba 8,1 lesen wir:

> אמר ר׳ ירמיה בן אלעזר בשעה שברא הקדוש ברוך הוא את אדם הראשון אנדרוגינוס
> בראו הדא הוא דכתיב (בראשית ה, ב) ׳זכר ונקבה בראם וגו׳ [...] אמר ר׳ שמואל בר
> נחמן בשעה שברא הקדוש ברוך הוא את אדם הראשון דיפרוסופון בראו ונסרו ועשאו
> גבים גב לכאן וגב לכאן אתיבון לה והא כתיב (שם ב, כא) ׳ויקח אחת מצלעתיו׳ אמר
> להון מתרין סטרוהי היאך מה דאת אמר (שמות כו, ב) ׳ולצלע המשכן וגו׳׳[17]

---

17   *Midrash rabah*, hg. von Mosheh Aryeh Mirḳin, Bd. 1 (Tel Aviv: Yavneh, 1956), 49–50.

218   KAPITEL 5

Es sagte R. Jirmeja ben Leazar: Als der Heilige, gepriesen sei er, den ersten Menschen erschuf, erschuf er ihn androgyn [אנדרוגינוס, ἀνδρόγυνος]; denn es heißt: *„Als Mann und Frau erschuf er sie"* (Gen 5,2).

Es sagte R. Samuel bar Nachman: Als der Heilige, gepriesen sei er, den ersten Menschen erschuf, erschuf er ihn zweigesichtig [דיפרוסספון, διπρόσωπον]. Er erschuf und zersägte ihn und machte ihm einen Rücken hier und einen Rücken dort.

Man erhob gegen ihn den Einwand: aber es steht doch geschrieben: *„Und er nahm eine seiner Rippen"* (*tsal'otaw*: Gen 2,21)! Er antwortete ihnen: (eine) seiner Seiten! So liest du ja auch: *„Für die zweite Seite* (tsela') *der Wohnstätte"* (Ex 26,20).[18]

Dasselbe unter anderen Namen in Wajjiqra Rabba 14,1:

R. Yishma'el bar Naḥman sagte: „Als der Heilige, er sei gepriesen, den ersten Menschen schuf, schuf er ihn androgyn (אנדרוגינוס). Er zerschnitt ihn und bildete ihm zwei Rücken …, einen auf einer und einen auf der anderen Seite." R. Shim'on b. Laqish sagte: „Als der Heilige, er sei gepriesen, den ersten Menschen schuf, schuf er ihn mit zwei Gesichtern (דיפרוסופון). Er zerschnitt ihn und bildete ihm zwei Rücken: einen für den Mann und einen für die Frau". Es wurde gegen ihn der (folgende) Einwand erhoben: „Und er nahm eine von seinen Rippen (מצלעותיו) (Gen 2,21)."Er sagte zu ihnen: „[Er nahm eine] aus seinen zwei Seiten, wie du [in der Schrift] lesen kannst: ,Für die zweite Seite des Tabernakels, die Seite nach Norden (Ex 26,20)'."[19]

Die Midraschim sind offensichtlich von dem platonischen *Gastmahl* abhängig. Die Angleichung an Platon geht hier soweit, dass die biblische Rippe als „Seite" interpretiert wird, mit Hilfe eines Belegs aus dem Buch Exodus für das hebräische Wort צלע. Es ist aber klar, dass diese Interpretation vom Griechischen ausgeht, von einer Übereinstimmung zwischen der Septuaginta-Genesis und Platon: „Eine der Rippen", aus der die Frau geschaffen wurde, heißt Gen 2,21 μίαν τῶν πλευρῶν αὐτοῦ; dasselbe Wort (νῶτον καὶ πλευρὰς κύκλῳ ἔχον „mit Rücken und Seiten im Kreis", 189e) bezeichnet bei Platon die „Seiten" der Protomenschen. Es gibt auch andere Hinweise auf den griechischen Ursprung dieser Exegese: die wichtige Rolle des Verbs „zerschneiden", die Erwähnung

---

18   Übers. Günter Stemberger (in Stemberger [1989], 92).
19   Übers. Giuseppe Veltri in: Veltri (1994), 44.

DER ERSTE MENSCH ALS ANDROGYN

der „Rücken", und natürlich die Tatsache selbst, dass die hebräischen Texte mit griechischen Vokabeln gespickt sind. Besonders interessant ist *diprosopos*: Das Adjektiv kommt bei Platon nicht vor, es wird aber gesagt, dass die „Protomenschen" zwei Gesichter hatten (πρόσωπα δύ' ἐπ' αὐχένι κυκλοτερεῖ [„zwei Gesichter auf kreisförmigem Hals"], 190a).

Nun können diese Vokabeln, wie oben gezeigt, auf keinen Fall aus Philon stammen. Man bekommt sogar den Eindruck, dass seine Animosität gegen das *Gastmahl* gerade durch die ihm bekannte Tendenz, den Begriff *androgyn* für die Exegese des Genesis-Berichts zu verwenden, hervorgerufen wird. Sonst pflegt er Platon hoch zu schätzen, hier ist sein Ton aber vernichtend: Das ganze Gerede von der himmlischen Aphrodite ist nur ein Vorwand, um die widernatürliche gleichgeschlechtliche Liebe zu verherrlichen! Das Ganze läuft dann auf einen zornigen Ausbruch gegen die Annahme der „Doppelleibigen" hinaus, was in *De Vita contemplativa* gar nicht durch den unmittelbaren Kontext bedingt ist. Die Beschäftigung mit der Vokabel „androgyn" und mit der Reaktion auf den entsprechenden platonischen Mythos bei Philon führt also am ehesten zur Vermutung, dass er bewusst gegen dessen Verwendung für die Auslegung der Genesis polemisierte. Die Adressaten dieser Polemik sind uns nicht bekannt, man kann sich aber vorstellen, dass die im Midrasch Bereschit Rabba auf uns gekommene Auslegung von diesen Adressaten herkommt.

4 Der Begriff des doppelgeschlechtlichen Protomenschen bei Philon

So viel zu der Vokabel „androgyn". Wie steht es aber mit der Behauptung, dass man bei Philon, insbesondere in *De opificio mundi*, wenn nicht das Wort, dann doch die Vorstellung findet, der „erste Adam" sei doppelgeschlechtlich? In der älteren Forschung war dies so etwas wie eine *communis opinio*, dagegen sagt David Runia in der neuesten kommentierten Übersetzung von *De opificio mundi*[20] entschieden, Philons Bericht habe mit der Vorstellung des androgynen Adam nichts zu tun. Es lohnt sich, die Argumente pro und contra nochmals anzuschauen.

Die fragliche Stelle, *Opif.* 76, lautet:

πάνυ δὲ καλῶς τὸ γένος ἄνθρωπον εἰπὼν διέκρινε τὰ εἴδη φήσας ἄρρεν τε καὶ θῆλυ δεδημιουργῆσθαι, μήπω τῶν ἐν μέρει μορφὴν λαβόντων, ἐπειδὴ τὰ προσ-

---

20 Runia (2001), 243; er verweist auf Cohn sowie auf das Buch von Urbach (*The sages, their concepts and beliefs*; Urbach [1987]) als Vertreter der „Androgyn"-Auslegung der philonischen Stelle.

ἐχέστατα τῶν εἰδῶν ἐνυπάρχει τῷ γένει καὶ ὥσπερ ἐν κατόπτρῳ διαφαίνεται τοῖς ὀξὺ καθορᾶν δυναμένοις.

Joseph Cohn übersetzt folgendermaßen:

> Sehr treffend bezeichnet er die Gattung als „Mensch" und unterscheidet dann ihre Arten, indem er sagt „männlich und weiblich sei (der Mensch) geschaffen worden" (Gen 1,27), obwohl die Einzelwesen hier noch nicht ihre Gestalt erhielten; die nächsten Arten sind nämlich in der Gattung enthalten und zeigen sich denen, die ein scharfes Auge haben, wie in einem Spiegel.

Wie Cohn zu dieser Stelle richtig anmerkt, nimmt Philon eine doppelte Schöpfung an, im ersten Schöpfungsbericht ist von der Idee des Menschen die Rede, erst im zweiten wird die Schöpfung des „wirklichen ersten Menschen" erzählt. „Diesem Idealmenschen", sagt Cohn weiter, „spricht er Doppelgeschlechtigkeit zu, indem er in den Worten der Septuaginta ‚ein männliches und ein weibliches erschuf er sie' die Andeutung finden will, dass in ihm die beiden Arten Mann und Weib potenziell vorhanden waren." Cohn vermutet, dass Philon diese Auffassung dem platonischen *Symposium* entnommen hat, und findet, dass in Bereschit Rabba dieselbe „Anschauung" erwähnt wird, womöglich aus Philon entlehnt.

Bei genauerer Betrachtung beeinflusst diese Annahme auch seine Übersetzung. Griechisch steht eben nicht „männlich und weiblich sei (der Mensch) geschaffen worden". Auch in der Septuaginta (Cohn markiert ja diesen Satz als ein direktes Zitat) steht das nicht, genauso wenig im MT:

זכר ונקבה ברא אתם

ἄρσεν καὶ θῆλυ ἐποίησεν αὐτούς.

(„Als Mann und Frau schuf er *sie*.")

Es ist gerade der fragliche Plural, der in den rabbinischen Listen der Änderungen für den König Talmai durch den Singular ersetzt wurde: זכר נקבה בראו („Als Mann und Frau schuf er *ihn*.").

Die Übersetzung von Cohn entspricht dem so geänderten Text, nicht aber dem in der LXX und MT überlieferten. Eine solche Lesung suggeriert tatsächlich die Doppelgeschlechtlichkeit, nicht aber der Text von Philon: Er sagt nicht διέκρινε τὰ εἴδη φήσας ⟨αὐτόν⟩ ἄρρεν τε καὶ θῆλυ δεδημιουργῆσθαι, sondern setzt

DER ERSTE MENSCH ALS ANDROGYN

kein Pronomen, so dass die artikellosen ἄρρεν τε καὶ θῆλυ sich auf τὰ εἴδη beziehen: „Er unterschied die Arten, indem er sagte: ‚männlich und weiblich sind ⟨sie, die Arten⟩ geschaffen worden.'" Somit erklärt Philon nicht nur, warum „das Weibliche" schon hier, vor der eigentlichen Erschaffung der Frau, erwähnt wird, sondern auch den schwierigen Plural des biblischen Verses. Er nimmt also an, das αὐτούς des biblischen Textes bedeute „den Mann und die Frau" in der Bedeutung „die Art Mann und die Art Frau". Dementsprechend paraphrasiert er ganz folgerichtig „die Arten, das Männliche und das Weibliche".

Erstaunlicherweise übersetzt Runia genauso wie Cohn, obwohl er dessen Annahmen, wie sein Kommentar uns belehrt, nicht teilt:

> Most excellently, after he had called the genus „human being", he separated its species and stated that *it was* created „male and female", even though the individuals had not yet taken shape. This is because the most proximate species are present in the genus and become apparent as in a mirror to observers with sharp vision.

Auch die französische Übersetzung von R. Arnaldez verfehlt diese Nuance:
„D'autre part, il a très bien fait, ayant donné au genre le nom d'homme, d'en distinguer les espèces en disant que Dieu *l'*avait créé mâle et femelle ..."
Philon dagegen ist sehr präzise, was die Zahl des Pronomens an dieser Stelle angeht:
*Her.*164 f.:

> διεῖλεν ἰσότης καὶ τὸν ἄνθρωπον εἰς ἄνδρα καὶ γυναῖκα, δύο τμήματα ... „ἐποίησε" γάρ φησιν „ὁ θεὸς τὸν ἄνθρωπον, κατ' εἰκόνα θεοῦ ἐποίησεν αὐτόν, ἄρσεν καὶ θῆλυ ἐποίησεν" οὐκέτ' αὐτόν, ἀλλ' „αὐτοὺς" ἐπιφέρει πληθυντικῶς (Gen 1,27), ἐφαρμόττων τὰ εἴδη τῷ γένει διαιρεθέντα, ὡς εἶπον, ἰσότητι.

> Die Gleichheit teilte auch den Menschen in Mann und Weib, zwei Teile ... Denn er sagt: „Gott schuf den Menschen, nach dem Ebenbilde Gottes schuf er ihn, männlich und weiblich schuf er – *nicht ‚ihn', sondern ‚sie'"*, *setzt er im Plural hinzu*, indem er die von der Gleichheit, wie gesagt, geteilten Arten mit der Gattung passend verbindet.

Runia verweist in seinem Kommentar zu *Opif.* 76 auf die Verwendung der aristotelischen Begriffe. Der in Gen 1,27 erschaffene Mensch ist die „Idee des Menschen", und dies heißt seit Aristoteles „Gattung Mensch". Von dieser Gattung sind Mann und Weib „die nächsten Arten", d. h. sie bekommen von ihr ihre Definition (*per genus proximum et differentiam specificam*). Die Arten sind ihrer

Gattung inhärent (ἐνυπάρχει, ein aristotelischer *terminus technicus*), deswegen können die, „die ein scharfes Auge haben", sie dort erkennen, aber nur „wie in einem Spiegel", d. h. undeutlich, verschwommen – anders gesagt, nur potenziell, nicht aktuell. Dies hat, wie Runia richtig sagt, mit der Vorstellung eines androgynen Wesens nichts zu tun.

Sollte Philon die Lehre vom androgynen Adam gekannt haben, scheint die Parallelstelle *Opif.* 134 nahezulegen, dass er bewusst dagegen polemisiert: Er sagt nämlich, der fleischliche Mensch sei „Mann oder Weib", der intelligible erste aber „weder Mann noch Weib":

⟨Gen 2,7⟩: Hiermit zeigt er sehr deutlich, dass ein Riesenunterschied besteht zwischen dem Menschen, der jetzt geformt wurde, und dem, der vorher nach Gottes Ebenbilde geschaffen worden war; denn der geformte Mensch ist sinnlich wahrnehmbar, ist qualitativer Bestimmung teilhaft, besteht aus Körper und Seele, ist Mann oder Weib und von Natur sterblich; dagegen ist der nach dem Ebenbilde Gottes geschaffene eine Idee oder eine Gattung oder ein Siegel, intelligibel, unkörperlich, *weder männlich noch weiblich*, unsterblich seiner Natur nach.

ἐναργέστατα καὶ διὰ τούτου παρίστησιν ὅτι διαφορὰ παμμεγέθης ἐστὶ τοῦ τε νῦν πλασθέντος ἀνθρώπου καὶ τοῦ κατὰ τὴν εἰκόνα θεοῦ γεγονότος πρότερον· ὁ μὲν γὰρ διαπλασθεὶς αἰσθητὸς ἤδη μετέχων ποιότητος, ἐκ σώματος καὶ ψυχῆς συνεστώς, ἀνὴρ ἢ γυνή, φύσει θνητός· ὁ δὲ κατὰ τὴν εἰκόνα ἰδέα τις ἢ γένος ἢ σφραγίς, νοητός, ἀσώματος, *οὔτ᾽ ἄρρεν οὔτε θῆλυ*, ἄφθαρτος φύσει.

Die Vorstellung des doppelgeschlechtlichen Protomenschen ist also in Philons Werk genauso wenig vorhanden wie der entsprechende Gebrauch des Worts „androgyn". Es gab im Judentum des Zweiten Tempels offenbar viele Kanäle der gegenseitigen Beeinflussung zwischen dem griechischen und hebräischen Schrifttum, die nicht unseren heutigen Kategorien entsprechen. Griechische Philosopheme wurden auf unterschiedlichen Wegen, mit unterschiedlichen Absichten übernommen, sodass „griechisch" im Kontext der antiken Bibelauslegung gar nicht unbedingt „philonisch" bedeutet, aber auch das Philonische ist nicht immer griechisch, nicht einmal immer septuagintisch.

KAPITEL 6

Manna-Logos: Eine ursprünglich am hebräischen Text orientierte Exegese?

Bisher war fast ausschließlich von Philons bibelexegetischer Seite die Rede. Dabei ist er als ein Vertreter der sonst in der Überlieferung fast vollständig untergegangenen hellenistischen Philosophie nicht weniger wichtig. Ich möchte zum Schluss mit einem kleinen Beispiel dafür plädieren, dass man das „Jüdische" und das „Griechische" in Philon nach Möglichkeit nicht getrennt, sondern als eine lebendige Einheit studiert; denn auch seine Übernahme der philosophischen Begriffe ist meistens exegetisch beeinflusst. Die Berücksichtigung des exegetischen Zusammenhangs kann somit auch für die Einschätzung des philosophischen Inhalts von Nutzen sein.

In *Leg. All.* III,173–176. bespricht Philon die Gabe des Mannas in der Wüste und behauptet (§175):

τὸ γὰρ μάννα ἑρμηνεύεται „τί", τοῦτό ἐστι τὸ γενικώτατον τῶν ὄντων· καὶ ὁ λόγος δὲ τοῦ θεοῦ ὑπεράνω παντός ἐστι τοῦ κόσμου καὶ πρεσβύτατος καὶ γενικώτατος τῶν ὅσα γέγονε („Denn Manna bedeutet übersetzt ‚etwas', das heißt, das Allgemeinste des Seienden; der Logos Gottes steht über dem gesamten Universum und ist der Älteste und Allgemeinste von allem, was geworden ist"; § 175). Dies wird von J. Dillon so beschrieben: „He adopts the Aristotelian categories, but also those of the Stoics (e.g. Leg. 3.175, where Manna is interpreted as the Stoic supreme category ‚ti')."[1] Die Stelle befindet sich auch unter den *Stoicorum Veterum Fragmenta*.[2] Es ist aber offensichtlich, dass Philon mit dieser Bezeichnung nicht dieselbe Art der höchsten Kategorie meint wie die Stoiker. Deren Intention wird am besten bei Seneca (*Ep.* 58,15= *SVF* II,332) erklärt:

Primum genus Stoicis quibusdam videtur „quid" ... In rerum, inquiunt, natura quaedam sunt, quaedam non sunt. Et haec autem, quae non sunt, rerum natura complectitur, quae animo succurrunt, tamquam Centauri, Gigantes et quidquid aliud falso cogitatione formatum habere aliquem imaginem coepit, quamvis non habeat substantiam. („Das erste Genus ist nach der Meinung einiger Stoiker ‚etwas' ... Im Universum, sagen sie,

---

1 Dillon (2008), 232.
2 Hans von Arnim (Hg.), *Stoicorum Veterum Fragmenta*, Bd. 2, Fr. 334.

© MARIA SOKOLSKAYA, 2022 | DOI:10.1163/9789004523166_009

224   KAPITEL 6

gibt es Dinge, die existieren, und Dinge, die nicht existieren. Denn das
Universum enthält auch Dinge, die nicht existieren, aber dem Geist ein-
fallen, wie etwa Kentauren, Giganten und was sonst für Hirngespinste
eine bestimmte Gestalt annehmen, obwohl sie keine Substanz haben.")

Philon geht es ganz bestimmt nicht darum, den Logos in einer Kategorie, die
das Seiende wie das Nicht-Seiende inkludiert und Hirngespinste einschließt,
zu platzieren. Er sagt auch τὸ γενικώτατον τῶν ὄντων, „das Allgemeinste *des Seienden*". Seine *Quidditas* ist die höchste Kategorie im Sinne eines Superlativs
des Seins, Manna ein Symbol für den göttlichen Logos. Die Liste der „höchsten Kategorien" verschiedener Schulen, die dadurch als synonym empfunden
wurden, war offenbar Schulstoff, wie das nächste Fragment in SVF zeigt: τρία
δὲ τὰ καθολικώτατα ὁμώνυμα, ἕν, ὄν, τί· κατὰ πάντων γὰρ τῶν ὄντων φέρεται ταῦτα,
κατὰ μὲν Πλάτωνα τὸ ἕν, κατ᾽ Ἀριστοτέλη τὸ ὄν, κατὰ δὲ τοὺς Στωϊκοὺς τὸ τί.[3] („Es
gibt drei Homonyme für das Allgemeinste: ‚Eins‘, ‚das Seiende‘, ‚Etwas‘; diese
beziehen sich auf alles, was existiert: Nach Platon heißt das Allgemeinste ‚Eins‘,
nach Aristoteles ‚das Seiende‘, nach den Stoikern ‚Etwas‘."). Warum wählt Philon aber dieses Wort? Wenn man vom Septuaginta-Text ausgeht, drängt sich
die Bezeichnung des Mannas als „ti" überhaupt nicht auf. In Ex 16,15 steht ἰδόντες δὲ αὐτὸ οἱ υἱοὶ Ισραηλ εἶπαν ἕτερος τῷ ἑτέρῳ τί ἐστιν τοῦτο οὐ γὰρ ᾔδεισαν τί
ἦν. („Als die Söhne Israels es sahen, sprachen sie zu einander: ‚Was ist das?‘
Denn sie wussten nicht, was das war.") Daraus ist nicht ersichtlich, dass die
Frage „Was ist das?" irgendetwas mit dem Namen für die himmlische Speise
zu tun hat. Wenn dann in Ex 16,31 der Name genannt wird: καὶ ἐπωνόμασαν οἱ
υἱοὶ Ισραηλ τὸ ὄνομα αὐτοῦ Μαν („und die Söhne Israels nannten es ‚Man‘"), ist
wiederum keine Verbindung mit dem „Was ist das" ersichtlich. Ganz anders ist
die Lage im hebräischen Text: Die Israeliten fragen einander, מָן הוּא, weil sie
nicht wissen, מה־הוא. Die ungewöhnliche, offenbar dialektal gefärbte Form des
Pronomens in der ersten Frage wird unterstrichen durch die Wiederaufnahme
desselben Pronomens in seiner klassischen Form im erklärenden Nebensatz.
Die ungewöhnliche Form des Pronomens ist offensichtlich als Etymologie von
מָן in Ex 16,31 konzipiert. Der hebräische Text – und nur er – sagt also eindeutig, dass das Manna „was" heißt. Eine Auslegung, die darauf aufbaut, muss
also, falls sie dort hinauswill, wo Philon uns hinführt, fast zwangsläufig den
„stoischen" Terminus wählen. Damit ist natürlich die Frage nicht beantwortet,
ob die ganze Auslegung des Mannas als Logos der vorphilonischen, auf den

---

3   Hans von Arnim (Hg.), *Stoicorum Veterum Fragmenta*, Bd. 2, Fr. 333 (*Anonymi Proleg. in Arist.
    Categ.* p. 34[b] Brandis).

hebräischen Text ausgerichteten Exegese angehört. Aber wieder einmal basiert Philon seine Interpretation auf den Informationen, die der griechische Text der LXX nicht hergibt, die aber hebräisch klar vor Augen stehen. Die Bezeichnung des Mannas als „was" ist im hebräischen Text ein markierter, hervorgehobener Inhalt: Der Text erzählt sogar eine kleine Geschichte, um eine Etymologie des Namens zu offerieren. Unweigerlich muss der Name deswegen zum Ausgangspunkt der Exegese werden. In der Übersetzung aber ist die Verbindung zwischen „was/etwas" und „Manna" verlorengegangen. Ohne einen Rückgriff auf das hebräische Original wäre die Verbindung kaum zustande gekommen: *ti* ist weder der Name für „Manna" in der LXX, noch ist es die übliche Bezeichnung für den philosophischen Begriff, den die philonische Exegese beschreibt. Ein Exeget, der sich ausschließlich auf die griechische Übersetzung stützt und diese nach eigenem Gutdünken mit Hilfe der stoischen Begriffe erklärt – ein gängiges Bild von Philon –, würde kaum auf diese Auslegung kommen. Denn die Interpretation startet bei einem im Hebräischen besonders markierten Ausgangspunkt, zielt auf eine Hierarchie der niederen und höheren Arten des Seins, die für den Spätplatonismus charakteristisch ist, und kennt die Möglichkeit, das *ti*, von den Stoikern als die höchste logische Kategorie eingeführt, durch eine Verwandlung des Logischen ins Ontologische auf eine platonisierende Art zu gebrauchen. Was davon ist Philons Eigenanteil? Da wir seine alexandrinischen Vorgänger nicht kennen, spricht nichts dagegen, die ganze philosophische Schulweisheit ihm zuzuschreiben. Allerdings wird diese kaum auf den unpräparierten, sich selbst überlassenen Septuaginta-Text angewandt. Auch dort, wo der philosophische Firnis ganz dick aufgetragen ist, schimmert die am hebräischen Text orientierte Exegese auf die eine oder andere Weise durch.

Schlusswort

Die Übersetzung der Tora ins Griechische in Alexandrien ist ein intrigierendes Rätsel. Die Forschung hat viele Fragen gestellt, endgültige Antworten sind aber nicht in Sicht. Warum wurde die Übersetzung überhaupt unternommen? War es ein Bedürfnis der alexandrinischen Juden, die innerhalb von wenigen Jahrzehnten ihr Hebräisch verloren haben? Oder machte die jüdische Weisheit den ägyptischen Herrscher neugierig, wie die Septuaginta-Legende es will? Vielleicht nahm Ptolemäus Philadelphus die griechische Bezeichnung „Νόμος" („Gesetz") für die Tora so ernst, dass er das Buch für seine Verwaltungszwecke übersetzen ließ, damit die Behörden in Ägypten Verweise auf jüdisches Recht kontrollieren konnten? Was war die Rolle dieser Übersetzung im Leben der alexandrinischen jüdischen Gemeinde in darauffolgenden Jahrhunderten? Hat die Übersetzung zu einer vollständigen Emanzipation von Jerusalem geführt, ist die Legende über ihre wundersame Entstehung ein Manifest der kulturellen Assimilation an die herrschende hellenische Kultur? Ist die kommentatorische Arbeit Philons ein weiterer Meilenstein auf diesem Weg, eine Überführung der Schriftexegese in den Bereich der hellenistischen Philosophie, von den hebräischen Wurzeln völlig abgetrennt?

In diesem Buch wurde versucht, sich dem Phänomen „Septuaginta" von dem Standpunkt ihres Funktionierens in Alexandrien anzunähern. Wie ist die Septuaginta-Legende in ihren auf uns gekommenen Gestalten – *Aristeas*, Philon, Josephus, die Geschichte von den 72 Zellen – aufgebaut, was ist die jeweilige Intention? Aus der Untersuchung der einschlägigen Texte in Kombination mit einer Analyse der Forschungsgeschichte ergab sich für die Verfasserin die Überzeugung, dass die Legende weder eine Emanzipation von Jerusalem noch assimilatorische Tendenzen in Richtung Hellenismus beschwört, sondern stark auf die Tora selbst, auf die Erfüllung der dort (angeblich) erhaltenen Prophezeiungen, orientiert ist. Die Legende hat in ihrem Aufbau und ihrer Ideologie viel mit spätbiblischen Büchern (mit Esther, Daniel, den Makkabäerbüchern) gemeinsam und ist besser verständlich, wenn man ganz konkrete Bezüge auf wichtige Tora-Texte berücksichtigt.

Wenn die Septuaginta-Legende nicht auf eine radikale Spaltung des Judentums in „Hellenisten" und „Hebräer" ausgerichtet ist, sondern ihren Platz in einem gemeinsamen jüdischen Tora-Universum einnimmt, bietet sich auch eine Betrachtung der griechischen Bibelexegese, vor allem derjenigen Philons, aus dieser Perspektive an. War Philon tatsächlich nur ein hellenistischer Philosoph, der Bibelstoffe sozusagen dekorativ für platonische, stoische oder aus den beiden gemischte Studien benutzte? Oder sind seine Kommentare tief

© MARIA SOKOLSKAYA, 2022 | DOI:10.1163/9789004523166_010

SCHLUSSWORT

in der jüdischen exegetischen Tradition verankert? Wenn Letzteres zutrifft –
war die hebräische Sprache Teil seines exegetischen Instrumentariums? Und
wenn nicht – bedeutet dies, dass seine Kommentare den Septuaginta-Text
sozusagen in voller Naivität behandeln, ohne Einsicht in die interpretatorische Vorgeschichte, die irgendwann den griechischen Bibeltext selbst gestaltet hatte? In diesem Buch wurden Beobachtungen präsentiert, die nahele-
gen, dass die philonische Exegese, ohne dass er selbst des Hebräischen mäch-
tig gewesen wäre, sich in demselben gemeinsamen hebräisch-griechischen
Tora-Universum bewegt, welches die Septuaginta-Legende beschreibt. Philon
konnte wohl kein Hebräisch, aber ein Philon-Forscher ist nur dann adäquat
für seine Aufgabe ausgerüstet, wenn er bei der Interpretation der philonischen
Texte die beiden Sprachformen der Schrift, die hebräische und die griechische,
„ehrerbietig als Schwestern oder eher wie ein und dieselbe Schrift im Sinn und
im Ausdruck" in Betracht zieht.

Anhang: Scaliger und Heinsius über die LXX

Josephus Justus Scaliger

Thesaurus Temporum

Josephi Scaligeri Animadversiones in Chronica Eusebi. in: Thesaurus Temporum, Eusebii Pamphyli Chronicorum Canonum Omnimodae Historiae libri duo, Ejudemque Eusebii Utriusque partis Chronicorum Canonum Reliquia Graeca, opera et studio Josephi Justi Scaligeri. Ejusdem J.J. Scaligeri Notae et Castigationes in Latinam Hieronymi Interpretationem & Graeca Eusebii. Amsterdam: Johannes Janssonius, 1658.

S. 132–135.

mdccxxxiv. *Ptolemaeus Philadelphus*] Ptolemaeum Philadelphum, qui locupletissimam Bibliothecam instruxit Alexandriae, Hebraeorum sacra monumenta in Graecum sermonem converti praecepisse, tam certum est, quam eos falli, qui a Ptolemaeo Lagida ejus patre hoc curatum volunt: in quibus vetustissimi Irenaeus, Clemens, & Anatolius, Irenaeus quidem: Πτολεμαῖος ὁ Λάγου φιλοτιμούμενος τὴν ὑπὸ αυτοῦ κατασκευασθεῖσαν βιβλιοθήκην ἐν Ἀλεξανδρείᾳ κοσμῆσαι τοῖς πάντων ἀνθρώπων συγγράμμασιν, ὅσα γε σπουδαῖα ὑπάρχεν, ᾐτήσατο παρὰ τῶν Ἱεροσολυμιτῶν εἰς τὴν ἑλληνικὴν διάλεκτον σχεῖν αὐτῶν μεταβεβλημένας τὰς γραφάς. Clemens dubitat utri attribuat, Lagidae, an Philadelpho, Stromateo primo: ἑρμηνευθῆναι δὲ τὰς γραφὰς τάς τε τοῦ νόμου, τάς τε προφητικὰς ἐκ τῆς τῶν Ἑβραίων διαλέκτου εἰς τὴν Ἑλλάδα γλῶτταν φασίν ἐπὶ βασιλέως Πτολεμαίου τοῦ Λάγου, ἢ ὥς τινες, ἐπὶ τοῦ Φιλαδέλφου ἐπικληθέντος. Anatolius in Canonibus Paschalibus utrique attribuit: ὅς ἐν τοῖς ἑβδομήκοντα κατειλεγμένος τοῖς τὰς ἱερὰς καὶ θείας Ἑβραίων ἑρμηνεύσασι γραφὰς Πτολέμαιῳ Φιλαδέλφῳ καὶ τούτου πατρί. Quod mirum, quum ex Epistola Ptolemaei Philadelphi discere debuerint captivos a patre ejus in Aegyptum deportatos, eosque ab ipso Philadelpho, ut gratificaretur Iudaeis, liberatos fuisse. Iustinus Ecclesiasticorum scriptorum vetustissimus refert Ptolemaeum Philadelphum per epistolam rogasse Herodem Regem Iudaeorum, ut sibi Biblia Hebraica mitteret, Apologetico posteriore: ὅτε δὲ Πτολεμαῖος ὁ Αἰγυπτίων βασιλεύς βιβλιοθήκην κατεσκεύαζε, καὶ τὰ πάντων ἀνθρώπων συγγράμματα συνάγειν ἐπειράθη, πυθόμενος καὶ περὶ τῶν προφητειῶν τούτων, προσέπεμψε τῷ τῶν Ἰουδαίων τότε βασιλεύοντι Ἡρώδῃ, ἀξιῶν διαπεμφθῆναι αὐτῷ τὰς βίβλους τῶν προφετειῶν. καὶ ὁ μὲν βασιλεὺς Ἡρώδης τῇ προειρημένῃ Ἑβραΐδι αὐτῶν φωνῇ γεγραμμένας διεπέμψατο. Vide reliqua. Est insignis locus ἀνιστορησίας καὶ ἀναχρονισμοῦ in vetustissimo Ecclesiae Scriptore eoque Christi Martyre. Sed de Philadelpho dubitare, est lucerna meridie accendere. Epiphanius prodit anno septimo Philadelphi Hebraica Biblia in Graecum sermonem conversa fuisse, & ab eo tempore, ad Cleopatram, interfuisse annos CCXLIX. Ἀπὸ δὲ ἑβδόμου ἔτους Πτολεμαίου τοῦ Φιλαδέλφου, ἐφ' οὗ τῷ αὐτῷ ἔτει οἱ ἑβδομήκοντα δύο ἡρμήνευσαν, μέχρι Κλεοπάτρος, διακόσια τεσσαράκοντα ἐννεα. ineleganter dictum ad Cleopatram, usque ad finem Cleopatrae. Nam

© MARIA SOKOLSKAYA, 2022 | DOI:10.1163/9789004523166_011

230   ANHANG

à VII anno Philadelphi, id est, numero Eusebiano MDCCXXXIX. ad finem Cleopatrae, numero MDCCCCLXXXVIII, sunt praecise anni CCXXXIX. ⟨133⟩ Sub Philadelpho igitur conversa est sacra Scriptura, idque, ut aiunt omnes, curante Demetrio Phalereo. Aristobulus Iudaeus Peripateticus ad Ptolemaeum Philometorem ⟨Eus. *PE.* 13,12,2⟩ : ἡ δὲ ὅλη ἑρμηνεία τῶν δία τοῦ νόμου πάντων ἐπὶ τοῦ προσαγορευθέντος Φιλαδέλφου βασιλέως, σοῦ δὲ προγόνου προσενεγκαμένου μείζονα φιλοτιμίαν, Δημητρίου Φαληρέως πραγματευσαμένου τὰ περὶ τούτων. Non est antiquior auctor isto, qui hujus rei mentionem fecerit, post Aristeam: cujus nomine à Iudaeis Hellenistis confictus liber hodie in manibus omnium est, & ex quo omne hoc negotium hausit Iosephus, & alii, qui hanc rem tractarunt. Omnes uno ore & Demetrium Phalereum curatorem Bibliothecae Philadelphi fuisse, & ex suggestu ejus sacros Hebraeorum libros conversos dicunt: cuius rei non parva mihi incessit admiratio, quum Demetrius Phalereus statim initio regni Philadelphi perierit, & maximo in odio ei semper sub Ptolemaeo Lagi fuerit. tantum abest, ut sub Philadelpho aliquid curare potuerit, qui initio ejus regni obierit, aut illi Bibliothecae cura mandata fuerit à Rege, qui eum inexpiabili odio prosequebatur. Res ita habet. Ptolemaeus Lagi cognomine Σωτὴρ liberos sustulebat ex Eurydice, & et unum ex Berenice. Hortabatur regem Demetrius, ut filios Eurydicae regni successores designaret, non autem filium Berenices, qui postea Philadelphus dictus fuit. Quum hoc Demetrii consilium ad Philadelphum emanasset, tantam eius offensionem incurrit Demetrius, ut statim post obitu Ptolemaei Soteris à Philadelpho quadam regione relegatus fuit. Quum ex taedio solitudinis animum despondere inciperet, & in somnum ex languore degravatus esset, morsu aspidis perierit, & somnum cum morte continuarit. Hermippus vetustissimus scriptor apud Laertium. Sed tanti momenti est historia, ut non solum ad Laertium, sed & hic quoque mereatur legi. Scribit igitur Laertius: Φησὶ δὲ αὐτὸν Ἑρμίππος μετὰ τὸν Κασσάνδρου θάνατον φοβηθέντα Ἀντίγονον παρὰ Πτολεμαῖον ἐλθεῖν τὸν Σωτῆρα, κἀκεῖ χρόνον ἱκανὸν διατρίβοντα συμβουλεύειν τῷ Πτολεμαίῳ πρὸς τοῖς ἄλλοις καὶ τὴν βασιλείαν τοῖς ἐξ Εὐρυδίκης περιθεῖναι παισί. τοῦ δὲ οὐ πεισθέντος, ἀλλὰ παραδόντος τὸ διάδημα τῷ ἐκ Βερενίκης, κατὰ τὴν ἐκείνου τελευτὴν ἀξιωθῆναι πρὸς τούτου παραφυλάττεσθαι ἐν τῇ (τινὶ) χώρᾳ μέχρι τὶ δόξει περὶ αὐτοῦ. ἐνταῦτα ἀθυμότερον διῆγε, καί πως ὑπνώττων ὑπὸ ἄσπιδος τὴν χεῖρα δηχθεὶς τὸν βίον μετέθηκε. καὶ θαπτεὶς ἐν τῷ Βουσιρίτι νόμῳ πλησίον Διοσπόλεως, καὶ αὐτῷ ἐπεγράψαμεν ἡμεῖς (πάρ᾿ ἡμῖν)

    Ἀνεῖλεν ἄσπις τὸν σοφὸν Δημήτριον
    Ἰὸν ἔχουσα πολὺν
    Ἄσμηκτον, οὐ στίλβουσα φῶς ἀπ᾿ ὀμμάτων,
    Ἀλλ᾿ ἀΐδην μέλανα.

Ita distinguendi sunt illi versus: & illa verba virgulis inclusa delenda. Eandem historiam leges apud Suidam. Sed Cicero sibi mortem conscivisse dicit admota ad corpus aspide, ut postea fecit Cleopatra. Ita enim scribit pro C. Rabirio Postumo: *Video Demetrium & ex Republica Atheniensium. quam optime digesserat, & ex doctrina nobilem et clarum, qui Phalereus vocitatus est, in eodem isto Aegypti regno, aspide ad corpus admota, vita esse privatum.*

SCALIGER UND HEINSIUS ÜBER DIE LXX

Sed illud in primis, quod pene praeterieram, notandum, Ptolemaeum Lagiden jam vivum regnum cum Philadelpho, filio Berenices, non cum liberis Eurydices communicasse adversus Demetrii sententiam. Laertius: παραδόντος τὸ διάδημα τῷ ἐκ Βερενίκης. Theocritus in Ptolemaeo ⟨*Idyll.* 17,40 f.⟩:

– ᾧ δέ κε παισὶ
Θαρσήσας σφετέροισιν ἐπίτρεπει οἶκον ἄπαντα

Scholion: ζῶν γὰρ ἔτι ὁ Σωτὴρ ἐκοινοποίησε τῷ φιλαδέλφῳ τὴν βασιλείαν. Biennio ante obitum suum regnum cessisse filio prodit Eusebius ipse libro priore: ἐπεὶ δὲ ζῶν ἔτι τῆς ἀρχῆς παρεχώρησε τῷ υἱῷ Πτολεμαίῳ τῷ παιδὶ τὴν ἀρχὴν διαδεξαμένῳ, οὐκέτι δὴ τεσσαράκοντα, τριάκοντα δὲ καὶ ὀκτὼ τὰ τοῦ πρώτου Πτολεμαίου, ὃ (sic!) Σωτῆρα ἐπεκάλουν, λογίζονται. Et paulo post de Philadelpho: καὶ ζῶντος μὲν ἔτι τοῦ πατρὸς δύο πληροῖ τῆς βασιλείας ἔτη. Ita Demetrius eum vidit cum patre regni participem, à quo regnum abjudicandi patri auctor fuerat. Parum vero notae Tertulliano Demetrii dotes fuerunt, qui Grammaticorum probatissimum vocat dumtaxat. Igitur quum initio regni Philadelphi extinctus sit, & in odio regi fuit semper, quî fieri potest, ut aliquid negotii regii sub ipso rege gesserit, aut praefectus fuerit Bibliothecae? Et tamen hoc ille suppositius Aristeas scripsit, & et omnibus, qui de hac re scripserunt, persuasit: quam vere, ex iis, quae supra adduximus, cognoscere possumus. Quidni rem tam alienam a vero potuit memoriae prodere, qui non veritus est dicere senos interpretes ex omnibus XII Tribubus missos fuisse? quasi tunc duodecim omnes tribus extarent, quarum decem tempore Ezechiae in Mediam deportatae fuerint. An aliae tribus in Iudaea eo tempore praeter Iudam & Benjamin? Memini equidem in Evangelio secundum Lucam fuisse vetulam Prophetida Annam Phanuelis filiam ex tribu Aser. Memini et inscriptionis Epistolae Iacobi Catholicae: ταῖς ἐν Διασπορᾷ δώδεκα φύλαις. Sed nihil ad rem. Nam tametsi eo tempore duae tantum Tribus essent, tantam quadam vetere loquendi consuetudine Iudaei tunc nomine XII Tribuum comprehendebantur. ut patet, Act. xxvi, 7. τὸ δωδεκάφυλον ἡμῶν. quum tamen δίφυλον, non δωδεκάφυλον verius dixisset. Sed consuetudinis magna vis est, adversus quam nullae regulae post opponi possunt. Sic 1 Cor. xv. 5: ὤφθη Κηφᾷ, εἶτα τοῖς δώδεκα. *Exhibuit se Cepha, postea ipsis duodecim.* Atqui undecim tantum erant. Nondum enim Matthias in locum proditoris substitutus erat. Hoc consuetudo extorsit, ut quia primum dicti sunt οἱ δώδεκα, tamen ita etiam vocati fuerint, quum essent tantum ἔνδεκα, quod retinuit Marcus quum de eadem re loqueretur XVI, 14. ὕστερον ἀνακειμένοις αὐτοῖς τοῖς ἔνδεκα ἐφανερώθη. Ita Paulo et Marco in eadem historia videtur non convenire in numero, quum tamen nulla discordia sit, Paulo secundum consuetudinem praeteriti temporis, Marco secundum praesens tempus loquenti. Concedamus inter Iudaeos omnium tribuum tribules aliquos fuisse, quod tamen falsissimum est, quomodo summus Pontifex Eleazarus eos ad manum & in numerato habere poterat, ut petenti Regi statim suppeditaret, quandoquidem, si ita esset (quod certe non fuit), nulli tribui certus locus assignatus esse potuit, sed decem tribus oportuit quasi inquilinas in duabus reliquis habitare? Tertullianus, quum hanc historiam tangeret, tribuum

232 ANHANG

duodecim quoque meminit, neque erroris admonuit. Chrysostomus in Matthaei xv. *Per omnes tribus in duodecim partes disseminati erant Pharisaei.* Tot partes facit, quot Tribus esse arbitratus est. Si hoc mirum est, non minus mirandum epistolas extare Demetrii ad regem, regis ad Demetrium, Pontificis ad regem. Et quum constet Demetrium et regi infensissimum, &, quod caput est, mortuum jam fuisse, quî potuit illam epistolam scribere? ⟨134⟩ Scio quidem Reges conveniri per epistolam etiam ab iis qui in ipsa aula sunt. Plautus Milite:

Quasi regem adire solere eum ajunt per epistulam.

Inde Onias familiaris regis neque ab aula ejus recedens offert epistolam, hoc est διδασκαλικὸν χάρτην, ut Graeci vocant, ei de construendo templo in Aegypto. sed qui mortuus jam erat, ipso ineunte regno Philadelphi, quomodo Epistolam Regi offerre potuit, quaero? Deinde trium Epistolarum illarum exemplaria unius hominis stilum esse manifesto cuivis harum rerum intelligenti paret. Postremo pro illis epistolis, quae sunt apud illum Aristean, & Josephum, duae aliae & stilo, & verbis, & sententia ab illis diversissimae apud Epiphanium producuntur pag. 526. In quo vides quanta licentia ἑλληνισταὶ illi Alexandrini usi sunt in affingendis iis, quae neque historia, neque rerum natura patitur. Nam et LXXII cellas commenti sunt, quarum non meminit ille Aristeas, meminit autem Justinus, deridet Hieronymus. & merito. Quid quae ad fastidium τερατολογεῖ Philon, & inter alia ex Chaldaismo conversas scripturas ait? Quis non videt multa & apud ipsum Philonem affectata esse, & ad captandam admirationem excogitata? Quis nescit Iudaeorum commenta? Sed qui haec admirantur tanquam verissima sciant hanc translationem Alexandrinam adeo Judaeis Hierosolymitanis execratam fuisse, ut solenne jejunium & angariam instituerunt VIII die Tebeth, propter legem in profanum sermonem conversam, & ex illa, ut ipsi putant, Alexandrinorum audacia tridui tenebras per universum orbem incubuisse fabulentur. Qui Irenaeum postremo ediderunt, homines linguae impurissimae, qui muti sunt, si convicium non dixerint, institutum solenne hariolantur, qui quotannis tam paganos, quam Judaeos Alexandriae in insulam Pharon convenire solitos scribit Philo, & celebri solennitate ac laetitia locum honorasse, ubi translatio bibliorum facta sit. quasi idem sit publica laetitia, & angaria. Nos in VII libro de Emendat. Tempor. in Computo Judaico, item in Kalendario Judaico Isagogicorum Canonum omnes angarias & jejunia descripsimus, quae Judaei vocant תעניות, ita ut scripta ordine in eorum Fastis reperimus: quae omnia sunt instituta propter aut θεομηνίαν, aut incendia, aut aliquam calamitatem, & casus adversos, & caedes piorum hominum. In illis angariis & ista quoque censetur VIII dies Thebeth, propter legem in diebus Ptolemaei interpretatam, nimirum quia inter illas caussas interpretationem hanc ponunt, propter quas jejunia institui solent. Vides quam longe à vero discesserint periti sane Theologi, qui inter solennem laetitiam, et solennem angariam nesciunt distinguere. Flagitium enim eo tempore erat legem in alium sermonem transferre. Nam Judaei, quum illum locum Ecclesiastici ἀναγωγικῶς interpretantur, *Tempus lacerandi*, III, 7. Illi, inquiunt, qui fecerunt schisma, legem lacerarunt, & traduxerunt

SCALIGER UND HEINSIUS ÜBER DIE LXX   233

illam in multas linguas, publicantes eam in haereses: propterea dictum est: *Ne in me conjiciatis oculos, quod ego sum fusca, etc.* Cant. 1, 6. Propter hanc interpretationem nunquam inter Hebraeos et Hellenistas bene convenit. & sane, quamvis quidam ex utroque Iudaeorum genere nomen Christo dedissent, & ex illo Christianae charitatis vinculo eorum animos coalescere, simultates veteres sopiri oportuerat, tamen fieri non potuit, quin inter ἑλληνίστας & Hebraeos secundum priscam consuetudinem dissensiones orirentur. Actorum VI, 1 Qui locus vulgo pessime intellectus. Nam ἑλληνίζειν est Graeca lingua uti. & inde omnis Iudaeus. qui a sinistris dextrorsum legit, in Talmud vocatur הקורא נפתית ἀναγινώσκων αἰγυπτιστὶ, legens Aegyptiace, hoc est, ut Glossa habet, למפרע ἀνάπαλιν, praepostero ordine, ut Graecienses & ἑλληνισταὶ Iudaei, qui Graece tantum legebant, non etiam Hebraice. Hoc etiam aliter dicebatur גונדלית. & qui, ut Graeci, scribit, is dicitur גונדלי. Hi enim Iudaei sola Biblia Graeca in Synagogis legebant per totam Aegyptum, Graeciam et Italiam: & vix in mille Iudaeis unus reperiebatur, qui Hebraice legeret. Vide Philonem, at quem virum? quam infans est in Hebraeis? quam ridiculus? Quem certissimum est Hebraice nescivisse. ἑλληνισταὶ ergo in novo Testamento multum differunt ἀπὸ τῶν Ἑλλήνων. Ἕλληνες sunt Pagani, ἑλληνισταὶ Iudaei Graecis Bibliis in Synagogis utentes. Haec quum ego quibusdam aperuissem, qui male à literis parati magnum nomen comparant, ut soli sapere viderentur, primum fastidire, postea, ne ignorasse viderentur, assentiri: postremo, quia vero vincebantur, in suis libris se ita sentire testati sunt. Porro ἑλληνισταὶ quamvis ter quotannis in tribus solennibus, quae Hebraei חגים, ipsi vero μεγάλας ἡμέρας vocabant, aut ibant Ierosolyma, aut eo mittebant, & nulla alia re ab Ierosolymitanis differebant, praeterquam solo sermone, quo utebantur in Synagogis, tamen magno in odio Hebraeis, erant tum propter hanc παράφρασιν ἑλληνίδα, quam Hebraei, ut diximus, קריאה למפרע, *lectionem retorsam* vocant (quia ut diximus a sinistris dextrorum alio ordine legitur ac Hebraica) tum etiam propter Templum ab Onia quondam in Heliopolitana praefectura constructum. Itaque quum amplissimam Synagogam Ierosolymis haberent, quotidie aut jurgia, aut verbera, aut caedes inter utrunque genus Iudaeorum exoriebantur. In fine capitis 11 Meghillah, in Postilla, ex verbis Rabbi Iuda narratur Rabbi Eleazarum filium Sadok Synagogam Alexandrinorum, id est Hellenistarum, quae erat Hierosolymis, invasisse, & in eam effudisse quicquid libido et splendida bilis suggessisset. Tempore Benjamin Tutelensis Alexandriae erant duo genera Iudaeorum, Babelaim et Igrikin, id est Babyloniorum et Graecorum, quae profecto est differentia Hebraeorum, & Hellenistarum, quamvis hodie οὐχ ἑλληνίζουσι, quos, ut dixi, certissimum est olim, & per totam Aegyptum, & Europam sola Biblia Graeca in Synagogis legere solitos. Quem huius rei testem locupletiorem Tertulliano dare possum? Is igitur de Bibliis LXX interpretum loquutus subjicit: *Hodie apud Serapeum Ptolemaei Bibliotheca cum ipsis Hebraicis literis exhibentur. Sed et Iudaei palam lectitant. Vectigalis libertas vulgo aditur sabbatis omnibus.* Graecam enim LXX Seniorum interpretationem cum Hebraicis literis reconditam fuisse ait in Serapeo, & eam vulgo in Synagogis palam legi. Sed & quaedam Synagogae Hebraica cum Gra-

234 ANHANG

ecis legebant, ut hodie Hebraica cum Targumim. Auctor Iustinianus Aug, Authentica CXLVI. Multa supersunt, quae de interpretatione LXX Seniorum dici à nobis poterant, & quam utilis fit ejus Translationis lectio, quamvis in multis a Hebraicis fontibus longe recedens. Sed quia privati operis & stili labor est, ab eo impraesentia abstinebimus. Multa enim de hac re à nemine animadversa olim observavimus.

Ibid. & *vasa Eleazaro Pontifici Ierosolymarum votiva transmittens*] In Graecis, non Eleazaro, sed Ὀνίᾳ Σίμωνι τῷ ἀρχιερεῖ ἀδελφῷ Ἐλεαζάρου. Sed puto a librariis errorem esse. Nam manifesto alia infulta sunt in periochen Graecam. Caeterum Eusebius ex conjectura hoc gestum confert in Ptolemaei initium; quum sane verisimile non sit eum regni sui initiis ad Bibliothecam potius instituendam & libros Hebraeorum conver- tendos, quam ad res ipsius regni animum aplicasse. Itaque in priore parte Africanus conjicit hoc in Olympiadem CXXXII, hoc est annum Philadelphi XXXIII. quod ⟨135⟩ rectum minime dubitamus. Solenne vero Eusebio, & Hieronymo, ut gestum. de cuius temporis non constat ex auctoribus, id initio eorum regum ponere, quibus id attribu- tum est. Constat ex auctoribus Bibliothecam a Philadelpho institutam. De tempore nihil ab illis designatum est. Certum est aemulatione Eumenis regis Pergameni Ptole- maeum Bibliothecam suam instituisse. Vitruvius prooemio lib. VII *Reges Attalici magis Philologiae dulcedinibus inducti, quum egregiam Bibliothecam Pergami, ad communem delectationem instituissent, tunc item Ptolemaeus infinito zelo cupiditatisque incitatus studio, non minoribus industriis ad eundem modum contenderet Alexandriae comparare* etc. Eumenes iste inivit Pergami anno XXIII Philadelphi. Itaque Bibliothecam non prius comparavit Ptolemaeus, quam Eumenes capit regnare, neque Eumenes suam statim initio regni sui. sed & illud apud eundem Vitruvium notandum, Aristophanem Gram- maticum nobilissimum praefectum fuisse Bibliothecae & ab eo instructam fuisse, non a Demetrio Phalereo, qui annis XXII obierat antequam Eumenes regnum iniret. Itaque verum est quod scriptum reliquerat Africanus, anno XXXIII, aut circiter, Imperii Phil- adelphi sacra Biblia conversa fuisse. Suidas ait Zenodotum praefectum fuisse βιβλιοθη- κῶν τῶν ἐν Ἀλεξανδρείᾳ. Sed Aristophanes istius auditor fuit. Auctor quidam libro priore hujus operis ait Ptolemaeo, Tertullianus ex Josepho Demetrio à Philadelpho praefec- turam Bibliothecae datam. Sebastianus Conradus vir eruditissimus aliud agens dicit Demetrium praefectura aliqua ornatum.

Briefe

Scaliger, Joseph Juste: Epistolae omnes quae reperiri potuerunt. Leiden, 1627.

Epistola III,240: An R. Thomson, vom 11. 12. 1605

S. 514 f.

Non erant mutandae distinctiones in vulgata; prout erant nec in 70; nam si velimus habere 70, debemus habere quemadmodum olim fuerunt, & repraesentatos bona fide. Non debemus illa corrigere ad Hebraeum textum. Fiat alia Graeca, sed illa servetur inte- gra. Sic citantur à Veteribus, ut sunt in Vulgata, & in 70. Ne quid in illa immutentur, sed

SCALIGER UND HEINSIUS ÜBER DIE LXX 235

nova potius fiat. Περὶ סופרים תקון mihi constat, non omnes locos, quos Iudaei à veteribus criticis mutatos dicunt, ab ipsis interpolatos fuisse. Id facile probari potest. Unum fortasse aut alterum contaminarint, ut τὸ, ὤρυξαν πόδας μοῦ, καὶ χεῖρας μοῦ. Nam quomodo hodie legitur, nullum commodum sensum concipiunt. Sic iidem Iudaei LXX Interpretes locos multos in Graeca sua editione mutasse fabulantur, eosque in medium producunt. qui tamen aliter leguntur hodie, atque ad Hebraismum expressi sunt. Itaque in his non temere Iudaeis credendum. De hoc multa producere possem non vulgaria, quae fortasse meliori otio reservabo. ⟨515⟩ Quidquid vero Iudaei ἑλληνισταὶ Alexandrini de sua Graeca τῶν ἑβδομήκοντα ἑρμηνέων referunt,

– madidis quae cantat Sostratus alis, (Juvenalis 10, 178)

quam vana sint, es tribus verbis quae reperies in Eusebianis nostris, judicare poteris.

Daniel Heinsius

Die erste Version von *Aristarchus Sacer* von 1627 wurde schon einmal in der Neuzeit nachgedruckt: J.P. Migne, *Patrologiae Series Graeca Prior*, XLIII, 1864, col. 749–1228.

Für die Neuauflage als Anhang zu seinen *Exercitationes Sacrae ad Novum Testamentum* 12 Jahre später hat Heinsius den Text des *Aristarchus* revidiert und vervollständigt. Unten wird der relevante Auszug aus dieser revidierten Fassung von 1639 angeführt.

Danielis Heinsii *Sacrarum Exercitationum ad Novum Testamentum libri XX*, in quibus Contextus Sacer illustratur, S.S. Patrum aliorumque sententiae exprimantur, Interpretationes denique antiquae aliaeque ad eum expenduntur, Quibus *Aristarchus Sacer*, emendatior nec paulo auctior, Indicesque aliquot uberrimi accedunt. Lugduni Batavorum, Ex officina Elseviriorum, M DC XXXIX. P. 794–796.

Caput X

Nominum ac vocum consideratio. De earum notione diligenter Stoicos egisse. Ambiguorum, sive ὁμωνύμων, distinctio. De iis Sacri Critici quam fuerint solliciti. Septuaginta Interpretes. iis usam Europeam Διασποράν. Quatenus secuti eos Evangelistae ac Apostoli. De iis fabula Graecorum. eius vanitas nunc primum detecta. unde hausta. Seniorum nomen: & qua de numero eorum, de scenis & separatione, dicuntur. Unde orta de consensu eorum fabula. Tetraplus, Hexaplus, Octaplus Originis, eorumque dispositio. Hellenistica lingua. Ea alia à Graeca. Multa perperam in novo Foedere ejus causa intellecta. Vocum eius linguae ex aliis petendam esse interpretationem. Quam crebra in novo Foedere ambiguitates & homonymiae. Proprium id Hellenistarum linguae esse. idque exemplis aliquot probatum. Homonyma S. Johannis. Vocum notiones ex usu Orientis usurpatae. Vox σάρξ quam varie usurpata. Interpretis in explicandis vocum quae in novo Foedere extant notionibus, quod munus. Nysseni & Optati ex ambiguitate vocis ortus error. πνεῦμα quam varie accipiatur. vox ἀλήθεια quam varie a nostro accipiatur. Προσυμβεβηκότα Dei, vox Anaxagorae. alia πολυσήμων in autore Sacro exempla. κρίσις et κρίνειν

236 ANHANG

quam varie accipiantur. Locus Evangelistae obscurissimus, eiusque interpretatio. Nonni per easdem voces interpretandi ratio notata. Id exemplis variis probatum. αἵματα, et & ἐξ αἱμάτων, Nonno male intellectum. quid Iudaeis. ἀτρεκίη et ἀλήθεια, an eadem. ἀλήθεια et δικαιοσύνη Hellenisitis eadem, Graecis diversissima. Nonni ut in vocibus sic in orationis complexu παρερμηνεῖαι. εἰς τὰ ἴδια ἦλθε. inepta eius loci interpretatio. υἱοὺς θεοῦ γενέσθαι et τέκνα θεοῦ ἀκούειν. ἀκούειν et εἶναι, & eorum differentia. ἡ ἐντελεστάτη υἱοθεσία, de Electione, aut eius executione. Nonni obscuritas notata. Locus aliter quam ab ipso Graece redditum. Interpretandi ratio Hieronymo probata. Hebraismi in Nonno, etiam cum nulli in Evangelista, & unde. In iure Canonico Hellenistica. Antonii Augustini de Ulpiano sententia excussa. Etiam Poetas Graecae ac Hebraeae Linguae imperitos ἑβραΐζειν. Nonni Hebraismi notati. οἶκος ἀειφρούρητος, de carcere. Usus rubelli in Oriente. ἅγιος θεοῦ. ἀμοιβὰς βίβλος. γυμνοῦσθαι, de amphoris, ex Hebraeorum usu. ἐς φύσιν οἴνου ποιεῖν, Hellenistica locutio. Tribus pro gente. χορός et χοροστάδος ἦμαρ ἑορτῆς. μῦθος more Hebraeorum et Chaldaeorum usurpatum. Ambrosii hallucinatio. ἐρεύγεσθαι φωνήν. τιμή pro ἐξουσία. De Sacris, Novi Foederis praesertim, libris interpretandis, consilium. Quid maxime sequendum aliis, & a nostro neglectum. De Evangelista eiusque in sermone virtutibus, judicium.

Et de Appositis haec quidem. Quae non tam Interpretis sunt quam Poëtae. quamvis ad Evangelistam quoque, quem interpretatus est, sint ⟨795⟩ exigenda. Nunc nonnihil de Interpretandi ratione quam secutus est agamus. In quo, quanquam obiter & aliud agendo, autoris quoque Sancti mentem illustrabimus. cum haec cura alium, & quasi proprium, in hoc volumine requirat locum: ad quam paulo post venturi sumus. Stoici, homines, in veritate inquirenda, suo modo seduli, ut supra dicebamus, ac gnavi, primam dialecticae doctrinae partem, in duas; (eam, scilicet, quae περὶ σημαινόντων καὶ σημαινομένων, de significationibus à significatis, ageret) dividere solebant: quemadmodum & Socrates, teste Epicteto, τὴν τῶν ὀνομάτων ἐπίσκεψιν, *contemplationem nominum*, principium eruditionis dicebat. Inprimis tamen locum Περὶ ἀμφιβόλων, hoc est, De ambiguis, cum cura, illi, quos jam dixi, pertractabant. Quemadmodum praecipuas interpretis, praesertim ejus qui in Sacrae paginae interpretatione occupatur, partes ἵνα τῆς ὁμωνυμίας ἀπομερίζῃ τὰς λέξεις, ut aequivocas ante omnia distinguat voces. Sed & de Eusebio, Theologo antiquo, notat Photius, *Nullo magis nomine Andream Monachum notasse,* ἢ ὅτι μονοσήμαντον τὸ τῆς φθορᾶς ἐξειληφὼς ὄνομα, ἐπὶ μόνης ἁμαρτίας οἴεται τάττεσθαι ⟨Phot. Bibl. 162,105a32⟩ Unde & recte notant veteres Philosophi: ambiguam, quaeque aliud atque aliud significat, enunciationem, non enunciationem sed enunciationes, vocemque, quae sit talis, plures potius quam unam esse. Quia, ut praeclare Damascenus, Ἕκαστον αὐτῶν ἄλλό τι σημαίνει, καὶ οὐσίας ἄλλης ἐστί. *Singula eorum aliud atque aliud designant, ideoque nec unius sunt substantiae.* De quibus antequam agamus, operae facturus puto, si de iis quae ab Hellenistis & eorum lingua a nos devoluta sunt, hic obiter agamus. Septuaginta Seniorum antiquissimam primamque interpretationem, quae in Europaea obtinebat tum Διασπορᾷ, interpretationem, (quos Iudaeos Hellenistas tum dicebant) non tam in singulis secuti, quod plerique credunt, quam in scribendi ratione subsecuti sunt Euangelistae ac Apostoli. quos eadem lingua κατ' οἰκονομίαν, & et ex dispensatione Dei, ut Iudaeos jungerent cum Graecis, non sine gravi causa usos ea tempestate constat. De quibus Interpretibus, quas non nugas, fabulas ac nænias, excogitarunt Graeci! Ut non temere ex illis pleraque miretur simul & et irrideat Sanctissimus doctissimusque vir ac scriptor B. Hieronymus. Ipsam autem nominis originem ac scenae, obiter ut detegamus, quia factum id a nemine meminimus, locus hic nos monet, numerum Interpretum, interpretandi rationem, tum & quae de separatione ac consensu tanto ambitu dicuntur, ex vigesimo et quarto capite secundi libri Mosis ortum habuisse observavimus. Ubi magnus Dux ille ac amicus Dei, attulisse librum Foederis dicitur, è quo coram populo legisse quaedam. quod Hellenistae, commate, nimirum, septimo, καὶ λαβὼν τὸ βιβλίον τῆς διαθήκης ἀνέγνω εἰς τὰ ὦτα τοῦ λαοῦ. Deinde autem, commate, nimirum nono, Moses, Aharon, aliique, sed & Seniores septuaginta, ascendisse ad Deum dicuntur. Ubi mox additur ⟨Ex 24,11⟩ ואל־אצילי בני ישראל לא שלח ידו, *ad principes autem filiorum Israël non misit manum suam.* quibus *nullum fuisse incommodum*, Chaldaeus, aut simile, dixit. Pro quo mirifice Hellenistae, καὶ τῶν ἐπιλέκτων τοῦ Ισραηλ διεφώνησεν οὐδὲ εἷς & *electorum Israel non dissonuit neque unus.* Quam interpretationem inter caeteros fere ad verbum secutus est B. Augustinus. Qui, de loco cum agit, inter caetera, *Sequitur*, inquit, & *de electis Israël non dissonuit nec unus*, ac deinde, *Quis dubitet*, inquit, *illos, quos nominatim expressit & septuaginta Seniores nunc appellatos electos Israël? qui procul dubio personam gerebant eorum, qui electi sunt in populo Dei. Non enim omnium est fides.* Ex illis ergo Septuaginta senioribus, Septuaginta seniores interpretes. Et quia dicitur de illis, καὶ διεφώνησεν οὐδὲ εἷς, *dissensisse in illis neminem*, in Lege autem, sive libro Foederis, praecesserat quod dixi; hinc historia haud dubio de ⟨796⟩ Ptolemaeo, hinc famosae illae scenae, quas B. Hieronymus explodit. hinc inventum illud, neminem in tanto numero in exprimendis Sacris dissensisse. Iam autem אצילים, qua voce ibi utitur, etiam κεχωρισμένοι, sive separati, hinc historia de separatione, quod seorsim, nempe, ac separati, Legem aut contextum Sacrum expresserint. Quae si cogitasset vir eruditissimus Iohannes Woverius, amicissimus, dum vixit, nobis, nullo negocio in elegantissimo de istis Interpretibus libello,[1] fontem ac originem erroris derexisset. Quanquam ipsum sane numerum ex infinitis prope aliis haurire potuerunt locis: cum & passim ejus, et Seniorum, mentio in Sacris. Quem, ut paululum abirent, rotundum esse noluerunt. quod tandem confunditur plerunque.

---

1 Johann von Wowern (1574–1612), *Syntagma De Graeca Et Latina Bibliorum Interpretatione*, Hamburg, 1618 (postum, von dem Herausgeber Heinsius [u.a.] zugeeignet).

Bibliographie

Primärquellen und Hilfsmittel

Aristeasbrief:
Griechischer Text:
Paul Wendland (Hg.), *Aristeae ad Philocratem epistula* (Leipzig: Teubner, 1900).
André Pelletier (Hg.), *Lettre d'Aristée à Philocrate*, Sources Chrétiennes 89 (Paris: Éditions du Cerf, 1962).

Philon:
a) Griechischer Text:
Leopold Cohn und Paul Wendland (Hgg.), *Philonis Alexandrini opera quae supersunt*, 7 Bde. (Berlin: Reimer, 1896–1915).

b) Übersetzungen:
Leopold Cohn et al. (Hgg.), *Philo von Alexandria. Die Werke in deutscher Übersetzung*, 7 Bde. (Bd. 1–5: Breslau: Marcus, 1909–1929; Bd. 6: Breslau, Jüdischer Buchverlag Münz, 1938; Bd. 7: Berlin: de Gruyter, 1964).

Francis Henry Colson und George Herbert Whitaker (Hgg.), *Philo with an English translation*, 10 Bde. (Cambridge, MA.: Harvard University Press; London: Heinemann, 1929–1962 mit Ralph Marcus, Supplements, 2 Bde. 1953; Loeb Classical Library; mit *Scripture Index* von A.E. Earp in Bd. 10).

Roger Arnaldez et al., *Les oeuvres de Philon d'Alexandrie* (Paris: Cerf, 1969–1992).

c) Index:
Jean Allenbach et al., *Biblia Patristica: index des citations et allusions bibliques dans la littérature patristique. Supplément: Philon d'Alexandrie* (Paris: Éditions du CNRS, 1982).

Die Bibel:
MT:
Biblia Hebraica Stuttgartensia (Stuttgart: Deutsche Bibelgesellschaft, 1997).

LXX:
Alan England Brooke, Norman McLean, Henry St. John Thackeray (Hgg.), *The Old Testament in Greek*, Teil 1: *Genesis* (Cambridge: Cambridge University Press, 1906 und spätere Nachdrucke).

BIBLIOGRAPHIE   239

Göttinger Septuaginta. Pentateuch, Bde. I–III, hg. von John William Wevers (Göttingen: Vandenhoeck & Ruprecht, 1974–2006).

Göttinger Septuaginta. Duodecim Prophetae, Bd. XIII, hg. von Joseph Ziegler (Göttingen: Vandenhoeck & Ruprecht, 1943).

Göttinger Septuaginta. Esdrae liber I, Bd. VIII/1, hg. von Robert Hanhart (Göttingen: Vandenhoeck & Ruprecht, ²1991).

Göttinger Septuaginta. Esdrae liber II, Bd. VIII/2, hg. von Robert Hanhart (Göttingen: Vandenhoeck & Ruprecht, 1993).

Targum Onkelos, hg. u. erläutert von Dr. Abraham Berliner, Teil I (Berlin: Gorzelanczyk & Co., 1884).

Vulgata:

Biblia Sacra iuxta vulgatam versionem, hg. von Robert Weber und Roger Gryson (Stuttgart: Deutsche Bibelgesellschaft, 2007).

Hexapla:

Frederick Field (Hg.), *Origenis Hexaplorum Fragmenta*, Bd. I (Oxford: Clarendon, 1875).

Kommentierte Übersetzungen:

La Bible d'Alexandrie, Traduction du texte grec de la Septante, bisher 19 Bde. (Paris: Cerf, 1986–).

Septuaginta Deutsch, hg. von Martin Karrer und Wolfgang Kraus (Stuttgart: Deutsche Bibelgesellschaft, 2., verb. Aufl., 2010).

Septuaginta Deutsch. Erläuterungen und Kommentare, 2 Bde., hg. von Martin Karrer und Wolfgang Kraus (Stuttgart: Deutsche Bibelgesellschaft, 2011; 2019).

Andere antike Autoren:

Aristobulus:

Albert-Marie Denis, *Fragmenta pseudepigraphorum quae supersunt Graeca* (Leiden: Brill, 1970).

Carl R. Holladay (Hg.): *Fragments from Hellenistic Jewish Authors*, Bd. 3: *Aristobulus* (Atlanta, GA: Scholars Press, 1995).

Augustinus:

Augustinus, *Quaestiones in Heptateuchum*, eingeleitet, übersetzt und kommentiert von Walter Groß, Teil 1: *Genesis–Exodus* (Paderborn: Schöningh, 2018).

Chrysippus:

Hans von Arnim (Hg.), *Stoicorum Veterum Fragmenta*, Bd. 2 (Leipzig: Teubner, 1903; Nachdruck Stuttgart 1964).

240   BIBLIOGRAPHIE

Galen:

Ernst Wenkebach (Hg.), *Galeni in Hippocratis epidemiarum librum iii commentaria iii*, in *Corpus medicorum Graecorum* (Leipzig: Teubner, 1936).

Hieronymus:

Hieronymus, *Epistulae 1–70*, hg. von Isidor Hilberg (Wien: Verlag der Österreichischen Akademie der Wissenschaften, ²1996).

Vulgata, „Prologus in Pentateucho", in: *Biblia Sacra Vulgata*, hg. von Robert Weber und Roger Gryson (Stuttgart: Deutsche Bibelgesellschaft, 2007), 3–4.

Josephus:

Josephus with an English translation, hg. von Henry St. John Thackeray et al., 9 Bde. (London: Heinemann; Cambridge, MA: Harvard University Press, 1926–1965) (Loeb classical library).

Flavius Josephus. *Translation and Commentary*, hg. von Steve Mason, Bd. 3, *Judean Antiquities*, Übersetzung und Kommentar von Louis H. Feldman (Boston / Leiden: Brill, 2000).

Flavius Josephus. *Translation and Commentary*, hg. von Steve Mason, Bd. 10, *Against Apion*, Übersetzung und Kommentar von J.M.G. Barclay (Boston / Leiden: Brill, 2007).

Flavius Josephus. *Jüdische Altertümer*, Bd. I–II, übers. von Dr. Heinrich Clementz (Wiesbaden: Fourier, ⁶1985).

Flavius Josephus. *Contra Apionem*. in Flavius Josephus. *Der Jüdische Krieg und kleinere Schriften*, übers. von Dr. Heinrich Clementz, durchgesehen u. mit einem Vorwort von Prof. Dr. Michael Tilly (Wiesbaden: Marix, 2005), 581–670.

Platon:

Platonis Opera, hg. von John Burnet, 5 Bde. (Oxford: Oxford University Press, 1900).

Scholia in Dionysium Thracem:

Grammatici Graeci I/III, Scholia in Dionysii Thracis artem grammaticam, rec. Alfred Hilgard, (Leipzig: Teubner, 1901).

Rabbinica:

The Babylonian Talmud with Variant Readings collected from manuscripts, fragments of the "Genizah" and early printed editions and collated with quotations from the Talmud in early rabbinic literature, as well as with variant readings for Rashi's commentary, 13 Bde. (Jerusalem: Institute for the Complete Israeli Talmud, 1972–)

Der Babylonische Talmud, übers. von Lazarus Goldschmidt, 12 Bde. (Berlin: Jüdischer Verlag, 1930–1936).

Die Mischna. Seder 4. Nezikin Traktat 9. ʾAḇôṯ (Väter), Text, Übers. u. Erklärung nebst e. textkrit. Anhang von Karl Marti u. Georg Beer (Gießen: Töpelmann, 1927).

BIBLIOGRAPHIE

Die Mischna. 2. Ordnung. Moʻed – Festzeiten. Teil 2, 10: *Megilla – Rolle,* hg. von Michael Krupp (Jerusalem: Lee Achim Sefarim, 2002).

Talmud Yerushalmi, übers. v. Frowald G. Hüttenmeister, Bd. 2/10, *Megilla, Schriftrolle* (Tübingen: Mohr Siebeck, 1987).

The Tosefta, according to cod. Vienna, with variants from cod. Erfurt, Genizah mss and ed. princeps (Venice 1521), hg. von Saul Lieberman, 5 Bde. (New York: The Jewish Theological Seminary, 1955–1988).

Die Tosefta. Seder IV: Neziḳin. 3: Sanhedrin-Makkot, übers. von Børge Salomonsen (Stuttgart: Kohlhammer, 1976).

Siphre ad Deuteronomium H.S. Horovitzii schedis usis cum variis lectionibus et adnotationibus, hg. von Louis Finkelstein (Berlin: Jüdischer Kulturbund in Deutschland, 1939; Neudr. New York: The Jewish theological seminary of America, 1969).

Sifre Deuteronomium, übers. und erklärt v. Hans Bietenhard (Bern: Lang, 1984).

Midrash rabah [Midrasch Bereschit Rabba (Hebräisch)]: *meforash perush madaʻi ḥadash be-tseruf "ʻEn ha-derash" – marʼeh meḳomot le-kol maʼamre ha-midrash,* hg. von Mosheh Aryeh Mirḳin, Bd. 1 (Tel Aviv: Yavneh, 1956).

Midrash Wayyikra Rabbah [Midrasch Levitikus Rabba (Hebräisch)]. *A Critical Edition Based on Manuscripts and Genizah Fragments with Variants and Notes,* hg. von Mordecai Margulies, 5 Bde. (Jerusalem: The Jewish Theological Seminary of America, 1953–1960).

Wörterbücher:

David J.A. Clines, *The Dictionary of Classical Hebrew,* 8 Bde (Sheffield: Phoenix, 1993–2011).

Takamitsu Muraoka, *A Greek-English Lexicon of the Septuagint* (Louvain /Paris / Walpole, MA: Peeters, 2009).

Johan Lust, Erik Eynikel, Katrin Hauspie, *A Greek-English Lexicon of the Septuagint* (Stuttgart: Deutsche Bibelgesellschaft, 1992).

Marcus Jastrow, *Dictionary of the Targumim, Talmud Bavli, Talmud Jerushalmi and Midrashic Literature* (1903; Nachdruck Judaica Treasury, 1971/2004).

Jacob Levy, *Neuhebräisches und Chaldäisches Wörterbuch über die Talmudim und Midraschim,* 4 Bde. (Leipzig: Brockhaus, 1876–1889)

Henry G. Liddell, Robert Scott und Roderick McKenzie, *A Greek-English Lexicon,* with a revised supplement (Oxford: Oxford University Press, 1996).

242 BIBLIOGRAPHIE

Sekundärliteratur

Aejmelaeus (2006): Anneli Aejmelaeus, „Von Sprache zur Theologie. Methodologische Überlegungen zur Theologie der Septuaginta", in *The Septuagint and Messianism*, hg. von M. Knibb (Leuven: University Press / Peeters, 2006), 21–48.

Amir (1988): Yehoshua Amir, „Authority and Interpretation of Scripture in the Writings of Philo", in *Mikra. Text, Translation, Reading and Interpretation of the Hebrew Bible in the Ancient Judaism and Early Christianity*, hg. von Martin Jan Mulder und Harry Sysling (Assen: Van Gorcum; Minneapolis: Fortress, 1988), 421–453.

Andrade (2015): Nathanael Andrade, „The Jewish Tetragrammaton: Secrecy, Community, and Prestige among Greek-Writing Jews of the Early Roman Empire", *Journal for the Study of Judaism* 46.2 (2015), 198–223.

Arnaldez (1984): Roger Arnaldez, „L'influence de la traduction des Septante sur le commentaire de Philon", in *Études sur le judaisme hellénistique*, hg. von P. Kuntzmann und J. Schlosser (Paris: Cerf, 1984), 251–266.

Barclay (2007): *Flavius Josephus. Translation and Commentary*, hg. von Steve Mason, Bd. 10, *Contra Apionem*, Übersetzung und Kommentar von John M.G. Barclay (Leiden / Boston: Brill, 2007).

Barthélemy (1963): Dominique Barthélemy, *Les devanciers d'Aquila: première publication intégrale du texte des fragments du Dodécaprophéton trouvés dans le désert de Juda, précédée d'une étude sur les traductions et recensions grecques de la Bible réalisées au premier siècle de notre ère sous l'influence du rabbinat palestinien* (Leiden: Brill, 1963).

Barthélemy (1967): Dominique Barthélemy, „La place de la Septante dans l'Eglise" in *Aux grands carrefours de la révélation et de l'exégèse de l'Ancient Testament*, Recherches Bibliques 8 (Paris: De Brouwer, 1967), 13–28; Nachdruck in *Études d'histoire du texte de l'Ancien Testament* (Fribourg: Éditions universitaires Fribourg Suisse; Göttingen: Vandenhoeck & Ruprecht, 1978), 111–126.

Barthélemy (1974): Dominique Barthélemy, „Pourquoi la Torah a-t-elle été traduite en Grec?", in *On Language, Culture and Religion: in Honor of Eugene A. Nida* (La Haye: Mouton, 1974), 23–41; Nachdruck in *Études d'histoire du texte de l'Ancien Testament* (Fribourg: Éditions universitaires Fribourg Suisse; Göttingen: Vandenhoeck & Ruprecht, 1978), 322–340.

Baumgarten (2010): Albert I. Baumgarten, *Elias Bickerman as a Historian of the Jews* (Tübingen, Mohr Siebeck, 2010).

Belkin (1940): Samuel Belkin, *Philo and the Oral Law* (Cambridge, MA: Harvard University Press, 1940).

Bernstein (2004): Moshe J. Bernstein, „The contribution of the Qumran discoveries to the history of early biblical interpretation", in *The Idea of Biblical Interpretation. Essays in Honor of James L. Kugel*, hg. von Hindy Najman und Judith H. Newman (Leiden / Boston: Brill, 2004).

BIBLIOGRAPHIE 243

Bernstein (2013): Moshe J. Bernstein, *Reading and re-reading scripture at Qumran*, Bd. 1 (Leiden / Boston: Brill, 2013).

Bickerman (1930): Elias Bickerman, „Zur Datierung des Pseudo-Aristeas", *Zeitschrift für die neutestamentliche Wissenschaft* 29 (1930), 280–298; Nachdruck in Bickerman (1976), 123–136.

Bickerman (1959): Elias Bickerman, „The Septuagint as a Translation", *Proceedings of the American Academy for Jewish Research* 28 (1959), 1–39; Nachdruck in Bickerman (1976), 167–200.

Bickerman (1976): Elias Bickerman, *Studies in Jewish and Christian History*, Teil eins (Leiden: Brill, 1976).

Bickerman (1988): Elias Bickerman, *The Jews in the Greek Age* (Cambridge, MA: Harvard University Press, 1988).

Birnbaum (2011): Ellen Birnbaum, „Who Celebrated on Pharos with the Jews? Conflicting Philonic Currents and their Implications", in *Philon d'Alexandrie. Un penseur à l'intersection des cultures gréco-romaine, orientale, juive et chrétienne*, hg. von Sabrina Inowlocki und Baudoin Decharneux (Turnhout: Brepols, 2011), 63–79.

Bloch (2021): René Bloch, „How much Hebrew in Jewish Alexandria", in *Alexandria: Hub of the Hellenistic World*, hg. von Benjamin Schliesser, Jan Rüggemeier, Thomas J. Kraus und Jörg Frey (Tübingen: Mohr Siebeck 2021), 261–278.

Borgen (1997), Peder Borgen, *Philo of Alexandria, an Exegete for His Time*, Supplements to Novum Testamentum 86 (Leiden: Brill, 1997).

Brodersen (2008): Kai Brodersen (Hg., Übers.), *Aristeas: Der König und die Bibel* (Stuttgart: Reclam, 2008).

Brooke et al. (2011): George J. Brooke et al. (Hgg.), *The Mermaid and the Partridge: Essays from the Copenhagen Conference on Revising Texts from Cave Four* (Leiden / Boston: Brill, 2011).

Burkhardt (1988): Helmut Burkhardt, *Die Inspiration heiliger Schriften bei Philo von Alexandria* (Gießen / Basel: Brunnen, 1988).

Collins (2000): Nina Collins, *The Library in Alexandria & the Bible in Greek* (Leiden / Boston / Köln: Brill, 2000).

Colson (1917): Francis Henry Colson, „Philo on education", *Journal of Theological Studies* 18 (1917), 151–162.

Dahl und Segal (1978): Nils A. Dahl und Alan F. Segal, „Philo and the Rabbis on the names of God", *Journal for the Study of Judaism in the Persian, Hellenistic and Roman Period* 9 (1978), 1–28.

Damgaard (2014): Finn Damgaard, „Philo's Life of Moses as Rewritten Bible", in *Rewritten Bible after fifty years: texts, terms, or techniques? A last dialogue with Geza Vermes*, hg. von József Zsengellér (Leiden: Brill, 2014), 233–245.

Daube (1956): David Daube, *The New Testament and Rabbinic Judaism*, Jordan Lectures 1952 (London: University of London, Athlone Press, 1956).

Dillon (2008): John Dillon, „Philo and Hellenistic Platonism", in *Philo of Alexandria and Post-Aristotelian Philosophy*, hg. von Francesca Alesse (Leiden / Boston: Brill, 2008), 223–232.

Dorival (1988): „Les origines de la Septante: la traduction en grec des cinq livres de la Torah", in *La Bible Grecque des Septante: Du judaïsme hellénistique au christianisme ancien*, hg. von Marguerite Harle, Gilles Dorival und Olivier Munnich (Paris: Cerf, 1988), 39–82.

Dover (1978): Kenneth J. Dover, *Greek Homosexuality* (New York: Vintage, 1978).

Eidsvåg (2016): Gunnar Magnus Eidsvåg, *The Old Greek Translation of Zechariah* (Leiden / Boston: Brill, 2016).

Erasmus (1526): Erasmus von Rotterdam, *Hyperaspistes 1*, in *Erasmus von Rotterdam: Ausgewählte Schriften*, hg. von W. Welzig (lat. und dt.), Bd. 4 (Darmstadt: Wissenschaftliche Buchgesellschaft, 1969).

Fabry (2007): Heinz-Josef Fabry, „Neue Aufmerksamkeit für die Septuaginta", in *Im Brennpunkt: Die Septuaginta* (Bd. 3), hg. von Heinz-Josef Fabry und Dieter Böhler (Stuttgart: Kohlhammer, 2007), 9–26.

Feldman (2000): *Flavius Josephus. Translation and Commentary*, hg. von Steve Mason, Bd. 3, *Judean Antiquities 1–4*, Übersetzung und Kommentar von Louis H. Feldman (Leiden / Boston / Köln: Brill, 2000).

Feldman (2007): Louis H. Feldman, *Philo's Portrayal of Moses in the Context of Ancient Judaism* (Notre Dame, IN: University of Notre Dame Press, 2007).

Frankel (1851): Zacharias Frankel, *Einfluß der palästinischen Halacha auf die alexandrinische Exegese* (Leipzig: Barth, 1851).

Freudenthal (1875): Jacob Freudenthal, *Alexander Polyhistor und die von ihm erhaltenen Reste judäischer und samaritanischer Geschichtswerke*, Hellenistische Studien, Heft 1 (Breslau: Skutsch, 1875).

Geiger (1857/1928): Abraham Geiger, *Urschrift und Übersetzungen der Bibel* (Breslau 1857; Nachdruck Frankfurt a. M.: Madda, 1928).

Gesenius-Kautzsch (1991): Wilhelm Gesenius, Emil Kautzsch, *Hebräische Grammatik*, (Darmstadt: Wissenschaftliche Buchgesellschaft, 1991; Nachdruck der 28., vielf. verb. u. verm. Aufl. Leipzig 1909).

Gooding (1983): David W. Gooding, „Philo's Knowledge of the Hebrew underlying the Greek", in *Two treatises of Philo of Alexandria. A commentary on De Gigantibus and Quod Deus Sit Immitabilis*, hg. von David Winston und John Dillon (Chico, CA: Scholars, 1983), 119–125.

Gordon (1992): Robert P. Gordon, „Inscribed Pots and Zechariah XIV 20–21", *Vetus Testamentum* 42.1 (1992), 120–123.

Goulet (1987): Richard Goulet, *La philosophie de Moïse: essai de reconstitution d'un commentaire philosophique préphilonien du Pentateuque* (Paris: Vrin, 1987).

Grabbe (1988): Lester L. Grabbe, *Etymology in Early Jewish Interpretation: The Hebrew Names in Philo* (Atlanta: Scholars Press, 1988).

BIBLIOGRAPHIE

245

Grafton (1993): Anthony Grafton, *Joseph Scaliger: A Study in the History of Classical Scholarship*, Bd. 2: *Historical Chronology* (Oxford: Clarendon, 1993).

Gunkel (1910): Hermann Gunkel, *Genesis*, Göttinger Handkommentar zum Alten Testament 1/1 (Göttingen: Vandenhoeck & Ruprecht, [8]1969; Nachdruck der 3. Aufl. 1910).

Gunneweg (1990): Antonius H.J. Gunneweg, „Das Gesetz und die Propheten. Eine Auslegung von Ex 33,7–11; Num 11,4–12,8; Dtn 31,14 f.; 34,10", *Zeitschrift für die alttestamentliche Wissenschaft* 102.2 (1990), 169–180.

Hadas (1951): Moses Hadas, *Aristeas to Philocrates (Letter of Aristeas)* (New York: Harper, 1951).

Hanhart (1961): Robert Hanhart, „Fragen um die Entstehung der LXX", in *Studien zur Septuaginta und zum hellenistischen Judentum* (Tübingen: Mohr Siebeck, 1999), 3–24.

Hammerton-Kelly (1972): Robert G. Hammerton-Kelly, „Sources and Traditions in Philo Judaeus: Prolegomena to an Analysis of his Writings", *Studia Philonica* 1 (1972), 3–26.

Hanson (1992): Anthony Hanson, „The treatment in the LXX of the theme of seeing God", in *Septuagint, Scrolls and cognate Writings*, hg. von J. Brooke und B. Lindars (Atlanta: Scholars Press, 1992), 557–568.

Harle, Dorival und Munnich (1988): Marguerite Harle, Gilles Dorival und Olivier Munnich, *La Bible Grecque des Septante: Du judaïsme hellénistique au christianisme ancien* (Paris: Cerf, 1988).

Walter Harrelson, „The celebration of the feast of Booths according to Zech XIV 16–21", in *Religions in Antiquity*, hg. von Jacob Neusner (Leiden: Brill, 1970), 88–96.

Hartmann (2017): Andreas Hartmann, „Königtum und Priesterherrschaft: Alleinherrschaft im Judäa der Hasmonäerzeit", in *Monarchische Herrschaft im Altertum*, hg. von Stefan Rebenich (Berlin / Boston: de Gruyter, 2017), 341–362.

Heinsius (1627): Daniel Heinsius, *Aristarchus Sacer* (Leiden: Elzevir, 1627).

Heinsius (1639): Daniel Heinsius: *Exercitationes Sacrae ad Novum Testamentum* (Leiden: Elzevir, 1639).

Hendel (2015): Ronald Hendel, „What Is a Biblical Book?", in *From Author to Copyist: Essays on the Composition, Redaction, and Transmission of the Hebrew Bible in Honor of Zipi Talshir*, hg. von Cana Werman (Winona Lake, IN: Eisenbrauns, 2015), 283–302.

Hengel (1992): Martin Hengel, „Die Septuaginta als von den Christen beanspruchte Schriftensammlung bei Justin und den Vätern vor Origines", in *Jews and Christians: The Parting of the Ways, A.D. 70 to 135*, hg. von James D.G. Dunn (Tübingen: Mohr Siebeck, 1992), 39–84.

Hieke (2014): Thomas Hieke, *Levitikus 1–15*, Herders Theologischer Kommentar zum Alten Testament (Freiburg i. Brsg.: Herder, 2014).

Hody (1684): Humphrey Hody, *Contra historiam Aristeae de LXX interpretibus dissertatio* (Oxford: Lichfeld, 1684).

246 BIBLIOGRAPHIE

Hogg (1924): James E. Hogg, „A Note on Two Points in Aaron's Headdress", *Journal of Theological Studies* 26 (1924), 72–75.

Honigman (2003): Sylvie Honigman, *The Septuagint and Homeric Scholarship in Alexandria. A study in the narrative of the Letter of Aristeas* (London: Routledge, 2003).

Houtman (1977): Cornelis Houtman, „What did Jacob see in his Dream at Bethel? Some Remarks on Gen. XXVIII 10–22", *Vetus Testamentum* 27.3 (1977), 337–351.

Houtman (1978): Cornelis Houtman, „Jacob at Mahanaim. Some remarks on Genesis XXXII 2–3", *Vetus Testamentum* 28.1 (1978), 37–44.

Howard (1977): George Howard, „The Tetragram in the New Testament", *Journal of Biblical Literature* 96 (1977), 63–84.

Jervell (1960): Jacob Jervell, *IMAGO DEI: Gen. 1, 26f. im Spätjudentum, in der Gnosis und in den paulinischen Briefen* (Göttingen: Vandenhoeck & Ruprecht, 1960).

Johnson (2004): Sara Raup Johnson, *Historical Fictions and Hellenistic Jewish Identity: Third Maccabees in its Cultural Context* (Berkeley: University of California Press, 2004).

Joosten (2011): Jan Joosten, *The Septuagint and the Hebrew Bible/Old Testament: A Conversation.* Online bei *academia.edu* https://www.academia.edu/11305545/ seit 2011.

Kahle (1947): Paul Kahle, *The Cairo Geniza* (Oxford: Oxford University Press, 1947).

Kaiser (2015): Otto Kaiser, *Philo von Alexandrien: Denkender Glaube – eine Einführung* (Göttingen: Vandenhoeck & Ruprecht, 2015).

Kalimi (1998): Isaac Kalimi, „Zion or Gerizim? The Association of Abraham and the Aqeda with Zion/Gerizim in Jewish and Samaritan Sources", in *Boundaries of the Ancient Near Eastern World: a tribute to Cyrus H. Gordon*, hg. von Meir Lubetski et al. (Sheffield: Sheffield Academic Press, 1998), 442–457.

Kamesar (2009): Adam Kamesar, „Biblical Interpretation in Philo: I. Philo's Bible: The Greek Pentateuch", in *The Cambridge Companion to Philo*, hg. von Adam Kamesar (Cambridge: Cambridge University Press, 2009), 65–72.

Katz (1949): Peter Katz, „Das Problem des Urtextes der Septuaginta", *Theologische Zeitschrift* 5.1 (1949), 1–25.

Katz (1950): Peter Katz, *Philo's Bible: The aberrant text of bible quotations in some philonic writings and its place in the textual history of the Greek bible* (Cambridge: University Press, 1950).

Knapp (1987): Dietrich Knapp, *Deuteronomium 4: literarische Analyse und theologische Interpretation* (Göttingen: Vandenhoeck & Ruprecht, 1987).

Knauf (2008): Ernst Axel Knauf, *Josua*, Zürcher Bibelkommentare. AT 6 (Zürich: Theologischer Verlag Zürich, 2008).

Kovelman (2005): Arkady Kovelman, *Between Alexandria and Jerusalem. The Dynamic of Jewish and Hellenistic Culture* (Leiden / Boston: Brill, 2005).

Kraus und Karrer (2009): Wolfgang Kraus und Martin Karrer (Hgg.), *Septuaginta*

BIBLIOGRAPHIE 247

Deutsch: Das griechische Alte Testament in deutscher Übersetzung (Stuttgart: Deutsche Bibelgesellschaft, 2009).

Kraus und Karrer (2011): Wolfgang Kraus und Martin Karrer (Hgg.), *Septuaginta Deutsch, Erläuterungen und Kommentare*, Band 1: *Genesis bis Makkabäer* (Stuttgart: Kohlhammer, 2011).

Kraus und Kreuzer (2014): Wolfgang Kraus und Siegmund Kreuzer (Hgg.), *Die Septuaginta: Text, Wirkung, Rezeption* (Tübingen: Mohr Siebeck, 2014).

Kreuzer (2016): Siegmund Kreuzer, *Entstehung und Überlieferung der Septuaginta*, in *Handbuch zur Septuaginta*, hg. von Siegmund Kreuzer, Bd. 1: *Einleitung in die Septuaginta* (Gütersloh: Gütersloher Verlagshaus, 2016), 29–88.

Lebram (1975): Jürgen-Christian H. Lebram, „Ein Streit um die Hebräische Bibel und die Septuaginta", in *Leiden University in the Seventeenth Century: An Exchange of Learning*, hg. von Theodoor Herman Lunsingh Scheurleer und Guillaume H.M. Posthumus Meyjes (Leiden: Universitaire Pers Leiden / Brill, 1975), 21–64.

Leonhardt-Balzer (2010): Jutta Leonhardt-Balzer, „Philo und die Septuaginta", in *Die Septuaginta – Texte, Theologien, Einflüsse*, hg. von Wolfgang Kraus und Martin Karrer (Tübingen: Mohr Siebeck 2010), 623–637.

Levy (1860): Levy, Jacob, „Beiträge zur Revision der Targumim", *Zeitschrift der Deutschen Morgenländischen Gesellschaft* 14 (1860), 269–277.

Lewinskaja (2018): Irina Lewinskaja, *Elias Bickerman. Petersburger Prolog* (St.-Petersburg: Nestor-Istorija, 2018; russisch).

Louth (1981): Andrew Louth, *The origins of the Christian mystical tradition from Plato to Denys* (Oxford: Oxford University Press, 1981).

Marmorstein (1927): Arthur Marmorstein, *The Old Rabbinic Doctrine of God*, Bd. 1: *The names & attributes of God* (London: Oxford University Press, 1927).

Martin (2010): Gary D. Martin, *Multiple Originals: New Approaches to Hebrew Bible Textual Criticism*, SBL Text-Critical Studies 7 (Atlanta, GA: Society of Biblical Literature 2010).

Mason (2003): Rex Mason, „The Use of Earlier Biblical Material in Zechariah 9–14: A study in Inner Biblical Exegesis", in *Bringing out the Treasure. Inner Biblical Allusion in Zechariah 9–14*, hg. von Mark J. Boda und Michael H. Floyd (Sheffield: Sheffield Academic Press, 2003), 1–208.

Matusova (2015): Ekaterina Matusova, *The Meaning of the Letter of Aristeas: In Light of Biblical Interpretation and Grammatical Tradition, and with Reference to Its Historical Context* (Göttingen: Vandenhoeck & Ruprecht, 2015).

Modrzejewski (1991): Joseph Mélèze Modrzejewski, *The Jews of Egypt: From Rameses II to Emperor Hadrian* (Edinburgh: T&T Clark, 1991).

Neubert (2015): Luke Neubert, „Whence the 72? The Peisistratus myth and the Letter of Aristeas", *Journal of Jewish Studies* 66.2 (2015), 265–287.

Niehoff (2001): Maren R. Niehoff, *Philo on Jewish Identity and Culture* (Tübingen: Mohr Siebeck, 2001).

Niehoff (2011): Maren R. Niehoff, *Jewish Exegesis and Homeric Scholarship in Alexandria* (Cambridge: Cambridge University Press, 2011).

Niehoff (2019): Maren R. Niehoff, *Philon von Alexandria. Eine intellektuelle Biographie*, übersetzt von Claus-Jürgen Thornton und Eva Tyrell (Tübingen: Mohr Siebeck, 2019; englisches Original 2017).

Nikiprowetzky (1973/1996), Valentin Nikiprowetzky, „L'exégèse de Philon d'Alexandrie", *Revue d'Histoire et de Philosophie religieuses* 53.3/4 (1973), 309–329; Nachdruck in *Études philoniennes* (Paris: Cerf, 1996), 111–131.

Nikiprowetzky (1977): Valentin Nikiprowetzky, *Le commentaire de l'Écriture chez Philon d'Alexandrie: son caractère et sa portée, observations philologiques* (Leiden: Brill, 1977).

Nikiprowetzky (1983): Valentin Nikiprowetzky, „Philo's citations of and allusions to the Bible in the De gigantibus and Quod Deus" [auf Französisch], in *Two treatises of Philo of Alexandria. A commentary on De Gigantibus and Quod Deus Sit Immitabilis*, hg. von David Winston und John Dillon, (Chico, CA: Scholars, 1983), 91–107.

Nodet (2018): Étienne Nodet, *The Hebrew Bible of Josephus: Main Features* (Leuven / Paris / Bristol: Peeters, 2018).

Norton (2011): Jonathan D.H. Norton, *Contours in the Text. Textual Variation in the Writings of Paul, Josephus and the Jahad* (London: T &T Clark, 2011).

Orlinsky (1975): Harry Orlinsky, „The Septuagint as Holy Writ and the Philosophy of the Translators", *Hebrew Union College Annual* 46 (1975), 89–114.

Orth (2001): Wolfgang Orth, „Ptolemaios II. und die Septuaginta-Übersetzung", in *Im Brennpunkt: Die Septuaginta. Studien zur Entstehung und Bedeutung der griechischen Bibel*, hg. von Heinz-Josef Fabry und Ulrich Offerhaus (Stuttgart: Kohlhammer, 2001), 97–114.

Otto (2013): Eckart Otto, „Jenseits der Suche nach dem ‚ursprünglichen Text' in der Textkritik (Fortschreibungen und Textautorität in der nachexilischen Zeit)", *Zeitschrift für Altorientalische und Biblische Rechtsgeschichte* 19 (2013), 313–319.

Pearce (2007): Sarah J.K. Pearce, *The Land of the Body: Studies in Philo's Representation of Egypt* (Tübingen: Mohr Siebeck, 2007).

Pelletier (1962): André Pelletier, *Flavius Josèphe: Adaptateur de la lettre d'Aristée. Une réaction atticisante contre la Koinè* (Paris: Klingksieck, 1962).

Pfeiffer (1968): Rudolf Pfeiffer, *History of Classical Scholarship: From the Beginnings to the End of the Hellenistic Age* (Oxford: Clarendon, 1968).

Pietersma (1984): Albert Pietersma, „KYRIOS or Tetragram: A renewed Quest for the original LXX", in *De Septuaginta. Studies in Honour of John William Wevers on his 65th birthday*, hg. von Albert Pietersma und Claude E. Cox (Mississauga: Benben, 1984), 85–101.

Rajak (2009): Tessa Rajak, *Translation and Survival: The Greek Bible of the Ancient Jewish Diaspora* (Oxford: Oxford University Press, 2009).

BIBLIOGRAPHIE 249

Rajak (2014): Tessa Rajak, „Philo's knowledge of Hebrew: The meaning of the etymologies", in *The Jewish-Greek Tradition in Antiquity and the Byzantine Empire*, hg. von James K. Aitken und James Carleton Paget (Cambridge: Cambridge University Press, 2014), 173–187.

Rajak (2015): T. Rajak, „Review of *Jewish Exegesis and Homeric Scholarship in Alexandria by Maren R. Niehoff*", *Journal of Jewish Studies* 66.1 (2015), 195–201.

Rösel (1994): Martin Rösel, *Übersetzung als Vollendung der Auslegung: Studien zur Genesis-Septuaginta* (Berlin /New York: de Gruyter, 1994).

Rösel (2008): Martin Rösel, „Die Übersetzbarkeit des Gottesnamens: die Septuaginta und ihre Theologie", in *Gott heißt nicht nur Vater. Zur Rede über Gott in den Übersetzungen der „Bibel in gerechter Sprache"*, hg. von Christine Gerber, Benita Joswig und Silke Petersen (Göttingen: Vandenhoeck & Ruprecht, 2008), 87–103.

Rösel (2010): Martin Rösel, „‚Wer den Namen des Herrn nennt, soll gewiss getötet werden' (Lev 24,16 LXX). Der Gottesname in Qumran und in der Septuaginta (LXX)", *Bibel und Kirche* 65.2 (2010), 70–76

Royse (1991): James R. Royse, „Philo, κύριος and the Tetragrammaton", *Studia Philonica Annual* 3 (1991), 167–183.

Runia (2001): *Philo of Alexandria. On the Creation of Cosmos according to Moses*, Introduction, Translation and Commentary by David T. Runia (Leiden: Brill, 2001).

Scaliger (1629): Josephus Justus Scaliger, *Opus de emendatione temporum* (Genf: Roverianus, 1629).

Scaliger (1658): Josephus Justus Scaliger, *Thesaurus Temporum* (Amsterdam: Janssonius, 1658).

Scaliger (1740): Pierre des Maizeaux (Hg.), *Scaligerana Secunda* in *Scaligerana, Thuana, Perroniana* etc., Bd. 2 (Amsterdam: Covens & Mortier, 1740), 169–626.

Schäfer (2012): Christian Schäfer, *Benutzerhandbuch zur Göttinger Sepuaginta*, Bd. 1: *Die Edition des Pentateuch von John William Wevers* (Göttingen: Vandenhoeck & Ruprecht, 2012).

Schenker (2007/2011): Adrian Schenker, „Wurde die Tora wegen ihrer einzigartigen Weisheit auf Griechisch übersetzt? Die Bedeutung der Tora für die Nationen in Dtn 4:6–8 als Ursache der Septuaginta", *Freiburger Zeitschrift für Philosophie und Theologie* 54 (2007), 327–347; Nachdruck in *Anfänge der Textgeschichte des Alten Testaments. Studien zu Entstehung und Verhältnis der frühesten Textformen* (Stuttgart: Kohlhammer, 2011), 201–224.

Schenker (2010): Adrian Schenker, „Was führte zur Übersetzung der Tora ins Griechische? Dtn 4,2–8 und Platon (Brief VII, 326 a–b)", in *Die Septuaginta – Texte, Theologien, Einflüsse*, hg. von Wolfgang Kraus und Martin Karrer (Tübingen: Mohr Siebeck, 2010), 23–35.

Schmidt (1998): Ludwig Schmidt, „Mose, die 70 Ältesten und die Propheten in Numeri 11 und 12", in *Gesammelte Aufsätze zum Pentateuch* (Berlin / New York: de Gruyter, 1998), 251–279.

Schmidt (2004): Ludwig Schmidt, *Das vierte Buch Mose: Numeri*, Altes Testament Deutsch 7/2 (Göttingen: Vandenhoeck & Ruprecht, 2004).

Schwartz (2014): Seth Schwartz, *The ancient Jews from Alexander to Muhammad* (Cambridge: Cambridge University Press, 2014).

Shaw (2005): Frank E. Shaw, „The emperor Gaius' employment of the divine name", *Studia Philonica Annual* 17 (2005), 33–48.

Shaw (2014): Frank E. Shaw, „The Earliest Non-Mystical Jewish Use of Ιαω" (Leuven: Peeters, 2014).

Siegert (2016): Folker Siegert, *Einleitung in die hellenistisch-jüdische Literatur: Apokrypha, Pseudepigrapha und Fragmente verlorener Autorenwerke* (Berlin / Boston: de Gruyter, 2016).

Siegfried (1863): Carl Siegfried, *Die hebräischen Worterklärungen des Philo und die Spuren ihrer Einwirkung auf die Kirchenväter* (Magdeburg: Baensch jun., 1863).

Siegfried (1875): Carl Siegfried, *Philo von Alexandria als Ausleger des Alten Testaments* (Jena: Dufft, 1875; Nachdruck Amsterdam: Scientia, 1970).

Skehan (1980): Patrick W. Skehan, „The Divine Name at Qumran, in the Massada Scrolls, and in the Septuagint", *Bulletin of the International Organization for Septuagint and Cognate Studies* 13 (1980), 14–44.

Sokolskaya (2021a): Maria Sokolskaya, „Was Demetrius of Phalerum the Founder of the Alexandrian Library?", in *Alexandria: Hub of the Hellenistic World*, hg. von Benjamin Schliesser, Jan Rüggemeier, Thomas J. Kraus und Jörg Frey (Tübingen: Mohr Siebeck, 2021), 81–98.

Sokolskaya (2021b): Besprechung von Maren R. Niehoff, *Philon von Alexandria. Eine intellektuelle Biographie*, *Orientalische Literaturzeitung* 116.1 (2021), 34–37.

Spanier (1922): Arthur Spanier: „Die Gottesbezeichnungen המקום und הקדוש ברוך הוא in der frühtalmudischen Literatur", *Monatsschrift für die Geschichte und Wissenschaft des Judentums* 66.4 (1922), 309–314.

Stein (1929): Edmund Stein, *Allegorische Exegese des Philo aus Alexandreia*, Beihefte zur Zeitschrift für die alttestamentliche Wissenschaft 51 (Gießen: Töpelmann, 1929).

Stemberger (1989): Günter Stemberger, *Midrasch: vom Umgang der Rabbinen mit der Bibel: Einführung, Texte, Erläuterungen* (München: Beck, 1989).

Stemberger (2010): Günter Stemberger, „Moses received Torah (mAv 1,1): Rabbinic Conceptions of Revelation", in *Judaica Minora II* (Tübingen: Mohr Siebeck, 2010), 347–359.

Sterling (2012): Gregory E. Sterling, „Philon", in *A Companion to Biblical Interpretation in early Judaism* , hg. von Matthias Henze (Cambridge: Cambridge University Press, 2012), 415–436.

Strack-Billerbeck (1924): Hermann Lebrecht Strack und Paul Billerbeck, *Kommentar zum Neuen Testament aus Talmud und Midrasch*, Bd. 2 (München: Beck, 1924).

Stray, Clarke und Katz (2019): Christopher Stray, Michael Clarke und Joshua T. Katz,

BIBLIOGRAPHIE 251

Liddell and Scott: The History, Methodology, and Languages of the World's Leading Lexicon of Ancient Greek (Oxford: University Press, 2019).

Stricker (1956): Bruno Hugo Stricker, *De Brief van Aristeas. De hellenistiche codificaties der praehelleense godsdiensten* (Amsterdam: N.V. noord hollandsche uitgevers maatschappij, 1956).

Tcherikover (1958): Victor Tcherikover, „The Ideology of the Letter of Aristeas", *Harvard Theological Review* 51.2 (1958), 59–85.

Thackeray (1909): Henry St. John Thackeray, *A Grammar of the OT in Greek* (Cambridge: University Press, 1909; Nachdruck Hildesheim / New York: Olms, 1978).

Thackeray (1929): Thackeray, Henry St. John, *Josephus the Man and the Historian* (New York: Ktav, 1929; Nachdruck 1967).

Tobin (1983): Thomas H. Tobin, *The Creation of Man: Philo and the history of interpretation*, (Washington: Catholic Biblical Association, 1983).

Tov (1999): Emanuel Tov, *The Greek and Hebrew Bible. Collected Essays on the Septuagint* (Leiden / Boston / Köln: Brill, 1999).

Tov (2014): Emanuel Tov, „The Harmonizing Character of the Septuagint of Genesis 1–11", in *Die Septuaginta: Text, Wirkung, Rezeption*, hg. von Wolfgang Kraus und Siegmund Kreuzer (Tübingen: Mohr Siebeck 2014), 315–332.

Tov (2015): Emanuel Tov, *Textual Criticism of the Hebrew Bible, Qumran, Septuagint*, Collected Essays, Bd. 3 (Leiden / Boston: Brill, 2015).

Ulrich (2015): Eugene Ulrich, *The Dead Sea Scrolls and the Developmental Composition of the Bible* (Leiden: Brill, 2015).

Urbach (1978): Ephraim E. Urbach, *The sages: Their Concepts and Beliefs*, 2 Bde. (Cambridge: Harvard University Press, 1987).

Van der Kooij (1998): Arie van der Kooij, „Perspectives on the Study of the Septuagint: Who are the translators?", in *Perspectives in the study of the Old Testament and early Judaism: A symposium in honour of Adam S. van der Woude on the occasion of his 70th birthday*, hg. von Florentino García Martínez und Ed Noort (Leiden: Brill, 1998), 214–229.

Van der Kooij (2012): Arie van der Kooij „The Septuagint of the Pentateuch", in *Law, Prophets, and Wisdom. On the Provenance of Translators and Their Books in the Septuagint Version* (Leuven: Peeters, 2012), 15–62.

Veltri (1994): Giuseppe Veltri, *Eine Tora für den König Talmai. Untersuchungen zum Übersetzungsverständnis in der jüdisch-hellenistischen und rabbinischen Literatur* (Tübingen: Mohr, 1994).

Veltri (2006): Giuseppe Veltri, *Libraries, Translations and „Canonic" texts: The Septuagint, Aquila and Ben Sira in the Jewish and Christian Traditions* (Leiden / Boston: Brill, 2006).

Vives (1570): Divi Aurelii Augustini ... *De Civitate dei libri XXII*, post ... Joannem Ludovicum Vivem ... collati ac ejusdem Commentariis ... illustrati (Basel: Froben, 1570).

Vossius (1661): Isaac Vossius, *De septuaginta interpretibus dissertationes* (Den Haag: Vlacq, 1661 [auf dem Titelblatt der Ausgabe steht irrtümlich MD LXI]).

Walter (1964): Nikolaus Walter, *Der Thoraausleger Aristobulos* (Berlin: Akademie-Verlag, 1964).

Walters (1973): Peter Walters, *The Text of the Septuagint: Its Corruptions and Their Emendations*, hg. von David W. Gooding (Cambridge: Cambridge University Press, 1973).

Wasserstein und Wasserstein (2006): Abraham Wasserstein und David J. Wasserstein, *The Legend of the Septuagint. From Classical Antiquity to Today* (Cambridge: Cambridge University Press, 2006).

Waszink (1975): Jan Hendrik Waszink, „Classical Philology", in *Leiden University in the Seventeenth Century: An Exchange of Learning*, hg. von Theodoor Herman Lunsingh Scheurleer und Guillaume H.M. Posthumus Meyjes (Leiden: Universitaire Pers Leiden / Brill, 1975), 161–175.

Werner (1992): Jürgen Werner, „Zur Fremdsprachenproblematik in der griechisch-römischen Antike" in *Zum Umgang mit fremden Sprachen in der Griechisch-Römischen Antike*, Palingenesia 36, hg. von Carl Werner Müller, Kurt Sier und Jürgen Werner (Stuttgart: Steiner, 1992), 1–21.

Westermann (1938): William L. Westermann, „Enslaved Persons who are free", *American Journal of Philology* 59 (1938), 1–30.

Wevers (1974): John W. Wevers, *Text History of the Greek Genesis* (Göttingen: Vandenhoeck & Ruprecht, 1974).

Wevers (1993): John W. Wevers, *Notes on the Greek Text of Genesis* (Atlanta: Scholars Press, 1993).

Wilkinson (2015): Robert Wilkinson, *Tetragrammaton: Western Christians and the Hebrew Name of God* (Leiden / Boston: Brill, 2015).

Wolfson (1947): Harry Austryn Wolfson, *Philo: Foundations of Religious Philosophy in Judaism, Christianity and Islam*, 2 Bde. (Harvard University Press; London: Cumberlege, 1947).

Wright (2015): Benjamin G. Wright III., *The Letter of Aristeas* (Berlin / Boston: de Gruyter, 2015).

Wutz (1914): Franz Xaver Wutz, *Onomastica Sacra*, 2 Bde. (Leipzig: Hinrichs, 1914–1915).

Zsengellér (2014): József Zsengellér (Hg.), *„Rewritten Bible" after Fifty Years: Texts, Terms, or Techniques? A last Dialog with Geza Vermes* (Leiden: Brill, 2014).

Zuntz (1959a): Günter Zuntz, „Aristeas Studies I: ‚The seven Banquets'", *Journal of Semitic Studies* 4 (1959), 21–36.

Zuntz (1959b): Günter Zuntz, „Aristeas Studies II: Aristeas on the Translation of the Torah", *Journal of Semitic Studies* 4 (1959), 109–126.

Register der modernen Autoren

Adler, Maximilian 197
Aejmelaeus, Anneli 201f.
Amir, Yehoshua 103Fn285, 132f.
Arnaldez, Roger 102Fn284, 138, 221

Badt, Benno 102Fn284, 186
Barclay, John M.G. 24f.
Barthélemy, Dominique 8, 26, 51–56, 110
Baumgarten, Albert I. 45Fn127
Belkin, Samuel 157, 159
Bernstein, Moshe J. 1, 1Fn2, 3Fn9
Bickerman, Elias 8, 30Fn84, 45–50, 52, 54, 96
Bloch, René 125Fn7
Borgen, Peder 142
Brodersen, Kai 88

Cohn, Joseph 220f.
Cohn, Leopold 129, 162, 172Fn99, 207
Collins, Nina 27Fn75, 30
Colson, Francis Henry 153f., 186f.

Dahl, Nils A. 165, 196Fn7
Damgaard, Finn 104Fn288, 105Fn289
Daube, David 208f.
Dillon, John 223
Dorival, Gilles 69, 80f.

Eidsvåg, Gunnar Magnus 116Fn304
Erasmus, Desiderius 138f.

Fabry, Heinz-Joseph 56Fn165
Feldman, Louis H. 9Fn8, 11, 102Fn284, 170
Frankel, Zacharias 140Fn6, 147, 169
Freudenthal, Jacob 195, 207

Geiger, Abraham 84, 86Fn259, 141Fn6
Gooding, David W. 80Fn244, 103Fn286, 183f.
Gordon, Robert P. 159
Grabbe, Lester L. 125, 128, 130, 132, 135
Grafton, Anthony 7Fn2
Gunkel, Hermann 209f.
Gunneweg, Antonius H.J. 89Fn268

Hadas, Moses 39Fn115, 88
Hammerton-Kelly, Robert G. 179Fn111
Hanhart, Robert 50Fn144
Hanson, Anthony 201f.
Harrelson, Walter 116
Heinemann, Isaac 129, 179Fn110, 195–197
Heinsius, Daniel 7, 34–44, 53, 58, 73, 110
Hengel, Martin 69
Hieronymus 26, 40
Hody, Humphrey 7, 27, 44–46
Hogg, James E. 156–158
Honigman, Sylvie 2Fn6, 4, 4Fn12, 29Fn81, 30f., 50Fn146, 58–66, 75
Howard, George 150Fn139, 151Fn42

Jervell, Jakob 141Fn8
Johnson, Sara Raup 2Fn5, 16Fn32
Joosten, Jan 169Fn91

Kahle, Paul 51f., 54, 151Fn42
Kaiser, Otto 142Fn11
Kamesar, Adam 142Fn11
Katz, Peter 51, 172Fn99, 180Fn112, 188f.
Knauf, Ernst Axel 3Fn1
Kovelman, Arkady 3f., 74f.
Kreuzer, Siegfried 49, 56

Lebram, Jürgen-Christian H. 7, 32Fn92, 35–37
Lenz, Siegfried 29
Levy, Jacob 84f.
Lewinskaja, Irina 45Fn127
Lewy, Hans 129f.

Marmorstein, Arthur 165f., 196Fn4,7
Mason, Rex 117
Matusova, Ekaterina 2, 4Fn12, 67–72, 75–80, 87Fn264
Mélèze Modrzejewski, Joseph 49f.

Neubert, Luke 72f.
Niehoff, Maren 1Fn3, 4Fn12, 66f., 106Fn292, 140Fn5, 191f.
Nikiprowetzky, Valentin 1Fn4,141f., 145, 155Fn52, 189

REGISTER DER MODERNEN AUTOREN

Nodet, Étienne 13Fn21
Norton, Jonathan D.H. 143Fn15, 181f.

Orlinsky, Harry 58, 65, 74f.
Orth, Wolfgang 49

Pearce, Sarah J.K. 19
Pfeiffer, Rudolf 64
Pietersma, Albert 150Fn40

Rajak, Tessa 28–30, 67Fn195
Rösel, Martin 97Fn278, 149, 163f.
Royse, James 150–152, 154, 157, 159, 161
Runia, David T. 219, 221f.

Scaliger, Joseph Justus 7, 26–34, 38Fn113, 42,
  45f.
Schaper, Joachim 202Fn19, 20
Schenker, Adrian 8, 91–94
Schmidt, Ludwig 89Fn268
Schwartz, Seth 141Fn6
Segal, Alan F. 165, 196Fn7
Shaw, Frank E. 149Fn33, 150, 155
Siegfried, Carl 124, 129, 136f., 144Fn16, 146f.,
  152
Skehan, Patrick 150
Spanier, Arthur 195f.
Stein, Edmund 124–126, 144f., 146, 170
Sterling, Gregory E. 180Fn112
Stricker, Bruno Hugo 50Fn144

Tcherikover, Victor 57f., 65, 73Fn217, 75,
  95Fn277
Thackeray, Henry St. John 11, 13, 81
Tobin, Thomas H. 172Fn101, 182Fn117
Tov, Emanuel 141Fn7, 164, 201f.

Ulrich, Eugene 150

Van der Kooij, Arie 97Fn278
Veltri, Giuseppe 71, 83
Vives, Juan Luis 27
Vossius, Isaak 7, 28, 30, 36f.

Walter, Nikolaus 25f., 53
Wasserstein, Abraham & Wasserstein,
  David J. 7Fn2, 17, 21–23, 40Fn116f., 42f.
Wendland, Paul 8Fn4, 129Fn15
Werblowsky, Zwi 196Fn7
Werner, Jürgen 98Fn282
Wevers, John W. 205Fn25
Wolfson, Harry Austryn 139Fn4
Wright III., Benjamin G. 17, 30, 67Fn195,
  79Fn240f., 80, 88, 94, 159Fn64
Wutz, Franz Xaver 124, 129f.

Zuntz, Günter 65f.Fn190, 73

Sachregister

Aristaios (Namensform) 8Fn4
Aristeas, der Historiker 8
Aristobulus 22–26, 53

Chanukka 22

Demetrius von Phaleron 17 f., 22 f., 27 f., 47, 73Fn218, 88

Edom 20
Epaphroditus 10Fn11

Fest auf Pharos 20, 22, 80, 105–109, 111–117

Gattung 2Fn5, 3, 3Fn9

Hand Gottes 85 f.
Herodes Agrippa 20
Herodes, König 71
Hexapla 2Fn7, 42
Hippokrates 36
Hiskia, König 31
Hohepriester 11, 12, 20 f.
    Eleazar 10, 11, 21, 32, 74

Idumäa 20

Jerusalem 20 f., 57

Loskauf 78

Onomastikon 125 f., 130, 142, 149Fn33

Peisistratus (peisistratische Redaktion) 70–72
Penelope-und-Mägde-Allegorie 66
Pescher 3, 75
Platon 23 f., 93, 124, 127, 209
Ptolemäus 59, 70 f., 73
Ptolemäus I. Lagu Soter 14, 22, 27 f., 53, 78
Ptolemäus II. Philadelphus 11, 14, 18, 20, 21, 27 f., 47 f., 50, 53
Ptolemäus III. Euergetes 60 f.
Purimfest 22
Pythagoras 23 f.

Qumran 3

Rewritten Bible 75, 104

Sarapis 59
Sara-und-Hagar-Allegorie 66
Stämme Israels 31–33, 68 f., 74, 81
Stirnband (des Hohepriesters) 21

Theodektus 24
Theopompus 24
Tora-Erfüllungshermeneutik 4, 16
Tragiker 59–64
Typologie 3, 75

Zahl der Septuaginta-Übersetzer 26, 68–73, 80 f., 84

Griechische Wörter

αἰνίττομαι 152
αἰχμάλωτος, αἰχμαλωσία 78 f., 114 f.
ἀνάμνησις 127 f.
ἀνδρόγυνος 213–217
ἀντιβολή, ἀντιβάλλω 87 f.
ἀπαντάω 198
ἀπόρρητον 11Fn14

βάρβαρος 98Fn282

διαρτάω 186 f.
διαφωνεῖν 36–39, 204Fn22
δισώματος 217

ἐπίλεκτοι (אצילי) 35 f., 40 f., 82 f.
ἑρμηνεύς 106–108, 119

ζητητής (זוטטי) 83–87

ἱερὸς λόγος 10Fn13
ἱεροφάντης 10Fn13

μεγαλωσύνη 160
μετεωρία 130 f., 134
μηνύω 152
μνήμη 127 f.

νομοθέτης 106–108

ὀρνίθιον 132

παραγιγνώσκω 62–64
περισσός 133
πλευρά 218

σημαίνω, σεσήμανται 67Fn195
σύμφωνον, συμφωνία 87

φυσιολογία 11Fn17

ὠμίασις 133

Quellenregister

Bibelstellen

Gen

1,26–27	171, 173 Fn102, 178 f., 207 f., 220 f.
2,7	172, 175, 222
2,8	173–175, 178 f.
2,15	171, 173–176, 178 f.
2,16	171, 176
2,18	171, 208
2,21	211Fn12
3,5	168Fn90
5,1–2	171
5,29	134
6,2–4	188–191
6,5–7	166Fn83, 183–188
6,6	188
6,9	134
6,12	191
8,1	166Fn83
22,3–4	197, 204 f.
22,9	205
25,27	178
28,11	198Fn12, 199 f.
28,11–19	197–200
30,22	166Fn83
32,2	198Fn12, 199 f.
32,2–3	198 f.
32,29	147
32,30	152
37,28	79
46,20	128
48,8–20	127

Ex

2,24	166Fn83
3,5	158Fn63
6,3	147
15,25	163
16,15	224
16,31	224
19,6	109
20,2–17	107
21,13	201
22,27	168 f.
24	81–90
24,1	68, 82 f., 85
24,3–7	74
24,5	82 f., 86Fn259
24,7	36
24,9	36, 68, 82 f., 85
24,9–11	73, 83
24,10	141Fn7, 195–206
24,11	35–39, 44, 53, 68 f., 85–90, 203 f.
26,20	218
28,2	158
28,23–26	74
28,36	153, 155, 161
30,25	158Fn63
34	102Fn284
39,30	155, 158, 161

Lev

16,8	160
20,26	109
21,10	21
24,15–16	147, 149, 168–170

Num

3,32	21Fn52
11	80 f., 89, 113
11,16–17	68, 81, 85, 111, 113 f.
11,24–25	81, 88 f., 90, 111
11,26	90 f.
11,29	91
17,4	21Fn52
20,25–28	21Fn52
26,1	21Fn52
26,3	21Fn52
26,63	21Fn52
27,2	21Fn52
27,19–22	21Fn52
31	21Fn52
32	21Fn52
34,17	21Fn52

Dtn

4,2	89
4,6–8	76, 92–94

Dtn (*fortges.*)

5,6–21	107
5,22	90
5,24	90
10,6	21Fn52
12,5–7	204
13,1	62
15,15	79
28,9	109
30,1–5	76
30,3	76, 78–80, 115, 168Fn89
32,43	190 f.

Jos

23,14	36

1 Kön

11,30–36	32
30,19	36

2 Kön

3,15	85
17,6	32
22–23	74

Jes

8,1	158
8,11	85
44,28	15

Jer

31,23	76

Ez

8,1–2	85
11,5	86
16,3	129
29,14	129
37,11	36
37,16	156Fn56, 158

Jona

4,11	118

Zef

3,19–20	76–78

Sach

14,16–21	115 f., 156

Neh

8,1–6	74
8,8–18	112–114

1 Chr

7,14.23	128

2 Chr

3,1	204

Judith

10,13	36, 204

2 Makk

1,18	117
11,13	88

Sap

18,22–25	160

Sir

Prol. 19–26	14
13,22	131
16, 41–50LXX = 17,6–15MT	160
23,19	185–188
35,19	198Fn12
35,21	198Fn12
39,41	43 f.

1 Esdr

2,5	32
2,7	32

Lk

10,1	69
24,17	88

Apg

6,1	38
26,7	32

Hebr

1,3	160
8,1	160

QUELLENREGISTER

Jak

1,1	33

Jüdisch-hellenistische Schriften

Aristeas

5f.	108
11	98
20	79
24	79
36	155
39	87
47–49	91
98	154
107–110	57
127	94
302	87
307	111Fn299
310	19, 113f.
311	89
312–316	24
314–316	91
322	108

Aristobulus

(Holladay) fr. 2	23, 119
(Holladay) fr. 2a	22

Josephus

Antiquitates Judaicae

I, 2–14	12
I,5	10
I,9–13	8
I,13–14	15f.
IV,207	168
IX,277–280	31
XI,5	15n29
XI,8	32
XII, 7	8
XII,8–9	14
XII,11	14
XII, 39	68
XII,11–118	8
XII,100	9
XVIII,259	140Fn5

Contra Apionem

I,161–218	25

Qumran

Qumran-Fragment 4Qdeut^q	190f.

I,165	24
II,168	24f.
II,237	168, 170

De bello judaico

V,235	153, 159

Philo

De Abrahamo

27	134
56	109Fn297
99	125
121	164Fn77, 165Fn82
121–126	167

De aeternitate mundi

19	25

De agricultura

43	133

De cherubim

41	132

De confusione linguarum

55–56	44
137–138	164Fn77

De congressu eruditionis gratia

41–42	126–131

De fuga

75	195Fn2
111	21

De gigantibus

6	188–191
50	133

De Josepho — 17Fn36

De migratione Abrahami

205	127
103	156Fn54

De mutatione nominum

14	147, 152Fn46
16	164Fn77
19	164Fn77
98–102	127
100	127
103	133
109	43f.

De opificio mundi

1–2	11
24	208
76	207, 219 f.
134	172Fn89, 222
135	207

De plantatione

32–46	177–179
44	179Fn110
85–90	165Fn82, 166Fn84

De praemiis et poenis

55	107
164	78, 168Fn99

De sacrificiis Abelis et Caini

100–101	213 f.

De somniis

I,62–70	195–206
I,63	195Fn2, 196 f.
I,71	199 f.
I,127	214 f.
II,64	133

De specialibus legibus

I,53	170
I,307	164Fn77
I,325	214
II,162 f.	109Fn297
III,38	214
III,40	215

De virtutibus

21	215

De vita contemplativa

59–63	215–217

Legatio ad Gaium

278	20 f.
353	155

Legum allegoriae

I,5–15	179Fn111
I,31	171 f., 175
I,53	173–175, 179Fn111
I,55	175 f.
I,88	176
I,90	170 f., 176
II,13	207
III,18	130

III,77	134
III,90–93	127
III,173–176	223–225

Quaestiones in Genesim

I,8	172
I,93	184

Quaestiones in Exodum

II,38a	43
II,5	170

Quis rerum divinarum heres sit

128	132
164 f.	221

Quod deterius potiori insidiari soleat

121 f.	134

Quod deus sit immutabilis

1–3	188–191
20–22	183
33 f.	184
53	188

Vita Mosis

	75 f.
I,1	9
I,2	24, 108
I,84	107
I,277	107
I,283–284	185–188
II,11	109
II,17–25	97Fn279, 110
II,25–44	8, 17, 98–104, 110
II,26–27	118
II,31	20
II,34	111
II,37	53, 110
II,40	13, 18, 111
II,41–42	112
II,41–44	115–118
II,45–51	12
II,99	164Fn77, 165Fn82, 166
II,114–115	152 f., 161
II,132	152, 161 f., 164
II,185	163
II,204	147
II,205–206	169

QUELLENREGISTER

Rabbinisches Schrifttum

Midraschim, Targumim

Genesis Rabba

8,1	217 f.
68	195Fn2
73,2	166Fn83

Leviticus Rabba

14,1	218

Sifre Devarim

311	109Fn296

Targum Onkelos (Ex 24, 11)

	35

Mischna-, Tosefta-, Talmudtraktate

bMeg 9a–b	40
bSanh 17a6	8Fn200
bSanh 99a	107Fn293
bShab 63b	159
bSukka 5a	159
yJoma41c14–18	160Fn67
yMeg 71d55–57	159
Pirke avot II,9	195Fn2
Pessachim x,5	195Fn2
Middot v,4	195Fn2
Tosefta tSan 4,7	109Fn296

Antike Autoren

Appianus

Syriaca 328,2	69

Aristoteles

De memoria et reminiscentia

	127

Historia animalium

585b	69

Augustinus

Quaestiones in Hexateuchum qu.

2,102	35, 37, 40 f.

Cicero

De oratore

III,137	71

Corpus Hermeticum

I (Poimanres),26	109Fn296

Diodorus Siculus

Bibliotheca

I,72,2	69

Dionysius Halicarnassensis

Antiquitates Romanae

I,86,4	187

Eusebius

Praeparatio Evangelica

IX,25	8Fn4
IX,6.6–8	24
XIII,12,1–7	24
XIII,12,5–8	66Fn192

Fronto

Epistulae ad Marcum Caesarem

4,7	131

Galenus

In Hippocratis Epidemiarum

III, Kühn 17a, 607	59–61

Hieronymus

Prologus in Pentateucho

	27Fn72

Epistula 25 (ad Marcellam)

	148Fn32

Hippiatrica Berolinensia

2,7	6Fn107

Historia Alexandri Magni

(recensio b)

11,33,9	69

Homerus

Odyssee

IX,60	69

QUELLENREGISTER

Irenaius
Adversus Haereses
III,21,2   42

Onomastica Sacra (ed. Lagarde)
195,68   129

Origenes
Selecta in Psalmos
Ps 2,4   148Fn32

Plato
Symposium
189–192   209–213
205de   210
212c   210
Phaedrus
275c   210

Plutarchus
De Iside et Osiride
356a   69

Proclus
In Timaeum
117d   95Fn2

Porphyrius
Quaestiones homericae, ad Odyss. IX, 60
     69

Ps.-Plutarchus
Decem oratorum vitae
841F   61–66

Scholia in Dionysii Thracis artem grammaticam (ed. Hilgard)
29,16–30,24   70–73

Seneca
Epistulae morales
58,15   223f.

Sextus Empiricus
Adversus mathematicos
X,33   195Fn2

Stoicorum Veterum Fragmenta
ed. v. Arnim
II,332–334   223f.

Suda
Delta 737 (διαρτῆσαι)
     187Fn131

Suetonius
Vita divi Claudii
39   130

Tacitus
Historiae
IV,83–84   59f.